浙江省高校重点建设教材

广告经营管理

Advertising Management

卫军英 王 佳 著

图书在版编目(CIP)数据

广告经营管理/卫军英,王佳著. —北京:北京大学出版社,2013.3
(21世纪新闻与传播学规划教材·广告学系列)
ISBN 978-7-301-22189-1

Ⅰ.①广… Ⅱ.①卫… ②王… Ⅲ.①F713.82

中国版本图书馆 CIP 数据核字(2013)第 030266 号

书　　　名：广告经营管理
著作责任者：卫军英　王　佳　著
责任编辑：胡利国
标准书号：ISBN 978-7-301-22189-1/G·3593
出版发行：北京大学出版社
地　　　址：北京市海淀区成府路 205 号　100871
网　　　址：http://www.pup.cn
新浪微博：@北京大学出版社
电子信箱：ss@pup.pku.edu.cn
电　　　话：邮购部 62752015　发行部 62750672　编辑部 62753121　出版部 62754962
印　刷　者：北京虎彩文化传播有限公司
经　销　者：新华书店
　　　　　　730 毫米×980 毫米　16 开本　20.5 印张　368 千字
　　　　　　2013 年 3 月第 1 版　2019 年 3 月第 3 次印刷
定　　　价：40.00 元

未经许可,不得以任何方式复制或抄袭本书之部分或全部内容。
版权所有,侵权必究
举报电话：010-62752024　电子信箱：fd@pup.pku.edu.cn

目 录

第一章 广告与广告产业 …………………………………………（1）
    第一节 广告的产生与发展 ……………………………………（1）
    第二节 广告作为一种产业 ……………………………………（4）
    第三节 广告业的社会功能 ……………………………………（9）

第二章 广告的经营管理 …………………………………………（25）
    第一节 广告经营管理概念 ……………………………………（25）
    第二节 广告经营管理目标 ……………………………………（28）
    第三节 广告经营管理效益 ……………………………………（30）

第三章 广告的社会管理 …………………………………………（47）
    第一节 广告伦理与社会责任 …………………………………（47）
    第二节 广告自律与行业规范 …………………………………（52）
    第三节 广告法规与行政管理 …………………………………（55）

第四章 企业的广告管理 …………………………………………（74）
    第一节 企业广告管理的任务 …………………………………（74）
    第二节 企业广告的组织系统 …………………………………（77）
    第三节 企业广告的决策程序 …………………………………（89）

第五章 企业与广告代理 …………………………………………（104）
    第一节 广告代理与代理关系 …………………………………（104）
    第二节 代理方式与代理责任 …………………………………（109）
    第三节 代理选择与客户评价 …………………………………（113）

第六章 广告公司的管理 …………………………………………（122）
    第一节 广告公司的分类特征 …………………………………（122）
    第二节 广告公司的组织结构 …………………………………（126）
    第三节 广告公司的运作收益 …………………………………（130）

第七章　广告公司的经营 ……………………………………（139）
第一节　广告公司的人力资源 ………………………………（139）
第二节　广告公司的业务经营 ………………………………（142）
第三节　广告公司的客户维护 ………………………………（145）

第八章　传统的媒介广告 ……………………………………（155）
第一节　广告媒介的发展演变 ………………………………（155）
第二节　传统广告媒介的特点 ………………………………（159）
第三节　传统媒介的广告营销 ………………………………（164）

第九章　新媒体广告管理 ……………………………………（177）
第一节　媒体创新与互动性态 ………………………………（177）
第二节　网络广告与手机广告 ………………………………（181）
第三节　植入式广告价值变革 ………………………………（185）

第十章　广告策划与创意 ……………………………………（198）
第一节　广告目标与广告管理 ………………………………（198）
第二节　广告策划流程的管理 ………………………………（207）
第三节　广告策略与创意指导 ………………………………（214）

第十一章　广告调研与评估 …………………………………（231）
第一节　广告调研评估的价值 ………………………………（231）
第二节　广告调研的基本方法 ………………………………（235）
第三节　广告效果的评估模式 ………………………………（237）

第十二章　广告预算的管理 …………………………………（249）
第一节　广告预算的科学价值 ………………………………（249）
第二节　广告预算的合理分配 ………………………………（254）
第三节　广告预算的编制方法 ………………………………（262）

第十三章　广告的整合管理 …………………………………（275）
第一节　营销战略与品牌规划 ………………………………（275）
第二节　公共关系与促销配合 ………………………………（286）
第三节　系统协调与整合传播 ………………………………（300）

主要参考文献 …………………………………………………（318）

后记 ……………………………………………………………（320）

第一章
广告与广告产业

本章将着重阐述下列问题：
- 广告是如何产生的？
- 广告业是怎样发展的？
- 广告产业有什么特征？
- 广告产业链有哪些构成要素？
- 广告的经济社会功能主要体现在哪里？

第一节　广告的产生与发展

作为一种古老的价值交换手段和信息传播方式，广告的产生由来已久。现在已经很难确切地考查最早的广告起源于什么时候，广告史家对广告的起源追溯得十分遥远，他们甚至从远古的残片和铭文的记载中找到了广告的踪迹。[①]

一、广告产生于商业化信息传播

其实，了解广告的起源关键是认识广告是什么，它有什么作用和功能。一个最简单的回答就是：广告是一种信息传播方式，其作用和功能就是通过信息传播影响对方的态度和行为。《简明大不列颠百科全书》中对广告的解释是："广告是传播信息的一种方式，其目的在于推销商品、劳务，影响舆论，博得政治支持，推进一种事业或引起刊登广告者所希望的其他反应。广告信息，传递给它所要吸引的观众或听众。广告不同于其他的传递信息形式，它必须由登广告信息者

---

① 参见陈培爱：《中外广告史》，中国物价出版社1997年版，第9页。

付给传播信息的媒介以一定的报酬。"①显然,这个概念中所说的广告不仅仅是商业广告,它还包含了所有的以影响对象为目的的非商业信息传播。

值得注意的是,并不是所有影响对象的商业和非商业信息都属于广告。无所不在的信息形形色色,它们都有可能影响信息接收者的态度和行为,但是我们却不能说所有这些信息都是广告。因此,就必须进一步认识"广告"这个概念除了信息之外所包含的其他要素。在广告传播中,除了"信息"这一要素之外,还包含了其他两个关键的要素:媒介和付费,即任何广告都必须是一种具有媒体付费意义上的信息传播。理解了这一点,我们就会认识到,广告的信息区别于一般的信息,而即便是具有商业内容的信息传播如通知、告示等内容,也未必就一定是严格意义上的广告。就这一点而言,从远古的残片中寻找广告的起源虽然也有一定的学术价值,但是对于我们今天的广告活动意义并不显著。

在把"信息"、"媒介"、"付费"这三个要素综合在一起来看待广告时,我们发现广告这个概念本身就代表了一种价值交换活动,广告是与信息传播以及商业活动相伴随而产生的。千百年来从事商业活动的买卖人,运用各种广告手法包括文字、图形、声音等,叫卖他们的产品,其本身就是一种无可争议的广告活动。就像是中国古代的酒肆斜挂着一面酒旗招徕顾客一样,古埃及、古希腊和古罗马的商贩们也是把他们的标识高高挂起,或者用一种象征性符号来区别他们的生意。当然,我们所说的广告主要是经济活动中的商业广告,其作为商业活动的一种手段,在很大程度上是和社会经济共同发展的。在经济发展的不同阶段,广告的表现形态也各自有所不同。

早在20世纪初期,美国近代广告之父、著名的罗德托马斯广告公司老板阿尔伯特·拉斯克尔(Albert Lasker)就将广告定义为"由因果关系驱使的印刷形式的推销术"。②显然这个定义是与当时的媒介形式密切关联的,它是电波媒体和互联网等媒体形态出现之前的产物。但是勿庸置疑,这个定义强调了广告的属性及其基本特征:它是借助于媒介传播得以实现的一种推销动力。

二、广告形态演变有赖于媒介发展

美国当代广告学家威廉·阿伦斯在他的著作中,按照经济时代对广告发展加以分期,描述了广告经济演变发展的轨迹。在前工业化时期,对广告发展具有革命性促进作用的是,早在公元105年的东汉时期中国人蔡伦发明了造纸术,大

---

① 参见《简明大不列颠百科全书》第三卷,中国大百科全书出版社1985年版,第524页。
② 〔美〕威廉·阿伦斯:《当代广告学》,华夏出版社2001年版,第6页。

约1000多年后欧洲人创办了第一家造纸厂。与此相应的是活字印刷术在促进人类生活方式改变的同时,也对广告的发展起到了极大的促进作用。印刷术的出现可以使人们对发生的事件进行更加方便的记录和整理,并使之更加广泛地进行传播。随着手工书写的方式让位于印刷方式,商业信息也有可能通过批量形式加以发布。可以说,正是这种新技术促成了最先行的广告形态招贴、传单和标识,以及第一种大众媒介——报纸得以实现。1477年,伦敦的一位印刷商威廉·凯斯顿印制了第一份英文广告传单,广告内容是向周围居民出售一种福音书。此后,小商贩也经常向顾客发放各种店铺广告传单。但即便如此,广告发展的步履仍旧很慢,报纸媒介广告形态的出现是在漫长的200年之后,而且这些广告所针对的受众也极其有限。直到18世纪城市的集聚和商业的不断发展,才导致了广告数量的激增和广告策略的改变。大约在1730年前后,被称为广告艺术之父的本杰明·富兰克林,开始采用较大的标题文字和大量的空白,以增加广告的吸引力和可读性。

从18世纪中叶开始,西方社会开始了工业化时期。工业革命由英国兴起又向美洲波及,机械开始取代畜力,生产能力得到空前提高,与此同时城市的扩展也加速了市场和广告的发展。各种销售商和批发商开始把广告作为他们传递产品信息的主要载体,除了在各种报纸杂志发布有关商品价格的广告外,还常常运用刺激消费者购买欲望的方式介绍商品。由于广告发布数量越来越多,具有广泛影响力的大众媒体——报纸也成为广告宣传的重要阵地。尤其值得注意的是,专门从事广告业务的广告代理机构就出现在这一时期。从18世纪中叶工业革命开始一直持续到20世纪初期,这是现代广告产业开始形成的萌芽阶段。

广告产业的真正形成,是与20世纪以来的工业时代相伴随的,广告业的勃然兴起和大规模生产密切相关。19世纪中期之后,从全球范围来讲,工业经济的中心从欧洲向美国转移,美国经过几十年的持续发展,已经成为世界一流的工业强国,工商企业发生了戏剧性的变化。从1898年到1902年,前后5年时间,一次大规模的合并大潮把全美国2653个独立商业机构兼并成了269个公司。[①]这些被称作"托拉斯"的大公司,控制着诸如铁路、煤炭、钢铁、冶金、石油、食糖、烟草等行业。它们控制生产、集中管理,并且对市场销售和社会购买力进行预测,生产和营销规模得到了空前的发展。生产商考虑最多的是如何不断扩大生产规模,满足人们日益膨胀的需求;销售商则更多的是考虑怎样才能够吸引更多

---

① 参见〔美〕朱丽安·西沃卡:《美国广告200年经典范例》,光明日报出版社1999年版,第129页。

消费者的兴趣,增加购买总量。正是在这一背景中,广告起到了前所未有的促进作用。广告不仅帮助企业开发了市场,而且也帮助消费者了解了新产品,并且开始树立起鉴别产品标识和区别产品差异的意识。

工业时代社会生产力得到了空前发展,尤其是在西方发达国家,工业生产满足了整个社会的基本需求,商品市场开始呈现饱和状态。在这一时期,媒介形态也在不断发展,除了传统的报纸之外,电台、电视等也迅速加入到大众传播媒介的行列。专业性的广告经营公司,也不断运用各种分析研究的方法和推广手段,创造形形色色的广告奇迹,广告思想也因此得到了前所未有的发展。

显然,广告经济的发展和广告手段的演进,在与人类社会经济的全面进步密切关联,同时就其自身形态而言,具有决定影响的因素还有广告媒体以及专业广告运作机构。可以说,媒体形态的变化,在一定意义上影响了广告的发展方向,并对广告产业形态发展具有一定的推动作用。20世纪50年代以后,人类社会进入了一个新的历史时代。新技术、新生活、新观念使得广告产业正在改变自己的面孔。全球化、互联网以及信息技术革命所带来的变革,全方位地影响了消费社会的各个层面,传统的广告和广告产业在经过一百多年的风光之后,正面临着一个重新适应的问题。对于广告产业的主体而言,也许它们最宝贵的财富将不再是雄厚的资金设备、专业的调查能力,甚至也不是优质多样的产品。它们正在意识到,对于任何企业而言,最宝贵的财富就是它们的顾客,因此最重要的任务就是如何与顾客保持良好的关系。而广告作为产业形态的基本任务,当然也不是通过出色的创意制作令人耳目一新的广告,而是如何帮助企业构建进一步的品牌关系。

第二节　广告作为一种产业

任何产业的形成,都是生产力发展到一定阶段的产物,广告也不例外。广告作为一种信息传达方式由来已久,但是广告产业却只有到了一定的商业阶段才可能形成。随着社会经济的发展和人类社会分工的不断细化,各种经济活动的边界也越来越清晰,当广告作为独立的市场行为,从对媒介的单向依赖和对广告主的无条件服从中解脱出来时,广告产业即告形成。在这个过程中,具有代表意义的是广告的公司化、专业化运作。

一、广告公司与广告产业的形成

广告作为产业形态,其形成要远远迟于广告本身。早在1759年,英国的塞缪尔·约翰逊博士就已指出：广告业现已接近完美，很难对它提出新的改进方法，由于每种艺术都应服从公众利益，所以我们把它作为道德问题提出来。自那以后，包括经济学家、社会学家、政治家和商人等都对广告的性质表现出了极大的兴趣。但是严格地说，那时候的广告还只是一种零散的个人行为，只有在工业化引导进一步的经济发展和社会分工之后，作为产业形态的广告行业才可能出现。

当然，广告产业的形成不仅仅依赖于商业广告需要，以及多种形式的广告发布媒体，它还必须要有专业广告运作机构的参与，才有可能构成完整的广告产业形态。因此专业性的广告代理商形成，在一定意义上是广告产业形成的标志。世界上最早的广告公司在1800年诞生于伦敦，一位名叫詹姆士·怀特（James White）的英国人创立了这家名叫 White & Sun 的广告公司，以此招揽当地广告，从而第一次使得广告由业余走向专业。James White 当时所做的工作是为报刊进行版面销售。到1841年，美国费城成立了一家叫做 Volney B. Palmen 的广告公司，这家公司开始专为《镜报》招揽广告，其后发展为代理全国1400种报纸版面的广告公司，帕尔默（Palmen）从中提取25%的费用作为佣金。从19世纪后期到20世纪初期，广告公司在自身的发展中，逐步摆脱了对媒体的依赖，以广告商为核心的广告行业也渐渐地明晰。纵观广告公司从其发轫到迈入成熟，大致经历了四个时期：

1. 版面销售时期。

这是早期广告公司的基本职能，几乎所有广告公司均以媒体代理的身份出现，一般并不独立存在，而是依附于某家报纸，通过将该报版面推销出去来实现业绩，公司获取的报酬是报社所给予的佣金。严格意义上说，这个时期的广告公司只是报纸的附庸而已，它的职能类似于报纸的一个部门。

2. 版面经济人。

在早期的版面销售期，广告公司一般只服务于某一报纸，作为该报的附庸，而成为版面经济人则意味着公司由单一版面的销售转向多家报纸版面的销售。因此，广告公司的独立性相对有所提高。对媒介而言，它不再是个单纯的业务代表，而是处于媒介和广告主之间的一种中介。其利润收益的来源也不仅是媒介的佣金，更重要的是通过大量批价购进报纸版面，然后分割出售，赚取差价。版面经济人的出现是社会分工的进一步细化，公司可通过专门业务不断开发客户，报社也无需再费心去招揽广告。

3. 技术服务时代。

然而，即使作为版面经济人，广告公司在本质上也仍旧是媒介的代表，其服务的侧重点仍然是报社。在进入到技术服务时代以后,广告公司发展史上出现了一个重要转变。随着经济的发展,竞争的激烈,许多媒体都设立了自己的广告部门。另一方面,广告主也希望自己的广告宣传活动能够更加专门化,对广告的要求就更高。于是,专门从事设计、制作的广告公司出现了。这类公司站在客户的立场上而不是站在媒介立场上,侧重于为广告主提供服务。出现这一转变的时间大约在19世纪末期,许多广告公司由媒介的版面掮客转化为企业广告业务的代表,这一角色的转变,标志着广告公司开始真正成为广告产业的中坚。

4. 全面服务时代。

20世纪以来,随着企业经营活动由过去的生产导向转为市场营销导向,企业的一个根本任务就是把握市场需求,防止产销脱节,因此要求广告公司能够从市场分析、产品策划、广告代理等多个方面提供服务。而广告公司在长期的发展过程中所积累的经验也愈来愈成熟,于是全面服务性的广告公司也开始出现。全面性服务标志着广告公司的发展进入了一个更高水准的时代,它是对广告业的一种总体概括,即使在这一时期,也并不排斥任何专门性技术公司的存在。正是全面性、专业性和多元化的组合才构成了广告产业化经营体系。

二、广告产业链的基本构成

广告产业有广义狭义之分。就广义而言,广告产业即我们通常所说的广告业,它是由多种机构共同参与的一种庞大而又复杂的专业化社会分工体系,其产业构成是由从中形成经济利益和运动支持的各种经济群体。从狭义上来讲,广告业就是指按照有关法律政策规定,以广告为专门职业,接受客户委托专业从事广告调查、广告策划、广告设计、广告发布等各种代理服务的工作机构,即通常所说的广告公司。正是这些群体的密切联系和相互作用,构成了完整的广告产业链。广告产业链主要有四个基本环节:广告主、广告中间商、广告媒介以及广告材料供应商等。正是由于这些经济组织的参与,才使得广告产业在庞大的社会经济形态中得以独立成为一个产业体系,从而使广告业能够繁荣发展。

1. 广告主。

广告主也叫广告客户。应该说,在整个广告产业中,广告主是广告发生的原动力,它提供整个广告经济的财政支持。在整个广告产业链中,广告主处于产业的最前端。按照《中华人民共和国广告法》所做的定义,广告主是指为推销商品或者提供服务,自行或者委托他人设计、制作、发布广告的法人、经济组织或个人。也就是说,广告主发起广告,以其经费支持和利润追求参与广告业。广告主的性质、类型、规模多种多样:既有区域性的广告主,也有全国性的甚至是全球性的广告主;它们广告的产品既包括了工业品、日用消费品,也包括了形形色色的服务,甚至还有纯粹对某种观念的推销。正因为这样,广告主对广告公司和广告形式也各有选择。

2. 广告中间商。

广告中间商,是专业广告经营者,它接受客户委托,为广告主提供有关市场研究、广告设计、制作、代理、发布等业务。广告中间商通过其专业化工作获取广告服务报酬,以此参与广告业。虽然就业务性质而言,广告中间商作为专业经营机构,其任务主要是代理广告主的广告业务,但是由于广告任务本身五花八门,因而广告公司也多种多样。就规模而言,既有地方性或者区域性的小公司,也有全国性的甚至是跨国经营的大公司;就其工作性质而言,既有专业性的服务公司,诸如创意工作室、媒介代理机构、策划公司等,也有全面代理公司,可以全方位代理企业完成多重广告任务。

3. 广告媒介。

广告媒介,是广告活动中传达广告信息的中间载体,其主要是出售广告时间和广告空间,通过自身形式将特定广告信息传播给目标受众,并藉此获取广告费收入。广告媒体本身多种多样:既有众所周知的大众媒体如报纸、电视、电台、杂志等,也有路牌、公车、直邮、陈列等专门媒体。另外,广告媒介本身也在不断开发,很多媒体形态都在加入,比如新技术形态下的互联网、移动电话等,新型推广方法诸如展会、超市出样等,也都具有一定的媒体性质。这些可以通过自身传递广告信息的载体,无疑都是媒体。

4. 广告材料供应商。

广告材料供应商属于广告的下游公司。广告活动除了信息成分外,还有信息制作的要求,需要相应的广告材料供应,诸如各种广告的材料商、印刷商、影视制作、摄影机构、美术制作等。市场调研公司也可以归入广告下游公司,一些专业调研公司自己并不直接运作广告业务,主要是承接广告公司或者广告主的某一方面的调研任务,虽然它们未必提供广告材料,但是其工作性质也是协助广告公司的代理任务。这些部门为广告制作提供物质或者信息帮助,协助完成广告信息设计制作。

三、广告产业链的运作机制

广告主、广告中间商、广告媒介以及广告材料供应商不仅是广告产业的主体,同时也密切构成了广告产业链的协调运作。在这个产业链中,处于产业上游的是发布广告的企业即广告主,以及为广告主代理广告发布的广告公司,处于产业下游的是一些广告材料供应商和广告发布媒介,甚至也包括了相关的广告研究服务机构。通常就广告产业运行的发生而言,它的开端是广告主的广告追求,正是这一基本起点构成了广告活动的原始动力,引发了广告运作的一系列行为。对此,我们按照因果图式简示如下(图1-1):

图1-1　广告产业运作

这是对广告动因从发生学意义上的描述。在这个模式中,广告主处在决定性地位,如果没有广告主的广告追求,广告活动无从谈起。因此按照这个模式,广告经营产业链是按照一个历时状态、由此及彼的因果作用模式来运作的。事实上,我们如果从整个产业化的角度来审视这一模式,或许这种描述略显单纯和简单。所以,另一种方式是从一个动态系统中来观照广告运作,如图1-2所示:

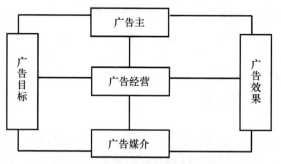

图1-2　广告产业运作的动态系统

这是一个封闭型的广告运作系统。有趣的是,在这个系统中广告主虽然仍处在最先层次,但却并非是整个系统的核心,系统的核心变成了"广告经营机构"。其实,这种描述代表了广告作为一种相对独立的经济和社会分工而进入到了规模化的产业形态,在这种封闭系统中,广告活动的各个部门处在共时状态,它们各自承担着不同的任务,其共同的追求只有一个:按照广告目标实现确定的广告效果。按照这个系统,广告经营管理在每一个因素之间都是同样重要,而且对于广告经营中介而言,作为广告产业化的一种专业分工,它似乎应该受到更多的关注。

第三节 广告业的社会功能

如果从整个社会的产业构成来看,广告是一个国家的大众分销系统。就广告与社会各个层面的关联而言,广告产业实际上涉及了社会经济生活的方方面面,是与社会各行各业都具有密切关系的一种综合性产业。要理解广告产业的社会功能,就需要对广告属性及其产业性质有所认识。广告产业不但吸收和运用人类社会和科技进步的一切知识精华,而且以最快的速度对社会经济和人们的生活产生直接影响,因此广告的产业功能也主要体现在经济和社会两个方面。

一、广告产业的性质

关于广告性质的探讨并不是一个新的话题,几十年来甚至几个世纪以来,关于广告的社会地位和角色性质的讨论就层出不穷,包括经济学家、社会学家、政治家、商人等都对广告的性质表现出了极大的兴趣。但是我们认为广告作为一种营销沟通方式,虽然有其社会的多种因素,但就广告产业而言,首先要注意的是其产业性质,在这一点上则基本可以撇开有关道德的社会的各种讨论,因为商业广告本身是出于经济目的而存在的。广告要完成广告主的经济功能,要影响受众的经济决策,这是整个经济运行系统中不可或缺的一部分。因此,对广告产业性质的判断主要基于经济属性。

虽然广告产业在西方发达国家早已具备了自身的一系列规范并形成了可以与其他经济行业相媲美的行业规模,但在中国却要晚许多。1949年新中国成立以后,经济建设的重点均放在改进农业生产和工业产品方面,第三产业被长期忽视,一个根本原因是认为第三产业是非产品性行业,广告业充其量仅仅是一种服务业,因此在整个国民经济发展体系中,广告业从未受到正面关注。只有到了整个社会和经济发展在根本上做出了调整和转变,经济变革促成了社会变革和人的行为观念的变革,这时广告业才伴随着经济发展而重新振兴。自20世纪80年代以来,中国政府把全部工作的重点转移到经济建设上来,实行改革开放搞活经济的政策,尤其是社会主义市场经济体制的确立,迅速地取得了两个方面的成效:其一,经济活动由原来计划模式指导下的集权经营转而变为分权经营,从而大大增加了企业经营过程中的主动性和灵活性,也加剧了市场竞争;其二,经济的繁荣与发展,使社会财富大大增加,而市场化的演进又导致了物质供应局部意义上的供大于求,于是由过去的卖方市场转入了买方市场。在这一背景下,经济活动中占第一位的因素不再是产品,而是市场,谁占有了市场,谁才可以生存,广告勃兴也就应运应时地到来了。

从整个世界范围来看,广告业的发展一直是被作为经济形式的进步和市场的健全来看待的,中国广告业的发展也进一步印证了这一事实。1992年12月北京召开了全国工商局长会议,国家计委与国家工商行政管理局联合发出了《关于广告业发展的规划纲要》,在这个纲要中对广告产业的性质和地位进行了重新界定:广告业属于知识密集、技术密集、人才密集的高新技术产业,是直接为生产和生活提供市场营销服务和信息传播服务的重要部门。加快我国广告业的健康发展对于建设社会主义市场经济具有极为重要的意义。

这种对广告产业性质的界定,也明确了广告业的地位和作用。因此,在中国进入到社会主义市场经济体系中后,随着企业市场化进程的加快,广告越来越成为企业进行市场营销的重要手段,并且逐步演化为市场竞争中最为基本的工具。与此相对应的是,广告经营机构,即从事广告经营活动的广告公司和从事广告发布业务的广告媒介,为满足广告主的营销需要,不断地提高广告作业水准,在提高经营质量的同时也不断扩大经营规模,广告的产业化特征越来越突出。

二、广告产业的经济价值

广告是我们这个时代经济和社会生活的助力器。作为信息传达和营销沟通的一种有效方式,广告不仅服从并服务于特定经济组织,还服务于社会大众的物质生活,并进而使我们的生活得以改进。当广告的产业化形态出现时,其经济价值是不言而喻的,这里要做的工作是对这种经济价值给予具体描述,从经济发展的总体框架中给广告产业以功能说明。

1. 广告提供并传播经济信息。

这一点是广告最初始的经济功能,是一切广告活动的基本意图。在市场经济条件下,任何企业任何产品欲实现其价值,都必须得到市场及消费对象的认同,因此运用广告传达有关信息,并进而实现双向交流就成了市场沟通的最基本方式。一方面,商品生产者通过广告传达有关商品信息,通过广告实现销售促进,最终完成商品的价值转移,实现商品价值;另一方面,消费者对广告商品的行为和态度又通过市场反馈给生产者,生产者依据这些信息,合理地调节生产,使产品符合市场需求。在这里广告是沟通的桥梁,如果没有广告,消费者无从了解商品,那么再好的商品,也只能是"养在深闺人未知",其结果必然是产品的最终价值无法实现,所以正是广告的这一原始功能,确定了其在经济生活中不可或缺的角色地位。

2. 广告维持并强化产品自身声誉。

在市场竞争的格局中,仅仅凭借单纯的信息传达,广告所产生的经济收益是十分有限的。在 20 世纪 80 年代以后,许多巨大的消费产品企业的成长大都是依赖于从其他公司取得有价值的商品品牌的战略来实现的,而这些交易的价格通常大大超过了其固定资产本身的价值。如菲里浦·摩里斯公司对卡夫公司以 4 倍于账面价值的价格进行的收购、雀巢公司对罗恩特瑞以 5 倍于账面价格的收购,以及 2000 年 1 月 10 日被称为有史以来最大的一次企业并购:美国在线和时代—华纳公司额度达 1650 亿美元的企业并购。这其中最大的价值就是品牌价值。一个商品一旦为市场所接受,不可避免地就要受到模仿与竞争,所以广告的任务之一就是维持其品牌声誉,正如大卫·奥格威在《一个广告人的自白》中所讲的:"每个广告,作为对品牌声誉的长期投资的一部分,必须被看做是对品牌形象这一复杂象征的贡献。"唯有如此,才可以理解,为什么当一种新出的苏打饮料被冠以可口可乐商标之后,该饮料的价值就会成倍上升。品牌价值的计算是一项极为复杂又很难准确评估的极具挑战性的工作,但是品牌的确立很大意义上依据的是广告。

3. 广告支持并加速了传媒事业的发展。

商业化运作以及对经济收益的依赖是今天传媒产业的一大特征,从媒体经营的角度看,它有两种市场和两方面的买主,媒介产品也以两种方式销售。首先它将一定时间与空间出卖给广告主,给其提供广告宣传的机会;同时又把包括广告在内的各种信息卖给媒介受众。其中两种不同的买主,对媒介付费成本大相径庭。受众获取媒介信息几乎是免费的,而广告主购买媒介时空却要付出相比之下可谓"天价"的成本。从这个意义上说,媒介生存在很大程度上是依赖广告的支持。如果一个媒介不能占领广告市场赢得广告客户,那么就意味着它面临着生存的危机。从世界范围来看,媒介产业的发展与广告主对媒介的巨大广告投入是分不开的。以美国为例,全美在 1867 年的广告支出仅 5000 万美元,到 2000 年即已突破 3200 亿美元,整整翻升了 6400 多倍,这些广告经费中绝大部分都投向各种媒体。巨额广告费的投入,不仅刺激了媒体产业的快速增长,而且加速了媒介产业规模化发展的势头。与此同时,媒体间对广告主的争夺也成为媒介竞争的一个新热点。所有媒介都清楚,没有广告收入作为支柱,媒体将难以为继;同样,如果媒体自身质量不高也无法吸引和维系广告客户。广告就这样支撑着媒体,同时又刺激着媒体不断地竞争,在竞争中不断地发展。

4. 广告提供了就业机会。

当广告的产业化形式开始形成时,由广告业的发展所提供的就业机会就越来越多。这种由广告业所提供的就业机会有直接与间接两种。直接的是指在社会分工中专门从事广告经营和在广告经营单位工作的人员；间接的则包含了由于广告业的发展对连带行业的带动，如传媒行业、材料装潢行业等，进一步还可包括对整个产销能力的推动所连带的生产经营行业规模的扩大。1925 年，斯托斯·查斯提出在一个真正功能性的社会里，为广告事业工作的人 90% 原可从事"生产性职业"，他认为只有制造有用产品的工作才可算生产性的，营销活动不在此类。① 如今大概很少有人会认为营销及广告活动不能增加价值了。在经济高度市场化的国家里，广告业所创造的市场价值显而易见，所以它同时也就为社会提供了成千上万的就业机会。中国广告业自 20 世纪 90 年代初开始大规模发展以来，从业人员逐年上升，1994 年后国家对广告业严格把关，实行了市场准入，但广告业从业人员人数并未回落。据有关统计，截至 2004 年底，我国广告从业人员已达 91.38 万人。

5. 广告降低了分销商成本。

这是一个纯营销核算问题。以往曾经有过许多传统性观念，认为广告增加了商品成本，提高了商品的价格，并进而在消费者头脑中形成了商品价格中含有某种"虚空"的感觉。其实这一点并不客观。因为广告虽然影响经营成本，但在整个销售总额中，广告比例并不大；同时广告作为大众分销系统中的一个要素，促进了产品长时间、大批量的生产，从而也降低了单位产品的生产成本，这就意味着由于广告的作用，产品可以低价转移到消费者手中，所以广告事实上降低了产品价格。一个鲜明的产品例证是：娃哈哈纯净水是国内饮料行业中销售收入最多的一个品牌，然而它每瓶出厂价只有 0.8 元，在超市的零售价大约为 1 元左右，而有许多与其同类的产品虽然很少做品牌宣传，节约了大量广告费用，但其生产及销售成本却要高于娃哈哈。其实，正如我们所认同的那样，广告是整个营销工作的组成部分，它所承担的任务与分销商、推销员并无本质的区别。设想如果没有了广告，企业对产品信息的传达只能由零售商和销售人员完成。而在大多数情况下，由零售商与销售人员来完成商品信息的传达，其单位成本要远远大于广告信息传达的单位成本。比如：1964 年，曲奇饼干公司仅将其 2.2% 的销售收入投向广告，而同一年麦片公司则用了 14.9%。然而在曲奇饼干公司用于销售和分销渠道上的投资却占了销售总额的 22.1%，麦片公司仅用了 12.1%。可见曲奇饼干公司实际上把营销费用从广告上转入到其他营销活动中。②

---

① 〔美〕巴茨等：《广告管理》，清华大学出版社 1999 年版，第 427 页。
② 转引自〔美〕巴茨等：《广告管理》，清华大学出版社 1999 年版，第 427 页。

6. 广告增加了产品的效用。

表面上看这似乎并不合乎常理,因为产品效用即使用价值原本附着于产品自身,广告仅是传递信息,并未直接对产品有所改造。但只要认真想一想,为什么人们会偏爱可口可乐而不是其他饮料?为什么女士们喜欢用名牌香水而不是那些名不见经传的香水?事实上,就饮料本身的功能和口感,以及香水的质量和气味而言,后者或许并不逊于前者,也许其功效没有什么区别,但是消费者在选择时倾向性却很明显。一个简单的事实是,广告成功地创造出了特定产品(品牌)与人们生活方式的某种联系,它通过对消费者的心理影响增加了产品在消费者心目中的价值,进而形成了产品的附加值,并使产品功能有所提升。我们可以肯定地说,大多数购买汽车的人并不只是出于以车代步的需要,为了能从一个地方行驶到另一个地方,而是为了获得一种独立的感觉,表现自己的个性,或者是营造一种情绪或情感。要想估算广告带给产品的新功能,我们必须回到最基本的概念上来认识,那是"欲望与产品",在营销时代每一个产品的生产都是着眼于满足人们日益增长的欲望和需求。在一个广告对生产率作用的研究中,美国广告公司协会指出,作为提高生产率的主导力量,创造发明和高科技不能仅仅把重点放在"降低成本"上,还应该放在"创造更高价值"上,应该考虑到消费者对整个产品的理解。① 从消费心理学上看,由广告和促销所产生的产品形象和产品附加值是产品的一个内在特征。进一步的研究也证实,尽管一个广告从行为上并没有对产品的质量说什么,但由于广告传达了一个积极的形象,从而表明了产品的质量,使消费者产生和增进了对产品信息的渴望,因而广告也提升了产品的价值和功效。早在20世纪60年代,哈佛大学的一项研究表明,美国那些著名的跨国公司不仅比在美国本土的其他公司的规模要大,而且在广告宣传和推广上也要较对方胜过一筹。所以我们也不难理解为什么喝可口可乐不仅是在喝一种饮料,也是在喝美国文化;开凯迪拉克也不仅仅是一种交通工具,更重要的是一种身份的象征。除此之外,还有一点要强调的是,在各种产品层出不穷的商业社会中,广告还有一个极为显著的功能,就是它时刻都在向消费者宣传有关产品的新的使用价值和使用方法,不断引导人们去开掘产品内在功能,从而使产品的效用大大提高。比如,移动电话,现在对它的理解不仅仅是简单的通讯工具,也不只是像早期那样作为身份的象征,随着广告的引导,它甚至成了许多人日常必备的一种生活伴侣。

---

① 转引自〔美〕巴茨等:《广告管理》,清华大学出版社1999年版,第427页。

7. 广告刺激了产品开发与产品更新。

广告以其特有的方式告诉潜在顾客出现了某种新产品或改进产品,从而大大鼓励了产品进步与更新的步伐。与此同时,由于广告不断地宣传产品新的价值和对产品的重新认识,所以它也创造了人们对产品价值更新的预期。在大多数情况下,人们的需求大多是情感的、社会的、心理的,而并不完全是功能性的,有时候功能性的微小改变,却在很大意义上满足了情感和心理的需要。对于生产型公司来说,进行产品创新往往需要大量的研究和开发费用,以及必不可少的设备投资,所以企业对更新往往比较慎重,但由于广告的存在,使得任何产品的更新都可以很快传达给消费者,从而也就减少了企业对创新代价的担心和压力。在另一方面,广告所创造出的信息反应和消费需求,又时时刻刻促进着企业,要求它不断通过开发新产品来满足市场需要,所以广告在鼓励竞争的同时也是在刺激企业不断实施产品开发和产品创新,而新产品的开发和对现有产品的改进又意味着经济规模的扩张,从而又在就业和投资上对经济活动发生直接影响。

8. 广告对行业周期性调整影响。

这是一个比较宏观的经济理论问题。从理论上讲,任何行业都有其发展的周期性规律,而广告可以减轻由于行业周期变化所造成的阵痛。从宏观经济着眼,广告与经济发展呈正相关关系,广告通过促进销售,引导消费,加快流通,促进了经济的发展;经济发展又反过来促进了广告业的发展。我们如果把这种分析放在经济发展的周期性中加以考察,就会发现,往往在一个周期性的经济过程中,广告并不能遏制经济的衰退,但是却对减少由于经济衰退所造成的冲击不无帮助。一个有远见的企业,在预期到经济高潮即将来临之时,往往减少一些支出;而在经济处于衰退,需要依靠订单来保证生产时,它往往会增加广告投入,以确保在经济低谷之中不被淹没。一般而言,由于行业周期性的振荡变化有时会导致通货膨胀和大量失业,所以任何可以稳定经济的作用机制都是有益的。遗憾的是,我们大多数的广告主,往往着眼于局部利益和短期效益,特别是那些按照销售收入的固定比例投放广告的广告主,在形势好的时候往往增加广告力度,在形势不好时反而减少广告预算。这种做法经常会加剧行业周期性的振荡起伏,不利于广告起到经济周期稳定器的作用。

三、广告的社会文化功能

广告无时无处不在,它在日常生活之中引导着人们购买行为的同时,也对人们的日常活动产生影响。从这个意义上讲,广告已不单单是一种企业营销方式,它还是一种社会文化传播方式,并对人们观念的变更起到了直接作用。这是由于广告所扮演的这种角色决定了其在社会价值观和文化观演变中的影响。当然,这种影响有正面的、有负面的。理查德·波雷指出:对大众市场的诉求会促进社会协同一致;对地位的诉求会促进嫉妒、骄傲和竞争;对恐惧的诉求会促进焦虑的产生;对新事物的诉求会导致否定传统、经验或历史;青春的诉求会减少家庭权威;对性的诉求会引发色情的萌生。如今,在一个广告社会中,这一切已经是不争的事实,它是与广告对社会的促进而共生的,在更严格意义上讲它属于一种广告文化现象,也称为消费文化。

1. 广告文化的特征与功能。

相对于整个文化概念而言,广告文化并不是一种具有独立归属的文化形态,也不是一种亚文化,它只是在某一特定经济、文化环境下对现存文化的某种整合与反映,并在整合与反映过程中运用自己独立的表现方式加以演绎和强化。由于广告在其专业化运作中,注重吸收人文科学与行为科学的成果,其在表现技巧上强调心理效应,所以它对人的影响就显得非常有力度。

广告的诉求对象是人,其终极目的是通过特定的信息传达使广告受众对广告实体加以认同。在通常情况下,这种广告实体存在于广告之中,既可以是有形物体,如一种产品、一项功能等,也可以是无形观念,如一种气质、一种生活方式等。但不论是什么,从广告主的愿望出发,它都带有一种利益驱动因素,也就是广告主用广告来包装赢利期望。从这个意义上讲,广告文化是一种完全的商业文化或消费文化。作为商业文化,其一大特征便是强调实用性而不在于精神享受和审美追求。

在理解了广告作为一种商业文化的特质之后,我们再从广告文化作为一种对现存文化的整合与反映的角度来审视,就会发现广告的社会文化功能还表现在其信息传播中所体现出的特有的审美价值。广告在信息传达中,要对信息进行加工处理,它所采用的一系列创意手法,通常都具有极大的艺术特征,比如精炼的广告语言、富有情感色彩的配音、动听的音乐、优美的文字、精妙的造型、形形色色的表现手法等等。广告不自觉地形成了一种艺术,尤其是它把各种艺术形式最通俗最普遍地加以采用并使之在不断普及的同时,也提高了人们对艺术的认识。

2. 广告的文化沟通与超越。

广告在现代营销中与市场细分有着密切关系,每一个广告都力图使自己的说服对象能产生某种共鸣。由于广告试图传递附属于某一品牌之上的文字和象征意义,也由于文化在解释和传递意义时的方式不同,所以任何一个成功的广告在设计过程中,都需要彻底理解广告信息受众的文化。然而,即使一个广告主从零开始为自己的市场创作广告,这一任务仍很艰巨,况且如果将其在更大范围乃至全球范围通用,其艰难程度可想而知。所以广告就需要找到一种在多种文化差异中可以达到沟通和产生相同效用的方式。这就涉及广告的文化沟通和对某种差异性的超越。

在现实生活中,人类的各种关系都需要通过沟通加以维系,广告的效用也只有在沟通中才能体现。但是如前所述,由于差异性的存在,欲求沟通就必须寻找某种共性。广告沟通并不是一种直接的沟通交流形成,它还须通过各种中介来加以实现,因此沟通的主导一方并不能确保沟通效果,而接受的一方大多是在被动地接收信息,即便是收到信息也不能确保对信息解码,在理解上与主导一方的意图相吻合。在这中间一个很重要的问题,就是双方是否是相似的两种文化群体,以及对彼此之间的文化是否具有适应性。广告在进行信息沟通中,只有克服了这些障碍才可能达成沟通。由于市场经济的发展、竞争的深入和多文化多层次的社会模式,人们在各个文化群体中的角色也不断地演变和互换,这就要求广告不断地适应这种变化,寻求不断更新的信息传达和理解方式。

除此之外,另一个显著的特点就是广告的跨文化沟通。跨文化的广告沟通是与市场的一体化和全球化市场格局相伴而来的。今天,这种跨文化的广告沟通已成为国际经济和文化竞争的一种先导。世界各国消费者相似程度有多大?按照泰德·莱维特的说法,世界各国文化正在向趋同化发展。随着政治和习俗障碍的消失,电视频道通过卫星走进全球家庭,更多的人去其他国家旅游或度假,以及随着像麦当劳这种全球性的快餐经营连锁店在北京和布宜诺斯艾利斯街头出现,我们似乎正朝着一个日趋均匀的全球社区转变。但障碍仍然存在,而广告正在积极地超越这种障碍。这就是跨区域、跨民族、跨国际间的广告沟通。

一般而言,这种大跨度的广告沟通是属于不同文化群体之间的沟通,它需要克服沟通中的许多障碍,如语言、习俗、价值标准、道德观等。而这一切又大多归属于某种文化特定的文化范畴。所以就广告沟通而言,沟通主体与沟通对象之间不仅要互相适应,还必须要能够互相接受彼此的文化。从某种意义上讲,要达到沟通,就必须找到共同的适应性,必须超越自身的狭隘。唯有如此,我们才可以理解,当菲利浦公司打着"让我们做得更好"的旗号在全球招摇而过时,它实际上是倾注了企业对人和人性的关怀和体贴;当蓝色巨人 IBM 提出"四海一家的解决之道"时,它实际上是试图用一种全新的科学文化来为人类生活寻找新的支点。同样,可口可乐、万宝路、耐克运动鞋是一些彻头彻尾的美国品牌,它根植于美国文化,甚至是美国生活方式的一种象征,然而当其伴随着广告的沟通走向世界时,我们会惊奇地发现它们往往是与某一民族或某一区域的开放和消费者城市化追求的欲望相联系的。当此之时仅仅作为一个全球性品牌似乎并不是最重要的,最重要的是品牌的全球象征是什么?比如索尼、柯达就曾经象征着一种高技术、高品质,所以这些广告的传播不仅超越了其自身,而且在广告沟通中所体现出的全新追求也进而使沟通对象实现了某种文化超越。

案例分析

不走寻常路:惊世骇俗贝纳通

它的广告不时被政府禁刊,甚至两头不讨好同时招致黑、白种族的抗议,它在广告中让牧师去吻修女,被法官判定冒犯宗教,但它却又处处获得大奖,它做的一切都与惊世骇俗有关,它就是贝纳通(Benetton),一个色彩斑斓的意大利服饰品牌。贝纳通公司最早是从意大利北部的一个打毛衣的家庭作坊开始,由现任总裁 Luciano Benetton 跟他妹妹、弟弟及 Carlo 于 1965 年一起运作。现在,该公司已成为世界上首屈一指的服装制造及分销商,旗下的五千间店铺分布在世界上大约一百二十个国家。最早的贝纳通服装主要是针对年轻人及儿童,几年后,各个年龄层的消费者也开始接受它。为使设计具有世界性,贝纳通家族经常周游世界,最常去的地方是秘鲁,这个南美国家给他们带来了无穷的灵感。

但当时的贝纳通还没有形成真正属于自己的风格,1982 年,O. Toscani 这位原本默默无闻的摄影师加入贝纳通,一开始还是遵循着一般服饰广告的基本套路,没有突破。但是没多久,鲜艳、丰富的色彩开始作为强烈的特点体现出来,直至最后成为品牌的核心内容。现在每一季,位于意大利的总部都会派人到世界各地采风,选取最具灵性的色彩,然后从上千种颜色中挑选几十种最易流行的来推广。贝纳通的创意总监 Paolo Landi 在接受记者采访时说:"当时的贝纳通很快地把对服装的色彩意识延伸到了人类不同民族年轻人的色彩。"

一、从肤色开始

1984 年春季,可以说是贝纳通建立品牌的分水岭,其全新传播策略开始推出,O. Toscani 打头炮的作品名为"All the Colors of the World(地球上所有色彩)",整个广告系列主题环绕来自不同种族、不同肤色的年轻人一起嬉戏的欢乐片段。此系列分别于十四个国家发行,却在南非国内掀起了一场种族纷争:向来以白人为销售对象的刊物,拒绝刊登一张黑人与白人青年的广告合影。但是,这个广告作品却获得大量奖项,并且是贝纳通首度获奖的广告系列。Paolo Landi 说:"产品的国际化,贝纳通顺势将品牌的表现内容提升到了宽容、和平和尊敬。"

图 1-3　世界的所有色彩

次年,贝纳通就强化了广告内容,推出了一系列当时处于对立性位置之国家组合,包括德国与以色列、希腊与土耳其、阿根廷与英国以及美国与苏联之国旗图片广告。在美苏广告上描述了两个黑人小孩亲吻的情景,其中一个头发上绑着美国星条旗,另一个则是红色的前苏联国旗。这则广告在美国遭到了禁刊,却在法国赢取了两个大奖。那年,前苏联总统戈尔巴乔夫访问法国,贝纳通把此照片装置在了整条香舍丽榭大道总统专用车道上,迎来戈尔巴乔夫的回应:贝纳通是何许人?

1986 年,地球成为贝纳通广告的象征,其中一则广告描述一个犹太年青人握着一个阿拉伯年青人的手,并合力高举一个地球。此广告在法国因旧式文化观念而引发连串抗议,但在荷兰却又获得了一个奖项。1988 年,一张夏娃的胸部裸露于牛仔外套的照片被美国卫道士猛烈抨击,但还是在荷兰获奖。

此后的贝纳通广告形象就一直在争论与获奖中行走,而形象更为犀利,贝纳通品牌逐渐建立了迎合年青目标群口味的一种消费文化。1989 年,当另一表现黑人与白人地位平等的广告推出后,激烈的争论再次延续。其中一张是黑人妇女为一个白人婴儿哺乳的广告,虽然此广告意在提倡种族和谐,但招致黑白种族的强烈抗议,美国的黑人社会反应强烈,他们认为广告隐含了对殖民时期黑人奴隶的嘲弄。英美杂志均以争议太大为由拒登,但在其他国家却广获认同,成为贝纳通集团有史以来获得奖项最多的摄影广告。

第一章 广告与广告产业

图 1-4 黑白对比

1990 年的广告系列以"United Colors of Benetton"为题,最后成为集团广告的官方正式标志。此次广告系列包括了多幅具有象征性的照片,商品不再被标榜。依旧是黑白的主题,其中一张描述了一个黑人小孩和白人小孩一同坐于一个便盆上,这张天真无邪的广告照片引发了意大利 Piazza Duomo 教廷的禁止行动。米兰市左翼行政处及市长最终阻止了此图片在 Piazza Duomo 广场全球最大的广告幕墙上悬挂。面对意大利本国的禁止,此广告系列还是在国际上获取大奖,其中一个引以为荣的奖项包括美国的 International Andy Awards of Excellence 以及在英国 Media & Marketing Europe Award 中获得欧洲最佳平面奖。

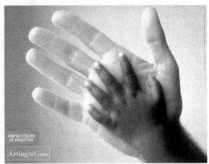

图 1-5 贝纳通的多色彩

二、文化与情感色彩

1991 年,贝纳通希望透过展示地球上最真实的社会性问题,从而打破人类间产生的不平等对待。贝纳通推出了一个图片广告描述法国一个两次世界大战的坟墓,一排排整齐的十字架显示了战争永远没有胜利的一方:除了制服、种族和宗教外,死亡便成为胜利者。这则广告在意大利一家报纸刊登时正逢海湾战争掀起之前几天,马上被意大利广告商会成立的自我监察小组所禁止,随后,此广告亦同时被法国、英国、德国禁止。

同年,"避孕用品"篇于美国及意大利引起一连串的争议。当时,贝纳通在世界各地的店铺内向顾客派发安全套,此举受到年轻人的热烈支持却受到年长者的普遍反对。美国传媒禁止此广告,并称贝纳通在不适合的传统销售点如超级市场中派发安全套的行动是带有色情的宣传手法,但纽约市长却支持向公立学校派发安全套和宣传有关性知识,以此预防艾滋病的传播。而当时另外一幅以黑人、白人和黄种人的小童伸出舌头为题的广告也被认为有色情成分,在一向禁止人民暴露内脏的阿拉伯国家则抽掉了这辑广告。

在贝纳通的另外一个广告中,木制的Pinocchio木偶成了主角,并被意大利Cerria举办的国际木偶节选为最佳木偶,由此证明贝纳通广告已超越了其本身宣传之范畴,而演变成国际性文化的一部分。

图1-6　舌头

图1-7　木偶

这一年,贝纳通还有两个广告引来了极大的争议,其中一个就是"牧师与修女亲吻"篇,贝纳通想要表达:爱要超越传统。但意大利宗教团体却极力反对并禁止了广告,相反,在天主教国家,广告大受欢迎,在英国获Eurobest Award大奖,而在德国的巴巴拉修女更是写信赞赏贝纳通;这则广告表现了浓厚的温情、宁静与和平。另外一个"尚未剪掉脐带的男婴"篇受到广泛批评,在意大利好几个城市均被要求除下幕墙广告,原因是广告的粗暴意识过甚。此后,该广告在英国、冰岛及法国也相继被要求撤回。但此则广告让贝纳通意识到幕墙广告比平面广告带来的反应和批评更激烈,最后,此广告也成了贝纳通典型的广告概念,因为猛烈的评论过后,广告的理念最终被理解和认同。它在获得瑞士的一个奖项之余,荷兰的一个展馆更是把此广告公开展览,意大利一家医院的育婴部更是索取这张照片挂于部门内。

图1-8 牧师与修女

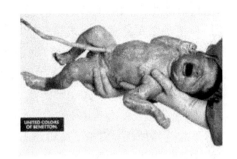
图1-9 婴儿

三、继续前进,开展广泛合作

贝纳通没有因为一次次的争议而动摇,反而更进一步。1992年,推出了一系列关注社会议题的广告,包括"临终的艾滋病"、"手持大骨的游击队员"、"黑手党"、"货车与难民"、"越过洪水的印度夫妇"、"燃烧的汽车"、"难民"等7则系列广告,但却受到相当一部分国家的指责及媒体的禁刊。但是那年贝纳通开始和不少机构团体合作,宣传对抗艾滋病的运动,在美国、巴西、南非、德国等地进行了一连串的宣传活动,为次年揭开了一个新局面。

在1992年,贝纳通终于获得不少官方机构的认同,证明了贝纳通的广告系列成为表现现代文化的重要一环,世界很多博物馆均展出贝纳通的广告系列照片。从1993年开始,贝纳通获得瑞士明爱机构及日内瓦国际红十字会协助,成功展开一个名为"衣服分配计划"的活动,在广告中贝纳通的总裁亲身赤裸上身,以"我要回收我的衣"及"清理你的衣柜"作为幽默的宣传语,并希望大家把多余的衣服捐赠到全球七千间贝纳通专门店。活动获得了不少媒体的眼球,更有杂志拿这个裸体当封面。

图1-10 临终的艾滋病人

图1-11 女孩和娃娃

之后贝纳通的广告开始配合活动来展开,几乎每隔8个月左右,就有一项大的主题活动展开。1994年,承袭贝纳通的文化传统,专门成立了一个叫做Fabrica的传播研究及发展中心来运作这些活动,寻求与不同的合作伙伴发展传播广告系列,有非营利机构如(FAO)联合国粮食农业组织、联合国、联合国难民组织、SOS反种族主义组织以至在不同国家的文化机构及博物馆,因而获得了不少赞美及重要的奖项。Fabrica因此被赞颂为最具震撼力及受国际间重视的文化活动中心。

不管是质疑还是理解,贝纳通已经成为国际上最为引人注目的服装品牌。他的广告创意已经完全超越了产品本身,成为了宣传品牌的某种精神或思想的主张,成为了捍卫自己思想的武器。设计与文案本身变得无足轻重,Paolo Landi说:"我们往往只是在摄影作品上标上绿底白字的United Colors of Benetton的标识,色彩的概念已不是我们视觉意义上的含义,而是任何能够表达世界关心的人类主题。"

贝纳通希望人们从其广告中读出生与死的辩证法,读出蕴涵其中的永恒主题——爱。但是还是有许多评论家批评贝纳通只是在利用一些敏感的社会和宗教问题沽名钓誉,在制造一些令人震惊的画面来引人注目,甚至也有部分消费者对贝纳通的做法提出了质疑甚至产生了抵制。1993年,法国艾滋病组织起诉贝纳通,指责其广告在人的臀部和其他部位打上"HIV病毒阳性"的字样,是以一些人的痛苦来进行商业炒作。

这种成功其实并不偶然,因为贝纳通在推出惊世骇俗的广告的同时还保留着每季发布服装产品的广告运动,讲究服饰本身的特质、和谐以及色彩,从而保证了该品牌在受众心目中的延续性。它那些"语不惊人死不休"的争议广告虽然屡屡遭禁,却凭借新闻性和话题性大量见诸各类媒体的新闻版面,宣传力度丝毫没有受到影响。相反,贝纳通公司反而因为广告遭禁而节省了一大笔广告支出。无怪乎O. Toscani得意地说:"我们一年的广告支出,菲雅特汽车一天就用掉了。"Paolo Landi则表示:"我们做的一切,别的服装品牌没法做,我们成功,是因为我们的Uniqueness。"

四、"冷血"的消费主义与社会意识

贝纳通广告引发的争议反映了人们关于广告的一种态度:广告是受限于商业世界的,社会问题不应作为广告设计的要素,贝纳通似乎在"戏谑"这些问题。然而,托斯卡尼却强调,这些形象在电视上天天可以看到,唯一的区别不过是有无新闻或纪实的场景。他声明:贝纳通广告绝非是对社会问题的"戏谑",而是通过表达社会问题给予这些事件应有的关注。

由此我们看到,人们对贝纳通广告的争议在于:商业与展示人类生活"黑暗面"的矛盾。在人类原本的"思想架构"中,广告与那些原本属于新闻报道的形象是相区别的。甚至有人认为,这些社会问题被置于广告中,会淡化这些问题的严重性和严肃性。Tinic 在她关于贝纳通的文章中谈到"社会问题的商业化":"文化问题的重要性正在随着其与商业的结合而被减小和败坏。"但是,托斯卡尼再三声称他的作品实际上不是广告,因为他发现"广告使社会堕落"。我们也可以看到,在他的广告中几乎没有产品的形象,而只有上面绿色的商标提醒观众一个"营利机构"(贝纳通)告知人们艾滋病的危害以及提倡种族平等。如 Tinic 所述:"公众服务的目的和商业目的间隐含的矛盾强化了贝纳通广告系列的争议。"

随着消费主义的蔓延,日常生活已经发生了巨大变化,当今时代对于贝纳通广告来说似乎时机成熟,只不过它当初过早迈出了一步。贝纳通的目标消费者:年轻人,事实上非常关注社会问题,所以这样的广告很容易打动这些观众。在将来,社会问题可能将会成为广告中常见的主体,因为企业想要关注和关心其消费群体所关注的现实问题。

另一方面,21 世纪的人们离生活的"野蛮现实"越来越远,他们不愿面对生活的开端和结局,以及这期间发生的一切罪恶。托斯卡尼却把这些主题提上日程,展示"人类最本质的东西"。广告,作为这样一个媒体,显示了巨大的作用,因为它比展览之类吸引更多观众,成为流行文化重要的一部分。而无论如何,贝纳通提出了关于当今时代广告究竟扮演何种角色的重要议题。它的广告不是"戏谑",而是在 21 世纪地球村的大环境下面向讨论重要社会问题所迈出的一步。

五、结语

贝纳通或许被认作"狡猾"的广告策划者:利用他人的苦难盈利,从新闻、电视和日常话题中为其"震撼广告"获取免费的宣传资料;或许被认为是具有良知的企业:旨在引起人们对重要问题的关注,并赢得大众对于苦难者的同情和支持。无论这些广告形象戏谑与否,均是对貌似远离疾病和战争的现代人的一剂提醒。同时,贝纳通充当了一类广告的先行者,而且,围绕贝纳通所展开的讨论显示了广告在社会中举足轻重的地位,并将人们对消费文化的思考提升到一个新的层面。今后,我们将会看到贝纳通所迈出的一步究竟是引领一种新的广告文化,还是仅仅作为一种"试验",引发一群效仿者的追随,而并不足以产生广告业的根本改变。

案例来源:根据李叶飞《惊世骇俗贝纳通》(《广告大观》2004 年第 2 期)、李婧《从贝纳通服饰广告看广告宣传与社会责任》(《科技创新导报》2007 年第 36 期)改编。

思考题：
1. 如何理解"广告产生于商业化信息传播"这一断言？
2. 广告业是怎样发展的？
3. 广告产业与其他产业相比有什么显著特征？
4. 怎么理解广告产业链中构成要素之间的关系？
5. 广告公司从发展到成熟经历了哪几个阶段？
6. 结合例子谈谈广告的社会文化功能有哪些？

第二章
广告的经营管理

本章将着重阐述下列问题：
- 广告经营管理的基本含义是什么？
- 广告经营管理必须遵循哪些原则？
- 广告经营管理的基本构成形态如何？
- 广告投入产出的效益机制是怎样的？
- 广告业如何通过经营管理获得收益？

第一节　广告经营管理概念

经营管理是有序化的社会和经济发展对一切经济活动提出的进一步要求，广告也不能例外。作为经济社会发展及市场竞争所延伸出的一种必然结果，广告的系统性运作必然涉及广告的经营管理，同时也正是由于广告经营管理的出现，才使得广告及广告运作进入一个更加科学、有序的发展状态。

一、广告管理的基本含义

广告活动是一种经济传播活动，它充分社会化的本质提出了广告经营管理的要求。广义而言，广告经营管理是从经济学延伸出来的一门学问。经济学作为一门独立学科，自1776年亚当·斯密发表《国民财富的性质和原因的研究》以来，已经形成了众多分支，其中之一就是"管理经济学"。管理经济学是一种将经济学原理运用于公司或其他经营单位决策之中的研究，通常以个别消费者、公司及行业经济行为作为研究对象把这种研究方法与相关的学科结合，运用到广告运作之中，就构成了广告经营管理。

所谓广告管理也就是广告经营管理。在英美有关"经营管理"的讨论中，对等翻译的词有两个：management 或 operations management。前者大多用于通常的翻译之中，"经营"和"管理"在这里具有同等意义；后者则常见于一些工商管理论著中,侧重于对企业及经营活动的管理。从广告经营管理的特征来讲,实际上包含了两重含义:一方面它是企业为达到营销目标所进行的一种管理活动;另一方面是政府为保证广告活动的有序化所进行的一种调节管理。所以我们把广告经营管理界定为对广告经营活动的管理,它包含了企业自身的要求,也涵盖了政府以及社会对广告活动的规范和引导。

广告经营管理作为对广告经营活动的管理,与其他任何管理一样,其核心都是为获取既定的管理目标而采取的一种组织和调控方式。由于广告经营管理具有企业运作追求与社会调节规范这两种特质,从而决定了广告经营管理必然具备某种二重性,即自然属性和社会属性。广告经营管理的自然属性在于,它是从广告主的利益需求出发,以发挥广告效用、提高广告效益为目的,把实现广告投入的收益最大化作为追求目标。因此,在操作上具有明显的趋利性和自我维护性。它要求充分利用各种广告技术手段,以保证广告目标的有效实现。而广告的社会属性则强调了广告作为一种社会表现形态,不仅是企业利益追求的手段,也是经济社会发展的组成因素,因此要从社会经济及大众文化等多重因素的有序和协调中加以规范。所以广告管理既要保证广告主的利益,同时也要保证整个社会大众的利益。

二、广告管理的本质及必然性

我们正面临着这样一个不可回避的事实:不论你是否承认它,广告已经成为现代社会的一种基本表现形式,它从各个方面渗透到我们的生活中,它不仅仅直接对市场和经济活动发生效用,而且还影响着人们的观念和行为,甚至成了人类生活方式的一种诠释。一方面广告以某种强迫参与的方式使我们无法回避;另一方面在我们的生活中又离不开广告。随着广告越来越多,其充分社会化的特征要求我们不得不从经营管理的角度对其加以审视。

同时,广告作为企业市场竞争的一种选择,严格地说,它首先是企业为了达到其利益目的所采取的主动追求。《大不列颠百科全书》中对广告的释意是:广告是传播信息的一种方式,其目的在于推销商品、劳务,影响舆论,博得政治支持,推进一种事业或引起刊登广告者所希望的其他反应。广告不同于其他的信息传递形式,它必须由登广告信息者付给传播信息的媒介以一定的报酬。这个对广告权威性的解释,其实只是从概念上对"广告"做了解释,就广告的发生和作用仅仅给予抽象的静态描述,虽然它也涉及广告功能(推销商品、劳务、影响舆论、博得政治支持等)、广告手段(通过各种宣传工具,其中包括报纸、杂志、电视、无线电广播、张贴广告及直邮等)以及广告的利益交换实质(必须由登广告信息者付给传播信息的媒介以一定的报酬)。可以说,正是广告这一基本特质决定了广告本身的趋利属性,同时也决定了广告在其利益追求过程中不可回避的社会性特征。因此,从经营管理的角度审视广告及广告活动,有几点必须注意:

第一,广告作为企业利益追求的一种主动选择,是企业市场营销的一个组成部分。就企业而言,广告是一种投入,它具有企业对其他任何投入(如原材料、技术、人力资源)一样的要求,即投入必须产出。而且就企业发展的效益来说,对广告的投入产出比也要作出要求,即以最小投入获取尽可能大的收益。如此一来,广告活动就不仅仅是单纯传播信息,更重要的是信息价值和信息效果的实现。正是这种广告发生的本质要求,导致了广告经营管理的必然性。

第二,广告的发生虽然属于企业自身的利益追求,但是在一个市场化的格局中,企业的任何利益追求都必然与整个市场相关联。也就是说,表面上只属于企业自身的广告,实质上不仅仅受制于企业自身,同时还受制于外部环境。在这里,外部因素来自三个方面:

1. 相关企业或产品。它们与企业处在同一市场格局中,只有充分地了解对方,并对此做出相应的判断和合理的反应,广告才可能发生效用。

2. 广告信息的传播中介,主要是广告媒体。如果没有广告媒体的配合,任何广告信息都无法抵达广告对象,因此广告中介从某种意义上也制约了广告活动,只有合理地运用广告媒介,才能保证广告运作有效。这一点从广告对中介的付费要求上即已说明。

3. 广告活动的终端是广告对象即通常所说的目标顾客:人。所以任何广告必须从一开始就要设定人的特定反应。广告活动只有符合了其特定对象的利益目标,才可能使其产生预期反应。广告的这一系列外部因素,同样也决定了广告经营管理的必然性。

第三,由于广告已超越了单纯企业行为而成为一种社会现象,同时广告的发展已形成了产业化趋势,因此从客观意义上说,广告活动必须遵循整个社会的政治、法律和道德原则,必须有利于促进社会发展和经济繁荣。这就要求每一个广告发起者和参与广告运作者,都必须遵守一个共同的游戏规则。唯有如此,广告及广告产业在整个社会经济格局中,才可能得到健康有序的发展。这也是广告经营管理的一个必然性因素。

第二节　广告经营管理目标

实施广告管理是对广告活动有目的地进行调节和控制,正如任何管理必须设定它的既定目标一样,广告管理也必然要为自己设定相应的基本任务和工作目标,只有这样才可能保证广告管理的科学化和有序化。

一、广告经营管理的原则与目标

如前所说,广告管理涉及社会不同方面和多重组织机构的发展要求,在一定程度上具有多重调节职能,这一特征决定了广告管理任务的涵盖宽泛性。广告经营管理的任务既不等同于一般的微观管理,诸如组织管理或企业管理,也有别于各种宏观管理,如政府导向或政策调控。它集宏观管理与微观管理于一体,在本质上追求效益性和适应性的统一,这可以看做是广告经营管理的基本原则。

1. 效益性原则。

所谓效益性,主要是就广告活动所追求的经济目标而言,任何广告活动,归根结底都应该帮助企业实现一定的经营目标。通过广告活动实现经营目标,不但是广告主的核心追求,也是广告受众获取信息的必然要求,而且在一定意义上也是政府监管的必然结果。因为广告活动如果最终无法达到相应的经济效益,对企业而言是投资收益的丧失,对受众而言是没有达到预期的传播效果,这种结果必然使得广告活动无法持续,多种现象的堆积最终甚至会影响整个经济和社会利益。因此不论怎样理解广告经营管理,都不能放弃保证广告取得良好效益这一原则。

2. 适应性原则。

所谓适应性,就是指为保证参与广告活动的各方利益,广告运作在坚持有效的前提下,还必须承担相应的社会责任。它体现了两个方向的追求,即社会对广告表现内容和表现形式的认同适应,以及广告自身合乎社会规范进而达到传播效果的适应认同。在这里适应性不仅仅体现为社会要求,其中包括了法律、诚信和道德等方面的约束,也体现了广告活动自身的规律。从广告运作来讲,如果广告所传播的信息不能适应受众的接受心理,或者有悖于约定俗成的社会习惯,那么广告所欲诉求的目标也必然无法实现。所以只有处理好适应性才能够最终保证效益性。

效益性和适应性的统一,既包含了对广告经营管理的宏观要求,也体现了实现广告经营基本追求的微观效果。简单地说,在广告活动中不同角色所追求的具体目标并不完全一致,运用效益性和适应性协调这一原则,能够使广告经营管理中不同的价值追求得到统一,从而有助于广告活动真正得到健康良性发展。基于这种认识,对广告经营管理的目标,大致可以概括为几个方面:

首先,广告经营管理是对广告运作过程的内部管理,是企业营销管理的一个组成部分,其任务是对广告信息决策、广告资源分配、广告效果达成等一系列战略问题加以规划,并提出相应的战术实施文案,从而实现企业营销规定的效益追求目标。

其次,广告经营管理要想保证企业自身广告行为的顺利实现,就必须与政府及整个社会的利益规范相协调。在这里,政府通过相应的法规来限定和引导广告行为,从而形成统一的广告准则,以保证每一个广告活动参与者都能够公平、合理地运用广告。

最后,就整个经济活动而言,不论是政府还是企业,所有相关广告的一系列活动,都包含着一个共同因素:就是保证广告及广告产业的良性发展。所以广告经营管理归结起来,其根本所在乃是为广告业的发展服务,在产业化的经营发展中,使广告更加科学、更加健康,从而成为人类社会生活中更具有代表意义的一种表现模式。

二、广告管理的构成形态

对广告活动的这一理解,直接涉及广告管理的构成形态。如前所说,广告活动是一个社会多方参与的活动,它的社会性和公开性决定了所有这一系列活动,都不可能脱离各种制约因素孤立地进行。而有关广告运作的各种因素,尤其是涉及市场和消费终端,又必然要联系到社会化监督和控制的问题。对此,美国著名广告学者巴茨(Rajea Batra)等人在其《广告管理》著作中提出了一种广告运作宏观模式(图2-1),我们也以此为基础,对广告经营管理的构成形态加以描述:

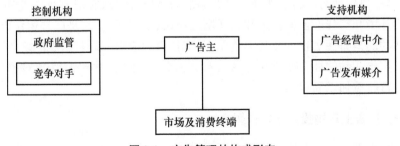

图2-1 广告管理的构成形态

这个模式建立在广告主的广告要求之上。广告主从其营销需要出发，运用广告形式向市场以及消费终端推销其产品或服务，在这个推销过程中广告经营中介机构和广告发布媒介，以自己的专业能力和特定地位为广告主提供支持。这些支持从广告策划创意到广告制作发布，包含了广告专业化运作的整个流程，因此它们被称作是广告活动的支持机构；因为广告活动不仅仅是广告主单纯的广告行为，它还涉及社会生活的多个方面，所以广告活动必然要受到政府和相关机构的监督管理，即便是从广告主自身而言，也面临着行业竞争的压力。对于广告主的广告活动来说，这些都属于限制性因素，因此我们把这些约束和监管机构称为广告的控制机构。

我们对广告经营管理的整体阐述也是建立在这一认识之上的，按照这一思路，广告管理的内容实际上体现为三个层面：广告产业及经营管理、广告战略及决策管理、广告环境及调控管理。诚然，广告由于不同学科的交叉和渗透，如经济学、心理学、传播学、社会学和管理学等等，对它的解说也有所不同。但是作为对广告经营管理的考察，我们的立足点则是从经营管理的角度，对广告的专业性特征加以描述。20世纪20年代曾出版了几本包括罗兰德·维勒的《广告经济学》在内的广告著作，但并未直接把广告经营管理导入其中，也许第一本以广告经营管理为主题的著作当属1950年出版的由尼尔·鲍顿和马丁·马歇尔合著的《广告管理学理论与案例》，自此以后，广告经营管理的独立属性越来越突出。我们对广告经营管理的认识，则主要是力图从管理学和专业经营的观念出发，以此为原动力，重点研究广告产业化的发展，以及广告决策战略。

第三节 广告经营管理效益

广告经营管理是对整个广告活动的管理，既包括对广告产业和广告活动的宏观管理，也包括对广告运作和广告策略的微观管理。从宏观上而言，它是对整个广告环境和广告产业的政策和法规调控；从微观上而言，它是广告运作机构对广告活动的策略性运作。究其本质而言，广告管理追求宏观与微观的统一，以此来保证广告活动的社会效益和经营效益。为此我们以广告经营管理对象角度，对其经营收益加以简单描述。

一、广告主营销投入与广告剩余

广告本身是一种营销投入，所以广告主毫无例外地必须要考虑其投入产出比。不论从什么角度认识广告管理，都不可否认其根本目的是为了保证这个庞大的投入处于良好有序状态。从整个社会经济发展角度而言,广告管理追求的是广告产业的经济文化效益。从广告主和广告经营机构角度而言,其所追求的是广告投入所产生的直接或者间接的经济收益。

1. 广告主的营销追求。

半个多世纪以来,广告圈中一直很流行百货业巨头沃纳梅克所讲的一句话:"我知道我的广告费有一半是浪费掉了,可是我却不知道哪一半。"尽管明知许多被浪费的广告经费没有产生收益,但广告主们却依然热衷于广告,不断增加广告预算并且乐此不疲,这充分说明了广告主对广告投入效益的依赖。然而有一个很有意思的信息,却并没有引起人们的充分关注:有关统计表明,汽车行业中尽管广告支出日趋庞大,但在20世纪50个名牌汽车中,直至今天仍在坚持销售的仅仅有10多家。而1990年公布的美国10大产业集团中,只有两家能将其前10名的地位维持到今天。竞争残酷地贯彻着优胜劣汰的原则,它迫使广告主在进行广告活动时要从双重意义上去考虑广告的营销法则:一方面把广告作为一种行之有效的促销方法,运用广告实现其营销沟通目的;另一方面在广告市场上,广告剩余所导致的无效投入也无可回避。因此要想使自己的广告获得理想的效益,在追求广告量的同时,更重要的是提高广告的质。

从定义上讲,所有广告主的广告追求都是为了达成其营销目标,尽管每一个独立的广告创意可以根据不同的阶段目标加以包装,但其本质都脱离不了营销。广告主之所以热衷于广告,是因为广告带给广告主某种直接的利益,广告主在通过广告所进行的营销活动中,实现了自己的市场目的。广告主作为产品或服务的生产者、提供者,通过广告向其受众——潜在的产品或服务的购买对象——提供了具有明确倾向性的选择信息,在获得其认可后达成了购买实现。从这个意义上讲,广告所做的工作就是彻头彻尾的促销,其工作在本质上与推销员并无区别,所不同的是,广告作为营销手段,在操作和运用上往往具有比较长远的战略意识,它所针对的对象与推销人员并不完全一致,不是单个的人,而是单独的群体。

从广告的市场化视野中来看待广告主的广告行为,其本身也是受到市场营销法则支配的。比如,广告主对广告的需求和供给一方面决定了广告市场的规模,另一方面也说明市场法则在广告营销中的必然性。这或许可以解释,为什么广告主的广告投入随着时间的推移在整体上处于不断膨胀的状态。

2. 广告的剩余原理。

有关学者曾提出了广告的剩余原则,认为对广告的需求有两个层次:企业(广告产品的售卖者)对广告的需求和潜在购买者(主要指消费者)对广告的需求。售卖者对广告的需求在于他希望通过广告能带来预期的收入,潜在购买者对广告的需求却在于对广告所提供的产品或服务的可用性、价格和其他方面的信息需求。① 这种对广告需求的理论,为我们从广告市场的角度认识广告营销本质提供了全新的观照方法。对广告需求的两个层次,运用图形加以反映,可视为两条不相交的需求曲线(如图2-2)。

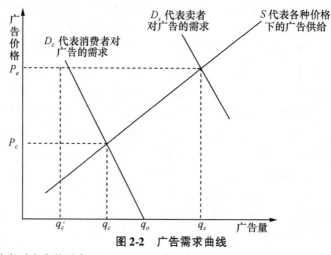

图2-2　广告需求曲线

D_c代表消费者对广告的需求　　　　D_s代表卖者对广告的需求
S代表各种价格下的广告供给

由此可以看出,与对广告需求不同的是,广告的供应是伴随着产品和服务以及媒体所组成的联合供给。由广告售卖者制定广告质量决策,通过一定的媒体传播,联合将某种产品和服务信息传达给目标群体。当传播媒体对价格的控制与产品或服务的提供者所愿意提供的价格一致时,就会形成一条供给曲线。

广告需求和广告供给作为一个理论概念,严格地讲当广告费用进入产品成本乃至产品价格之中时,不管消费者是否愿意为广告付费,只要消费者购买了广告产品,就意味着为广告付了费。按照两重需求理论,售卖者既是广告需求者,又是广告供给者,因为其需要广告来实现产品价值转移,同时又提供经费支持实现广告活动。在通常情况下,售卖者对广告的需求量比消费者对广告的需求量要多。当广告的单位价格不断下降,甚至为零时,消费者才愿意购买不断增加的广告数量,但广告量不多于q_o。

供给与需求的均衡价格是Pe(因为实际决定广告数量的是售卖者而不是消

---

① 参见夏清华:《广告经营与管理》,武汉:湖北人民出版社1998年版,第25页。

费者),均衡数量是 q_s,在这一点上真正购买广告的是售卖者而不是消费者。在均衡价格下,如果售卖者能以 q_c 的广告量卖给消费者,那么消费者愿意付费的最大广告量为 q_o。

如果消费者独立决策,在价格 Pc 情况下愿意购买 q_c 的广告量,在这种情况下,售卖者所提供的广告数量会大大地超过消费者所愿意购买的数量,甚至是超过消费者不考虑任何成本时的广告量。消费者所需要的和售卖者可提供的不同的广告规模,取决于这两个不同群体对广告的需求程度。在一个充分的市场化时代,当广告主需要通过广告为其产品寻找出路时,我们有足够的理由相信,售卖者比购买者渴望更多的广告量,而且这个数量又由售卖一方决定。很显然,这个数量在实际上要比购买者所愿支付的价格大得多。这就是广告剩余或富余原理。如果比较完整地对此加以表述则是:在一个产品或服务供大于求的经济背景下,广告总量在供给需求之间存在着某种剩余,这种剩余对生产者、消费者乃至于整个社会经济而言都是必要的,它能够通过广告不断提供消费者所需求的大量可选择的信息,同时帮助广告主更加有效地实现竞争。

二、广告费与广告公司的经营收益

严格地讲,广告公司的业务经营就是一种服务代理,即利用一定的技术设备和专业化工作,为客户提供有关市场调研、广告策划、设计制作、代理发布以及公关、促销等方面的服务,并从中获取相应的经济收益。广告公司经营的发展往往是与其账面业务额的增长相联系,广告费收入是其经营收入的主要来源。广告费通常是指用于广告活动的各项经费。这项经费对于广告主来说,是广告的投入预算,对于广告公司和媒体而言则是其广告业务经营收益。这里主要是以广告公司的广告经营为依据,对广告费构成和收费形式加以探讨。

(一)广告费的基本构成

正因为广告经营的发展是通过广告营业额度的增加来体现的,所以对广告收费就要有一个完整的认识。广告费一般由两个部分构成:广告制作费和广告发布费。两者之和就是广告总费用。如果一家广告公司仅仅承担了广告的设计制作,却不承担媒介发布,那么它所收取的只是制作这一部分费用,而没有获得相应的来自媒体方面的费用。广告收费的幅度构成了广告的价格,在这一价格构成中,与一般价格别无二致的是它都包含着"成本+利润"两个方面,所以在成本利润稳定的呈正比情况下,营业额度越大,意味着收益越高。

在中国广告界,对广告的收费大体有几种情况:

1. 媒介代理费。这是广告收费最具有历史性的收费项目,即由广告公司代为广告客户购买媒体的佣金。目前国际通行的媒体代理佣金为15%左右。

2. 其他服务费。因为广告公司为客户所做的工作并不简单的只是进行媒介代理，在大多数情况下还要进行广告调查、广告策划创意、设计制作等。因此，在广告公司与客户取得协调的情况下，这方面也需收取一定费用，通常情况下这方面的费用计算比较灵活，一些全面性代理的公司往往在代理费用中已包括了诸如策划、设计创意等费用。

3. 特别服务费。由于广告活动已超出了通常情况下的媒体运作，广告公司根据客户要求还需要进行有关 CI（企业形象识别）、PR（公共关系）以及促销（销售促进）等服务。这些专项服务与媒体购买不同，它没有一个比较确定一致的收费标准，所以在收费上比较灵活。

（二）影响广告收费的主要因素

正如前面所言，广告费的收入额度以及成本和利润比率构成了广告的经营规模和经营效益，所以在保证广告业务的前提下，广告收费和定价原则就成了一个关键因素。一般而言，影响广告收费及价格标准的因素主要有几方面：

1. 广告成本。

成本是广告构成中最为主要的因素，是制定广告收费标准的基础，任何对广告价格的确定，都是建立在对媒体成本、原材料价格成本以及相关的人力资源成本等方面综合考虑之后所确定的。

2. 广告经济效益。

这里所指的是广告为客户所带来的直接收益。对广告客户而言，广告是一项预先的资金投入，目的是为了收获更大的经济利益。如果广告能够为客户带来显著的利益，如期达到或者超出了客户的收益预期，那么广告公司的收益也很可能成正比上升。在某种意义上，这种广告经济效益决定了广告收费中利润部分所占比重的大小。

3. 广告行业平均利润率。

广告业作为一个行业整体，一方面与社会经济构成中的其他行业共同构成了一个大致平衡的行业利润率；另一方面在广告业内部，由于竞争和市场的统一调节，也形成了一个大致均衡的利润率。比如一家媒体如果收费标准太高，广告客户就会自然而然地向那些收费比较合理的媒体流动，通过这样的调节，形成一个大致平均的利润水平。在这一点上价值规律发挥了其客观公正的效用。

4. 现行价格水平。

在商业社会中，价值规律是保持商业交换平均的调控器，虽然任何价格都具有某种弹性，但都是以价值规律作为基准的。广告的收费水平，作为一种商业交易的价格水准,必然受到了一定时期整个社会价格体系的影响,与社会成本与社会平均利润率有密切的联系,不能够游离于这一价格体系之外。

5. 国际广告市场的收费标准。

广告业经过多年的发展,在发达国家已经相当成熟,其产业的各个方面都已形成了协调一致的行业规范和游戏规则。随着一体化市场格局的形成,这些从市场发展中总结出来的规律,必然对中国广告市场产生影响,同时中国广告业也正在有意识地使自己的运作方式包括收费标准在内更加规范化和国际化。

6. 供求关系的影响。

这是各种行业中都存在的一种竞争平衡因素,当广告业务的上升超越了当前广告商的服务供应发展时,必要导致广告收费的提高,反过来则相反。当然,从整个市场的调节来看,这种状况永远只是一种暂时的现象。

在广告运作现实中,由于具体情况的不同,广告收费及收费标准有时表现得比较复杂。同样的一项广告业务,尤其是涉及广告运作中具有创造性的策划、创意等业务,在不同的广告商那里会有很大的收费差异,个中的主要原因除了上述因素之外,最重要的还是因为在广告的创造性服务中,不同素质不同水准的广告商,其广告策划创意的水平和质量有很大差异。就广告创意而言,它与广告运作中有关材料、媒体等方面截然不同的是,它的成本概念很难具体估算,从这个意义上讲你无法对策划创意作出僵硬的价值评估,同时也正是这种原因,要求广告创造性的服务要不断提高质量。

(三) 广告收费的基本形式

现行广告收费虽然名目较多,但在收费项目和收费方法上基本采用四种形式,即佣金制、实费制、费用—佣金制、代理补偿制。

1. 佣金制。

这是广告经营活动有史以来就产生的一种收费方法,在广告收费中历史最为悠久,并且至今仍旧被广为沿用。在早期广告经营中,广告商所获得的佣金报酬最初主要由媒介按照其刊播的广告费用总额划出一定的比例支付给广告商,作为广告商推销媒体和代客户购买媒体的报酬。所以媒体佣金时常也称作代理费或手续费。有时佣金也由广告主支出,即广告主在广告商代为购买媒体的成本费用之外,再按照一定比例为广告商支付相应的佣金。这种方式后来渐渐为实费制所代替,所以我们所讲的佣金一般都指由媒体支付给广告商的广告代理费。媒体佣金的比例因为媒介不同而情况各异,大多数国家对大众传媒的佣金比例都统一为15%。中国《广告管理条例》中曾规定国内广告业务代理佣金为10%,外商广告代理佣金为15%。在《广告法》实施之后又统一为15%。在大多数广告公司中,媒体佣金是其收入的主要来源,根据双方合作情况的不同,这一比例并不是固定不变的,广告主与广告商之间多采用协商形式。比如,有时由于广告主媒体费用投放总额的增加,广告商从中获得的代理费绝对额也随之上升,但这种报酬的增加并没有同比增加广告商的劳动付出,在此情况下广告主往往要求广告商降低代理佣金的标准。除此之外,还有一些媒体成本及代理费比例的变化,也是导致广告代理费变化的原因。

2. 实费制。

这是一种以实际成本和实际业务支出为基础的费用支付方式,它摒弃了佣金制中固定不变的比例,侧重于广告操作中的实际价值。20世纪60年代由大卫·奥格威率先实行这一付费形式。按照实费制,广告商在整个广告代理过程中,一切外付成本,包括媒介费用、调查费用、制作费用以及与广告相关的差额费等,均要提供实际付款凭证,用以向广告主结算。广告商内部的各项开支也需有财务凭证,广告主按照广告运作的实际劳务成本向广告商提供一定的报酬。实费制是对传统佣金制度的一次突破,其公开透明的特点颇受广告主的欢迎。但在实际操作过程中,这种方法在实施上有许多麻烦,一方面由于单纯依据计费方法难以准确考虑不同广告公司在工作效率方面的差异;另一方面一些财务凭证和工时证明也难辨其伪。比如在美国一些大型广告公司中,一个高级撰文员的工时单价是150美元,普通撰文员大约100美元,采用实费制后并没有改变原有的15%的佣金关系,只是在佣金之外另加收了一部分直接费用,而直接费用无非是媒体成本之外,诸如策划创意等方面的费用。所以严格地讲,直接费用是属于费用—佣金制。

3. 费用—佣金制。

出现这种情况的背景是,由于媒体佣金通常是15%左右,如果广告额度较小,广告商们获得的来自媒体的佣金也就有限,在许多情况下仅仅是佣金所得无法弥补广告商的成本,或者难以保证最起码的获利,在此情况下广告主与广告商通常会协商采用费用—佣金制。即在佣金的基础上,定期向客户加收一定的基本费用,由于这种方法是将佣金与实费制相结合运用,所以也称作费用—佣金制。

4. 代理补偿制。

在广告商与广告主的合作关系中,代理商与客户之间的关系不仅仅是简单的广告代理关系,更重要的还是一种财务关系。代理补偿制是一种基于财务奖励的广告激励制度。通常情况下,广告客户与代理商通过某种协议,将广告的直接效益与广告商的收益相联系,如果一个广告运动非常成功,能够达到双方协议的目标,则广告商可以获得更多的财务补偿;如果广告运动失败了,由于广告客户受到了一定的损失,相应的广告商的报酬也有所减少。

三、广告媒介经营形态与经营职责

在构成广告产业运作的三个基本参与者中,广告主是以自己的广告经费投入推动广告产业,广告公司作为服务中介,是通过出卖自己的"广告产品"给广告主而获得经营收益,而广告媒介的经营则是出售广告空间或广告时间,通过这种有形的物质交换来获得经营收益。从某种意义上讲,广告媒介是广告交易中最后的卖主,无论是广告主还是广告中介商,都在直接或间接地向广告媒介购买广告时间或空间,所以就广告媒介经营而言,最重要的就是怎样做好媒介,使广告发挥出最佳的传播效果,以此来赢得广告主。

(一)广告媒介的经营形态

广告媒介的广告业务经营方式,多年以来无非是两种方式:一种是媒体直接承揽广告业务;一种是委托广告中介代理承接业务。现在大多数广告媒体是两种形式并用。但是不论采取何种形式,大多数的媒体为了保障广告业务经营,在媒体内部都设立了自己的"广告业务部",只不过由于其侧重点不同,广告业务部的运作也不同。

侧重于自己揽客户的媒体,其广告业务部往往机构庞大,因为要直接与广告客户接触,并且还要满足广告客户在创意、设计、制作等方面的需求,所以在广告部之下,又分设多个分支机构,有业务承揽,有策划写作,有制作设计等,其模式类似一个广告公司。这种形式在许多媒介广告部门的早期运作中比较多,许多广告部也把这种形式当做一种发展方向。但是在发展了相当长一个阶段之后,这种形式逐渐暴露出了它的先天性缺陷。媒介广告部实际上只是媒介的一个职能部门,广告媒介的根本职责是实现广告的媒介发布,这一职责决定了媒介广告部只能是以媒介为依托做一些媒介服务方面的工作,如果超越了自己的工作范围则准勉不能。但是当媒介广告部直接面对广告客户时,客户有一些辅助性的要求,或者是超越媒介责任的要求,在客户方面是顺理成章,在媒介方面却有些不合情理,这就造成了某种矛盾。另一方面,随着媒介广告经营规模的不断扩大,媒介广告部不可能无限制地膨胀,这样仅仅依靠媒介广告部也无法满足日常广告运营的各种要求,这就必然要求媒介广告经营中采取另外一种模式,即侧重于中介代理的广告经营模式。

许多广告经营规模比较大的广告媒介,大都采取广告代理的形式。这种形式的一大特征是,由各媒介代理公司和广告公司负责广告业务的承揽和广告客户的接触,媒介广告部通过各代理公司和广告公司接受广告业务,按照有关约定负责在媒介发布。在这种形式之下,媒介广告部并不直接与广告发生关系,广告部直接接受广告公司的委托,与广告公司双方之间达成协议、责任和义务。当然,作为这种带有专业分工性质的程序化操作方式,媒介必须让出一部分利润作为对广告公司的报酬,广告公司收到这一报酬,也就意味着它必然要代替媒介承担来自客户一方的责任。现在许多媒介在与客户直接的接触中,除了服务等方面的要求外,常常还承受来自客户资金拖欠和账款收付方面的风险,与广告公司实施代理合作,从某种程度上可以降低这种风险,而且由于广告公司的规范化运作和对广告时间空间的长期需求,可以使广告部的工作更加有计划,更便于操作。

当然,在媒介广告经营中,不论采取什么方式,就其根本而言,都是为了广告业务扩大的需要,那些一揽子包、直接兜揽媒介的公司除了上述原因之外,往往还有一个原因,那就是其广告业务量较小,迫切地想通过自我推销提升业务额。其实媒介广告经营中,媒介广告经营管理部门的努力固然重要,但更重要的是必须通过媒介自身的综合努力,提高媒介质量,增强媒介在受众中的影响。从这个角度讲,媒介广告经营的关键是经营的媒介,媒介广受欢迎,广告自然提升。1995年1月,《杭州日报》推出了一个《下午版》,这原是一张以本市社会新闻和大众娱乐为主的小报,《下午版》推出之初主要是随大报附送。在推出当年,因赠送报纸共计亏损达400余万元,但当年广告收入却超过了600万元,收支相抵颇有盈余。10年后,这份几经改版成为《都市快报》的报纸凭借其鲜明的办报特色,广告经营额也超亿元,跻身全国报业10强之列,其成功来自于媒介广告运作。

(二) 广告媒介的经营职责

办好媒介,使之真正受到广告主及广告受众欢迎,这是媒介广告经营的职责,也是其所追求的经营目标。但媒介经营是一个涉及多个层面关系的问题,不仅要通过媒介广告部的努力,更重要的还有其他部门的协同,比如编辑、书写、发行等。作为媒介广告部,其经营努力应该是致力于广告服务,具体而言更应注重以下几方面。

1. 广告审查与广告发布。

广告媒介承担着广告运作流程中的最后一个步骤,即广告发布。作为广告发布单位,广告媒介是对广告作业的最后一次把关,因为一旦经过媒介发布之后的广告,就成为一种社会化的传播形式,它的展示具有客观的不以人的意志为转移的定性,所以在广告发布之前必须予以严格审查。广告审查在这里包含了两方面的意义,一种是对广告创作及其疏漏的审查,一种是按照有关广告管理的法律法规对刊播内容之审查。这些工作其实从广告起始就在进行,媒介广告部门是最后的把关,尤显得重要。在中国广告管理制度中,把广告审查制作为一项重要内容,所谓广告审查就是由专门机构对未发布广告的表现形式、广告内容、有关证明材料以及广告主的主体资格进行验证审查,是一种事前审查,根据这项制度,"对内容不实或证明文件不全的广告,广告经营者不得提供设计、制作、代理服务,广告发布者不得发布"。现在有些媒介在广告客源的竞争中,为了单纯的经营利益,往往迁就客户,在广告刊播内容上有意开一个口子"打擦边球",如一些香烟广告变相宣传等。表面上看这是在服务客户,实际上却损害了社会利益,也不利于广告媒介的长远经营利益。

2. 广告调查与广告分析。

在日常经营中,广告媒介应该对自己的媒介状况和媒介特性有一个比较全面的了解和清醒的认识,这不仅是自我经营的需要,也是其为客户服务的必然要求。为了实现这一目标,广告媒介就必须坚持广告调查与广告分析。广告调查的内容相当广泛,主要是媒介受众的基本情况,媒介受众的构成(包括人口和地理的),媒介受众对媒介的态度和倾向,媒介刊播广告的格式或频次是否为受众认同,受众对媒介刊播广告的反馈情况,等等,并根据媒介发行或覆盖情况提供翔实准确的收视调查。在此基础上,对媒介广告进行具体分析,什么样的客户,什么样的广告,什么样的形式,更加有利于媒介受众的接受,采取怎样的方式更能够达到广告效果等等。媒介广告调查与广告分析的数据是其对广告客户提供建议的第一手资料,也是最可靠的、最有说服力的媒介证据。近年来,许多媒介十分注意收视率等方面的调查,并且按照收视情况对客户提供广告建议,这正是媒介广告经营科学化、规范化的一种标志。

3. 广告排期与广告档案。

媒介在发布广告时对广告进行排期,这是媒介广告经营的基本要求。对媒介而言,广告排期意味着双重意义:其一,它是媒介广告有计划有秩序发布的一种要求,体现了媒介的规范和严谨,也是媒介在其整个传播板块中,调节和挖掘广告时间与广告空间的一种方式;其二,媒介广告排期是广告主整个营销传播计划和广告战略的一个重要组成部分,作为媒介要协助广告主实施其广告设计计划,所以在很大意义上,必须尽可能地满足广告主的要求。在媒介广告排期中,经常会有一些难尽人意的地方,由于时间、版面等方面的因素,原定的广告排期情况要进行调整。出现这种情况时,媒介广告部门首先应从自己着手,自我努力尽量解决问题,在自我努力无效的情况下,再与客户沟通达成谅解。广告排期作为媒介广告设计和传播的一个最重要的环节,不但代表了媒介自身的广告素质和广告调控能力,而且也是媒介广告经营中与客户及受众相互沟通的最直接的方式。媒介在完成广告排期和广告发布后,应该建立一个完整的广告档案。广告档案的基本内容除了对媒介所刊播的广告定期保存之外,最主要的是对媒介广告的广告内容、客户情况以及广告竞争等情况加以归类和分析。广告档案的建立,不仅有利于媒介广告研究和广告经营,而且可以掌握客户情况,使媒介广告经营能够积极主动。

4. 广告关系的协调沟通。

在广告运作和广告发布过程中涉及多方面的关系,如果以媒介广告为中心点的话,可以梳理出几方面关系:媒介与广告客户的关系以及由此间接引申的广告代理公司与广告主的关系;媒介广告发布与政策广告监管的关系;媒介广告与媒介受众的关系;媒介自身栏目编排与广告时间空间的关系;媒介特性与媒介广告内容的关系;媒介内部广告部门与其他业务部门之间的关系,等等。以广告客户关系而言,除了前已述及的有关广告排期、广告建议等内容外,媒介广告部门与客户之间还有一个极为重要关系就是财务关系。广告代理为媒介代理广告,享有一定比例的佣金折扣,广告代理与媒介建立长期的合作关系,实行定期结算,这是一种理想的合作方式。但现实中常有一些不尽人意之处,有时客户不讲信誉,广告刊播之后拖欠广告费用,有时刊播时间紧费用无法及时到达,有时客户付款,定了时间,广告却没有如期刊播等等,广告部的一个重要职责就是与相关方面进行协调沟通,达成一致。

案例分析

养生堂:传奇企业的得与失

养生堂是中国快消品领域的一个传奇企业,它推出的每个新品和品牌几乎都可以成为年度经典案例,它也因此被业界称作是中国营销策略创新的第一高手。养生堂的成功在于其拥有深刻的市场洞察力、敏锐的市场反应能力,这使得它总能在最适当的时机进入蓝海,为品牌找到显著的差异,并以戏剧化和富有记忆点的方式传播品牌。

一、敏锐的市场能力

1. 洞察并抓住机遇的能力。

养生堂表现出一种特质,就是特别善于洞察并抓住机遇,进入高成长行业。从养生堂的起家产品龟鳖丸到农夫山泉、农夫果园,再到维生素等,大都在行业的消费者培育已经基本完成但还没有完成洗牌的时候切入。如在20世纪90年代初是中国保健品非理性火爆并拥有暴利的年代,养生堂起家开始生产龟鳖丸;农夫山泉是娃哈哈和乐百氏把瓶装水的消费习惯培养得差不多的时候进入的;农夫果园混合果汁是汇源、统一把果汁市场的蛋糕做大后才进入的。2003年4月下旬,正值养生堂成人维生素上市,"SARS"开始在北京、山西等省市急剧蔓延开来。养生堂把噩梦当成机遇,果断取消了一切终端活动,把营销活动的重点放在了"非典"时期的品牌公关上。养生堂在"第一时间"为"抗非"第一线捐出500万元的维生素产品,并且在此后的广告宣传中,紧扣这张公益牌,争取社会各方面的支持和信任,通过媒体进行消费观念引导。出色的公关使养生堂名利双收,成人维生素铺货非常顺利,市场销售迅速扩大,成为当时市场上的一匹黑马。

图2-3 养生堂产品(农夫果园、龟鳖丸、维生素片)

2. 差异化与开创新品类的能力。

"当你在成熟产业中无法跻身第一梯队时,夺取市场的最好方法就是以差异化战略细分出一个新的品类,以吃螃蟹者的身份成为人们记忆中该品类的第一品牌"。养生堂就是以差异化开创新品类的高手,朵而胶囊"由内而外的美丽"开创了美容新观念并切出了一个独占的细分市场;农夫山泉"有点甜"开创了天然水的新品类,直接从瓶装水市场中切出一块蛋糕;2008年夏天推出的水溶C100,以优雅的包装及"5个半柠檬,满足每日所需维生素C"的差异化诉求,成功开创了一个补充维C的柠檬饮料新品类,从苹果、葡萄、桃、橙的包围中成功突围。在短短半年的时间内,销售额就达到1亿元。

这种差异化的创新能力不仅为养生堂带来品类创新进入蓝海的价值,而且大大降低了营销成本。这是因为高度差异化与个性化的信息天然具有吸引公众眼球的能力,能以很低的成本提升销量和品牌资产。

图 2-4　养生堂产品(水溶 C100、朵而、清嘴含片)

3. 生动化创意的能力。

养生堂不仅善于找到产品的差异点,还能以非凡的创意能力将其戏剧化、情趣化地表达出来,其传播创意水平之高令人拍案叫绝,品牌很容易获得消费者的情感认同和追捧,大大降低了品牌建设成本。比如"尖叫"运动饮料,这种用动词来做品牌名称的运动饮料处处透着标新立异的气息,充满个性的瓶身设计也同样如此,迅速吸引了大众的眼球;"农夫果园"则打出"喝前摇一摇"的广告语及标志动作,成为产品销售的一个强势卖点。

养生堂的影视广告创作也屡屡获得大奖。龟鳖丸"所有的父亲都知道儿子的生日,又有哪个儿子知道父亲的生日。养育之恩,何以为报",是情感诉求的巅峰之作;朵而胶囊影视广告不仅有十分锐利的诉求,也有非凡的审美价值,并直接把当时籍籍无名的倪虹洁催生为当红明星。

4. 创造性培育市场的能力。

养生堂在以差异化开创新品类后,能够以独特的手法创造性地引导消费,快速培育市场。2001 年 4 月,农夫山泉全面铺开"小小科学家"活动,以天然水中的水仙花长得比纯净水中的娇艳来暗示纯净水不利于人体健康,并将这些画面在电视中重复播放。当年 5 月份,农夫山泉宣布停止生产纯净水,而只生产天然水(包括矿泉水)。此举不但引发业界激烈反响,而且引发了有关天然水和纯净水的大讨论。AC 尼尔森的零售调查数据表明,农夫山泉在热炒中成了最大赢家,成为矿泉水中全国第三品牌,而纯净水与矿泉水的全国消费比例也由事件前的 8∶2 演变成了 7∶3。

5. 造势与新闻炒作的能力。

养生堂的老板是记者出身,远比其他企业家更懂得什么叫做眼球经济。"小小科学家"活动就是极富有创造力的新闻创作。2000 年是申奥年,农夫山泉抓住热点,"买一瓶农夫山泉就为申奥捐一分钱"的广告,让消费者竟分不清它是商业广告还是公益广告。短短半年多时间里,"农夫山泉奥运装"销售近 5 亿瓶，比 1999 年同期翻一番。

养生堂以"差异化"赢得业内专家的齐声喝彩，并被权威杂志评为影响中国营销进程的"十佳企业"之一。业界戏称，大牌记者出身的养生堂老板钟如果开个策划公司，生意一定不错。然而，如此高的营销水平，养生堂又收获了什么？从龟鳖丸到朵而胶囊，从清嘴到尖叫，从农夫山泉到农夫果园，从成长快乐到成人维生素再到母亲牛肉棒，钟不仅开创了一个个具有显著个性和一流潜质的品牌，而且开创了一个个新品类。然而，养生堂旗下所有品牌的销售额加起来也就 30 亿元左右，利润一直在 1 亿元上下。养生堂的业绩不佳已成为不争的事实。

二、核心竞争力的利用与反哺

1. 未培育出一个强大的母品牌——因产品线跨度大而不得不走多品牌路线且母品牌与产品品牌联系松散。这都是未经战略思考的产品线发展模式造成的，除了早期的龟鳖丸和朵而胶囊可以对养生堂做出贡献外，以后推出的新产品几乎都无法反哺养生堂。

养生堂的天然联想与品牌成长前期所沉淀的内涵与旗下大部分食品饮料的属性难以相容，因此养生堂只能作为背书品牌甚至是隐身品牌。"养生堂"品牌名给人带来的天然联想具有"中国传统文化"色彩。养生堂在成功推出创新产品龟鳖丸后，其品牌名的天然联想得到了强化并升华出"中医养生专家"的形象。接着，养生堂在女性保健美容领域首创"以内养外"的概念，推出了朵而胶囊，主张"由内而外的美丽"、"以内养外，补血养颜"。无论是养生堂有意栽花，特意为了加深"中医养生专家"的联想而推出了朵而，还是无心插柳柳成荫，结果是，伴随着朵而的成功，进一步巩固了其在消费者大脑中"中医养生专家"的联想。而养生堂后续开发的产品如瓶装水、果汁、汽茶、运动饮料、清嘴含片等产品具有时尚、活力的特点，与养生堂沉淀下来的"中国传统、养生专家"等品牌联想格格不入，所以养生堂无法延伸到这些产品上，只能发展多品牌，且养生堂只能作为这些产品的隐身品牌与背书品牌。

懂得品牌架构科学的专业人士都知道，背书品牌与产品品牌的联系很不紧密，在传播中的权重很低，如母品牌只是出现在产品背面、影视广告的标板、平面广告的角落，故养生堂对推动这些产品的营销贡献度很低，这些产品的成功对养生堂品牌的反哺作用也非常有限。事实上，很多消费者都不知道农夫山泉、水溶C100、清嘴含片是养生堂旗下的品牌。换种思维，养生堂在龟鳖丸和朵而这两个产品上获得初步成功后，已经在品牌名的天然联想基础上基本固化了"中医养生专家"的品牌联想，如果它接下来依然围绕着这个战略方向发展新产品，使新产品在养生堂强大的品牌力拉动下，低成本取得成功，新产品的成功则又会大大提升品牌力。这将获得更高的战略收益。因为，这种战略坚持不仅能在"降脂、美容、延缓衰老"的中医保健领域获得巨大成功，养生堂的品牌力也有较大可能在凉茶、龟苓膏、养生酒等非常有前景的快消品领域获得成功。

如果养生堂当时确实也有较大兴趣发展食品饮料业，那就可以分立出一个公司，在法人治理与组织架构上进行独立，专门培育一个食品饮料业总品牌，并延伸到旗下大部分的食品饮料中，同时将一些个性化程度很高的产品发展成独立品牌并与养生堂形成双品牌架构，那么以养生堂的营销创新能力，完全有可能在食品饮料业培育出娃哈哈一样的大品牌。

2. 资源无法支撑多头出击——资源有限且渠道和团队资源的低共享性导致不停上演99度现象。更重要的是，养生堂以及旗下任何一个品牌的覆盖面广度、知名度与势能都与娃哈哈相距甚远，养生堂没有通过良性循环形成丰富的畅销产品线，养生堂的经销权对经销商而言不是至关重要的。因此，养生堂对渠道的控制力无法与娃哈哈的联销体相提并论，娃哈哈可以轻松完成"快速密集分销、提升终端生动化、防止窜货与砸价"等渠道管控目标，而养生堂要完成这些目标不仅难度很大，而且成本更高。同时，由于旗下产品的购买人群有很大的差异，渠道资源就很难共享，新产品面世时，不能像娃哈哈一样很快就铺遍中国的每一个角落，不能让消费者觉得这是一个畅销与流行的品类。

虽然有些人才是可以通用的，但真正能够跨领域进行优秀操纵的人才并不多。伟大的公司总是追求不同业务的技术与销售模式的共通性，让团队的能力胜任新业务的发展。比如宝洁的飘柔、海飞丝、潘婷，品类虽多，但都集中在日化。同一个业务员，在同一个销售平台卖这些产品，完全没有问题。但是，龟鳖丸、农夫果园、天然水，相互之间没有天然的关联。龟鳖丸卖得好的人，未必也能把农夫山泉的业务做好。养生堂的产品线跨度很大，导致销售团队对任何一个产品领域都没有深度研究，很难培养起行业营销专家。

同时，养生堂总是难以抵挡外部机会的诱惑，在一个产品没有成为行业数一数二的情况下频繁开发新产品。养生堂多头出击，综合资源根本无法支撑众多品类差异很大的产品取得行业领先地位。由于没有战略聚焦，养生堂在各个品牌所处的行业和消费者类型迥异的情况下，没有足够的资金来支撑这么多品牌的传播投放，也没有足够的人才储备管理差异那么大的产品与渠道。因此，不停上演"烧水到99度就戛然而止"的99度现象，任何子产业都无法做到行业顶尖。

三、错误背后的本质

1. 机会主义导向而非战略导向的思维方式。

养生堂几乎所有的产品线都是按照机会主义的思维进行规划，机会主义的思维下的典型表现就是只看重新产品所在行业的高成长性与低竞争强度。从单品看,农夫山泉、清嘴含片、农夫果园等都抓住了行业处于高速成长且未完成洗牌这一最佳的时间点切入。而且,养生堂长于对产品进行创新,挖掘吸引眼球并令消费者心动的概念,低成本启动市场。但产品之间缺少内在的逻辑关联,单品的成功并没有通过叠加效应为母品牌和渠道做加法。

养生堂背离了基于无形资产(品牌、渠道、人才与经验体系)充分利用与反哺的新产品战略选择理论。其实,养生堂在10年前就应该注重新产品能否强化母品牌,以及是否能够不断充分利用与反哺既有渠道、团队能力等无形资产,以滚雪球效应建立起强势的无形资产与核心竞争力。

2. 缺乏聚焦与持续的战略耐力。

养生堂缺乏战略聚焦与耐力,在一个新产品与品类获得初步成功未做深、做透时就去追逐一个新的热点,所以除了龟鳖丸在行业唱独角戏而数一数二外,没有任何别的产品做到行业顶尖。有媒介报道"养生堂的当家人钟不过是一个不负责任的风流父亲,养了一大群儿子,却个个在刚要开始发育的阶段就被晾在一边。钟最擅长的东西,是把一个新的产品从0打到10%,而不是从10%打到40%"。比如,养生堂的清嘴含片在市场导入初期非常成功,由于产品形态不容易做大,但积累的品牌资产与渠道资源非常适合在口香糖、益牙木糖醇等领域做大。在这个领域深耕至少比把资源又投到母亲牛肉棒、成人维生素、成长快乐维生素领域的比较收益会更高,如今好丽友、雅客的益牙木糖醇都是企业的主要赢利产品。但清嘴含片没有延伸到相关品类,单一产品支撑一个品牌,品牌传播的投入有限,品牌传播刺激消费者心智的频次与声量较低,没有大品牌的气质,随着品牌的闪光点在上市时带来的新鲜感与日衰减,销量必然下滑。

钟开创品类的能力非常强,而且十分成功,这正是他最大的长处。但另一方面,当他把这种开创品类的能力变成企业成长的模式,他又被自己的这种长处束缚住了。钟成功在这个地方,但局限也在这个地方。他犯了一个常识性的错误,一口井再挖一会儿就能涌出清泉的时候,他却放弃而去开挖新井。钟俨然陶醉于自己一个个新品开发的创意带来的"成就感"中。而事实上,在食品饮料业,单品没有成为行业的数一数二,很难有理想的利润率。

3. 极端化理解品牌的单一性理论。

特劳特的定位理论要求品牌要有清晰单一的定位,但被中国的很多专家与企业家误读了。品牌的单一性理论认为:"成功品牌在消费者心智中要有一个单一纯正、明确清晰的定位,而品牌延伸使原本清晰的形象与个性变得模糊不清了。"这里的单一性并非仅仅指品牌对应于单一的具体产品,更多地是指品牌只能有单一的形象定位和核心价值。当这一核心价值能包容多种产品时,就能进行品牌延伸。雀巢品牌联想到具体产品时与咖啡联结很紧密,消费者一提起雀巢首先想到的是咖啡,这仅是雀巢的品牌资产与核心价值之一。雀巢还意味着"国际级的优秀品质、温馨、有亲和力",这些才是品牌核心价值的主体部分,能包容咖啡、奶粉、冰淇淋、柠檬茶等许多产品。故雀巢品牌延伸到系列食品都广为消费者接受。

4. 对行业本质缺乏深刻认识。

食品饮料行业始终是一个规模行业,而非溢价行业,果汁、牛肉干很难像名表、汽车、皮具、服饰那样获得高溢价。虽然达能的依云、雀巢的巴黎水有较高额溢价能力,但这只是个案,它们的绝大多数产品都溢价能力一般。

而养生堂一直坚持溢价战略,即同样的产品要比娃哈哈、康师傅零售价高出10%~20%。虽然养生堂以非凡的创造力给产品挖掘了鲜明的差异与生动化的概念,但主要的价值在于吸引眼球、低成本传播、获得消费者的认同与喜欢,难以支持这么高的溢价。所以,养生堂的定价策略导致很多销售机会的丧失,聪明的消费者明白很多产品之间的差异是不大的。

随着机会主义增长渐行渐远,真要做大做强,缺乏战略思维是万万不行的。企业必须练就火眼金睛穿过迷雾,洞察自己需要的核心竞争力是什么,确保眼下的经营活动既能抓住机会又能贡献于核心竞争力,从而通过一段时间的累积在核心竞争力上超越竞争者,驱动企业持续发展。这就是解剖养生堂这个标本给普遍缺乏战略思维的中国企业带来的最大价值。

案例来源:翁向东,《养生堂:传奇企业的得与失》,《销售与市场》(评论版)2010年第10期。

思考题:

1. 怎样理解广告经营管理的二重性?
2. 广告经营管理的原则是什么?
3. 广告管理的内容包括哪三个层面?
4. 影响广告收费的主要因素有哪些?
5. 目前国内的广告收费有哪几种基本形式?
6. 结合实例谈谈对广告"剩余原则"的理解?

第三章
广告的社会管理

本章将着重阐述下列问题：
- 如何认识广告伦理与广告环境？
- 什么是广告的伦理过失与伦理困境？
- 中国广告业的管理组织与管理机制是怎样的？
- 如何认识广告经营中的自律与他律？
- 美日等国广告管理中有哪些值得借鉴的经验？

第一节 广告伦理与社会责任

广告伦理和广告社会责任是一个备受关注的问题。多年来，除了关于广告的商业属性外，几乎所有关于广告的讨论都集中于此。广告业的发展已是那样的迅速，它对经济和市场的促进也是不争的事实。问题的核心是广告作为一种广泛的信息传播形式，无时无刻不在向大众社会进行着诉求，它直接瞄准的是受众的观念，试图并且在实际上影响甚至以其无形的手在操纵着受众观念。在论述广告的社会文化功能中对此已有述及，进一步地在涉及广告与社会的问题时，我们必须强调的是广告伦理道德以及广告的社会责任。

一、广告伦理的内涵

伦理道德是一个社会历史演化而来的是非原则，它是评判社会行为的标准系统。伦理道德与法律制度的一个很大的不同就在于，法律具有强制性规定而伦理道德只是一种约定形式。在某种程度上，伦理道德与社会文明程度、生活准则以及社会成员普遍的价值观念是一致的。所以，广告的社会责任就在于它在促进经济繁荣的同时，必须遵循普遍的社会伦理与社会价值。

由于社会伦理并没有强制性规定和十分严格的限制，加之社会经济和文化思想的发展所导致的多种社会思潮和价值观念，在很多情况下，符合社会伦理规范的广告,往往意味着广告主相信其广告在特定情况下具有一定的道德感。伦理道德是关于社会公正的哲学界定,广告作为社会的存在物,它必须接受有关社会公正法则的度量,并服从这种法则的要求,从而走上健康的伦理之路。

广告伦理是社会公德的一种具体表现形式,属于职业道德的范畴。广告伦理是为了调节广告主、广告经营者、广告发布者和消费者在广告活动中的社会关系而形成的一种广告行为准则,它是广告主、广告经营者和广告发布者在广告活动中所表现出来的职业道德规范的总和,是其自身素质的反映。伦理道德虽然是法律法规的一种补充,对广告活动形成了一定的约束,但是由于它并没有严格的限制性规定,所以很多情况下对广告管理而言具有相当的不确定性和模糊性,这些集中表现为伦理困境和伦理缺失。

二、广告的伦理困境和伦理过失

伦理困惑与伦理过失在广告中的表现纷繁复杂,绝大多数关于广告社会问题的认识都与此有关,诸如广告的物质主义问题、色情问题、性别歧视问题、虚假信息问题、环境和有害物质问题,等等。由于不同研究者的出发点和论述角度不同,在对这些问题探讨时往往陷入了不同的困惑之中。

1. 广告的物质主义追求。

在一定意义上,广告的伦理困惑与其物质主义追求密切相关,所以很多学者尤其是社会学家对广告的探讨大多集中于此。所谓物质主义追求,是指广告传播中过于重视物质利益诉求,强调人的物质兴趣,而漠视非物质兴趣,如爱、自由、知识等精神追求。在广告文化与物质主义的关系中,美国学者保尔和恩格瑟认为,虽然人们把资源耗费在物质目标上,但他们实际上所追求的是一种非物质的东西。比如,人们购买露营器具是为了与大自然的和谐统一,购买乐器是为了理解古典作曲家,购买汽车是为了获得社会地位。他们认为,物质产品本身并非人们追求的目标,而是达到目标的一种途径。鲁瑟·贝克等人则对美国社会物质论的存在方式进行了系统研究,结果发现它在广告、漫画书、电视节目、交易会议、消费生活等多方面都表现出来。所以对广告究竟是创造或扶持了物质主义,还是仅仅反映了这种价值形态和社会态度,玛丽·加德娜·琼斯赞成前一种说法,她认为广告,尤其是电视广告在其间起了决定性作用:[①]

> 电视广告的诉求在本质上是物质主义的。广告信息的主旨是这样一个

[①] 转引自巴茨等:《广告管理》,清华大学出版社1999年版,第420页。

假设的前提,只要我们得到某种东西,就能满足我们的内在要求和渴望。一个人面临的种种难题会因为一种外在力量而立刻消失,只要你使用某种产品!生活中的各种困难都依赖于外部力量得以化解……我们无需任何努力,无需任何技巧和负担,仅凭借物质的方法就能解决所有问题。

也许这些正是我们对广告文化负面影响最大的担心。其实,广告虽然具有对人们行为和观念的引导作用,但是它并不能从根本上取代其他的社会文化和价值观念,比如宗教信仰、文化、艺术等。广告只是赋予了商品更多更深刻的社会内涵,通过其内在主题,强化了社会公认的价值观念和道德规范,并进而激发和引导人们形成新的生活观念,实现新的物质追求。强调个性,以及追求享受的物质主义,虽然时常会与社会现实以及传统的节俭、朴素、严谨、禁欲的伦理道德冲突,但充其量只能视作是广告超前的文化意识与现实经济的一种矛盾,就文化发展趋势而言,广告的这种倡导也许更符合人性,更具有人自身发展的道德感。因为对人类发展而言,自由是永远的追求,而在经济文化生活中,自由竞争、自由选择就不仅仅是一个政治概念,更重要的它还是一种文化要领,是人们的价值观念,正是这种观念促成了社会与经济的发展。

2. 广告的性感和色情困惑。

与物质主义同样受到关注的是性感和色情广告。性感广告经常徘徊在商业与道德的二律背反之中,有趣的是许多具有性意味的广告,虽然有悖于伦理传统,但却有良好的销售业绩。有一则性暗示非常明显的香水广告:

蓝色的游泳池边,一位妙龄女郎脱掉长袍坐了下来,美丽的曲线展露无遗;女郎缓缓地躺下,就在她躺下时,一位神秘的男人突然从幻影中显现,女郎伸开双腿迎向他。与此同时,传来女郎的声音:"我是由蓝天和金色阳光融合而成,我将永远拥有这份感觉。"

这种广告带有明显的性冒险成分,在著名的卡尔文·克雷恩(Calvin Klein)迷你香水中曾被运用,其内容是向观众暗示一个新奇玄妙的世界在等着你。这则广告使得原本名不见经传的迷你香水在当月的市场销量中跃居第一,公司最初花了1700万美元将迷你香水推向市场,一年之中就回收了4000万美元。

广告中有关道德的争议,或多或少都与性有很大关联。美国《底特律新闻》曾发表一封题为《你们这些讨厌的广告人让我恶心》的公开信,作者在其中谈到了广告中的性问题。它描述了几个广告:

"爱神奔向沙滩,浪花吮吸着她的脚趾,她金色的头发在一双期待的眼睛的注视下随风飘扬。她加快了脚步,张开双臂,最后扑进他的怀抱……"

这一情景发生在哪里?就在你的卧室,充满着野性,激发人的情欲,简直难以控制。"她把手指插入他的头发中,碰掉了他的眼镜,一次次地吻他……"谁是观众?你9岁的女儿,她正坐在熊猫玩具上,擦脸上的咖喱。

这封信曾经引起了广告专业人士对广告淫秽和色情问题的讨论,然而最终并没有确切的结论。正如广告法规中明确地限定色情淫秽内容的广告,但是对这种内容却很难有一个量度性划分。所以有关广告伦理的问题,在很大程度上要依靠广告主及广告创作者的自我约束和努力。

3. 广告伦理困境与伦理过失。

物质主义、色情广告等之所以引起社会的关注却又难以禁止,很大原因就在于它们处于广告法律法规的限制之外,同时也处在道德伦理的边缘。因此,在对此加以认识时,有两个问题要注意区分。

其一是伦理困境。伦理困境所指的是对同一问题出现的相互冲突的两个方面,各自一方都有理有利而相互对立。广告为了避免陷于伦理困境,必须回答三个问题:(1)哪种行为方向可能对最大多数人产生最大权利?(2)哪种行为方向会侵犯其他一些人的权利?(3)双方的行为方向是否会引起对其他有关群体的不公平对待?

其二是伦理过失。伦理过失指的是一个特定条件下,广告决策明显地不符合社会伦理规范甚至是不符合政策法规。比如,虚假广告,运用欺骗手段向消费者提供错误资讯。明确的虚假广告是广告法规所严格禁止的,问题是常常有一些广告有意无意利用某种文字表述的真实,或者是通过模糊性处理,故意误导消费者以致其判断失误,这种广告更需要伦理道德的规范和约束。

由于伦理道德标准通常并不能具体量化,对其加以认识和判断大多从定性方面来分析,这样在具体运用中难免有其主观性。这就要求,当广告主或广告创作人员在考虑某种合乎伦理的广告行为时,既要考虑这种行为带给自己的利益,也要考虑到相关利益群体的利益,尽可能地进行利益权衡使广告有利于社会大众。因此,在广告诉求、广告品味、广告时间安排、广告价值取向等各个方面,都要遵循一定的行为准则。有关广告的行为准则,除了相关法律条规之外,广告行业还建立了自己相应的行业规范。

案例分析

化妆品广告:走在真实的边缘

2005年5月10日,英国广告标准局(ASA)对世界最大的高档化妆品公司雅诗兰黛的一款产品"纤盈动感纤体精华"广告提出警告,称"该广告不实",因为该公司无法证实其产品确实能摧毁组织脂肪细胞,或者减少橘皮组织的出现。ASA 说,雅诗兰黛的产品效果探测是在手臂上进行,此处皮肤并非是经常出现橘皮组织的地方。"当局认为,消费者会将'抗橘皮组织'、'减少橘皮组织出现'这种说法解读为针对特定部位的橘皮现象有更强的滋润效果",之所以认定广告误导消费者,是因为"广告主并未证明产品对于橘皮组织的效果,或者有减缓效果"。雅诗兰黛公司则辩驳说,它有充足数据证明这项产品的效果,包括在 46 名妇女身上出现的橘皮组织部位涂抹后,改善效果达到 72% 到 78%。雅诗兰黛表示,它将不再宣称这样的功效,但是仍在产品名称上继续标示"抗橘皮组织"的字样。

《中国经济时报》记者随即联系雅诗兰黛中国公司,但是无法取得联系,记者找到一种雅诗兰黛产品包装和说明书,也没有发现销售热线或者服务热线电话。雅诗兰黛广告事件引起很多中国消费者的关注。接受记者街头随机采访的 14 位年龄在 20 到 40 岁的女性消费者表示,雅诗兰黛广告不实加重了她们对化妆品广告的"慎重态度"。

面对同样的问题,企业咨询机构"概念工厂"首席顾问张小方女士认为,目前国内广告监管部门对国内、外品牌监管尺度不一,对大、小品牌监管的尺度也不一样,还有各个地方监管的力度不一,从而造成全国性媒体发布的化妆品广告比较规范,而在地方性媒体发布的化妆品广告问题较多的现象;普通化妆品广告问题相对少,特殊用途的化妆品广告的问题相对较多。

张小方举例说,目前推迟审理的 SK-II 案,其广告有夸大表现。她说,宝洁发言人裴逸群透露了"使用 4 周后,肌肤年轻 12 年,细纹减少 47%"的实验秘密:宝洁所用实验仪器为日本研制的 BIS 肌肤测龄仪。SK-II 紧肤抗皱精华乳在日本经消费者使用,后经仪器收集和计算,发现参与测试的消费者的平均肌肤年龄减少 2.99 岁,最好效果的使用者年龄减小 12.06 岁。减少细纹 47% 也是同理测出。裴逸群称:"消费者可以不相信仪器,但绝对不能说我们是虚假宣传,国家法律并没有规定不能用仪器来测试年龄,也没有规定用什么仪器来测试年龄。总之我们有数据说话,就不能说我们是虚假宣传。"

张小方分析,SK-II 总共就 12 个消费者接受测试,最好效果是减小 12.06 年,稍懂概率的人也知道,这样小范围的试验不能推演到对几千万女性的效果例证,怎么能宣称所有消费者皆可恢复 12 年的青春?

中国传媒大学广告学院何辉认为,无论如何,作为产品生产者都必须本着对消费者负责的原则,尽一切可能确保产品广告的真实性。当然,化妆品作为一种社会化大生产的产品,其安全标准只是一般标准,而成千上万的消费者作为个体,在使用产品中难免出现个别问题。关键是要区分问题是不是具有普遍性。不能对广告的真实性和产品的真实性匆忙下结论。广告公司作为信息传播者,并不是产品质量检测的专家,对产品真实性的确认是通过广告主提供的各种产品质量认定证书以及相关证明资料实现的,这些相关的产品质量认定证书的可靠性,往往是保证产品广告真实性的关键。因此,广告主对消费者的责任感和对广告信息的自律是保证广告真实性最根本的基础。

北京市赛思博律师事务所的薛慧律师认为,《广告法》是1994年颁布的,10年来中国广告行业发展迅速,出现很多新的广告形式,但是《广告法》中有关虚假广告的认定标准并不明确,对欺诈广告仅作原则性规定,不利于《广告法》的贯彻执行,急需采取措施,填补上述法律空白。

张小方认为,目前在大媒体化妆品产品广告中,经常使用数据、实验结果方式的是一些国际品牌。它们往往会提供一大堆相关实验数据证明效果,以通过权威部门的认证,并将其用于广告中。中国目前并没有对相关化妆品效果实验数据如何应用的规范条文或界定,也没有一家能够对产品所宣称的功效提供完全权威报告的机构,这方面有待完善。她认为目前化妆品市场管理逐渐趋严,数字、实验结果等这些硬指标在广告中运用一定会受到限制,化妆品产品广告必须挖掘更丰富的软性表现方式来俘获消费者的心。

薛慧则认为,消费者要加强维权意识,要依据《广告法》和《消费者权益保护法》等法律、法规,对广告活动实行自我保护,限制或制止侵害消费者权益的广告。她同时表示,化妆品使用中出现问题,或者出现产品广告宣传效果和实际效果明显不符,首先要考虑化妆品成分是否安全,其次就是产品出现问题的概率。但是,即使是个别消费者使用产品出现问题,化妆品生产厂家也不能回避,应该以积极、负责的态度来处理问题。

案例来源:《中国经济时报》2005年5月25日。

第二节 广告自律与行业规范

广告自律作为广告行业的自我管理,是指由广告主、广告经营者和广告发布者自发成立的民间性行业组织,通过自行制定一些广告自律章程、公约和会员守则等,对其所从事的广告活动进行自我约束、自我限制、自我协调和自我管理,使之符合国家的法律、法规和职业道德、社会公德的要求。

一、广告行业自律的特征

广告自律是广告业发展到一定阶段的产物,是广告业与社会经济发展协调一致的一种形式,它代表了广告业在发展过程中对自觉与规范化的追求。所谓广告行业规范,并不是国家政府对广告业的管理规范,而是广告行业组织、广告经营者和广告主,为了保证广告活动有序化,根据广告业及其外部环境所制定的约束广告活动的各项公约和规章制度,并非法律意义上的规定,而是隶属于道德伦理范畴。广告自律对于提高广告行业自身的服务水平,维护广告活动秩序,有着重要的意义。因此在广告业发达国家,广告行业规范已形成系统性规模。中国广告业随着市场经济体制的不断完善,行业规范和行业自律也在逐步建立,尤其是在广告法规尚不完备的情况下,通过行业自律和行业规范来调节广告行为,其意义更加突出。作为广告业及广告活动所遵循的制度,广告行业规范及行业自律具有三方面特征:

1. 自愿性。广告行业组织是广告主、广告经营者和广告发布者自发成立的,并不是政府部门行政命令和强制行为的结果。广告行业组织自律章程、公约和会员守则等也是在广告活动参与者各方的协商讨论下完成的,它不像广告管理的法律法规那样由政府立法部门和行政部门制定。遵守章程、公约和守则,实行行业自律,也是广告活动参与者的自愿性行为,不需要也没有任何外来强制性。比如,广告行业协会一般是在自愿基础上形成组织,制定出相应的章程与共同遵守的准则,其目的在于维护行业整体利益进而协调各种社会关系。行业自律的实现主要依靠参与者自觉的信念与同业及社会舆论的监督。对违反章程、公约和会员守则的参与者,也主要依靠舆论的谴责予以惩罚。

2. 广泛性。比之于法律法规,广告行业自律所涉及的范围更加广泛。这是因为广告本身所涉及领域比较广阔,法律法规很难具体到各个环节,在许多法规未及的地方,往往需要行业规范和行业自律的自我约束。而且,广告活动在不断变化当中,法律法规的制定和修正会跟不上广告自身的发展。因此,行业自律具有广泛性,不仅在法律法规的范围内起作用,在法律法规未及的地方也能发挥其自我约束的作用。

3. 灵活性。作为一种约定俗成的行为准则,广告行业规范不像法律条规一样,其规定、修改、废止都要经过严格的程序。广告行业规范的条款只要经过行业大多数参与者认同,即可修订补充调整。另外,它的灵活性还表现在对一些具体的广告行为,必须参照相应的广告环境作出判断。

二、中国广告行业组织与行业自律

中国广告协会是目前中国最大的广告行业组织。作为一个特殊性的行业协会,它一方面是具有独立法人资格的社会团体和行业组织,对广告行业起到一定的自律协调;另一方面又挂靠国家工商行政管理总局,其人事任免和主要业务都受国家工商行政管理总局领导,协助政府管理广告,因而在某种意义上具有一定的行政色彩。① 在广告协会所兼具的双重职能中,对广告活动进行指导、协调、咨询和服务是其主体,而其行政管理性质并不享有行政和法律权力。

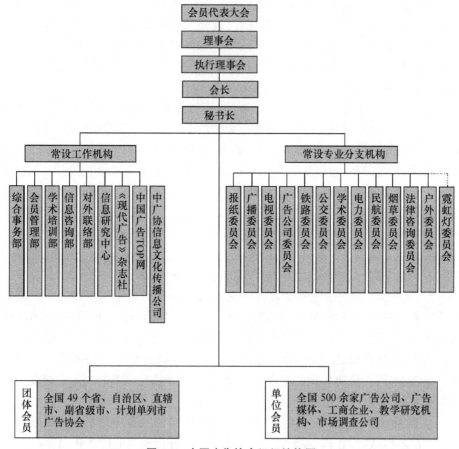

图 3-1 中国广告协会组织结构图

---

① 刘林清主编:《广告监管与自律》,中南大学出版社 2003 年版,第 36 页。

广告行业组织的发展和完善,对企业广告运作主要有以下三个方面的作用:

1. 是广告主避免广告纠纷的有效途径。广告行业组织要求广告主、广告经营者和广告发布者三方都熟悉有关法律法规,增强法制观念,熟悉和了解广告法律法规及各种具体实施办法的规定。这样可以促使广告主加强自律,有法可依,科学地运用广告,适当地进行广告操作,杜绝广告中的不正当竞争。行业自律使得企业不会一味地追求广告创意的新、奇、险,也可以避免广告主盲目地进行广告攀比。在企业广告出现行业纠纷时,广告行业组织也会发挥协调功能,尽量避免纠纷的深化和加剧。

2. 是广告主对广告经营者进行评价和选择的指标。在自律章程、行业公约和会员准则的制约下,广告经营者建立起有序规范的广告创意、设计、制作流程,并且受到同行和广告主的监督。行业自律要求广告经营者保守广告主的商业秘密,不得为自身业务发展的需要泄露广告主的商业秘密,这将保证广告主的安全。广告经营者必须坚持规定的广告代理费标准,不得以个人回扣等不正当手段争取客户,这样,广告主在支付广告服务费用方面也有了一定的标准。通过行业自律,广告主在选择广告经营者方面有了评估选择的参考标准,可以选择最合适的广告公司作为广告活动的合作伙伴。

3. 是广告主有效监督发布媒体和检测广告效果的保证。行业自律要求广告发布者严格遵守国家关于禁止有偿新闻的规定,坚持正确的经营观念,杜绝新闻形式的广告,这样可以保证广告主有序合理的竞争。通过行业自律,广告主可以要求广告发布者严格执行国家有关广告服务价格的管理规定,根据媒介的发行量、覆盖面、收视率、收听率、阅读率等科学依据制定合理的收费方法和收费标准,不得利用不正当手段哄抬广告服务价格。通过行业自律,广告主也可以获得较为准确的媒体受众分析,进行有效的广告效果检测。

第三节　广告法规与行政管理

在对广告的调控管理中,与广告行业自律和广告伦理规范制相并行的是政府对广告的监督管理。广告监督管理简称广告监管,是政府和消费者依据法律、法规对广告活动全过程的监督、检查、控制和指导。与广告伦理和广告行业自律的自发性、自觉性不同的是,政府的监督管理具有强制性和不可抵触性。它通过确定不移的法律形式对广告与社会秩序进行调节和维护,当广告或者其他相关的行为与法律形式不符或发生冲突时,广告法规即为必须尊奉的标准。

一、中国广告业基本监管体系

政府对广告行业的管理是市场经济发展的必然表现,世界各国都有其相应的广告监管体系和广告法规,在发达国家政府监管体系已经非常完善了。中国广告业的监管体系是20多年来逐步建立起来并日趋走向完善的,目前我国广告监管体系主要是行政管理系统与广告法律体系的密切结合,另外相应的行业协会作为社会监管和补充,在整个监管体系中也发挥一定作用。

(一)广告行政管理体系

广告行政管理体系,是指以国家工商行政管理总局和其所属的地方各级工商行政管理部门为主体的广告管理机关,依照国家广告管理的法律法规,对广告行业及其广告活动进行监管的系统构成。在我国,工商行政管理机关代表国家行使广告监管的职能,目前已经形成一个比较完善的广告行政监管体系。根据《广告法》和国家有关行政法规的授权,各级工商行政管理部门主要行使以下广告监管职能:

1. 立法和法规解释。国家工商行政管理总局是负责全国广告监管工作的决策、指导机关,受国家立法机关和国务院委托起草广告法律、法规,单独或会同有关部门制定广告管理行政规章,制定各类广告发布标准,根据授权负责解释广告行政法规和广告管理行政规章。地方工商行政管理部门可以依照立法程序和权限的有关规定,受地方立法机关和地方政府委托起草地方性广告管理法规。

2. 负责广告市场准入。工商行政管理部门依法履行对广告经营资格的审查和批准职能。这项职能是工商行政管理部门在对各类经济组织的登记注册程序中对其从业资格的审查批准,以及广告经营范围的核定;对其他经济组织或个人从事广告活动资格的审查批准及广告经营范围的核定,并核发广告经营许可证;对各类临时性或特殊形式的广告活动的资格审查及广告经营范围的核定,并核发广告经营许可证。

3. 监督检查。这项职能是指对各类广告经营者、广告发布者是否具备广告从业资格,各类广告活动是否符合国家法律、法规的要求而定期进行经常性监督检查工作。根据工商行政管理部门内部事权划分等有关规定,各级工商行政管理部门对所管理的广告经营单位定期开展专项检查,对经检查不合格的广告经营单位,依法停止其广告业务。

4. 受理违法广告投诉,查处和复议广告违法案件。各级工商行政管理局都有受理广大用户和消费者对违法广告投诉的权利和义务,并按照内部事权划分的有关规定,分级予以解决。在认为有关广告有可能对国家、社会公众造成危害的情况下,可以先行做出停止发布的行政决定。对广告违法案件,各级工商行政管理部门按照内部事权划分的有关规定,行使立案检查和行政处罚权。对情节严重、构成犯罪的,移送司法机关依法处理。做出行政处罚决定的上一级工商行政管理局依法承担对广告违法案件的行政复议职能,根据案件事实及法律、法规适用规定,做出维持、变更或撤销原处罚决定的复议决定。

5. 指导广告业健康发展。根据国务院有关规定,工商行政管理部门还担负着研究制定广告业方针、政策和发展规划,并组织实施的职能。此外,根据国务院的有关规定,工商行政管理部门负责指导广告行业组织的工作。近几年国家工商行政管理总局在原有的规范广告行业的经营管理制度基础上(如广告档案制度、广告合同规范化制度、广告收费制度等),进行了一系列的重大调整改革,如广告代理制的试行、建立广告审查制度、建立广告行业及人员的资格认证等。这些制度的实施都有力地促进了广告业的规划化作业和健康发展。

(二) 广告法律体系

广告法律体系由与广告行业相关的各种法律法规综合构成。依照政府对广告进行管理所依据的法律效力和作用的不同,大致分为以下几种:

1. 适用于调整各种经济关系的普遍性的法律法规,如《中华人民共和国民事诉讼法》(以下简称《民事诉讼法》)中有关法人资格的确立、民事责任的规范等条文,适合于调整广告行为人之间的关系。

2. 综合性法规,如《中华人民共和国消费者权益保护法》(以下简称《消费者权益保护法》)和《中华人民共和国反不正当竞争法》(以下简称《反不正当竞争法》)。所谓的不正当竞争,是指经营者违反法律规定、损害其他经营者的合法权益、扰乱社会经济秩序的行为。《反不正当竞争法》第9条规定,经营者不得利用广告或其他方法,对商品的质量、制作成分、性能、用途、生产者、有效时限、产地等做出引人误解的虚假宣传。广告经营者不得在明知的情况下,代理设计、制作、发布虚假广告。第24条规定,经营者利用广告或其他方法,对商品作引人误解的虚假宣传的,监督检查部门应当责令其停止违法行为,消除影响,可以根据情节处以1万元以上20万元以下的罚款。广告的经营者在明知或者应知的情况下,代理、设计、制作、发布虚假广告的,监督检查部门应当责令停止违法行为,没收违法所得,并依法处以罚款。

3. 各种行业性、专业性法规,用以规范某一方面的广告行为,如《中华人民共和国食品卫生法》、《中华人民共和国药品管理法》。在这些法律中都涉及了对相应产品的广告管理规定。

4. 广告专门法规,即《广告法》以及与之相应的各种细则和管理规定。《广告法》是目前我国广告管理方面最基本和最主要的法规,是调整一切广告行为和广告活动的基本法则。《广告法》也是广告监管法律体系的根基,是广告监管的法源,是制定广告行政法规、地方性法规和行政规章以及执法和司法的依据。

二、广告监管的主要内容

广告监督管理就是按照相应的法律体系所实行的政府行政监管。按照《广告法》及有关法规,中国广告监管的内容大致可分为四个方面。

（一）广告准则及基本要求

《广告法》总则中明确指出:"广告应该真实、合法,符合社会主义精神文明建设要求","不得含有虚假内容,不得欺骗和误导消费者"。《广告法》广告准则又进一步提出了有关广告内容及表现形式的要求。广告内容应当有利于人民的身心健康,促进商品和服务质量的提高,保护消费者的合法权益,遵守社会公德和职业道德,维护国家的尊严和利益。广告不得有下列情形:

1. 使用中华人民共和国国旗、国徽、国歌。
2. 使用国家机关和国家机关工作人员的名义。
3. 使用国家级、最高级、最佳等用语。
4. 妨碍社会安定和危害人身、财产安全,损害社会公共利益。
5. 妨碍社会公共秩序和违背社会良好风尚。
6. 含有淫秽、迷信、恐怖、暴力等丑恶的内容。
7. 含有民族、种族、宗教、性别歧视的内容。
8. 妨碍环境和自然资源保护。
9. 法律、行政法规规定禁止的其他情形。

广告不得损害未成年人和残疾人的身心健康,不得损害女性的良好形象。广告中对商品的性能、产地、用途、质量、价格、允诺有表示的,应当清楚、明白。广告中表明推销商品、提供服务时附带赠送礼品的,应当标明赠送的品种和数量。广告中使用的数据、统计资料、调查结果、文摘、引用语,应当真实、准确,并标明出处。

（二）广告活动及特种广告

由于广告活动涉及的不仅是广告主、广告经营者及广告发布者之间的业务代理关系,还直接涉及了广告信息和各项广告活动对广告受众的影响,所以广告活动中除了要保证广告经营的有序化规范化,还要保护广告受众的利益,因而对一些特殊内容的广告,必须遵循相应法规。

关于药品广告

1. 药品及医疗器械广告。

药品是指用于预防、治疗、诊断人的疾病，有目的地调节人的生理机能并规定有适应症、用法和用量的物质，包括中药材、中药饮片、中成药、化学原料药及其制剂、抗生素、生化药品、放射性药品、血清疫苗、血液制品和诊断药品等。

医疗器械包括：用于人体疾病诊断、治疗、预防、调节人体生理功能或替代人体器官的仪器、设备、装置、器具、植入物、材料及相关物品。按照广告法规定，药品、医疗器械广告不得有下列内容：

（1）含有不科学的表示功效的断言或者保证的；

（2）说明治愈率或者有效率的；

（3）与其他药品、医疗器械的功效和安全性比较的；

（4）利用医药科研单位、学术机构、医疗机构或者专家、医生、患者的名义和形象作证明的；

（5）法律、行政法规规定禁止的其他内容。

药品广告的内容必须以国家卫生行政部门或者省、自治区、直辖市卫生行政部门批准的说明书为准。国家规定的需在医生指导下使用的治疗性处方药品广告中，必须注明"按医生处方购买和使用"。麻醉药品、精神药品、毒性药品、放射性药品等特殊药品，不得做广告。

2. 农药广告与兽药广告。

农药包括：用于防治农、林、牧业的病、虫、杂草、鼠害和其他有害生物，以及调节植物、昆虫生长的药物（包括化学农药的原料、炽工制剂及生物农药）。兽药是指用于预防、治疗、诊断禽、兽等动物疾病的物质。根据《广告法》规定，农药广告不得有下列内容：

（1）使用无毒、无害等表明安全性的绝对化断言的；

（2）含有不科学的表示功效的断言或者保证的；

（3）含有违反农药安全使用规程的文字、语言或者画面的；

（4）法律、行政法规规定禁止的其他内容。

关于烟草广告

烟草广告是指烟草制品生产者或经销者发布的，含有烟草企业名称、标识、烟草制品名称、商标、包装、装潢等内容的广告。由于吸烟直接关系到人民的身体健康和影响社会风气，我国对烟草广告一直实行严格的监督管理。

1. 禁止利用广播、电影、电视、报纸、期刊发布烟草广告。禁止在各类等候室、影剧院、会议厅堂、体育比赛场馆等公共场所设置烟草广告。

2. 禁止利用广播、电视、电影节目以及利用报纸、期刊的文章,以下列形式变相发布烟草广告:

(1) 专题报道、文学作品、有奖征文、学术研讨等;

(2) 道具、前景、服装、对话等。

3. 在国家禁止范围以外的媒介或场所发布烟草广告,必须经省级以上广告监督管理机关或其授权的省辖市广告监督管理机关批准。

烟草经营者或其委托代理人向商业、服务业的销售点和居民住所发送广告作品,须经所在地县级以上广告监督管理机关批准。

4. 烟草广告不得有下列情形:

(1) 吸烟形象;

(2) 未成年人形象;

(3) 鼓励、怂恿吸烟的;

(4) 表示吸烟有利于人体健康、解除疲劳、缓解精神紧张的;

(5) 其他违反广告管理规定的。

5. 在各类临时性广告经营活动中,凡利用烟草经营者名称、烟草制品商标为活动冠名、冠杯的,不得通过广播、电视、电影、报纸、期刊发布带有冠名、冠杯的广告。

6. 烟草经营者利用广播、电视、电影、报纸、期刊发布下列广告时,不得出现烟草制品名称、商标、包装装潢。出现的企业名称与烟草商标名称相同时,不得以特殊设计的办法突出企业名称。

(1) 社会公益广告;

(2) 迁址、换房、更名等启事广告;

(3) 招工、招聘、寻求合作、寻求服务等企业经营广告。

7. 烟草经营者不得单独作为赞助单位,在影视、广播节目首尾以烟草经营者名称的形式被鸣谢。赞助单位中烟草经营者所占比例不得超过赞助单位总数的三分之一。

8. 烟草广告中必须标明"吸烟有害健康"等忠告语,忠告语必须清晰、易于辨认,所占面积不得小于广告面积的10%。

关于食品类广告、酒类广告与化妆品广告

1. 食品类广告。

这里讲的食品包括供人食用或饮用的成品或原料。食品类广告包括:食品广告、食品添加剂广告、食品容器和包装材料的广告,制作食品用的工具和设备类广告、清洗食品和食品工具的清洗剂广告。

对食品类广告内容的规定有:食品广告语言、文字及画面的含义,不得超出《食品广告审批表》中核准的内容。食品广告中不得出现医疗术语、易与药品混淆的用语以及无法用客观标准评介的用语,如返老还童、延年益寿、白发变黑、齿落更生、防老抗癌、宫廷秘方等。

食品广告不得表示或暗示有减肥功能,若表示有助于消化、保持体型,应在广告中同时强调体育锻炼、营养均衡等与之配合。

食品广告中表示低脂、低糖、低盐、低胆固醇等含量的,必须出具卫生监督机构说明明显低于同类产品含量的证明。发布特殊营养食品广告及食品新资源广告,应交验省级以上卫生行政部门出具的证明。

禁止发布母乳替代食品广告。

2. 酒类广告。

广告主自行或者委托他人设计、制作、发布酒类广告,应当或者提供真实、合法、有效的各种有关证明文件。对内容不实或证明文件不全的酒类产品,广告经营者不得经营,广告发布者不得发布。

酒类广告应当符合卫生许可的事项,并不得使用医疗用语或者易与药品相混淆的用语。酒类广告不得出现下列内容:

(1) 有鼓励、倡导、引诱人们饮酒的文字、语言和画面,或者宣传无节制饮酒;

(2) 有饮酒形象或动作;

(3) 有未成年人形象;

(4) 饮酒后,表明驾驶车、船、飞机等具有潜在危险的活动;

(5) 诸如可以"消除紧张和焦虑"、"增强体力"等不科学的明示或暗示;

(6) 把个人、商业、社会、体育、性生活或其他方面的成功归因于饮酒的明示或暗示;

(7) 关于酒类商品的评优、评奖、评名牌、推荐等评比结果;

(8) 不符合社会主义精神文明建设的要求,违背社会良好风尚和不科学、不真实的其他内容。

3. 化妆品广告。

化妆品是指用涂擦、喷洒等方式,散布于人体表面部位,以达到清洁、消除不良气味、护肤美容等修饰目的的日用化学工业品。

申请发布化妆品广告,应按规定交验有关证明:《营业执照》、《化妆品生产企业卫生许可证》、《化妆品生产许可证》以及其他卫生防疫部门、卫生行政部门、轻工部门等出具的卫生检验合格证明、批准文件及科技成果鉴定证明等。化妆品广告中禁止出现下列内容：

(1) 化妆品名称、制法、成分、效用或性能有虚假夸大的；

(2) 使用他人名义保证或以暗示方式使人误解其效用的；

(3) 宣传医疗作用或使用医疗术语的；

(4) 有贬低同类产品内容的；

(5) 使用最新创造、最新发明、纯天然制品、无副作用等绝对化语言的；

(6) 有涉及化妆品性能或功能、销量等方面的数据的；

(7) 有违反其他法律、法规的。

另外，有可能引起不良反应的化妆品，应在广告中注明使用方法和注意事项。

关于金融广告

金融广告是近几年出现的新型广告形式。金融广告包括：银行业广告、证券业广告、保险业广告、信托业广告、租赁业广告、金银业广告、外汇买卖广告以及各种社会融资活动的广告。对金融广告管理的一般规定有：

金融广告必须真实、准确、合法、明白，不得欺骗或误导公众。金融广告应当保证其内容的准确性和完整性，确保公众对广告中所涉及内容的性质（如投资机会、资金用途、附加条件等）有充分的了解，不得夸大或隐匿关键内容，对于有风险的金融活动，必须在广告中予以说明。

股票广告，应在显著位置标注"股市有风险，股民须慎重入市"或含有类似内容的忠告性语言。

下列金融活动禁止发布广告：一是违反国家法律、法规的；二是未经国家金融主管部门批准的；三是企、事业单位内部的金融融通行为。

(三) 广告资格与广告审查

广告法规与广告监管体制的完善，对广告组织行为提出了进一步要求。

广告主作为广告活动的发起者和广告投资者，首先必须遵循公平竞争和对社会负责的态度，严格遵守各项广告法规制度，向广告经营者或媒介，进而向受众提供各种可供选择的消费信息，并对其信息行为负责。而作为广告经营和发布单位的广告中间商及媒介，除了要处理好与广告主的关系外，更重要的是自觉接受有关部门监管。在这方面，大致有几点必须注意：

(1) 广告经营及广告发布单位，作为独立法人单位，必须经工商行政部门审批登记，经过资质审查，核定经营范围，最后领取"营业执照"和《广告经营许可证》，方可从事广告业务。

(2) 广告经营过程中，要严格落实广告合同制，以明确经营各方的权利义务和责任。

（3）广告审查制度。从事广告经营和发布业务，应当审查广告内容，检验有关证明，对国家有明确规定的相关广告应提供相应主管机构所出具的有效证明，按照有关法规确定广告内容是否合法。

（4）广告技术岗位任职资格制度。广告专业岗位资格任职制度从1995年1月1日开始施行，广告经营单位中达到岗位培训合格人数的多少，将作为其单位资格的认证标准之一。按规定广告专营单位中，考取《广告专业技术岗位资格证书》的各类专业人员不少于从业人数的三分之二，其他兼营单位，不少于三分之一。

（四）广告违法查处

1. 广告违法行为的表现形式。

广告违法行为的具体表现形式是多种多样的，主要有下列表现形式：

发布虚假广告，欺骗和误导消费者；

广告内容违反广告法律、行政法规禁止的情形；

广告内容不清楚，使用资料不真实、不准确；

广告中侵犯他人专利；

广告中有贬低他人生产经营的商品或者提供的服务的内容；

以新闻报道形式刊播广告；

发布广告法律、行政法规规定应当审查批准而未经审查批准的广告；

利用广播、电影、电视、报纸、期刊发布烟草广告，以及在公共场所设置烟草广告；

广告主提供虚假证明；

伪造、变造或转让广告审查决定文件；

在广告活动中，进行不正当竞争；

未经工商行政管理机关批准或登记，擅自经营广告业务；

超越经营范围经营广告业务；

非法设置户外广告；

广告主发布超越其经营范围的广告；

广告审查机关出具非法或虚假证明。

2. 广告违法行为的处罚。

（1）对虚假广告的处罚。

对虚假广告的处罚要区分不同的法律责任者，根据《广告法》的规定，广告主利用广告为商品或者服务作虚假宣传的，由广告监督管理机关责令广告停止发布,并以等额广告费用在相应范围内公开更正,消除影响,并处广告费用一倍以上五倍以下罚款;对负有责任的广告经营者、广告发布者没收广告费用,并处广告费一倍以上、五倍以下罚款,情节严重的,依法停止其广告业务,构成犯罪的,依法追究刑事责任。

违反法律规定,发布虚假广告,欺骗和误导消费者,使购买商品或接受服务的消费者的合法权益受到损害的,由广告主依法承担民事责任;广告经营者、广告发布者明知或者应知广告虚假仍设计、制作、发布的,应当依法承担连带责任。

社会团体或者其他组织,在虚假广告中向消费者推荐商品或者服务,使消费者的合法权益受到损害的,应当依法承担连带责任。

(2) 发布违法的新闻广告。

广告发布者通过新闻的形式发布广告,混淆广告与其他信息节目,由广告监督管理机关责令发布者改正,处以一千元以上一万元以下罚款。

(3) 发布违法的烟草广告。

利用广播、电视、电影、报纸、期刊发布烟草广告,或者在公共场所设置烟草广告的,由广告管理机关责令负有责任的广告主、广告经营者、广告发布者停止发布、没收广告费用,可以并处广告费用一倍以上五倍以下罚款。

(4) 违反药品、食品、酒类、化妆品等广告准则的规定。

由广告管理机关责令有责任的广告主、广告经营者、广告发布者改正或者停止发布广告,没收广告费用,可以并处广告费用一倍以上五倍以下罚款。情节严重的,依法停止其广告业务。

(5) 提供虚假或不实广告证明文件的违法行为。

广告主提供虚假的证明文件,由广告监督管理机关处以一万元以上二十万元以下罚款。伪造、变造或转让广告审查决定文件的,由广告监督管理机关没收违法所得,并处一万元以上十万元以下罚款。构成犯罪的,依法追究刑事责任。

(6) 未经审查的广告或违法提供审查文件的违法行为。

对于有些特殊商品广告需要经过广告审查机关审查,未经广告审查机关批准,发布广告,由广告监督管理机关责令有责任的广告主、广告经营者、广告发布者停止发布,没收广告费用,并处广告费一倍以上五倍以下罚款。

广告审查机关对违法的广告内容作出审查批准决定的,对直接负责的主管人员和其他直接责任人员,由其所在单位、上级机关、行政监察部门依法给予行政处分。

(7) 广告侵权行为。

广告主、广告经营者、广告发布者违反广告法规定,有下列侵权行为之一的,依法承担民事责任:① 在广告中损害未成年人或残疾人的身心健康的;② 假冒他人专利的;③ 贬低其他生产经营者的商品或者服务的;④ 广告未经同意使用他人名义、形象的;⑤ 其他侵犯他人合法民事权益的。

四、日美广告管理介绍

世界各国因其不同的社会历史和经济文化前景,在广告管理上往往具有各自不同的特色,可以说每一种管理方式和管理制度,都是相应国家经济社会发展的必然产物。相对而言,一些发达国家由于市场发育成熟,市场体制比较完善,其广告管理也相应地比较健全。比较具有代表意义的是美国和日本的广告管理。

(一) 美国的广告管理

在美国,联邦政府通过法律、法规和仲裁等形式对广告有严格的限制。作为当今世界第一号广告大国,美国有很多联邦机构和部门管理广告,如联邦贸易委员会(FTC)、联邦通讯委员会(FCC)、食品与药品管理局、专利与商标局、国会图书馆等。由于各自职能不同,广告主在应付各种广告限制时常常感到困难。

1. 美国联邦贸易委员会(FTC)。

FTC 是 1914 年由国会设立的,它是管理全美商业广告的主要机构。最初,它的功能是保护受虚假广告影响的有关竞争者。但在 1938 年,国会修订了 1914 年通过的贸易委托法案,通过了《惠勒—利修正案》(Wheeler-Lee Amendment),给予 FTC 更大的权力去保护受虚假广告和不公正广告影响的消费者和竞争者,但对虚假广告和不公正广告的定义却是有争议的。

1983 年以前,FTC 对虚假广告的定义是:"以物质的方式误导足够数量的消费者的倾向或能力。"1983 年,FTC 的主席 James C. Miler 下了一个新的定义:虚假广告有一个错误的陈述、省略或其他的行为,它能够误导消费者,使这些理智的消费者在他们所处的环境中理智的行为被误导,从而利益受到损害。

对不公正广告的定义是,有些广告对消费者来说尽管不是欺骗性的,但却是不公正的。按照 FTC 的解释,不公正的广告是指消费者受到不恰当或不公正的伤害,或此广告冒犯了公共政策(如损害政府的形象)。实践中认为不公正是指没有事先提供证据的宣传,利用儿童和老年人这些易受伤害的群体或者由于广告省略了一些关于产品或竞争产品的重要的信息而使消费者无法做出有用的选择。但不公正这个词同样模糊,任何给定个人的价值评价都可能被冠以不公正,一些广告机构游说国会取消 FTC 对不公正广告起诉的权力,但国会至今没有接受。

对虚假广告和不公正广告的认定,从理论上讲仍然是有争议的,但在实际处罚过程中应该不以侵害事实为前提条件,这与一般违法案例不同。虚假广告是在实质上令人误解,所以在考虑某一具体的广告时,考虑的不仅仅有陈述的语句、外观设计、音响、图案、背景等因素以及它们的混合体,还应考虑广告所没有揭示的事实范围,而这些事实从广告宣传来看又是实质性的。因此,认定的标准是理智的消费者在他们所处的环境中理智的行为被误导从而利益受损,它的认定不须证明事实上的欺骗,只须证明令人误解的宣传或实质上的省略有着欺骗占决定意义数量的消费者的"倾向或能力"。

由于虚假广告和不公正广告的表现方式多样,依不同产品或依同一产品的不同广告设计者而不同,以下列示一些常见的表现:

(1) 虚假的承诺。制定一个不可能维护的广告承诺,如"永葆青春"、"抗癌"等。

(2) 不完全的描述。陈述一些信息,但又不是产品的全部内容,例如"坚固的橡木桌",没有提及仅仅桌面是橡木,而其他部分是一般硬木。

(3) 误导的比较。作一些毫无意义的比较,如"像宝石一样好"。

(4) "诱饵转换"的奉送。广告用一个不寻常的低价把消费者诱入商店然后将标价的同一产品变成高价,解释为原广告中的产品"脱销"或者说那只是针对"低质产品"。

(5) 视觉歪曲。例如电视广告常常使一个产品比真实产品大得多,或比真实产品豪华气派得多,但这并不是真正按售价出售的那种产品。

(6) 虚假的证明。广告暗示了某产品是某著名或权威人士所使用或推崇,而实际上这个诉求形象并不是真实的产品使用者。

(7) 虚假的比较。用精心挑选的优等产品作示范而没有给予一个劣质产品展示的机会或者与一个最差的竞争产品作比较。

(8) 部分暴露。陈述一个产品能做什么但并没有证明它不能做什么,诸如一则广告宣称一种电动汽车每小时能跑 60 公里而不用汽油,却没有提到每跑 100 公里就需要更换一个充电 8 小时的电池。

(9) "小印刷体的资格"限制。用一个大印刷体作一个广告陈述,却用小字体标明它的限制条件。例如美国一公司用大字体作广告体:本公司已获得火星上的土地使用权,谁想在火星上投资请先预交 200 美元。然后小字体的限制条件是:起码得先在火星上种一棵树。结果很多人只留意大字体,匆匆就交了钱,结果能获得土地吗?答案是否定的,怨谁?

2. 对虚假广告的管理办法。

如果 FTC 收到了来自消费者、竞争者或者自己专职广告负责人的抱怨或指控，FTC 可立刻发起调查，但这种调查必须是在有足够的资料性的、被证实的各种信息的前提下才能够进行。当 FTC 决定一个广告是虚假或不公正时，它可能要采取三个步骤：

（1）与广告主协商，停止广告中一些主观的陈述，并在 FTC 的指导下处理后期的广告。

（2）如果广告主不同意 FTC 的建议，则 FTC 要求停止全部广告。在停止期结束前，要举行一个听证会，如果听证会上仍达不成协议，则上诉法庭。

以上两个措施，不管广告主同意与否，只要 FTC 认定虚假广告成立，就处以罚款，额度是广告每播出一次罚款一万美元。

（3）更正广告：更正广告中错误的陈述。对于严重的违法虚假广告，FTC 一般要求广告主拿出广告预算的 25% 在相应的范围内作更正广告，美国广告史上"李斯特林"药剂（Listerine）广告的罚款是 1.02 千万美元，更正广告的陈述是："Listerine 无助于防止感冒或喉痛或减轻它们的症状。"为了帮助广告主避免如此昂贵的罚款，FTC 通常要在广告播出之前审查一下或者以建议的口气给广告主一个好的忠告，此外，FTC 还出版《广告业指南与交易法规》，提供给广告主、代理商。

3. 联邦通讯委员会（FCC）。

根据 1934 年的传播法建立的只有七个成员构成的 FCC，对电台、电视、电话、电报业具有管理权，FCC 对广播广告的控制是间接的，来源于颁发或取消开播执照的权威性。FCC 严格控制淫秽和亵渎的语言的传播，它还能控制通过电台、电视所作的广告的内容，按照国会的规定禁止用电台、电视作烟草广告。

20 世纪 80 年代以后 FCC 不再限制商业节目的时间，因此，电台不再需要保留详细的节目安排，但是，电台电视台仍需保留广告记录以使广告主确信他的广告计划的执行。新的立法给予 FCC 有可能影响广告主行为的一些额外权力，1992 年的《有线电视消费者保护和竞争法》，对有线电视台产业增加了新的控制，以便促进服务质量的提高，力求税收与不断增加的广告收入之间的平衡，这一规定使 FCC 能对有线电视增开广告税。1992 年国会的另一反电视暴力法案许诺：如果电视建立良好的反暴力自律机制，将会从不信任法案中获得豁免，因为电视网和有线电视一直否认生活中的暴力与电视有关。政府管理能比较容易地影响节目的特征，导致对购买广告的控制，甚至改变广告内容。

4. 食品和药品管理局(FDA)。

作为美国健康和人类事业部的一个单位,FDA 对标签上的说明、包装食品的品牌命名有管理权,FDA 要求制造商在产品说明书上、在所有这类产品广告中公布全部成分。80 年代中期以后,由于针对消费者的药品广告激增,FDA 规定药品广告必须在插页包装中包含所有关于药品的信息内容,这意味着广告主不得不使用较长的广告时间或最小字形的印刷广告。

1987 年,FDA 提出一个关于食品说明的营养和健康宣称的法案。之后,承认食品说明中使用"高纤维"、"低胆固醇"的语句是合法的。这一新的政策使得包装食品的销量激增,也导致了对消费者过分夸张的宣称,结果 1990 年布什签署了《营养说明和教育法案》,尽管这一法案不禁止营养和健康方面的宣称,但 FDA 从一个较大范围内对某些术语从立法方面加以定义,如"清淡"、"低脂肪"、"低卡路里"等,它还要求产品说明书要展示食品占每天所需全部营养价值的比重。此外,美国的专利商标局负责处理因广告而引起的商标和专利方面的纠纷,美国的国会图书馆负责广告方面的版权纠纷。

(二) 日本的广告管理

日本是世界第二号广告大国,日本广告业半个多世纪以来蓬勃发展,在世界最大型广告公司中,日本广告公司排位仅次于美国。立法完善和行业自律是日本广告管理的最显著特征。

在日本涉及广告方面的法律很多,广告立法既有国会制订,还有各省(地方政府)制订的。1940 年制订了《日本广告律令》、《广告取缔法》。1986 年制订了《消费者保护基本法》。此外,在《药物法》、《食品卫生法》中都对广告作了规定,如药品食品在推销过程中如果做了言过其实的夸大虚伪的表示,则分别处以三年以下劳役或 50 万日元罚款。1975 年制订的《不正当竞争防止法》强调,如广告造成竞争双方以外第三者的误解,则被认为是虚伪的表示,处三年以下劳役或 20 万日元罚款,对于广告中侵犯他人专利、商标等,均作为虚伪表示,加以判刑或罚款。在《进出口保护法》中,对日本企业到国外做广告的效果予以"海外广告保险",鼓励和保护日本企业参与国际竞争。1962 年,日本制订了一项旨在限制虚伪广告宣传的法规,其中规定:禁止企业在商标和广告上进行容易使一般消费者产生错觉、误认为其商品质量远远优于其他竞争产品的宣传,日本各地方政府都有权对违反上述规定的商业广告或商标予以取缔。

1974 年 10 月,日本建立了日本广告审查机构,主要对广告客户进行管理。首先,它保护消费者,接受和处理消费者对广告的意见。其次,它对广告的内容进行审查,如果发现问题,立即与有关企业联系,责令改正。

在各种广告法的原则指导下,日本广告行业自律很成功,各行业组织一般有明确的自律条文,如全日本广告联盟的《广告道德纲要》,日本新闻协会的《报纸广告道德纲要》以及《报纸广告刊载标准》等。

案例分析

百度竞价排名引发的信任危机

2008 年 11 月,对于百度公司来说绝对不是一个好月份。这个月的 15、16 日,中央电视台《新闻 30 分》栏目播出《记者调查:虚假信息借网传播 百度竞价排名遭质疑》等新闻,连续两天报道百度的竞价排名黑幕。此前,9 月份的时候百度传出"公关保护"的丑闻:三鹿公司向百度投放 300 万元的广告,百度则承诺在搜索结果中屏蔽关于三鹿奶粉中含三聚氰胺的负面新闻。这一连串的事件引发了公众对百度公信力及商业道德的强烈质疑。

受此影响,11 月 17 日百度股价在纳斯达克收盘时大跌 44.8 美元,至 134.09 美元,跌幅高达 25.04%。在过去的 52 周,百度股价最高曾为 418.22 美元,最低也有 162 美元。而次日,股价在盘中一度跌至 130.51 美元,是自 2007 年 5 月以来的最低水平。这一切恶果皆源自百度首创的网络盈利模式——竞价排名。这是一种按点击付费的推广方式——广告主首先免费注册一定数量的关键词,当用户搜索这些关键词时,广告主的推广内容就会优先出现在用户的搜索结果中。百度将按照给广告主带去的潜在客户访问数量收费,而广告主可以通过竞价获得在搜索结果里的排位。当年该商业模式一经推出,便成为学院派研究的经典案例,被各路学者视为网络营销的创举和高度优化的资源配置方式,并以其投入小、回报高的高性价比使众多的中小企业趋之若鹜。据统计,百度公司 90% 以上的业务营收来自于搜索竞价排名。

而今天,令百度深陷泥潭的也正是其竞价排名模式,股价的下挫显示资本市场对于百度竞价排名的盈利前景表示怀疑。业内人士认为，由于百度搜索竞价是通过人工干涉自然搜索结果获得收益，所以决定搜索结果的不完全是自然算法排序，特别是在最重要的前几页搜索结果，基本都是由百度来决定信息的排序以及用户的信息体验，而其中的关键因素则是购买者出价——价高者得。这样一来，只要付足够的钱，各种虚假广告和违法网站就有了在百度上传播的渠道。而且，百度的竞价排名是将广告信息与自然搜索结果混杂在一起显示，不在两者间做任何形式的区别，这在一定程度上干扰和误导了用户的信息搜寻和判断。只有经验丰富的用户才能分辨出百度"竞价排名"与自然搜索结果：前者在网页摘要下显示的是"推广"小字，后者显示的是"百度快照"。除此之外，二者的界面没有任何区别，非资深搜索爱好者很容易把竞价排名当正当搜索结果，直接点进去。相关调查结果也表明，近80%的被调查用户曾因用百度的竞价排名搜索进入了虚假网站。谷歌中国工程研究院副院长刘骏认为，竞价排名的服务模式需要严格、有效的广告信息审核机制，搜索引擎对广告主的甄别和"把关"极其重要，否则很有可能会沦为垃圾信息泛滥及虚假广告害人的"帮凶"。

早在2002年6月，美国联邦贸易委员会就发布有关"明示搜索引擎广告信息"的文件，要求各搜索引擎采取必要的措施标明搜索排序中的付费链接，防止违反《禁止虚假商业行为》的联邦法。美国、欧洲和日本的搜索引擎都遵循了搜索结果和广告内容相区别的原则，唯独中国的搜索引擎例外。

在近日举行的旨在"呼吁建立公正的搜索引擎"的一个论坛上，百度在中国市场的死对头谷歌也开始对其"落井下石"，声讨百度的竞价排名。谷歌大中华区总裁李开复认为国内某些搜索引擎长期被指责搜索结果不公正的真正原因，是要平衡广告主、自身收益等多方面利益。他向业界保证，谷歌中国不会人为干预搜索结果（除非有非法内容），即使广告主想付钱，谷歌也不会删除搜索结果，不会增加搜索结果。的确，谷歌在创始人给股东的一封信中就曾经承诺："我们提供的搜索结果毫无偏见，绝对客观，而且我们不会接受任何款项做结果方面的改变（竞价排名或收费录入）。"对占目前百度收入90%以上的竞价排名，李开复还表示，从国外发展的历史看，竞价排名这一商业模式，已经不具有长期可持续的发展性。

目前，谷歌与百度类似的一种盈利模式是关键字广告（Google AdWords）。不过，AdWords广告只会出现在搜索页面的右边或者顶部的独立区域，并且用竖线或底色与其他的自然搜索结果明显地区别，方便用户识别广告。

今年第三季度，艾瑞咨询发布的搜索引擎市场调查报告显示，百度在国内的市场份额已达73.2%，远高于谷歌的20.8%。然而最近，互联网分析师的预言是:"只要竞价排名仍然是百度的核心商业模式,百度就永远摆脱不了层出不穷的质疑和曝光。"也许这一波过去,两者所占的市场比例会有不小的改变。

百度的信任危机,是近来互联网业界最热门的话题。这家充满明星色彩的网络搜索企业,因为竞价排名存在虚假信息而被媒体曝光,不仅声誉大受影响,股价也应声大跌。

导致百度出现危机的几个问题,说来并不复杂:一是百度的竞价排名模式遭遇争议;二是通过竞价排名"竞争"而上到醒目位置的链接中,存在虚假的医药信息;三是百度被人质疑存在针对中小网站不给钱就封站的事情。另外,百度还被人指为垄断,有网站甚至已经为此诉诸法律。

上述这些问题,性质并不一致。如竞价排名模式饱受争议,更多是与一种商业模式的优劣联系在一起,但链接内容存在虚假,则是于法于规不容的事情。同样,屏蔽一些网站,或可以算做是企业的"胸怀"不大,可以在道德层面进行讨论,但若百度真的被定性为垄断,则就是一个法律问题了。

遗憾的是,各种不同性质的问题纠集在一起,集中爆发了出来,导致百度被推到舆论的风口浪尖。这种力度强大的舆论批评,是绝大多数的企业(如果不能说是全部的话),包括百度在内所难以承受的。一家有着较大知名度的企业,特别是一个上市公司,无论是从信誉,还是从商业利益的角度考量,都无法做到置身于指责声中却无动于衷。

平心而论,在中国互联网企业中,百度堪称一个优秀的公司。在其为时不长的成长过程当中,百度在技术与研发上充分投入,在创新上保持了激情,并很好地把握住了商业机会,终于在中文网络搜索领域崛起,成长为领导型的企业。百度如它的CEO李彦宏一样富有明星气质,背后确实有一份值得称道的努力与付出。可惜,百度在越过创业初期的粗放增长阶段之后,没有在商业价值内涵的深化上更多用心,而过度沉迷于商业利润的不断挖掘。这或许是很多公司都会染上的"上市综合征",为了满足市场利润预期扩大市值,把数量增长放在内涵发展之上。百度的一些行为,不仅是短视的、急功近利的,甚至在某种程度上说,是忘记了其作为一个重视客户利益的技术类公司的核心价值所在。

从竞价排名来看,这个商业模式注定会出问题。虽然从一个商业机构逐利的本能去看,竞价排名是一个能带来巨大利润的模式,但负面影响已经无可遏制地暴露出来。且不说排名在前的链接中出现虚假信息这样的严重问题,从搜索者的体验而言,一味将付费者的信息置于最显眼位置,的确是没有做到起码的平衡。最终伤害的,必然是百度的商业品质,不少使用者或会因此而弃百度。

百度已经公开否认有过"封杀"小网站的行为,但业界的质疑并未就此得到澄清。在处于成长过程当中、生态一直不够健康的互联网业界,百度的行为或许不算特别出格。不过,百度应该认识到,在中文搜索领域,自己已经是一个领导型的企业。作为这样的企业,就应在简单谋求利润之外,更多思考在商业利益之外的角色塑造。百度,有很多的理由去体现一种更为宏大的格局,去树立一根值得世界尊重的标杆。但一个基本的逻辑前提是,领导型企业的评判标准,绝不会孤立地依赖于财富的数字,而忽略财富数字背后的价值内涵。

百度需要一种什么样的哲学?答案也许很简单,做起来却很难。一个领导型的企业,在财富价值的创造上,应该能够很好地去服务其忠实的客户,应该富有创新能力、变革能力以及战略眼光,应在追求商业价值之外,还当作为企业公民关注社会命题。

在日本企业家松下幸之助对经营的思考中,也有一个价值观,那就是"自来水哲学"。在松下看来,企业经营的最终目的不是利益,而只是将寄托在企业肩上的大众的希望通过数字表现出来,完成对社会的义务,"把大众需要的东西,变得像自来水一样便宜"。对于百度来说,松下的哲学只是一个参考,但有一点是最起码的,那就是对忠实客户核心利益的维护。这一点做不到,从长久来说,企业不仅做不了领跑者,恐怕还会危及立身之本。

百度已经出了差错,陷入到声誉的危机中。有过错本身不可怕,关键在于,一个企业能否在危机中认识到问题的症结,能够勇敢地与那些不够光明的商业行为作出明确切割。若苟且于小利益,却忘记大局,则注定会遭遇更惨痛的教训。从跌倒的地方站起来,这也绝不仅仅是对于百度一个企业的期待,而应适用于淘宝、腾讯、新浪等所有国内领先的互联网公司。

案例来源:改编自《IT经理世界》2008年第23期;《第一财经日报》2008年11月20日。

思考题：

1. 结合实例谈谈你对广告伦理过失的看法。
2. 结合实例谈谈你对广告伦理困境的看法。
3. 广告行业规范及行业自律有哪些特征？
4. 成立广告行业组织对企业广告运作有什么促进作用？
5. 中国广告业的基本监管体系是由哪几部分构成的？
6. 欧美发达国家广告管理有哪些值得借鉴的经验？

第四章
企业的广告管理

本章将着重阐述下列问题：
- 企业广告管理的基本任务是什么？
- 企业广告管理部门的组织系统是怎样的？
- 企业广告运作过程与决策程序如何？
- 企业广告与企业市场营销是什么关系？
- 怎样预算和控制企业的广告费用？

第一节 企业广告管理的任务

毫无疑问，广告作为一种营销手段，其所担负的责任就是实现营销目标。当然广告作为一种营销支出，对于企业而言既是一项投入也是一项投资，而且在企业的价值追求中更加侧重于投资。因此企业广告管理的任务可以从两个方面理解：一方面是对广告完成企业营销任务的策略和投入控制；另一方面是对广告科学决策的程序管理。总之，就是如何通过科学的决策程序和有效的操作模式，保证企业广告能够实现既定的目标。

一、企业设置广告部门的意义

企业广告部门作为企业内部从事广告经营活动的专职机构，与专业的广告代理公司相比，尽管其规模较小，但却是直接联系企业与广告代理公司以及广告发布机构的桥梁。企业广告部门作为企业经营活动中的一个重要组成机构，其意义主要体现在几个方面。

第一，能使企业迅速理解市场动态，指导企业按照市场需求进行生产。广告作为企业市场营销的重要组成部分，是传播商品信息、扩大销售量、加速流通的重要手段，企业广告部门可在从事广告活动的过程中理解消费者的需求动向，收集各种社会供需信息，并将这些信息反馈给企业管理决策部门，使企业的生产活动能顺利进行,从而避免盲目性。

第二,企业的广告活动本身不仅内容复杂、专业性强,而且联系面广、需要不断革新。如果缺少专职部门专职负责,容易使企业营销宣传工作陷入混乱,也难以实现广告在企业生产经营中的整合协调功能。设置专职广告部门有助于企业有组织、有计划、有步骤地进行企业形象及产品推广工作。此外,也相应地减少了对广告代理公司的依赖,可以更加有效地根据市场变化及时调整经营目标。

第三,设立专职企业广告部门,还有利于保守商业秘密。现代社会竞争激烈,信息情报成为企业生产经营的重要资源,如果企业的商业机密被竞争对手掌握,那显然会对企业的发展造成威胁。企业把广告业务完全托付给广告代理公司,出于对广告效果的最大化追求,企业势必要提供大量信息资料,因此难免会出现商业机密泄露。企业设置专职广告部门,则有利于把握好这个度。

二、企业广告管理的基本任务

企业广告管理不同于其他广告机构的广告运作,这主要是因为企业广告运作担负着广告最后决策的责任,所以对它的基本任务可以归纳为三点:

1. 制定广告决策。

通常当一个企业面向市场进行营销选择时,这意味着它已经基本确定了自己的营销战略。在这个比较确定的营销战略中,已经包含了我们通常所说的4P的各个方面,并且也给定了企业营销的具体目标,自然这其中对广告也提出了一个方向性的定位决策,包括对广告预算做出了明确限定。这个最基本的选择和预算就是广告决策。广告决策包括列出广告要达到的战略目标,制订出包括长、中、短期的广告计划,以及在广告实施过程中如何对结果进行检验和评价,并根据检验结果,制订纠正措施和调整计划。

2. 控制广告成本。

为了保证广告运动按照既定策略有序地前进,企业广告管理部门依循既定的广告计划对广告预算加以分配,保证广告费用的充分支持,同时也确保广告投入能够发挥相应的效益。在这里,控制广告成本的一个重要内容,就是科学合理地投放经费,使广告投入真正地与其他营销成本一样发挥效益。这既包括对企业广告部门自身的控制,也包括对广告代理公司服务费以及广告媒体费用投放的控制,目的是保证企业的广告活动能取得最大的经济效益。

3. 协调广告规划。

在一个比较充分的广告运动中,单纯依靠企业自身的广告人员往往无法完成任务,所以在大多数情况下需要依赖专业广告公司的业务支持。所以企业广告管理的一个很重要的任务就是选择合适的广告代理公司。这要求企业广告运作部门必须考察专业广告公司的经营情况、业务构成以及有没有为同类产品服务过的经验。还有该广告公司的广告策略是否灵活有效、有创见;该公司与媒体的关系如何;该公司的财务状况如何、广告制作水平的高低、市场调研能力的强弱、信誉是否可靠等。这些都关系到企业能否得到广告预期的效果。有时企业同时联系的不止一家广告公司,或者在不同区域进行广告操作,这就需要对各个服务机构之间的工作加以协调,以保证有机配合。即使只运用了一家广告公司,但广告运动却涉及不同机构、不同媒介,也需要有效地加以协调。

三、科学化的企业广告运作管理

所谓科学的决策程序和有效的操作模式,是企业广告运作对市场的一种适应,它既包含了企业广告运作中长期积累的一般工作规范,也不排除在操作实践中灵活机动的创造性发挥。当然,不论怎样企业广告运作不可能摆脱广告运作的基本规律,所以相关的运作法则也是它所必须遵循的。

首先,企业广告运作是在一个确定的环境中进行的,因此它就不可能摆脱环境本身的影响和制约。这个环境既有宏观的因素也有微观的因素。宏观环境广义而言,涉及政策法规、伦理道德、民俗风情、地理环境等诸多外在的自然和社会因素,任何广告运作只有明确地认识它并且适应它,才不至于引起各种环境冲突;微观环境则包含了广告运作中的具体利益关系,诸如竞争对手、消费者习惯和认知状态等等,广告运作中只有清晰地对此加以确认才可能有的放矢。

其次,科学的广告运作是建立在广告组织的有效执行之上的,因此企业广告运作就不可避免地涉及企业广告组织问题。企业广告组织作为企业经营管理体系的一个组成部分,是制定企业广告决策、落实企业广告计划、协调企业广告关系的具体执行机构,也就是说它承担了企业市场营销沟通的基本任务。时至今日对于任何企业而言,其市场营销的一个主要任务就是进行营销沟通,而实现营销沟通就必然需要相应的组织机构。正是在这个意义上,广告组织具有不可替代的角色价值。

再次,由于企业广告运作是广告主的广告行为,因此它与一般专业广告机构的运作也有所不同。通常情况下,企业广告运作主要是确立方向把握进程,企业广告组织承担了对广告运作任务目标、途径方法和财务支持等方面的把关,所以对广告运作具有最后决定权,这也决定了企业广告组织对广告运作负有最后责任。正因为这样,企业广告运作更加需要科学的决策机构和决策程序,包括相应的人员和组织设置,以及通过这些人员和机构所形成的合理的决策方式,以保证决策科学化和规范化。

最后,在大多数情况下,企业广告组织并不是依靠自身单独完成广告运作的,它还需要专业广告机构和广告媒体的配合。因此如何协调各种关系,进而达成广告资源有效配置也是企业广告运作的一个重要内容。由于企业广告运作中的参与者有多个方面,每个方面又都有自己不同的角色行为,如果不能够有效地加以协调,就有可能给广告运作效果打折扣。何况由于广告环境趋于复杂化,广告运作已经成为包括了销售促进和公共关系等营销传播职能的整合传播,系统性的协调,也就成了企业广告运作的一个不可或缺的内容。

第二节 企业广告的组织系统

企业作为一个经济组织,其一切活动的目的都可以归结为利润追求,所以广告管理对企业而言不论是作为投入也好,投资也好,都是为了实现某种利益。同时,作为企业营销管理的一个组成部分,企业广告组织的工作核心是贯彻企业的营销战略,保证企业总体营销目标的实现。因此,企业广告管理必须服从于整个营销管理,并主动地将其纳入企业整体的经营运作体系。

一、企业广告组织的内部构成

企业广告组织的内部构成,大体上与专业广告代理公司相似,根据职能的不同可以分为创作小组、媒体小组和市场调研小组等。

(一) 创作小组

创作小组是广告部门的思想中枢,其人员构成中除了创作组长外,还有文案人员、美术人员、电脑设计人员和编导等。它除了要根据有关商业信息发展广告策略以外,还要把这些广告策略变成现实。虽然大多数情况下广告设计和表现方面的工作主要是由广告代理公司完成,但企业广告部的创作小组也要与之配合,确定别具一格的创意理念和广告文案。由于这一环节决定着广告的整体质量,所以创作小组必须谨慎行事,多听取专业广告公司和企业决策层的意见和建议。同时,创作小组还要控制好广告创作进度,通常的做法是制作一张进程计划表,确保广告按既定时间刊播,以免与企业的营销计划相悖,错过企业市场发展时机。在广告作品完成后,创作小组要对其质量进行把关,防止出现违反广告法或其他国家工商行政法规的现象,对广告的表现手法也要多加注意,不要为了吸引眼球而招致公众的反感。

(二) 媒体小组

企业的广告费绝大部分要花在媒介购买上,所以媒体的选择和计划对企业而言显得格外重要。很多企业除了聘请广告公司专门从事媒体购买以外,还在自己的广告部设立一个媒体小组,从事有关电台、电视台、报社、杂志社等媒体的节目或版面更新,策划广告投放对策及预算等日常业务。媒体小组的第一项工作就是配合广告代理公司做出媒介计划,在做计划之前要详细了解媒体的性质、特点、影响力、视听率及媒体发布费用等信息,然后制订媒体组合计划;第二项工作是媒介购买,小组成员需要了解现行的媒介价格政策及各时段各版面媒介价格的差异,争取得到最大折扣;第三项工作是配备专门的媒体监测人员检查各媒体是否按照广告协议如期发布广告,以免造成误播或漏播。此外,媒体研究人员还需要对广告投放情况进行分析,适时地调整广告策略,以便为今后的媒介安排提供经验指导。在特殊的广告活动中,媒体小组成员必须和广告公司一起考虑如何选择和使用媒体。

(三) 调研小组

市场调研是企业营销活动展开的前提和基础,只有正确地评价企业自身的经营状态,了解消费者的需求以及对企业的态度和想法,才能做出正确的广告决策。企业内部广告组织设置调研小组的出发点就是为具体广告的策划活动提供依据。调研小组成员需要完成的工作有对消费者和客户的消费心理和习惯的调查、对媒体价格和特性的调查、对所选择广告代理公司的调查、对广告效果的调查等等。从某种意义上说,调研小组的工作贯穿于整个广告活动的始末,从广告实施前的先期调查到广告活动结束后的效果调查,调研小组都要参与其中。

当然,企业广告组织在设置机构时可能会根据业务的拓展和发展的需要,成立一些新的小组,如公关小组、促销小组等来协助其他部门进行有关企业形象宣传和产品促销的工作。总之,企业广告组织设置不必拘泥于形式,要秉承经济性、有效性的原则合理安排各小组的工作。

我们以杭州娃哈哈集团公司广告部为例对此加以说明,其广告部门作为公司直属职能部门,与公司市场部并列作为营销主导机构,广告部之下设有媒介组、策划室、美工室、内勤等。在管理层次和人员配备上如图4-1。

媒介组的主要任务是负责传媒沟通及有关企业形象等方面,策划室的任务主要是广告企划与广告协调,美工室负责有关设计方面的工作,内勤则担负着广告资料、档案等的管理。公关广告部在广告管理上的基本任务主要是:制定不同时期、不同产品的广告计划,根据市场营销需要策划广告运动,并负责与有关广告公司联络,选择广告公司,评价广告公司可提供的广告策划、创意文案,最后报

第四章 企业的广告管理

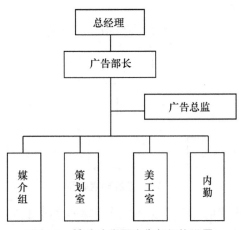

图4-1 娃哈哈集团广告部机构设置

总经理批准后负责签订广告合同,并监督广告实施。在这个管理层次中,通常由广告部长与广告总监,根据公司营销精神和企业高层的决策,提出具体广告任务,并且由广告总监具体负责组织落实,广告执行人员按照这些要求与有关方面联系,最后再自下而上提出广告计划寻求批准。一个很值得注意的问题是,像娃哈哈这样一个在中国具有相当影响的企业,其广告经验相当丰富,所以在大多数情况下,公司广告运动的一些大的企划思路和广告策略都是由自己提出的,虽然也借助于广告公司,但广告公司所做的工作基本还是具体的创意制作和广告代理工作。

随着企业经营和市场营销的日趋复杂和不断深化,企业的广告管理也不断迈向新的层级,并表现得更加多元化。尤其是在新的市场格局和新的媒介环境下,随着整合营销传播观念的导入,对企业的广告管理也提出了新的要求。因此很多企业把品牌管理以及公共关系等相关工作都归于广告管理旗下,广告管理本质上担负起了品牌发展的规划和促进工作,企业的广告管理部门也就成为一个综合性的市场营销和品牌运营部门。

二、企业广告组织的隶属关系

由于市场发展的原因,中国企业的广告管理机构相对而言并不成熟,因此我们探讨企业广告机构的组织模式,主要是以发达国家企业中的广告组织为例。从经营管理的角度看,按照企业广告组织在企业内部管理的隶属关系,企业广告组织的设置一般有以下几种形式。

(一）总经理直辖型

广告部门由公司直属，称为总经理直辖型。见图4-2。

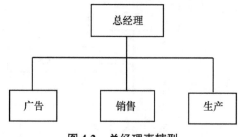

图4-2　总经理直辖型

这种广告组织形式的特征是受企业总经理的直接管辖，在企业里，广告部门与其他职能部门的地位相同，由总经理垂直领导，广告部门经理向总经理负责。这种形式比较有利于广告部门与其他部门的协调和统一，在确定广告目标的时候能保证与企业的总体目标相融合，不至于出现相互矛盾的情况。在制定广告计划时也能保证与企业其他部门的发展计划齐头并进，避免各自为政现象的发生。这种类型在一些中小企业和以广告为主要市场推广手段的企业中比较多见。

（二）营销经理负责型

广告部门由公司纵向领导，称为营销经理负责型。见图4-3。

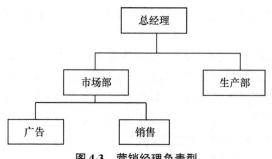

图4-3　营销经理负责型

在采取这种组织形式的企业里，广告部门往往与营销部门保持着密切的关系，它从属于企业的市场部门，与销售一起是市场部的二级部门。广告经理不再直接向总经理负责，而是向市场部门经理负责，和前一种类型相比，这种形式拉近了广告与销售部门的距离，在市场部的领导下，两个部门紧密合作，各自发挥优势，保证市场推广和营销活动的顺利开展，这种形式特别适用于一些喜欢使用多种营销方式组合的企业。

(三) 广告部门分权型

位于各分公司内部,称为广告部门分权型。见图4-4。

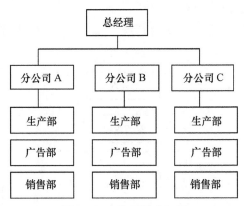

图4-4 广告部门分权型

这一类型的组织机构比较适用于一些规模大的集团公司,这类公司由于辖有很多分公司,在进行广告推广时由总经理直接管理显然很不现实,因此在每个分公司都设立专职部门进行管理,分公司与分公司之间的广告管理和运作由各部门各司其职,互不干涉,这不仅有利于各分支按照自身的经营情况和产品特点,根据市场的营销情况灵活地调整广告策略,也避免了总经理直辖下顾此失彼情况的发生。

(四) 广告部门集权型

由公司统一领导各分公司的广告业务,称为广告部门集权型。见图4-5。

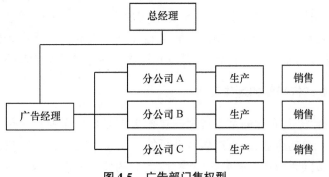

图4-5 广告部门集权型

按照这种设置,不管企业规模多大,分支机构多少,只设立一个广告部门,负责全公司的广告管理工作,广告经理对总经理负责,总经理对全局进行统筹。这种设置有利于避免下属各分公司在广告运作上各自为政,浪费企业的资源。由专职广告经理统一决策和指挥,在资源配置方面能达到最优化,也便于整合各分公司的优势,带来规模效应。

(五) 广告部门分权、集权混合型

各分公司设置的广告部门由公司统一领导,称为广告部门分权、集权混合型,见图4-6。

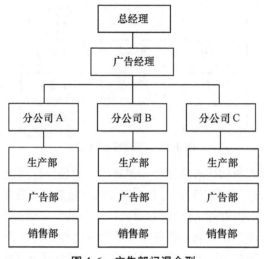

图4-6 广告部门混合型

这种设置比较适合于机制健全的大型企业。各分公司内部的广告管理人员直接向总经理下属的广告经理负责,有利于在企业的统一领导下,充分发挥各分支广告部门的能动性,分工协作,最大化地实现广告效益。分支广告部门可以根据本部门的特点承担自己的广告活动,又在业务和大局上接受广告经理的指导和监督,在集权的基础上进行分权,是这种广告管理形式的最大特点。

三、企业广告组织的运作模式

在实际操作中,企业内部广告组织机构更多是根据企业自身规模和经营情况而定。在一般的企业,从事广告活动可能只有1~2个人,或者仅仅是由某些市场营销人员同时兼任广告方面的管理,他们的任务或者是做一些简单的广告设计,或者是负责与广告代理公司联系沟通,专业事务一般交给广告公司去处理。而在大企业,广告专职人员可以达到数十人,他们不仅负责制定广告计划,还要从事广告创作,如日本的资生堂公司,其产品推广和广告运作都由自己的广告部门来承担。一般来说,企业广告组织有如下几种运作模式。

第四章 企业的广告管理

（一）地区运作模式

地区运作模式（参见图4-7）以产品的销售市场为依据对广告工作进行划分，要求各地区在公司广告部领导下根据当地市场特点制定相应的广告战略，在实施中更多地考虑当地风俗和民情，采取有针对性的广告战术。这一模式的优点是企业不仅可以根据各地市场差异进行广告决策，还可以总结运营情况良好地区的经验指导落后地区，使各地区能平衡发展，相辅相成。特别是一些跨国公司，由于产品销售的市场非常广，而各民族各地区间的差异又非常大，如果不进行分区域广告管理，广告活动将很难有序地开展。

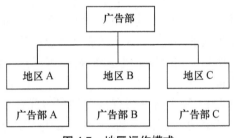

图 4-7　地区运作模式

地区运作模式的缺点是，如果企业产品类型较多，按照地区进行广告传播将会有一定的难度，且会增加企业广告管理部门的负担。在不同地区投放同一广告，其影响效果也不同。如"蒙牛"牛奶以"神舟五号"上天为背景制作的电视广告在我国内地大受欢迎，在我国香港地区却反应平平，这是因为内地和香港地区的民众对同一事件有着不同的看法，所以影响到他们对广告的态度。这时，如果企业根据每个地区的特点制作广告片，又会增加很大的费用。另外，企业在境外进行广告运作总是不如在国内那么得心应手，即使企业内部员工已经对他国的情况了解得非常清楚，但在操作中还是会有一定风险。2004年在中国市场上掀起轩然大波的丰田车事件、立邦漆事件和耐克"恐惧斗室"广告被广电总局紧急叫停事件都是这方面的例子，它提醒企业在进行跨地区的广告运作时要格外注意当地的文化和市场特点。

（二）产品运作模式

在产品种类比较丰富的公司，企业广告组织常常采用产品运作模式，以企业产品类别来进行职能和组织划分。由于每种产品功能各异，因此需要配备专人分别负责，在专责广告人员的策划与组织下开展广告运作，可以给产品提供更有针对性的服务。比如宝洁公司旗下拥有众多的品牌和产品，为了能占据尽可能多的市场份额，即使是同一类产品，宝洁也会创立多个不同品牌，如洗发水就有

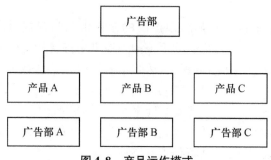

图4-8 产品运作模式

飘柔、潘婷、海飞丝、沙宣等品牌,香皂也有舒肤佳、激爽等品牌。针对不同的品牌在管理过程中可能出现的问题,宝洁的做法是指定一位品牌经理来进行管理,这实际上也是一种以产品为划分标准的运作模式,只不过宝洁的做法更加细致,这种运营方法得到了很多企业的借鉴。

在品牌经理的管理下,每个品牌都有自己的广告代理公司和独立的广告预算。品牌经理负责该品牌的一切营销活动,他们的作用相当于一个营销经理。有的公司品牌经理直接对市场总监负责,有的则对总经理负责。在宝洁这种产品分类比较明晰的公司,品牌经理与总经理之间还有一个管理层——负责某类产品的品种经理,品牌经理直接对他负责,这样有助于同类产品不同品牌之间的分工合作。如图4-9所示。

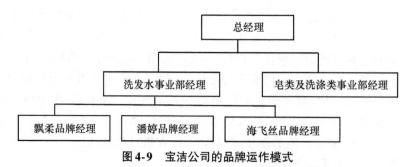

图4-9 宝洁公司的品牌运作模式

这种管理体系的好处是品牌经理可以更关注于广告的战略策划,细节方面的问题可以交给助理品牌经理或助理公关经理来完成。

(三)职能运作模式

智能运作模式(参见图4-10)根据广告的各种职能来进行分工。对应广告代理公司的各种职能,企业内部广告组织也有专门负责与广告公司接触的部门,比如,专门与媒体接触的媒介计划部;与市场调查公司沟通的广告调研部;与专业广告制作机构联系的美术制作部等等。这种模式分工明确,权责利明晰。但是,作为企业,如果把内部广告部门的岗位安排得过于细化,不仅需要花费大量的人力和财力,在经济上也不合算,特别是其专业性难以达到专业广告代理公司的水平。因此现在企业中采取这种运作模式的比较少。

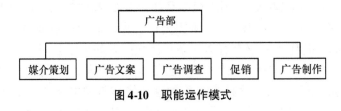

图 4-10　职能运作模式

（四）媒体运作模式

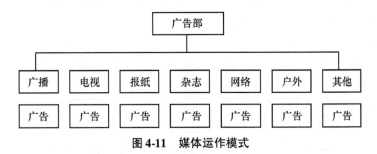

图 4-11　媒体运作模式

在企业所有的广告支出中,媒体的费用占了很大比例,通常会有 80% 左右。因此,企业对于媒体的选择往往比较慎重。在这一模式中,企业的广告部按照不同的媒体形态进行内部分工,目的就是要了解各主要媒体的基本形态和作为广告投放平台的特点,全面掌握媒体投放的要点和诀窍,如怎样进行媒介组合、合理选择媒介的时间或版面、搞好与媒体的关系、提高媒体的使用效果等。

媒体运作模式的优点是企业通过对媒介的深入了解,可以对广告费精打细算,避免浪费。在对市场的仔细观察中,或许还能发掘一些传统广告代理公司未曾关注的媒介资源。如柯达公司在进军南美洲市场时遇到了很大的阻力,这个潜力巨大的市场的一半份额为它的主要竞争对手富士胶卷所占据,柯达公司想了不少广告策略都未能奏效。后来该公司的策划人员灵机一动,决定与以色列的一家禽蛋公司合作,双方约定用 1000 万只鸡蛋做广告,利用以色列鸡蛋在南美洲十分畅销的契机,在其出口的鸡蛋上印上柯达彩色胶卷的商标,柯达付给对方 500 万美元,对方欣然接受,因为这家禽蛋公司平时的鸡蛋只卖 0.1 美元,现在升值了 5 倍,而柯达公司也不吃亏,凭借此招一举将其产品打进了南美洲市场。柯达的这起媒介策划抛开了信息堵塞的传统四大媒体,独辟蹊径,在不需要很大广告投入的情况下,取得了很好的效果。

以媒介形态为标准进行分工的缺点是难免会出现某种以偏概全的现象。如电视以声形具备、传播范围广的优势博得了不少企业的青睐,有很多企业就盲目地在电视上投入非常多的广告,想取得轰动效应,急功近利地追求一夜成名,而忽视了品牌的一个积累效应,国内很多品牌如爱多、秦池的陨落在很大程度上就是对媒介的把握不当。相反,一些跨国公司在做品牌时选择媒体就非常谨慎。如美国杜邦公司,作为一家有着200余年历史的老牌化学公司,它在1985年进入中国市场的时候就选择了《读者》杂志进行企业形象推广,之后又在上海《新民晚报》上做产品推介,尽管杜邦选择的这些媒体不像电视那样能吸引很多人关注,但它稳扎稳打的态度还是取得了国人的认同。另外,对一些广告投放量较少、更多使用促销和公关手段的企业而言,以媒介形态为依据对企业广告部门进行组织和职能划分,其可操作性也要大打折扣。

（五）广告对象运作模式

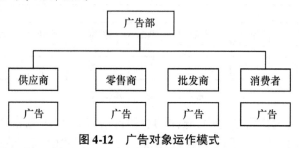

图 4-12　广告对象运作模式

广告对象运作模式是依据企业广告的对象来分工的。如果企业是一家工业品企业,每年的销售量大且集中,那么企业可以根据不同消费对象的购买动机和行为来采取不同的广告策略,以不同的广告诉求方法来对各个层级的消费者做一些提示性的切入。例如:针对批发商的广告工作小组,应该根据批发商喜欢大量低价购入产品的特点,在广告活动中表明产品的物美价廉;针对供应商的广告小组,则可采取公关的手段尽量向其展示企业良好的信誉和产品营销能力等;针对零售商的广告小组,则要表明企业产品的特色及它对普通消费者的吸引力;针对消费者的广告活动相对来说就要复杂得多,尽管消费者可能不与企业的产品发生直接关系,但他们由下至上的反作用力会影响上游的零售商和批发商更改采购决定,所以,广告小组除了要配合广告代理公司把各方面工作都做到位以外,还得注意企业自身形象的塑造,通过广告宣传让消费者了解企业,信任企业。

广告对象运作模式比较适用于一些销售量大的工业产品企业或批发商企业。与零售企业面对的消费人群的单一性不同,这类企业面对的消费群相对多样化,所以要分别采取不同的广告策略。以英特尔公司为例,该公司生产的芯片要首先被下游电脑生产商接受后才能与消费者见面,由于不与消费者产生直接联系,同类产品的企业往往就忽视了对消费者市场的广告推广。英特尔则以其独到的眼光,与下游电脑商合作,掀起了一场持续了 15 年的"INTEL INSIDE"活动。它投入上亿美元的广告费,要求所有使用英特尔芯片的厂家在做广告时都要打上英特尔的标记,这样做的直接好处是消费者从此认为只有配备了英特尔芯片的电脑才是高品质的上等品,从而反过来要求电脑厂商必须采用英特尔的芯片。

根据不同的消费对象采取广告策略,其缺点是成本开支会比较大,对企业广告运作人员的素质要求也较高。特别是工业产品企业,由于其产品的特殊性,在对消费者的广告推广中需要花费大量的人力和财力,并且这个广告投资的回收期也比较长,实力不强的公司往往无力承担,广告效果的迁延性也非常明显。即使像杜邦这样实力雄厚的大公司,花了 20 年的时间(1985—2005)在中国市场上做广告推广,其花重金打造的"莱卡"品牌在消费者当中的认知度和理解度仍然很有限,很多消费者虽然知道"莱卡"这个品牌,但对于"莱卡"到底是什么,绝大部分的人还是说不上来。

案例分析

宝洁:品牌管理制度的初创者

图 4-13　品牌管理经典宝洁

始创于1837年的宝洁公司(Procter & Gamble)，是世界最大的香皂、化妆品专业公司。宝洁公司在全球70多个国家设有工厂和分公司，其经营的300多个品牌的产品畅销全世界140多个国家和地区，产品包括食品、洗涤用品、肥皂、药品、护发及护肤用品、化妆用品等。宝洁的成功很大程度上归功于它旗下的众多品牌：海飞丝、飘柔、沙宣、潘婷等。对于这些品牌，宝洁有着自己独特的品牌管理系统。宝洁品牌管理系统的基本原则是：让品牌经理像管理不同公司一样来管理不同品牌，此管理系统是品牌管理的鼻祖，并成为其他运用品牌管理系统公司的楷模。这一管理理念目前已成为宝洁公司经营运作的基石之一。

1930年，理查德·杜普利(Richard Deupree)出任宝洁公司总裁。宝洁公司自1923年推出了新的香皂品牌"佳美"后，佳美的业务发展业绩一直不尽如人意。市场部的人员认为：这主要是由于佳美的广告及市场营销"太过于'象牙'香皂化的思维"。"象牙"香皂是宝洁公司的重要产品之一，自1879年诞生以来，"象牙"香皂通过印刷广告等形式，已成为消费者心目中的名牌产品，销售业绩一直很好。宝洁市场部的人员感觉到："佳美"香皂之所以不能畅销，原因是佳美的广告受到"象牙"香皂广告的影响，广告意念被削弱，不同程度上成了象牙皂的翻版。确实，佳美和象牙香皂都是针对同一市场的产品，当时公司还不允许"佳美"和"象牙"进行自由竞争，"佳美"明显成为避免利益冲突的牺牲品。因此，副总裁罗根提议公司专为佳美请一家新的广告公司。从前，负责佳美和象牙品牌的广告公司是纽约的Blackman公司，也是宝洁自1922年起唯一指定的广告公司。根据罗根的建议，宝洁选择了纽约Pedlar & Ryan广告公司。这家新广告公司得到了宝洁公司的许诺，决不为竞争设定任何限制。从此，佳美和象牙品牌必须在市场中相互竞争，为各自的品牌赢取市场。佳美能够自由地、毫无顾忌地同象牙竞争，就如同与当时别的公司的品牌(如：力士、棕榄)竞争一样。佳美皂有了自己的广告公司以后，销售业绩迅速增长。

此时，公司认为指派专人负责该品牌的促销和与广告公司的日常联系是非常必要的，这一重任落在了尼尔·麦凯瑞的身上。1931年，麦凯瑞来到宝洁总部，发现当时市场部规模仍然不大，这与麦凯瑞心目中所设想的特别的管理系统无法匹配。于是麦凯瑞和罗根副总裁谈起了他的"一个人负责一个品牌"的构想。罗根虽然很喜欢这个构思，但他指出，如果公司总裁不批准在市场部增设人员的话，这个计划就不可行。麦凯瑞说："我想我们能说服杜普利，这个系统绝对超值。"在宝洁的历任总裁中，杜普利以大胆改革创新而闻名。杜普利有一句名言："对我来说，宝洁的经营运作没有什么是不可以不断发生改变的，而且应该越变越好。"罗根让麦凯瑞起草了一份文件。这份注明写于1931年5月31日的文件成了具有历史意义的文件。虽然杜普利严格要求任何公司内部文件不可长过1页纸,但麦凯瑞还是斗胆写了3页。文中详列了品牌经理、助理品牌经理和市场部人员(调查促销情况)的工作职责。麦凯瑞在文件里写道:品牌经理应能够把销售经理工作的大部分接过来,使销售经理能将主要精力放在销售产品的工作上。文件呈到杜普利手里,杜普利赞同这种品牌管理的方法。从此,宝洁公司的市场营销的理念和市场运作方法开始发生了改变。就如任何新思想在初期都会遇到的情况一样,麦凯瑞的方案也遇到了来自公司内外的阻力。反对者认为这个新方案是打着优质品牌的旗号鼓励品牌间互相"残杀",而且就像"在家庭内部开战,不会有好结果"。而麦凯瑞坚持认为不会发生内部"战争"。他认为,公司的各品牌就像是一个家族里的兄弟,而不是敌人。这种内部的竞争,将促使品牌经理运用他所有的智慧、能力和办法,使自己管理的品牌赢得成功。麦凯瑞最后取得了成功,使宝洁公司保持高速发展的策略其实非常简单:让自己和自己竞争。如今,宝洁的品牌管理系统已经被全世界很多公司企业继承和演绎,成为营销战略中的一种模式。

案例来源:华夏管理网 www.managers.com.cn。

第三节　企业广告的决策程序

我们已经提及,在广告运作的整个链条中,广告主处在最优先的发起点上,没有广告主的广告需求,广告运动就无从谈起。所以从严格意义上说,是广告主提出了广告决策,并批准了广告决策,而一切有关广告的决策都是广告主的广告决策。我们从最一般意义上把广告主的广告决策作为其营销战略的一个组成部分,但实际上在具体广告策划和广告活动中,有时广告决策某一阶段上并不直接关系营销,尽管其终极目的无法超越营销。

一、企业营销战略与广告战略

企业的营销战略是公司对其产品、市场、资源的总体性规划。营销战略的产生,是建立在对公司总体状况的分析之上的,包括宏观环境、市场状况、产品状况、竞争状况、分销状况等,并综合各种状况对其优势、威胁、机会、问题加以总结,最后确定出营销目标和实现这一目标的基本战略。在这个基本营销策略中涉及产品、价格、渠道、促销等多个方面。菲力浦·科特勒在其《营销管理》中对营销战略所作的定义是：

> 营销战略是一个企业单位用以达到它的目标的基本方法，因此它包括了目标市场、营销定位和组合、营销费用水平中的主要决策。①

一般而言，营销战略在制定过程中，公司在各个可能选择的机会中会寻找那种能获得最大收益，同时又便于实施的行动文案。由于营销战略规划中对产品的状态和市场方式已经有所规定，事实上它也从根本上限定了相应的营销沟通方法和沟通步骤。广告作为对营销战略的一种贯彻，其策略的运用直接受到营销战略的影响。

以市场占有方式而言。不同的市场占有方式自然对广告策略也有所选择。过去在经济高速增长阶段，由经济总量的扩张所带动的高速发展，使第一个投入到经济发展浪潮中的企业都有极大可能获得成功的机会，因此许多公司并不十分重视对市场占有方式的选择。如中国在20世纪80年代的经济高速增长，曾使众多公司实现了暴发式的高速扩张，但到了90年代，由于经济发展导致了竞争的加剧，每一个新产品的推出都意味着在原有产品的市场份额中夺取一部分。如白酒市场，近二十年来各种白酒品牌不断推陈出新，尤其是近几年是多种品牌各领风骚一二年。事实上近几年来中国白酒市场在总的市需求饱和状况下，任何一个新品牌的加入既没有增加市场总的容量，也不会对市场造成任何危害，那些能够站住脚步的品牌，大都是通过自己成功的营销推广，从别的同类那里瓜分来一定份额而已。在这样一种市场状态下，企业的营销战略在某种意义上就是研究对手的弱点，并以此作为自己发起市场攻势的依据。由于每一个公司在市场竞争中的角色不同，通常将其分为四种不同的模式：市场领先者、市场挑战者、市场追随者和市场补缺者。四种不同的角色决定了不同的营销战略，并进而导致其在广告策略上的区别。

市场领先者是指那些在相关产品市场上占有最大份额，通常在价格变化、新产品引进、渠道网络和促销力度上，对其他公司具有引导性作用的公司。它往往是竞争中的导向点，其他公司在市场战略上不是模仿它就是向它挑战，或者干脆避开它。著名的市场领先者如饮料行业的可口可乐、日化行业的宝洁公司、摄影领域的柯达等。这些公司雄踞领先地位，它们具有各种不可替代的优势，同时其在市场所做的大部分努力也是为了保持并扩大自己的优势。市场领先者在广告策略的选择上都具有某种共同的趋势性。如IBM是电脑之王，它的广告从不理

---

① 〔美〕菲利普·科特勒：《营销管理》，上海人民出版社1990年版，第83页。

会竞争者,而只是强调电脑的好处,是所有电脑的好处而不仅仅是 IBM 所独有的,这就是所谓"四海一家的解决之道"。可口可乐要宣传的是:"永远的可口可乐","只有可口可乐嗜好真正的可乐"。这种超越性的广告策略表明了市场领先者在竞争中的绝对优势。

市场挑战者是指那些在竞争中,瞄准市场领先者发起进攻,试图从中索取市场份额的公司。因为市场领先者或其他竞争者已先于自己进入了市场,并且在市场上形成了基本稳定的竞争格局,因此只有采取某种攻击性的策略才可能受到市场重视。这类公司在确定了自己的进攻目标和对手之后,就对其进攻战略进行选择。在进攻中一般遵循两个原则:集中兵力和出奇制胜。如利用价格策略,采用地域策略等都是常常采用的方法。广告史上配合这种市场营销策略实施广告策略的精彩案例不胜枚举,如著名的 MCI 对 AT&T 的市场挑战,德国大众公司推出小型轿车时对美国市场的广告战 Think Small;娃哈哈推出非常可乐时,为了突出自己的竞争优势,把营销重点放在中心城市之外,并浓墨重染的"中国人自己的可乐"的广告煽情。

市场追随者是指那些在市场竞争中并不处于优势,同时又不愿承担更多市场风险的公司,它们在营销战略上大多采取模仿市场领先者的做法,同行的说法是"追随潮流"。这类公司既避免了与对手正面交手的竞争风险,同时又能保持自己在一定程度上分享市场的回报。有关研究表明,市场追随者虽然在市场规模上比市场领先者要小,但其获利能力却并不低,甚至更高。

市场补缺者与前三者不同,它们把自己的目标放在尚未被主导市场覆盖的细小角落,致力于寻找一个或者更多个补缺点,在被主导市场放弃或忽略的领域负担起专家的使命。

公司作为广告主在选择和制定广告战略时,一定要对自己的市场战略加以重视。这种市场战略往往是公司整个营销战略中实施市场目标的核心所在,只有在营销战略的指导下,才可能找到真正切合实际的广告战略。

二、企业产品策略与广告策略

企业的产品策略是整体营销战略的一个组成部分,它所涉及的核心问题是产品与产品定位。当公司将一个产品推向市场时,必须要明确一系列的具体问题:这是新产品还是老产品,是模仿产品还是改进产品,产品与市场上同类产品相比处在什么状态,消费者对产品的认知程度如何,产品被市场接受的可能性有多大等等,其他诸如产品性能、产品质量、产品价格、工艺包装等也都在考虑之列。对产品的确切认识是广告策略得以细化和具体化的一个步骤。比如,对产品基本状态的认识有利于根据产品本身进行市场定位和广告定位。在产品策略认识上,有一种叫做产品生命周期的理论,在广告策划中常被加以应用。

产品生命周期是指产品自导入市场直到从市场上消失所经历的一个过程,它代表了产品销售历史上各个不同的阶段,亦即销量与利润变化的过程。一个产品的生命周期一般都被描绘成一条 S 形曲线,如图 4-14:

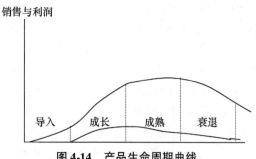

图 4-14　产品生命周期曲线

按照图中曲线大致可划分为四个阶段,即导入期、成长期、成熟期和衰退期。导入期时产品刚进入市场销售成长缓慢。这个阶段由于营销费用庞大的支出,几乎没有什么利润可言;成长期是指产品迅速为市场所接受,销量迅速增长,利润大量上升;成熟期指产品已被大多数潜在购买者接受,销售增长缓慢,同时因为竞争对抗,营销开支日益增加从而导致了利润下降;衰退期指销售下降趋势逐渐增强,利润不断下降最终趋于零。产品生命周期是现代营销学对产品市场状况的一种动态描述,在大多数情况下,一个产品总是按照这种生命周期来完成自己的市场使命的。产品生命周期理论的提出,从市场发展的角度为产品策略的制定提供了依据,它说明这一周期之中,由于消费者对待产品的态度以及市场环境对产品影响的变化,产品在市场上所面临的竞争特点也不同,因而公司也应该随着阶段的变化对其市场策略加以调整。

一般而言,处在导入期的产品,由于市场尚未对其认可,购买还无法充分启动。这一阶段公司在广告策略上应以提供产品资讯为主,使消费者对产品有所认识,尤其是一个新产品或功能性产品,通常需要介绍产品的特性和产品功效。在导入期完成后,产品进入了成长期,早期的试用者喜欢并乐于购买该产品,大多数的消费者也开始追随领先者,公司的生产规模、销售收益也不断提高,这时一些新的竞争者受到了吸引不断加入到市场之中,使市场得到了更进一步地开发。这一阶段公司通常在努力扩大市场和维持市场成长的同时,在广告策略上也开始有所转变,由过去侧重于对产品认识的宣传而过渡到说服消费者购买上。

产品在成熟阶段往往达到某种平衡状态,销售增长异常缓慢,而且持续时间也远长于前两个时期。这一时期虽然消费者购买平衡,但同类产品的竞争却格外激烈。由于产品处在基本饱和状态,公司的促销组合也面临着改变,即由前期着重于建立基本需求层面转移到制造选择性需求或者是对特别品牌的需求层面。如果说前期广告所做的大致是"知名度"方面的工作,那么成熟期的广告要完成的就是"指名率"这个任务,一些具有较强烈品牌认知的公司在这一时期的广告策略中,大多是制作一些提醒式的广告,通过不断地重复和强化,维持其在消费者心目中的地位。处在衰退期的产品,是产品即将退出市场的最后阶段,其时由于销售及利润的下降,公司或是减少其广告支出,或是试图通过产品再定位使其复活。后一种方法虽然充满诱惑力,但对于疲软的产品却很少有效力,因此大多数明智的公司在这一阶段往往是逐级递减广告,最后退出市场。

三、企业品牌形象与广告策略

品牌形象策略是企业为了实现其营销目标所采取的一种沟通方式。企业品牌形象策略的运用一般是要为公司或品牌建立一种美誉度和信任感,建立品牌形象需要多种途径。它与纯粹的促销广告所不同的是,形象策略贯彻到广告策略之中,通常是以一种渐进的情感诉求与理念诉求为主的,藉此在目标消费者中产生某种移情作用,最终达成对广告内容的信赖和偏好。为了完成这一使命,许多公司及品牌都巧妙地对自身加以包装,强化其象征性内涵。如菲利浦电器:"让我们做得更好",长虹电器:"致力于民族的昌盛",海尔电器:"真诚到永远",娃哈哈:"中国人自己的可乐"等等。在这种气贯长虹的形象宣言中,一方面包含着企业的社会使命和经营理念,更重要的也是表达了一种品牌商誉的要求。辛迪·莱瑞在其《销售的象征》中认为:

> 现代商品被认为本质上是一种心理事物,既象征着个人的属性及目标,也象征着社会的模式及竞争……所有的商业物品都具有象征性特点,而进行采购则涉及无论是含蓄的还是明确的——以便决定这种象征适合与否。

基于以上认识,企业在将其自身或某一特定品牌产品推向市场时,必须考虑到一种市场形象,而这种市场形象在大多数情况下具有某种连续性,可以成为企业一贯的形象追求,应用这种形象策略作为指导对广告策略的形成,以及广告创意的具体表现不无指导。多年以前娃哈哈集团董事长宗庆后,这位声名远扬的营销大师曾有所感触地谈及自己最初的销售经历,第一次去南方签订一个电器的合同,厂长说一切都弄好了,只要去一下就可以拿到款子,去了之后才知道远非如此，要艰苦地与对方交涉一点一点地办。他不无得意地讲："我人长得诚实，办事也很实在，所以人家看了样子就愿意和我做生意。"在商人的精明中坦露出一种内心的真诚。后来他把这种形象性的认识贯彻到娃哈哈的形象策略之中："哀兵必胜"，这几乎成了娃哈哈广告策略中最常用的一种方式。多年来企业拿出8000多万元资助教育事业，参与社会福利，用高频率的媒介曝光宣传一种略显谦恭的社会奉献，娃哈哈把自己的形象定位在"愿千家万户笑哈哈"，通俗而又深刻，用低调博得社会的认可与同情。非常可乐的推出宣称"中国人自己的可乐"，正可以看做是一种"哀兵必胜"的广告诉求。大卫·奥格威在《一个广告人的自白》中有一段关于品牌形象的名言："我们认为，每个广告作为对品牌商誉长期投资的一部分，必须被看做是对品牌形象这一复杂象征的贡献。"这也许可以当做是对企业形象策略在广告策略中持续性表现的一种最好总结。

　　在公司的形象策略中，如果从概念层级上看，有总体的形象策略、品牌形象策略、广告创意策略等。在广告策略之中贯彻这种形象策略，最为明显的就是企业的形象广告。形象广告往往是企业理念与企业精神、企业形象的某种浓缩。当年在广东太阳神集团处于如火如荼的时期，电视观众最常见到的是由一个大写的人字所托起的一轮红日，伴随着一曲令人倾心的乐曲："当太阳升起的时候，我们的爱天长地久。"这则形象广告淋漓尽致地诠释了太阳神公司的形象追求，从中几乎看不到任何品牌包装的商业痕迹，尽是对人的关怀和人性的张扬。这种纯以形象为主的广告策略今天虽然仍时有所见，但已不如早期那么频繁了。现在我们看到的更多的是把形象追求与品牌追求融为一体的品牌形象的塑造。

　　这并不奇怪。公司之所以热衷于使用广告和市场营销组合的其他元素来建立品牌形象，这是因为它们认识到，好广告并不仅仅是"销售产品或服务"，它更重要的是，如奥格威所讲，要塑造消费者头脑中的品牌形象。而这种品牌形象或个性，部分地决定了其品牌能从消费者那里可得到的价格补偿。也正是这种品牌形象与品牌主销渠道及其他资源一起，决定了公司总体上的市场价值。因此，塑造品牌形象就是企业形象战略在广告策略中的最集中的体现。在我们今天所看到的一些最成功品牌中，几乎无不对这一结论给予说明。几十年来，百事可乐作为一个继可口可乐之后的挑战者角色，为了更加突出自己的个性，它把自己包装成年轻一代的追求，在形象上崇尚自由，否定传统。在亚太市场上，它用王菲、陈慧琳以及郭富城等著名歌星作为偶像代言人，淋漓尽致地抒发了自己的年轻个性。宝洁公司作为世界首屈一指的著名品牌,在其产品的推进过程中,坚持一种真实质朴的风格,用一种最具说服力的示范来向人们展示它的产品。与百事可乐运用明星推介形象所不同的是,宝洁公司所选取的模特儿都是一些现实中司空见惯的女性,诸如"大学律师章晓英"、"合资企业助理顾倩"等。这些特定的白领知识女性在我们的生活中富有示范效应,由她们率先使用产品似乎代表了现代生活中进步与文明的追求。在中国企业中"养生堂"的广告策略也始终保持着一种对人和人性的深切关怀,从而巧妙地体现了"养生堂"的企业特质,如其龟鳖丸广告反复出现的对父亲的关怀与挚爱,朵而广告中始终贯穿的对女性的赞美与欣赏;清嘴广告中表现出青春的朝气与活泼等等。这种对品牌形象的追求,大大地强化了广告的内涵,使广告的促销意义显得更加宽泛,更具有参与性。

对以上所述的总结,从企业广告管理的角度来认识企业形象策略与企业广告策略,我们可以得出几点结论:

1. 形象策略是企业实现营销目标的一种沟通方式,在很大意义上,企业形象策略直接影响了企业的广告策略,并通过广告策略加以体现。

2. 企业为了实现其形象沟通,常运用形象广告、公益广告等形式对其精神和理念加以阐释,但这种形式往往只具有间接性和短暂性。

3. 企业形象策略在广告策略中持之以恒的运用,是贯彻在具体产品广告中的品牌形象塑造,一个成功的品牌必然具有某种特有的个性和品格,而这种个性和品格中所折射出来的就是企业的形象追求。

4. 因此,企业在进行形象策略运用时,关键是要找到切实而易于为社会接受的形象切入点,形象的表现要完整、清晰、一致,切忌片断性的堆积和模糊零乱。

四、企业广告预算与广告费用控制

企业的广告预算与我们在制定广告计划时的媒体预算并不是一回事。媒体预算是在广告决策包括广告预算决策基本落实后,根据策划要求和媒体传播情况对广告经费的一种再分配,而企业广告预算则是企业在营销过程中对市场投入产出的一种基本分析。过去企业仅仅是把广告预算简简单单当做一种会计核算,其实广告预算决策的理论是建立在经济学的边际效益分析理论上的。按照这种分析,企业要实现销售就必须保持一定量的广告,如果广告产生的边际收益大于所增加的广告投入,那么公司就应该考虑对某一品牌或某一区域或某一媒体增加广告预算(如图4-15所示)。同样,如果竞争者的大量广告投入使公司的促销作用减小,那么相应的预算就应当适当减少。但是,正如微观经济学中的许多概念一样,在实际中做边际效应分析存在着许多困难,前面的假设是把广告看做促动销售的唯一因素,销售额变化是广告投入的结果,这种假设并不合理。

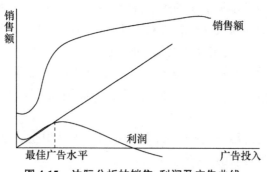

图4-15　边际分析的销售、利润及广告曲线

早在20世纪30年代,美国学者Lydia Pinkham就提出了广告"累积效果"这一概念。经济学家Joel Dean也认为,广告具有"长期效果"应归之于资本预算,因为近期的广告支出是为了远期效果而不仅仅指销售方面,而且也包括了广告对消费行为的影响,这与我们前面所述的品牌形象塑造有必然联系。尽管如此,由于广告预算是一种经费支出,企业在广告规划上虽然也将其看作是一种资本投资,但在预算管理和会计核算上仍将其作为当前的一种费用。所以,企业对广告的投入一方面要与其营销战略目标结合,另一方面也要从当前开支的实际可能出发。企业广告的预算控制就是在这二者之间进行合理地分配。

事实上,广告预算作为企业对未来收益的一种投资预期,在企业的营销成本中属于自身的可变弹性并不大,提升广告预算最大的依赖是随着销售增加,总的成本降低而提供了促销支出提高的可能。如果结合总的营销计划,就可以大致匡算出广告预算在企业资金流转中的位置。这里一个明确的提示就是,对广告预算的任何增加都必须是增加销售或减少成本,这一点在进行广告预算时必须考虑进去,企业广告费用的基本控制也是在这个基础上建立的。广告经费预算是关系到企业营销和广告投入产出的一项缜密工作,因此有关广告预算及具体的预算方法,在后面的章节中还要涉及。

案例分析

OPPO：精心制造定位错觉营销胜利

随着15秒浪漫邂逅故事的广告，OPPO MP3 高调进入国内中高端市场，产品销售至今，仍有很多消费者不知道，OPPO 的东家是以生产家电产品见长的步步高。早在2002年，步步高视听电子有限公司就拟推出 OPPO 这个品牌。但直至2006年，OPPO 才以 MP3 这个产品扣响了市场大门。尽管步步高酝酿 OPPO 这个品牌有4年的时间，但用于 MP3 这个产品上，以及 OPPO 推出的传播方式、步骤，以及在销售渠道上的创新，却是经过深思熟虑的。

步步高在 OPPO 的推广上，一改过去的宣传方式，由于产品和消费群的改变，步步高有意在产品推广时规避了原品牌形象可能造成的影响，通过广告、新闻以及事件等传播方式重新包装"OPPO"形象。而步步高在营销渠道上的创新，一方面能够避免与国内其他品牌形成正面冲突；另一方面，通过终端形象的强化，建立起 OPPO 的高端品牌形象，进一步强调 OPPO 的"洋化"形象。

"韩味"OPPO 的横空出世不是偶然。配合整个营销计划，从产品定位、价格、外观设计到广告传播、渠道设立，都体现出了"别有用心"。

就如同其他发展到一定阶段的产品线一样，中国 MP3 产品市场已经进入混战的时期。各种品牌拥挤在这个市场，价格杀手锏时常被商家使用，单台利润被一再压低。在这种市场中，作为一个后进者，如何快速切入并建立自己的形象，取得长久成功而不是陷入昙花一现的混战中，这就需要另辟蹊径的营销方式。

OPPO 打入 MP3 市场时，市场上已经有300多个品牌，竞争相当残酷，所以 OPPO 一开始就选择竞争相对少、利润相对高的高端市场。整个品牌及产品，其包装宣传都向韩系高端品牌靠拢，其广告导演和演员均来自韩国，按照韩国偶像剧的标准进行拍摄，尽量淡化步步高以往在消费者心目中的消费电子产品形象。这样的广告和品牌诉求设计，也是充分考虑了消费者的喜好后精心制定的。

尽管现在的 MP3 市场已经进入了优胜劣汰的时期，结果还没有定论，OPPO

本身还有许多问题如价格壁垒、资金等，但其明确而有个性的品牌定位、与众不同的渠道等都值得我们关注。

一、神秘品牌强势杀入

在 2005 年 5 月 12 日，一个 MP3 品牌的广告悄悄铺开了。中央一、二、三套晚上黄金时间同步播出了 OPPO15 秒广告。在主题为"我的音乐梦想"广告中，俊男美女在地铁中相遇，暗藏情愫，在曼妙音乐中展开一段罗曼蒂克的联想。抒情的流行乐、优雅学生气的装束，再加上满天飞舞的粉红花瓣、青树和一对璧人，这条广告几乎在短短的十几秒给我们上演了一出韩剧。许多年轻人被广告吸引，同时也注意到"OPPO"这个名字，虽然很多人并不清楚 OPPO 是做什么的。在央视大规模铺开的同时，在超级女声这场娱乐盛宴中，OPPO 也有优异的表现。它在总决选的几场中投入大量广告，三小时内重复十几遍的一个唯美故事抓住了全国几亿双眼球。

在以往，MP3 广告一般集中于阐述音乐本身，并且国产 MP3 推广一般以平面广告为主，像这样以年轻情侣为主角、定位明确的广告并不多见，再佐以完美的画面支持，这个产品与其他品牌形成了明显的概念区隔。

除了电视广告外，OPPO 也同样在平面媒体砸下了强力的广告攻势，而且，OPPO 还同各个地区最有影响力的报纸合办了高校歌手大奖赛，此举显然意在吸引在校大学生的目光。另外 OPPO 也没有忽视网络，在新浪等大的门户网站消费者都能看到 OPPO 的身影，并与新浪合作声势很大的"OPPO 2005 网络歌曲排行榜"。按照其利用网络综合提升曝光率的思路来看，已然成功了一大半，从 banner 广告到新闻插页广告，OPPO 将网络像电视一样运用得非常到位。而且，OPPO 新浪 2005 网络歌曲排行榜更是搞得轰轰烈烈，不知吸引了多少网民的眼球。

在千万元的广告投入后，OPPO 的知名度迅速提高。在 5 月份之前，没有人

图 4-17　OPPO 电视广告截图

听说过"OPPO"。而在现在,"我的音乐梦想"这则广告可谓是深入人心。然而消费者对 OPPO 的来历一无所知,但从其产品设计和品牌形象来看,似乎应该是韩系企业。

二、精心制造定位错觉

在针对 MP3 消费人群(如学生和年轻白领)的相关调查中,OPPO 的高端品牌形象已植入人心。一项调查中显示,有七八成的人都认为这一定是个新的国外品牌,其中六成的人认为是韩国的品牌。

而 OPPO,其实是地地道道的国产品牌。在它的网站上,写的是"东莞市欧珀电子工业有限公司"。而据业内传闻,OPPO 品牌实为一家名为高福利的公司所经营,而高福利则同另一家著名民营家电企业——步步高关系密切。也就是说,这个神秘品牌的背后的真正力量,很可能就是家电巨头步步高。

OPPO 的韩系形象,则是企业的刻意为之。为了塑造 OPPO 的产品形象,其广告导演和演员均是来自韩国,拍摄也是按照韩国偶像剧的标准进行。随着韩流继续升温和越来越多的韩国爱情剧受到中国年轻人的关注,韩国风味无疑是青春气息浓郁的浪漫时尚的代言。

并且,在 MP3 市场,建立较高端形象的一般都是国外品牌,如苹果"iPod"、三星"yepp",甚至一些入行已久的台资品牌如爱国者"月光宝盒"都未能挤入这个阵营,而中国大陆的品牌大部分更是以价格优势吸引消费者。在这种情况下,OPPO 采用这个品牌形象切入市场无疑是一种使巧力介入高端 MP3 市场的方式。同时,当然也有与主公司进行品牌区隔的考虑。

定位明确,表现犀利。看来,"韩味"OPPO 的横空出世不是偶然。配合整个营销计划,OPPO 从价格、外观设计到渠道,都"别有用心"。

图 4-18 OPPO 电视广告截图

要让消费者愿意花更多的钱购买一个品牌的主要原因是由品牌在消费者大脑中(也有时髦地称之为心智)的联想所决定的。消费者对一个品牌所能联想到的所有信息能深深触动消费者的内心世界,并产生积极、美好、愉悦的心理体验,消费者就会认同、喜欢乃至爱上了这个品牌,也就自然愿意购买、更多地购买、花更多的钱购买这个品牌。OPPO大手笔的电视广告投放,难怪让所有的MP3厂商和消费者惊呼:Who are you?,因为拥有这么强大的品牌实力和企业背景,东家应该是国外品牌或者国内企业界的大腕。而从产品设计和品牌形象来看,OPPO似乎更应该是韩系企业,因为它成功塑造了中国人见得最多的韩国偶像型品牌。

三、各方配合 坚定高端

配合产品定位,OPPO在设计上摒弃了新手上路惯用的"公模"造型,完全是独立设计,造型独特,在一定程度上比较抢人眼球。同型号一般都设计男女两款,明确针对情侣目标群。对于OPPO,价格也成为其塑造高端品牌的一个元素,以256M产品为例,三星报价在999元左右,而OPPO新品上市时,X3型号报价为980元,而最高端的X9报价甚至到了1450元。可以说,OPPO的价格定位当之无愧地稳居第一阵营。

从渠道上来看,OPPO也颠覆了MP3的传统模式。这个行业一般都是采用区域代理形式,从IT渠道切入市场,一般进入各地的电脑市场。而OPPO却选择先在各地家电市场开设专柜、专卖店。用业内人士的话来说,就是"用销售家电产品的方式来销售MP3"。

图4-19 OPPO电视广告截图

采用这种渠道可能与OPPO的家电背景有关,同时引起了各方的议论。有经销商表示:"一款没有在IT市场中'沉淀'并被电脑用户认可的MP3不可能受到普通大众的青睐,这一点几乎是MP3市场中的'真理',仅仅依靠漂亮的专卖店和专柜是不能够让消费者真正动心的。"而也有不同意见:"由于OPPO的高价格定位,放在IT市场与众多品牌竞争将面临较大阻力,随着MP3的普及,更大顾客流的家电卖场是好的销售终端,并且避免了与其他品牌的残酷比较。"

当然，另一方面，统一标识＋高档装修专卖店的建立也昭显了OPPO的高端定位。在资金支持充裕的情况下，这也是建立长期品牌的一种方式。OPPO可以在巩固专卖店建立品牌形象后再包围IT市场，达到通吃的效果，也可以视为一种方式。

我们把触动消费者内心世界的最有力的信息称为品牌核心价值。所以，品牌核心价值是品牌资产的主体部分，它让消费者明确、清晰地识别并记住品牌的利益点与个性，是驱动消费者认同、喜欢乃至爱上一个品牌的主要力量。因此OPPO在做工选料上，均是精工细做独辟蹊径，摒弃了新手上路惯用的公模造型，完全是独立设计，造型独特，别具一格。因此，OPPO MP3一上市就非常抢人眼球。

四、价格惹争议

强势的广告诚然可以带来高知名度，但一个没有内涵的品牌是很难树立起高端形象的。在国产品牌普遍低端的中国MP3市场，OPPO无疑在作一种全新的尝试。但在知名度短期提升的同时，品牌形象的培育却需要更长的时间，需要企业为其持续不断地注入文化、时尚等元素，向世人展示产品的灵魂。这也许就是iPod与普通MP3的区别。

虽然OPPO的产品拥有较高的产品质量，但相对来说已经很高的价格定位无疑是横亘在其发展前的一道深沟。有专家评论："这种价格定位一定会使OPPO叫好不叫座。"由于中国的MP3市场已经发展了不短的时间，在这个市场中，消费者对于价格因素还是很敏感的。目前进口品牌的同档次产品纷纷大幅跳水，索尼、松下在MP3方面虽然不能说是王者，但实力也是不容小觑。索尼的E系列和松下的MP100系列在价格上都比OPPO同等配置的产品至少便宜一个档次。这些传统随身听强者无疑也是一道有力威胁。

当然，OPPO概念区隔、MP3的产品力、完美的广告画面、强大的广告投放力度以及步步高成熟的终端和渠道系统搭建了一个OPPO强势品牌基础。现在OPPO面临的主要问题就是在保证资金充裕的前提下，如何继续锤炼自己的品牌形象，使浪漫时尚的品牌形象在目标受众的心中固定下来。

要让品牌有高档感和高价值感，功能型利益为主的品牌应持续一致地不断提高技术与产品使用价值，如一个品牌几款产品技术领先、功能人性化、外观精美，那么只能有限度地提高单单这几款产品本身的售价。如果企业不断地推出这么好的产品，久而久之品牌就具有了高档感与价值感，品牌的溢价能力就能涵盖所有产品。

图 4-20　OPPO 电视广告截图

五、傍上 P2P，OPPO 要吃螃蟹？

OPPO 充分强调自己的独有卖点：我提供 P2P 下载服务！

P2P 是最近网上兴起的新下载模式，"搜索引擎以及文件传输是 P2P 文件分享的核心技术"，P2P 技术主要分为分散式 P2P 以及混合式 P2P 两种技术架构。该架构将使用者分享文件的目录索引"上传"至中央伺服器以建立资料库，使其他所有使用者搜寻，因此搜寻文件速度相当迅速，因为有中央伺服器管理并组织所有使用者的文件搜寻目录以及 IP 地址两种资料库，所以称之为混合式 P2P。

P2P 下载给了用户很大的方便，至少是音乐源的问题可以解决了，这个卖点确实能够吸引用户更多地加入进来，也是 OPPO 的一个杀手锏。但 P2P 下载是一个相当敏感的软件，尽管 P2P 技术本身并不违法，但是绝大多数情况下，通过 P2P 技术实现的文件共享构成了对版权的侵犯而且涉嫌触犯了著作权法和相关条例的规定，其中受害最深的恰恰是影音娱乐市场。

正因为这个特殊性，大多数公司并不敢擅自公开提供 P2P 下载服务。但 OPPO 恰恰抓住了这个机会，不惜打"擦边球"来争取更多的市场，可见其良苦用心。

图 4-21　OPPO 平面招贴

从企业实力上来说，传统的家电巨头在历经数年的市场磨炼之后，无论是资金、渠道、技术上的积累，还是整体产业运营的模式，都要比一些起步仅仅两三年的小型 MP3 企业要强得多。OPPO 选择了竞争对手相对较弱、利润相对较高的中高端市场，大投入的广告不仅想在消费者心目中树立高端产品的品牌形象，根本目的是要获得丰厚的利润，但这个过程到底有多长才是需要厂家关注的。P2P 就像一把双刃剑，悬在 OPPO 的上空，一旦绳断，其利断金，OPPO 强作出头鸟，是否能取得预期效果，目前还不能断言。

【相关链接】

错觉营销：利用消费者心理错觉进行营销。错觉营销一直在市场中存在。最常见的就是超市定价的价格错觉。"99 元"与"100 元"，只相差 1 元却给消费者直觉强烈的差异感。

更高级一点的，有过这样的实验：将顾客分为两组，A 组从中、低价位的两种型号的家电中挑选产品，而 B 组从高、中、低价位的三种型号中挑选。结果表明，A 组增加的高价位产品虽然只有 13% 的顾客购买，却使选择中价位的顾客增加了 17 个百分点。因此，许多聪明的商家在产品线中增加高价产品，并非想通过销售该产品直接获利，而是希望用这种产品提高消费者对其他产品的参考价格，从而增加中低价产品的销量。

研究错觉营销在商业企业管理中有非常重要的作用。从简单的价格、颜色、时间等错觉利用到更为高级的系统错觉营销，可开发的领域还有很多。

案例来源：改编自《成功营销》2005 年第 11 期，《OPPO：错觉营销成就另类 MP3》。

思考题：

1. 现代广告是如何服务于企业的营销功能的？
2. 结合实例谈谈目前企业广告行为与观念存在哪些误区。
3. 企业广告运作的基本程序是怎样的？
4. 思考在整合营销传播背景下，广告在企业营销体系中地位和角色的变化。
5. 结合实例谈谈你对广告预算的观念误区的看法。
6. 企业广告预算一般有哪几种方法？

第五章
企业与广告代理

本章将着重阐述下列问题:
- 广告代理制的含义是什么?
- 广告代理关系是指哪三种基本关系?
- 为什么说广告商是广告代理制的核心?
- 广告主如何选择广告代理公司?
- 广告代理公司的绩效该怎样评价?

第一节 广告代理与代理关系

广告代理,就是指那些为广告主提供广告产品和广告服务的专业公司即广告公司,进一步地讲,广告代理是从广告业发展之初便已形成的一种商业经营模式。作为国际通行的一种广告运作规范,广告代理制是社会分工细化和市场营销复杂化背景下所形成和发展出的一种有效的市场运作方式,因此其具有某种科学的必然性。虽然广告代理制的核心是广告主委托广告代理公司为其代行各种广告业务,但事实上广告代理制本身却并不仅限于此,也就是说除了广告主与广告公司之间的业务代理外,它还包含了更进一步的内容,而正是这些内容构成了广告代理制的基本形态。

一、广告代理制的含义

广告代理制是国际上通行的广告经营机制,即由广告主委托广告公司实施广告的宣传计划。其含义是:广告公司在广告经营中处于主体和核心地位,为广告主全面代理广告业务,向广告主提供以市场调查为基础、广告策划为主导、创意为中心、媒体发布为手段,同时辅以其他促销手段的全面性服务。

广告代理制是适应广告专业化需求发展起来的一种规范性制度,它的成熟与发展对多个产业都有积极的促进作用:首先,可以使广告业内部形成良性运作秩序,有利于本行业公平、有序的市场竞争;其次,代理公司帮助广告主制定所需的市场营销战略,并负责具体计划的执行,有利于企业将经营重点放在产品生产与技术创新等方面,可增强竞争优势,大大提高工作效率;再次,通过签订代理合同,将媒体有关广告策划、设计、寻找客户等方面的业务承揽过来,可以使媒体专注于其擅长的新闻报道与节目制作工作,从而更能提供满足受众需求的内容,利于实现竞争制胜。

鉴于实施广告代理制的重要意义,必须对它进行规范化管理。为明确代理者的职责权限,我国工商行政管理职能部门特对其代理的相关业务做出以下规定:

第一,代理广告业务,它是指广告代理人在被代理人的授权范围内,以被代理人的名义从事广告经营活动,且其经营活动的法律后果由被代理人承担。

第二,代理广告业务必须是经工商行政管理机关核准登记,在确定的广告经营范围中有代理广告业务项目的广告经营者。不是经工商行政管理机关核准登记的广告经营者,或虽然是广告经营者,但广告经营范围中没有代理广告业务项目的,不能代理广告业务。

第三,广告媒体单位,即新闻单位经过工商行政管理机关核准登记,可以代理同类媒体的广告业务。一是广告媒体单位代理广告客户的广告业务时,只能代理在与其相同的媒体上发布的广告;二是广告媒体单位只能代理与其相同的媒体单位承办的广告业务。

第四,广告业务代理费必须严格遵守《中华人民共和国广告管理条例施行细则》的规定。代理国内广告业务的代理费为广告费的10%;代理外商来华广告业务,付给外商和国内代理者的代理费分别为广告费的15%。

第五,代理广告业务的代理人必须查验广告证明,审查广告内容。

第六,广告经营者代理广告业务,应当与被代理人签订书面合同,明确各方的责任。

一般言及广告代理制的时候,总是把关注点放在广告主与广告代理公司之间的关系上,而实际上从专业分工和业务合作上来看,这二者之间的关系并不复杂。之所以这么说,是因为其本质上并没有摆脱其他商业关系的基本范畴。它和其他商业合作所形成的供需和交换形态一样,也是广告主委托具有相应资质的专业广告公司为其代理各种广告业务。广告主根据营销和广告需要对广告代理提出自己的要求,广告代理公司负责策划和执行具体广告活动,广告主则根据广告运作实务对广告代理支付合理的酬金。

由于广告活动是一项公开化的、具有广泛影响的社会活动,它不仅涉及广告主和广告代理商,还涉及广告发布的各种传媒以及试图通过媒体广泛传播所影响的社会大众,而通过传媒所运作的广告活动又必然要受到政府和社会各方面的监管,因此广告代理的关系也就不单纯是"广告主—广告代理商"之间的简单对应关系,它还涉及广告活动的中下游关系,及媒体关系和政府以及大众等社会关系。所以,从工作本质上来讲,广告代理商的任何工作行为都是一种代理行为,这种代理行为在其运作过程中形成了三种必然产生且指向不同的代理关系。

二、广告代理关系的三种形态

广告行业就其基本属性而言是一种代理服务行业。宽泛地讲,这种代理是以广告经营商为中心环节,形成了代理—媒介、代理—客户以及代理—政府等多层关系,但在这种代理关系状态中,最为核心的是代理—客户关系。正是由于这种关系的存在,这才构成了广告经营中的其他代理关系。所以,从专业意义上讲,广告代理就是指的广告商对广告主即其客户所进行的广告业务代理。

(一)媒介—代理关系

广告公司产生之初原本是为推销媒体版面而存在的,它们依靠从媒体获取的版面佣金而生存,在相当一个时期是依附于媒体的。随着广告公司的发展,其工作的立足点逐步转向为广告客户服务而不是为媒体和供应商服务,但是由于广告公司在本质上是一种中介服务性质,广告客户的广告信息必须经由媒体发布才可能送达目标消费者,这样广告代理商的工作也就无非是为广告主设计出适当的信息形式并寻求适当的发布媒介,所以客观上它仍旧是广告媒介的某种代理,只是代理的角色比过去更加主动。

广告公司与媒介的代理关系,首先表现在广告公司在进行广告策划和开展广告业务时,往往不仅是为客户提供单纯的策略和专业制作,还必须向客户提供有关媒介建议,推荐并代为购买媒介。这种推荐和建议实质上也是为媒介进行代理和推销,只不过尚未与媒介建立委托代理关系。事实上,在媒体高度发达和运作规范的时代,任何一个广告代理商在代客户进行媒体操作时,从客观上它已与媒体建立了某种代理协定,必须严格遵守媒体对广告发布的有关要求,以及对代理商的某种认可。其次,广告代理公司与媒体的代理关系,还表现在媒体对广告代理商所实行的佣金制。佣金制是广告业最为古老的一种代理收益方式,直到今天仍被普遍采用。表面上看,广告代理公司的收益是来自于广告客户的付费,但在大多数情况下,广告客户的付费并不会高于媒体广告时间或广告空间的基本价格,所以广告公司的收益只能转向从媒体寻找"折扣",这种折扣即传统的佣金,而佣金的存在说明代理关系的存在。

(二) 客户—代理关系

在广告业的基本经济结构中,客户—代理关系是广告代理制存在与发展的基础与前提,也构成了广告行业结构中最为基本的经济关系。我们可以从两个方面来理解这种关系:其一,作为广告活动的直接投资者,广告主的广告投资行为决定了广告产业的发展规模,是广告代理公司生存与发展的基础,也是广告媒介收入的重要来源,因此客户的代理关系本质上是一种经济关系,或者我们可以直截了当地指出财务关系是构成客户—代理关系的基础。其二,广告代理公司所从事的一切业务实际上都是为客户进行代理服务,进而完成客户营销追求。反过来,广告主欲进行营销必然离不开广告。广告代理公司的专业服务,不仅帮助广告实现营销目标,而且帮助其提高广告意识和广告效益。因此从某种意义上讲,由广告商处于中介环节的由广告主、广告商、广告媒介共同组成的广告产业和广告市场,实质上也是一种平等互利共同参与的代理市场。因此,客户—代理关系是广告发展的正常关系。

广告代理是相对于广告主自做广告而言的,当广告主将其广告的制作、设计或广告媒体购买等业务委托给其他的广告经营者时,广告主与广告经营者之间的行为就是广告代理与被代理行为。广告代理是民法中代理概念在广告业务中的运用,有关广告代理的规范表述是:广告代理是指广告代理人(经营者)在被代理人(广告主)授权范围之内,以被代理人名义所从事的直接对被代理人产生权利、义务的广告业务活动。广告代理人在与被代理人建立了代理关系后,从某种意义上讲其角色行为在广告活动中也有一定的转换,即以广告主的身份代行广告主处理有关与媒介及其他管理部门的关系,并从客户的角度考虑广告活动诸项事宜。如果把广告代理在一定范围内普遍推行,并以此作为一种规范化的制度,这就是广告代理制。

(三) 代理责任与代理—政府关系

代理责任指的是在广告代理中,由于委托与被委托的共同约定,由广告代理人在代理活动中所应该承担的责任。广告代理属于委托代理,在代理活动中如果代理不当或违法代理,势必给他人造成损害或招致被代理客户的损失,因此而造成的民事责任一般由被代理人承担,这一责任的前提是代理人的代理行为是在被代理人的授权范围之内。但在其他情况下造成的责任则由代理人承担,或由双方共同承担。

1. 无效代理。指违反法律规定,不具有法律效力的代理。无效代理不受法律保护,其状况主要有二:(1)超越代理权限或在代理权消失之后,仍以被代理人的名义实施代理行为,并未被代理人追认;(2)代理人以被代理人名义同自己所代理的其他人签订合同。

2. 代理人不能履行代理职责,由此而造成的损害。

3. 代理人知道被委托代理事项违法,但仍然进行代理活动的,被代理人与代理人负有连带责任。

由上述几点可以看出,在广告代理中,代理关系除了作为广告经营活动中的经济关系外,还具有法律意义上的关系,如果从法律和政府对广告行业的监管而言,广告业的代理行为还反映了代理—政府的关系。代理—政府关系在广告业及广告代理中,一方面表现为政府与广告代理之间的管理与被管理关系,另一方面又体现为政府管理与指导服务二者并举的关系,具体而言约有三点:

1. 在中国广告业属于专营行业,政府对申请从事广告代理业务的单位和个人要进行资格认证,这与有些国家实行自由进入广告市场的非认证制度有所不同。广告代理资格的取得,必须经过工商行政管理机关的审查登记程序来实现,工商管理机关对符合广告代理条件、具备广告经营资格者核发广告经营资格证书,这样在广告代理的市场准入上就有了一定的限制,凡未得到工商管理部门认证的公司从事广告经营就是非法经营。因而,在这里代理—政府关系从某种意义上就是政府授权代理资格。

2. 政府对广告代理行业的管理,是通过广告法、广告审查制度、广告发布标准和其他相关的各项规定、制度来确立的,并经过定期监督检查、查处违法行为、规范广告代理、协调广告市场等具体形式来保证广告业及广告代理的有序发展。

3. 为了维护和发展广告产业,政府管理部门还对广告代理进行规划、指导、服务,如配合产业政策对相应的广告公司进行政策倾斜和扶植,为广告代理业进行专业人员培训,帮助提高广告从业者的从业水平,对广告专业人员授予相应的技术职称等。

广告代理制是适应广告专业化需求发展起来的一种规范性制度,它的成熟与发展对多个产业都有积极的促进作用:首先,可以使广告业内部形成良性运作秩序,有利于本行业公平、有序的市场竞争;其次,代理公司帮助广告主制定所需的市场营销战略,并负责具体计划的执行,有利于企业将经营重点放在产品生产与技术创新等方面,可增强竞争优势能力,大大提高工作效率;再次,通过签订代理合同,将媒体有关广告策划、设计、寻找客户等方面的业务承揽过来,可让媒介专注于其擅长的新闻报道与节目制作工作,从而更能提供满足受众需求的内容,利于实现竞争制胜。

鉴于实施广告代理制的重要意义,对它进行规范化管理很有必要,我国工商行政管理部门为明确代理者的职责权限,特对其代理的相关业务做出如下规定:

1. 代理广告业务,系指广告代理人在被代理人的授权范围内,以被代理人的名义从事广告经营活动,且其经营活动的法律后果由被代理人承担。

2. 代理广告业务必须是经工商行政管理机关核准登记,在确定的业务经营范围中有代理广告业务项目的广告经营者。不是经工商行政管理机关核准登记的广告经营者,或虽然是广告经营者,但广告经营范围中没有代理广告业务项目的,不能代理广告业务。

3. 广告媒介单位,即经过工商行政管理机关核准登记,可以代理同类广告业务的新闻单位。一是广告媒介单位代理广告客户的广告业务时,只能代理在与其相同的媒介上发布广告;二是广告媒介单位只能代理与其相同的媒介单位承办广告业务。

4. 广告业务代理费必须严格遵守《广告管理条例施行细则》的规定。即代理国内广告业务的代理费为广告费的10%;代理外商来华广告业务,付给外商和国内代理者的代理费分别为广告费的15%。

5. 代理广告业务的代理人必须查验广告证明,审查广告内容。

6. 广告经营者代理广告业务,应当与被代理人签订书面合同,明确各方的责任。

成功的广告策划可能会成全一个企业,而失败的创意导致企业一蹶不振的情况也屡见不鲜。如同企业自身在产品、品牌以及其他市场营销因素方面的不同一样,广告代理公司本身的擅长也各有不同。因此,选择合适的广告代理商,通过相互沟通达成长期合作关系,已经成为不少企业营销策略的重点。

第二节 代理方式与代理责任

广告主因其广告业务的性质和规模不同对广告代理业务的要求也不相同,而广告代理公司也因其规模、特征和专业性质具有不同的代理特长。因此在广告经营管理过程中,广告代理的方式并不是一成不变的,它是根据广告主的广告要求和广告代理公司自身的能力所作出的一种适当选择,在通常情况下这种选择是建立在双方利益共享和分工合作基础上的,当然毫无疑问这里包含了不可或缺的代理责任。

一、广告代理的合作方式

企业可以根据自己的广告要求,与代理公司商定合适的合作方式,以实现经费的最优化利用,并方便具体业务有效地进行。

（一）按照所涉及的服务内容与代理范围，确定具体合作方式

1. 单项合作。如果仅需要代理公司提供一次具体的广告推广、公共关系、产品促销、CI 导入等活动，或是进行短期的媒体发布、包装设计制作、平面广告设计、某个产品的 DM 单页等，都属于单项服务的范围。这种方式周期短、风险小，费用较低，与此相应，代理商所提供的服务内容也比较少。

2. 全案策划。这种方式是将企业所有的产品或某一个产品委托给某家广告代理公司来负责整体形象塑造、营销战略与宣传推广策略的制定和执行，由广告代理公司提供"全管家"式的服务。有时，广告代理公司甚至会参与到企业发展战略或产品的研发与设计等重要工作环节之中，企业做好配合支持工作和按时支付佣金即可。一般规模较大、实力较强的广告公司都比较愿意提供这种服务，以便于广告策略的执行。

（二）按照合作时间的长短，确定具体合作方式

1. 年度代理。以整年为一次的合作周期，代理公司负责全年的推广活动与广告宣传。

2. 季度或月度合作。与代理商是初次的接触与合作一些单项的业务，或者受产品本身因素（如生命周期）以及预算费用的影响，采取月度和季度的合作方式较为经常。

（三）按照支付服务费用的不同，确定具体合作方式

1. 服务费形式。主要是按月或年度收取合同中约定的服务费用，广告公司需要在不同阶段完成相应的推广工作，具体任务量可以通过内部协调与实施把控确定，广告主只需要定时验收代理商完成的任务，不必考虑为一个策划方案或单件工作计酬。

2. 代理费形式。这种方式与收取服务费形式正好相反，可以说是"按件付薪"，每要求广告公司进行一次工作，就支付一笔代理费用，具体额度可以根据工作的难易程度而定，合作双方需要在任务开展之前商定。

上述各种合作方式，并没有明显的优劣之分，企业应结合自己的业务要求及其他影响因素，来做出选择或者组合的决定。

二、广告代理公司的权限与责任

广告代理在合作中还要明确代理商与广告主之间的分工关系。在合同中规定双方的权利与义务，将十分有利于各项工作的开展，同时也可以避免因职责不明而引起的各种矛盾。一般而言，代理商应承担的责任主要有以下几个方面：

1. 广告代理公司的各部门人员应尽可能地与广告主进行有效率的合作；

2. 不得代理与广告主所委托的产品相竞争的产品；

3. 应保证广告主所委托业务的媒体费用及广告费用的足额支出（如有超支,另行授权）；

4. 应保管好广告主交付其代理的资料、财产等,并不得泄露资料中的内容；

5. 应保证自己在广告中或其他代为广告主施行的活动中所使用的材料、创意等合乎法律规定；

6. 在为广告主进行代理活动的过程中,由于代理商使用的材料等而引起的法律诉讼,应由代理商自己负责；

7. 应按合约完成各项代理工作；

8. 代理商提交给广告主的广告及其他相关材料的所有权归广告主所有；

9. 如有人事变动,应保证不影响广告主的工作。

三、企业对广告商的支持与长期合作

在广告代理商承担一定的责任的同时,广告主也应遵守以下义务,以保证对合作者工作的配合与支持：

1. 同意尽量提供给广告代理商为完成此项业务所需的各项资讯,或协助代理商获得相关资讯；

2. 如因非代理商的原因而停止代理工作,应予以赔偿；

3. 如因广告主提供给代理商的资讯的原因而引起的诉讼,广告主应负赔偿责任；

4. 广告主不得要求代理商从事违法或违反公众道德准则的广告；

5. 尊重代理商的劳动成果,不干预代理商的职责与工作；

6. 给代理商充足的工作时间；

7. 制定合理的服务费用,并保证及时支付。

此外,企业还需要注意的是,倾听代理商的要求与不满,与其及时沟通以保证工作的顺利进行；多举办由双方高层领导、负责人与主创人员参加的沟通会议,以明确营销推广任务与目标,相互激发工作热情。

许多成功的国际性企业,都有稳定的广告代理商,负责其全球业务的营销推广,双方一起发展,共同获利。事实证明,建立和保持这种长期伙伴式的合作关系,有利于企业信息的一致性传达、塑造强势品牌形象。要达到这种效果,需要双方的团结与努力,其中,企业应承担更多的责任,争取成为代理公司愿意合作的好伙伴。

奥格威就"怎样当一个好客户"提出15条建议,其中蕴含的独特见解和多

年广告从业经验总结,可供企业在维系与广告公司关系时参考①:

(1) 消除你对广告公司的惶恐心理。许多客户都明白无误地把自己总是在物色新的广告公司的事形之于色,在战战兢兢中是无法创作好广告的。若我是客户的话,会竭尽全力使我的广告公司从恐惧中解脱出来,甚至争取签订长期合同。

(2) 要选准广告公司。若我是广告客户,我就要找一家不设新客户开发部门的广告公司,最好的广告公司不需要这种部门,它们不做投标性的广告活动,而是按照自己的业务能力发展。不要错误地认为在大公司里你的业务就会被忽视,也不要认为大公司比小公司能为你提供更多的服务。

(3) 向你的广告公司全面彻底地介绍你的情况。你的广告公司对你的公司和产品了解越多,他们为你做的广告就越好。

(4) 不要在创作领域里与你的广告公司比高低。何必养了狗又自己汪汪叫呢？在后座对司机指手画脚,这种做法必然要让优秀的创作人员丧失灵感。应该向你的广告经理讲清楚,创作广告是广告公司的责任。

(5) 悉心照顾给你"下金蛋的鹅"。若是厂商能像他们投资于新产品开发一样投资于新产品的广告宣传和促销活动的话,新产品在市场上的成功率将会大大增加。

(6) 莫让一层又一层的公司机构干预你的广告宣传。在公司里设多道关卡以确定广告方案会产生严重的后果,它会使秘密信息泄露出去,把有能力的人拴在一个又一个没有必要的审查作品的会议里,把原来的简明朴素的方案搞得面目全非。最糟糕的是,它搞起一种"创作政治",毒化了气氛。

(7) 确保你的广告公司有利可图。你的广告公司拥有不少客户,如果觉得为你创作的广告无利可图,就绝不会派第一流的人才为你服务,而且他们迟早会找能让他们赚钱的客户来取代你。

(8) 不要和你的广告公司斤斤计较。不要指望你的广告公司会为那些替你掘不出油的干井掏钱,在付费问题上与代理公司斤斤计较就犯下了大错误。

(9) 坦诚相见、鼓励坦率。若认为你的广告公司表现很糟,或者某一份广告做得不够分量,要直言不讳地讲明自己的想法,你的坦诚会带来代理公司同样的坦诚。

(10) 定出高标准。不要让你的广告公司躺在成绩的桂冠上,要不断鼓励他们攀登更高的巅峰,也许目前已有了一套很好的广告活动方案,应马上要求你的

---

① 〔美〕奥格威:《一个广告人的自白》,中国友谊出版社1997年版,第64—77页。

广告公司开始研究创作另一套更好的方案。

（11）一切经过测试。向消费者测试你的产品，测试你的承诺，测试你的广告设计、投放媒体、文案，测试你的广告开支水平，永不停止地测试，就会事半功倍。

（12）急取效率。珍惜时间的可贵，按月而不是按年过日子。

（13）不要为有问题的产品浪费时间。集中你的时间、才智以及广告费去经营成功的产品，舍弃失败的产品。

（14）珍惜良材。广告公司里才华出众的人凤毛麟角，应尽可能地发掘这类人才，好好珍惜他们。

（15）勿使广告预算捉襟见肘。通用食品公司的老板、公司的前广告经理查理·莫蒂默说："不把钱花足好好地做广告是广告宣传中最大的浪费。就像买票去欧洲，只买全程的 2/3，你花的钱虽然不少，但是你却未能到达欧洲"。广告主制定的广告预算，十有八九是偏低的，往往难以达到预定目标。

第三节　代理选择与客户评价

广告业虽然是一个具有相应技术含量并且竞争格外激烈的行业，但是其行业进入门槛并不高，加之广告活动多元化，所以从事广告活动的各种代理公司形形色色，数量众多。要在鱼龙混杂的众多公司中挑选合适的代理合作伙伴，对很多欲从事广告活动的企业而言并不是一件容易的事情，需要根据其自身情况与代理商的综合实力做决定。

一、广告代理公司的寻找

企业自身需要考虑的因素包括：产品类别与特性、营销推广要求、广告覆盖与目标受众范围、代理公司的服务内容与最低标准要求、需要代理商协助解决的问题、费用预算与愿意支付的酬金等。广告代理商的限制因素有：企业规模与业务代理范围、主要负责人与创作团队、以往成功案例、目前服务的主要客户、声誉与口碑、创意能力和获奖情况、员工专业水准和工作稳定性、是否正在代理与本企业直接竞争的产品、地域的接近性、服务方式、媒体购买与使用能力、整合营销传播能力、沟通能力与合作忠诚度、服务收费标准、项目小组团队合作能力与专业实力、与同行相比的独特代理优势等。

纽约 SM 广告公司的总裁斯坦·梅里特，曾就企业如何选择广告代理商提出以下建议：

第一,最重要的是明确你的需求和预算。你要求广告代理商完成什么任务?准备花多少经费?在淘汰那些你根本用不着的、虚设的、自我膨胀的部门之后,明确到底需要什么样的服务,牢牢掌握你实际用于促销的资金,通过有实力的代理商为你的公司把关。

第二,仔细寻找其广告业务会使你的营业获得显著进步的代理商。在日常工作接触的基础上,看对方是否值得交往。

第三,自问:"我是否会为自己不需要的服务付款?"广告代理商再忙碌,只要于你无助,就不应该为它的服务掏钱。

第四,如果你认为一家规模较小的代理商就能满足你的需要和预算,那么你必须在做决定前弄清楚:这家代理商之所以规模小,是因为老板喜欢小集团的亲密关系并能同客户密切共事呢,还是因为它的成员仅仅是一群鼠目寸光之辈?

第五,分析代理商以往的客户。他们的行业性质和服务与你有相似之处吗?如果你确认自己的产品是高质量的,而代理商的其他客户产品却是次品,还要与他们为伍吗?

第六,核查代理商有争议的方面,考察代理商在财务方面的稳定性、行业上的持久性,以及至少未来五年内在本行业生存的可能性。

第七,一旦选中一家代理商,先付费观察一下他们擅长的工作。从对广告活动的讨价还价即可看出对方怎样对待你的公司。他们为其他客户所做的工作也许会给你一种模糊的保证感,那是因为他们绝对不可能把制作失败的广告拿给你看,而是让你看那些起作用的或实际只是看上去挺好的广告。如果你认为某家代理商适合你,在你最后签约之前,再花点钱证实一下自己的设想。

二、广告代理的比较与筛选

如今随着广告业务日渐公开化和透明化,不少公司在其广告业务上,喜欢采取招标和比稿的方法寻找和筛选广告代理。这种招标比稿方式尤其适合广告代理商整体实力相当、各具独特优势、企业难以比较与筛选时采用。这种方法一般是按照以下程序进行的:

第一步:结合企业自身需求与对广告代理公司的综合考察,确定初选名单。可以通过设计、发放代理商调查问卷或通过其他资料搜集方式,获取对方的相关信息。需要了解的内容大致有:(1)企业概况:成立时间、经营性质、负责人、公司规模与配套设施、最近三年的财务状况、服务范围、目前的主要客户、资深策划人员与代表作品等;(2)运作模式:企业文化、合作方式、服务方式、组织架构、管理制度等;(3)广告理念:对广告的主要观点与理解、企业的工作理念等;(4)广告经验:以往服务过的广告客户与专业特长和经验积累等。通过上述内容可以较为清楚地识别有潜力的角逐者,确定初选者的名单。

第二步:向多家选中的代理商发送招标书,邀请其参与广告竞标活动。与有意向的代理商签订"竞标协议书",以规范和约束双方行为,保证竞标活动公平有效地进行。

第三步:安排竞标时间、方式与主要内容,将现场比稿与多种考察因素结合起来,为竞标公司整体实力打分,确定最优秀的代理商。有的企业为更好地筛选最佳合作伙伴,还进行二次竞标活动,通过更细致的提案内容,辨识代理商对本企业和产品的理解力。经过企业负责人与竞标活动专项小组人员的共同商定,选择最适合的公司后即可签署代理合同。

初次建立合作关系的企业与广告代理商,由于相互之间较为生疏,需要用一定的时间来相互适应。因此,应尽可能安排较多的接触机会和碰头会议,以加快双方的熟悉速度,方便代理业务的开展。另外,为保证合作的顺利进行,避免双方在职责权限等方面的误解,还应在合同中明确双方的权利和义务,确定合作方式和具体的工作内容。当业务已经展开时,注意协调相互关系就成为重点。此时应尽量地争取保持长期合作,以利于信息的一致性传达,维护企业的整体形象。

三、广告代理业务的审核与评价

企业投入广告往往追求立竿见影的销售效果,如果市场反应较慢就开始抱怨自己的广告费没有得到充分的利用,认为广告公司策划执行不力,其做出的工作成绩与索取的服务费用不成正比;而广告代理商也总觉得委屈,反复强调广告有"延迟效应"。这就涉及对广告代理工作的审核和工作评价问题。首先是广告代理业务审核标准与评价指标。在对广告代理商的工作进行审核时,需要综合考虑多方面的因素,广告的效果评价只是其中之一,以下几个方面都应成为主要的衡量标准。

(一) 设定的任务目标与完成量

根据双方所设定的任务目标,在一个周期结束后,企业对广告代理商完成的工作质量与数量进行检测,从而判断提供服务的水平。因为市场营销的影响因素是多种多样的,简单地将销售表现的好坏与广告效果等同起来不尽客观,直接对比预定目标实现的情况,更利于对合作者的工作成绩进行准确评价。

(二) 广告效果

广告大师奥格威曾有一句经典名言:"广告就是为了销售,否则便不是做广告",道出了广告的促销作用;另外有些广告,虽然不能立即刺激销售业绩的增长,却可以达到与目标对象有效沟通或塑造企业形象等目的。因此,在对广告代理商的业务进行评价时,可以从以下多方面入手。

1. 广告的经济效果:广告发布实施后所取得的对销售促进的作用。这应通过比较广告前后的市场占有率、业绩变化等情况评定。

2. 广告的沟通效果:目标受众对广告传达的信息的认知、理解与偏好程度。这要结合相应的指标检测。

3. 广告的社会效果:广告刊播后所产生的良好社会效应,以及对企业品牌形象塑造的促进作用。

需要注意的是,广告效果检测应以消费者为中心,以达成广告目的为标准,并将其贯穿到广告活动的整个过程中,通过事前、事中与事后检查,及时调整、修正创意表现与媒体发布计划,避免广告费用的浪费。

(三) 广告代理商的服务

评价广告代理商的工作时,服务质量也是其中一个重要的因素,从中可以看出广告公司对本企业的重视程度与长期合作的意向。企业可以在业务进行过程中,参考以下指标对代理商的服务打分。

1. 是否可以与本企业进行有效的沟通;
2. 代理商人员与本企业人员是否可以彼此相容;
3. 对本企业业务的熟知程度、关注程度与工作热情;
4. 双方合作中遇到问题时代理商的态度表现和解决能力;
5. 与代理商服务的其他客户相比,对本企业的关注度与重视程度;
6. 与代理商服务的其他客户相比,对本企业的收费制度与媒体发布的优惠额度;
7. 对本企业产品在创新与更好地改进、发展等方面提出的建议与做出的贡献;
8. 为本企业服务的专项服务小组成员间的团队合作能力与专业的互补安排;
9. 提供的作品质量和数量;
10. 工作完成的及时性与主动性;
11. 一次广告活动后是否可以对成功或失败的经验及时做出总结;
12. 是否提供过有效的附加值服务;
13. 与政府、媒体和其他相关利益群体的关系。

可采用7分制的形式,将区间设定为不同的等级,例如:十分优秀(3分)、优秀(2分)、良好(1分)、一般(0分)、不良(-1分)、较差(-2分)、很差(-3分)等。给每个指标打分后,将总分相加,然后算出及格数,判断代理商的服务是否能合格,或者达到优秀的标准。

案例分析

奥妮惨败与奥美失招

图5-1 曾经辉煌的奥妮皂角洗发露

1997年重庆奥妮委托恒威广告公司制作的"百年润发"洗发水广告,通过一个人生际遇悲欢离合的感人故事和周润发深情的演绎,迅速赢得人心,红遍全国,短期内就实现了12.5%的市场占有率和当年8.6个亿的非凡销售收入,在国内跃升为仅次于宝洁的第二大洗发水生产商,成为业界和媒体心目中"国产洗发水"的扛旗者。

为在前一年取得成功的基础上进一步开拓和深耕市场,1998年,奥妮开始了与上海奥美广告公司的合作,希望借助这个知名的国际4A广告公司与"百年润发"所奠定的良好市场和情感基础,重新包装推广其"皂角洗发浸膏"。此产品是奥妮1994年年底推出的,销量曾达3亿多元,但是随着企业将侧重点放在"奥妮首乌"及"百年润发"产品上,其销售开始一路下滑,年销售量跌至仅几千万元左右。

一、合作过程

奥美经过市场调查和分析,为新奥妮皂角洗发浸膏提炼出"不腻不燥,爽洁自然"的核心价值,并策划制作了"奥妮带你去看瀑布"的系列广告和与之相配合的营销推广活动,以期迅速达成与消费者沟通的目的,通过产品试用拉动市场销售。在这样的产品定位基础上,奥美创意了头发构成瀑布的电视广告片,并于1998年3月开始在央视密集投放。一项耗资1800万元的名为"奥妮带你去看瀑布"的行销活动也同时展开,并在多家报纸上打出了广告抽奖活动,组织全国各地70多位幸运者去看黄果树瀑布,由奥妮支付他们的来回机票与吃住玩费用。奥美同时还策划了免费派送活动,在全国7—8个主要城市提供6毫升的小袋产品试用装赠送给消费者,这也是整体推广策略中的一个重要构成。

二、合作结果

双方没有想到的是,这次寄托巨大希望的跨国联姻合作,最后会以失败而告终。在不到半年的时间里,新皂角在电视和户外密集投放的广告费用就达8000万元之多,而当年的销售收入却只有1亿元左右。促销活动也没能达到预期的效果:"看瀑布"活动反馈回来的是一些"幸运者"对活动组织的抱怨;免费派送活动中因出现大量派送者将试用品截留出售的事件而失败。当年底,奥妮与奥美宣告合作终止,此后奥妮持续了多年的高速增长也戛然而止,销售收入逐年回落,一直落到1995年的水平,市场占有率也从12.5%跌至不足4%。这个营销推广策略也成为奥美最不愿提起的败笔之作。

三、失败原因的探讨

一个是经验丰富、专业能力很强的国际4A广告公司,一个是发展势头劲旺、屡创市场奇迹、曾令国际洗发水巨头"宝洁"都惊慌失措的成长中的企业,原本看好的"强强联合"却遭遇惨败,这让很多人感到意外。究竟是什么原因导致了这个结果呢?应该说因素是多方面的,奥美与奥妮都有着无可推卸的责任。

首先,广告代理商方面:业内人士普遍认为,奥美在客户没有提供更多的时间和经费保障的前提下,未能经过严谨的科学化过程去检视营销策略,以至于在执行中出现很多纰漏;没有深入了解企业的内部状况和市场环境,也是行销失败的主要因素;而最为重要的原因可能是正如奥美全球总裁夏兰泽(Shelly Lazarus)所坦言的:"最困难的是,真正了解本土公司的需要,并可以和他们一起把这种需求清晰地表达出来。"我们可以这样理解这句话的含义:作为一个在中国市场运作的跨国公司,奥美在与奥妮合作时还没能熟悉和适应本地的操作方式,尚未总结出有效的营销规律和具体方法,仅照搬了总公司的理念和运作技巧,因为没有考虑不同文化背景和营销环境中的市场接受能力与信息理解的差异,所以导致策略执行的不利。

其次,是广告主的责任:奥妮未能达成与代理商的有效沟通,也没有发挥在营销决策中的协助作用,以帮助跨国代理公司很好地了解本地市场,因此难以避免在营销推广中出现偏差。需要强调的是,广告仅是影响奥妮洗发浸膏推广失败的因素之一,和大多数迅速发展起来的国内企业相似,当强大的市场需求拉动生产急剧增长时,对利润的追求往往超过对制定合理的营销策略的重视,使得企业的经营侧重点出现偏颇。奥妮出现的内部管理混乱、制度执行涣散、成本无限增大等负面因素,均是产品营销失败的重要原因。

四、案例的启示

奥妮并不是与跨国广告代理公司合作失败的唯一企业。从上面的分析中可以看出双方都负有相应的责任,倘若企业在业务进行中多注意参考一些其他企业的成功或失败的原因,及时发现并解决所出现的问题,就可以避免很大的资源浪费。从奥妮与奥美跨国联姻的失败中,我们总结出以下几点启示,以做前车之鉴:

1. 慎选广告合作伙伴。

并不是出色的广告公司就可以百分之百成就服务的所有企业。也不是一掷千金聘请著名的广告代理商,将营销推广任务完全托付给他们就可以万事大吉。要想真正达到预定目标,需要将广告策略与企业营销发展战略结合起来,而在此之前,根据企业的需求、产品特性和广告商业务情况选择适合自己的合作伙伴尤其重要。毕竟,即使被 4A 接纳为会员的广告公司,在具有较强的竞争实力与专业操作规范的同时也有很多劣势,而一些本地小型公司在某一业务领域,比如媒介购买或户外广告发布等方面也许会更有优势。此外,企业愿意支付的服务费用和代理要求等因素也会影响对广告商的选择。

2. 与广告代理商有效沟通。

确定广告公司,仅仅是业务代理的开始,在合作过程中,广告主应该与代理商及时、有效地沟通,尤其是双方的高层领导或主要负责人应加强相互了解,达成亲密友善的伙伴关系,以利于工作的开展。企业应尽量调动起广告公司的积极性,通过一些会议讨论,强化他们对自己服务要求的理解;广告公司也应主动与广告主对话,更多地了解企业与产品相关的内容,专项服务小组主要成员应经常去企业调查、搜集重要资料,AE 应做好协调工作,将双方的意见和要求及时传达,以保证每次的策划方案都是经客户认可同意的,具有市场执行与操作的可行性。

3. 注重保证代理商的利益。

企业在与广告代理公司合作中,最难以协调的应该是服务费用的问题。企业总是希望可以出最少的钱达到最大的效果,而广告公司往往感觉广告主在预算支出与服务费用方面过于计较,钱总不喜欢花在"刀刃"上。

奥美广告公司总结出与奥妮和其他一些国内企业合作失败的两个主要原因:其一,企业的不同策略决定,容易影响广告的有效性。其二,国内企业的市场运作预算分布的模式影响了代理公司的业绩,这对他们的整合营销业务的拓展非常不利。"国外客户的广告费用一般会这样规划:5%用于调研,10%用于拍片,15%给创意公司,其余70%用于媒体投放;但国内客户更愿意拿出95%给媒体,最后能够到奥美手里的寥寥无几。"除此之外,"企业接受'360度品牌管家'的方案,就需要有更大的投资,而很多情况却是当奥美给出建议后,企业去找价钱便宜的咨询公司实施,仅让奥美负责协助监督的工作。"上述分析可以看出,国内企业经常难以满足广告公司理想的费用预算和利益要求,这是很多合作短期破产的主要原因之一。

4. 对代理商的积极配合与支持。

企业在与广告商合作中,有两个非常普遍的问题:相关负责人或决策者过多,不同的人往往会对同一广告策略与创意方案提出迥异的意见,结果广告代理公司处在夹缝中,不知如何是好;另外,企业可能会自觉或不自觉地干涉广告公司的工作,不敢也不愿"放权",这令很多合作者感到很无奈,作品被改来换去,很容易挫伤创作者的热情和积极性。企业需要明确的是,代理公司在营销运作与广告推广中,还是有很强的专业能力与优势的,既然自己找它们合作,就应该尽可能地为它们提供各种工作之便和所需的支持与配合,以激发专项小组成员构思出更独特的市场推广策略和更有效的广告作品。

5. 尽量保持双方长久稳定的合作。

在对奥妮企业的资料搜集中,我们发现不仅各个产品间所传达的信息有不一致的情况,而且同一产品在不同阶段也出现截然相反的广告作品,这对企业的品牌形象产生很大损害。究其主要原因应该是企业营销策略不稳定,广告代理商更换过于频繁,不同广告公司创作风格不同所致。

其实,出现前后信息不一致甚至相互矛盾的企业不只奥妮一家,也不单单是"百年润发"一个产品,乐百氏放弃"二十七层净化"的概念、麦当劳2003年开始的"我就喜欢"系列广告大变脸等,都是具有代表性的例子。虽然有些广告策略的改变不是因更换代理公司引起的,而是企业为适应新市场需要或竞争变化制定的,但难以维持与代理商之间的长久合作仍是最为主要的原因。

因此,广告主应尽可能地维护与代理商的长期合作关系,如果真的需要更换广告公司,那么在决定之前企业需要明确:双方的合作是否真的走到了尽头,出现的问题主要症结在哪里,存在的分歧与矛盾是否不能通过沟通协调的方式解决等等,毕竟受众对一致性的信息更容易接收。由一家广告公司执行的整合营销传播推广策略更利于实现企业的竞争制胜。

案例来源,改编自倪政兴:《有效广告投资:怎样选择广告公司》,西南财经大学出版社2003年版。

思考题:
1. 如何理解广告代理制的基本内涵?
2. 简述广告代理制发展的几个阶段及其发展状况。
3. 结合实例谈谈怎么理解广告商是广告代理制的核心?
4. 广告代理的类型有哪些?
5. 企业如何选择适合的广告代理公司?
6. 谈谈如何在我国建立科学的广告代理制度?

第六章
广告公司的管理

本章将着重阐述下列问题:
- 广告公司的服务特征和类型主要有哪些?
- 广告公司的基本组织结构是怎么样的?
- 不同类型广告公司有何不同的组织结构?
- 广告公司的业务流程是如何运行的?
- 广告公司获取收益的方式主要有哪些?

第一节 广告公司的分类特征

作为一种独立的社会分工机构,广告公司是一种具有较强专业要求的服务性组织。广告公司是由一群包括广告创作人员和经营管理人员所组成的专业工作机构,它们致力于广告业务的发展,在为广告主提供广告服务并为媒体提供广告支持的同时,其自身也得到相应的发展。广告公司具有充分的"独立性",即它既不依附于媒体和供应商,又不依附于任何广告主,完全是从客观的目光和专业的态度对待广告事业,能够独立地进行广告创作。可以说,这也正是广告公司的独立经济特性所在。

一、综合服务型广告公司

广告公司的业务包括为客户提供广告策略规划、设计制作广告和提供其他的促销工具。广告公司也可以代表不同的广告主即他的客户购买各种媒体的广告时间与广告空间,以完成广告信息对目标顾客的传达任务。按照美国广告公司协会的定义,广告公司是指专门从事广告和营销策划、广告作品以及其他促销工具的准备与制作的创意人员和经营者组成的独立机构。广告公司代表不同广告主或卖主——广告公司的客户——向各种媒介购买广告空间和时间,为他们的商品和服务寻找顾客。① 中华人民共和国《广告法》中所涉及的广告经营者主要指广告公司,"是指受委托提供广告设计、制作、代理服务的法人及其他经济组织或个人"。由此可见,广告公司作为市场营销的参与者,主要是通过"服务"来获取市场价值的,广告公司的"产品"就是"服务"。广告公司通过自己的创造把这种"服务"加以有形的转化,赋予其特定的价值,并进而实现某种交换。

通常情况下,根据广告公司的工作范围与经营规模,一般将其分为综合服务型广告公司和专业服务型广告公司。综合服务型广告公司一般规模比较大、部门齐全、人员分工明确,有规范的管理制度、丰富的专业经验和较强的资金实力,其代理业务不仅包括广告策划、创意、调查、设计、制作、媒体发布等广告相关业务,还涉及塑造品牌形象、促销活动策划与执行、公共关系建立、CIS策略等整合营销传播活动。

综合服务型广告代理公司按照其内部组织结构的不同,又可以分为两种类型:

1. 职能式组织:这是按照广告代理公司的内部职能的不同,将公司组织分为若干不同部门的组织形式。在这种形式下,广告代理公司的业务划分为多少职能,该公司就相应地有多少部门。各个职能部门分工协作,共同为所有的客户服务,AE为各部门之间的联络员。

2. 群体式组织:这是广告代理公司依据产品的种类,如产业类或消费品,或根据广告媒体的类别,如印刷类、电子媒体等,将广告人员分为若干小组,以组为中心对外承揽业务,各组自己制定广告计划、撰写广告文本、设计广告图样等,分别为客户服务。

二、专业服务型广告公司

专业代理类广告公司只从事某类产品如房地产、保健品等,或某种形式如平面设计、印刷制作等广告业务,在这些方面有一定的专业优势或关系能力,能与客户有效地沟通并提供较为周到细致的服务内容。专业代理类广告公司一般有以下几种:

1. 媒体广告代理:专门负责某种媒体的广告代理业务,一般在新媒体成立之初就与其建立了良好的合作关系,具有一定的刊播折扣优惠、返还奖励和优先发布的优势,有些甚至通过独家代理的形式与媒体分担经营风险,共享利益收获。例如,北京未来广告公司就是以代理中央电视台多个频道的广告业务为

---

① [美]威廉·阿伦斯:《当代广告学》,中国邮电出版社2005年版,第111页。

主的。

2. 专业调查公司:通过专业调查的方式与统计分析软件的使用,为客户提供以广告效果、行业信息与相关统计数据的分析、媒体覆盖和有效收视收听率统计、消费者和竞争对手情况调查等为主的服务内容,为相应的营销策略的制定提供参考依据。例如,本土的央视·索福瑞和境外的 AC.尼尔森调查公司都是做得比较出色的专业调查公司。

3. 营销策划公司:这是以为客户提供市场营销指导、企业形象塑造、广告策划创意以及发展战略咨询等服务为主的广告公司。不过,随着企业的逐渐发展与实力的增强,仅做策划的公司已越来越少,一般广告代理公司在做策划的同时,也开始负责创意文案或设计制作工作,以增强策划执行的效果。

4. 广告设计制作公司:这类公司以技术性服务为主,向客户提供包括平面设计或印刷,广播电视广告录制与拍摄、户外和网络广告的设计、制作、发布等业务。由于这些专业制作设备投资较大、操作技术要求较高以及户外广告发布权利受到各种限制,很多其他广告代理类公司经常会委托专业的设计制作公司承揽部分业务,通过合作满足广告主的业务要求。

三、国内代理与国际代理

除了根据广告公司服务性质和规模范围划分类型之外,随着越来越多的境外知名广告公司与传媒集团进入中国市场,由于境外广告公司具有操作规范、熟悉国际市场竞争等特点,在广告主的业务代理中,有时候也需要在本土代理公司与境外代理公司中间做出合适的选择。这两类公司各有优势,也都有不足(见表6-1),这需要企业根据自己的需求与具体情况,再结合代理公司的实力和业务能力等诸多因素来做决定。

表6-1 本土与境外广告代理公司的差异

对比因素＼种类	本土广告代理公司	境外广告代理公司
媒体	明显的本地媒体购买优势,例如2004年央视44亿招标额中90%以上被国内媒体广告公司占有	虽然媒体购买不具有优势,但擅长科学准确、执行力强的媒体分析与媒体选择组合策略
文化	熟知本地文化,易于受众理解与接收广告信息	受不同国家的文化差异制约,有一定的沟通困难
地域	地域接近性、亲近感强,利于争取本地客户	新环境需要一定的适应时间,不易把握客户与受众的心理特点
管理	很多中小型广告公司管理很不规范	科学的管理策略,规范化的企业经营

(续表)

对比因素＼种类	本土广告代理公司	境外广告代理公司
人才	员工待遇相对不高，难以吸引和留住优秀人才，人员流失严重	待遇高，培训制度与提供的学习平台有利于吸引高级专业人才
经验	成立时间短，业务经验与操作规范欠缺	一些知名广告公司经营时间长，经验丰富
人际关系	擅长人际沟通，与客户关系密切	不善于和客户达成亲密关系，缺少人情味
专业能力	服务内容有限，专业能力有待进一步提高	业务范围广泛，多种方式配合广告一起完成企业整体营销策略
服务费用	收取的佣金费用相对较低	服务费用高，财务制度严格
资金与规模	投资相对较少，整体规模有限	借助企业购并，集团资金充足，规模较大

与此同时，由于国际市场营销环境的变化，广告主与广告代理商之间的关系也有了明显的不同：整合营销传播时代的到来，使得企业合作意识增强，开始注意为广告公司提供更好的工作环境；代理商也加快提升自身的专业能力和优质服务水平，在为保持双方长期合作关系做努力。这点我们可以从表6-2的对比中体会到。

表6-2　两种市场环境中广告主与广告代理商的关系

传统广告代理商与广告主的关系	整合营销传播情境下广告代理商与广告主的关系
代理商被赋予短期任务	代理商和广告主共同创造长期关系
代理商视广告主如同"客户"	代理商将广告主视为"合作者"
广告主拥有众多广告代理商	广告主只有少数代理商
代理商之间具有竞争关系	代理商之间进行合作
代理商执行广告主的策略	代理商与广告主共同做策略规划和执行
代理商必须对后果负责	代理商与广告主共同承担结果
代理商与广告主各自独立作业	代理商与广告主结成工作团队，电脑联线作业，代理商参与广告主的业务会议，甚至加入广告主企业的员工教育训练中
代理商建议，广告主决议	代理商和广告主共同决议
代理商因害怕失去客户，而玩尔虞我诈的游戏	广告主和代理商共同营造开放和谐与彼此信任的氛围
代理商对某些促销性技术存有偏见	代理商是媒体中立者
代理商以短期计划为着眼点	代理商以广告主长期效益为目的
代理商以自身利益为主	代理商以广告主利益为先

第二节　广告公司的组织结构

与其他的工商企业相比,广告公司所经营的业务并不复杂,并且在其业务运作过程中也不像生产性企业那样涉及多种多样的工作流程和传递过程。因此从理论上讲,广告公司的组织结构相应比较单纯。当然,任何一种经营组织,作为一种程式化的组织结构模式并不存在,不论运用什么样的组织形式,其目的都是为了保证业务的良性运转和经营目标的有效实现,如果广告公司的组织模式没有起到提高效率的作用反而使得本来单纯的广告业务变得复杂了,那是因为这种组织形式并不妥当。因此,我们必须了解广告公司的组织原则。

一、广告公司的组织原则

任何一个正式组织的组织形式,都是从对职务结构的构想中形成的,广告公司也不例外。如果对组织和组织结构加以剖析,我们可以这样清晰地看出:

——把为达到目的所需的各种业务加以分类组合;

——把监督每类工作及业务活动所必须的职权授予管理此类工作的主管人员;

——对公司工作中所形成的上下左右各种协调性关系加以规定;

——由此而形成的组织结构,在设计上应当职责分明,使每个人都知道该做什么,谁对什么负责;

——应该尽量排除由于工作分配混乱和多变所造成的故障;

——能提供能够反映和支持公司目标的决策和沟通网络。

根据以上所提出的对组织及组织结构的职能要求,广告公司在进行组织时就必须要遵循相应的组织原则和组织规模,而一切原则和规范的核心所在就是保证组织运转有效。

每一个公司因其业务、背景、规模、人员和历史等方面的不同,很难说哪种组织结构是广告公司可以原本照搬的。但是,由于每一个组织都是为了实现确定的目标建立的,因此在建立公司组织或审核组织是否有效时,有两项原则却是必须坚持的。

(1) 目标一致原则。我们认定一种组织结构的有效性,就在于它能够使处于这个组织结构中的个人在实现组织目标过程中做出最大贡献。如果个人的努力在组织结构中难以对实现目标提供尽可能大的帮助,那么这种组织就是不合理的。目标一致原则要求公司目标明确,围绕着这个目标所建立起来的组织结构,必须有利于目标的实现。比如:公司确定自己的目标是在一个时期里保证高额利润的获得,那么就要从降低成本、提高效率等方面出发,形成有助于实现这一目标的组织结构。如果公司决定在一个时期内,首要目标是提高创意水平,那么在组织结构上就要相应有所调整和侧重。公司在组织过程中,只有确立协调一致的目标,才能保证组织运转顺畅而富有节奏和效益。

（2）保证效率原则。效率是对组织机构实现目标能力的一种测量。一种组织结构可以使每个成员（能够创造工作效能的人），以最小的工作强度或者是工作代价来获得目标的实现,这就是工作效率。对员工而言,一个有效的组织结构应该是:在其营运过程中没有浪费、疏忽,并且有利于创造工作的满意感;职权范围明确、职责合理严格;允许适当地参与处理问题;能提供安全感和地位需要;为个人的发展和竞争性报酬提供机会等。效率原则笼统而言是个比较含糊的概念,我们要抓住它的一个核心要求,就是在实现目标过程中,能够尽量简捷高效,并且尽可能地降低工作失误。

根据广告公司的目标一致原则和保证效率原则,我们对广告运作业务加以剖析,就会发现,最有利于广告业务流程的莫过于业务小组形式,即通常由"客户服务——分析调研——策划创意——媒介执行"这么一个角色团体所组成的工作模式。正是这样一种工作模式奠定了广告公司的组织构成。

二、广告公司的组织层次

把业务小组的组织模式引入公司的整体运作中,逐渐地就形成了广告公司的组织层次。在一种团体结构中,任何一个组织都需要解决组织应分为多个层次,每一个层次需要多少人这一问题。当然,各个广告公司在规模上悬殊,业务项目也有很大不同,所以在层次和人员设置上也各自有别。如电通公司有8000多名员工分布在世界各地,盛世国际广告有近万名员工分布在全球约150个分支机构。而一些小的广告公司只有十多人到几十人,甚至只有几个人。在不同的公司,其具体的组织层次是千差万别的。在三五个人的小公司中,无所谓组织层次,管理的中心是公司经理,公司的计划、组织、用人、领导、监督等一系列职能都以其为核心来完成。所以对广告公司组织层次的研究,一般偏重于有一定规模的广告公司。

在一家具有一定规模的广告公司中,上层管理组织一般也只有寥寥数人,基层组织人员也不甚多。公司在运转过程中,如果层次太少,每个人直接汇报,高层人员可能会忙于具体事务之中,无法作出有利的发展计划,从而降低工作效率。但设立太多层次也不必要,因为级数越多管理成本越高,而且部门或级数太多容易导致沟通复杂,上下左右在信息传递中会造成信息疏漏或误解。另外,部门或级数太多时,会使计划和控制变得复杂化,往往在上层是明确的计划,经过层层分解和加工,最后失去了准确意义,弱化了协调性。

　　如果我们对广告公司的业务运作进行一个比较透彻的观察,就会发现广告公司的工作,就是一部分人在出主意制造"广告产品",一部分人把它卖给客户"销售产品",其实际的职能部门就是这两大块,其他的则是围绕这两大块形成的辅助和协调机构。根据这样的工作模式,其组织层次一般是建立在三个层面上的:策划创意、客户沟通、辅助协调等。

　　尽管不同广告公司的部门设置可能各个有别,但在总体上都是以此为依据的。我们常见的广告公司在组织层次上通常有几种类型,一种是直线职能式(如图6-1)。

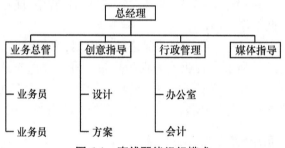

图6-1　直线职能组织模式

　　在这种组织层次中,由总经理直接负责各个职能部门,对公司业务给予统一协调,这种模式一般比较适合于规模不大的中小广告公司。图中的业务员(Account Executives,简称AE)是广告主与代理公司之间的联络员,其职责是发掘广告业务,检查并督促广告服务,并且负责客户与公司之间的沟通和联络。过去习惯认为业务员只是一些在客户与公司之间来回游说的"拉业务的",往往凭借的是游说本领和个人关系技巧,事实上业务员(AE)作为广告客户与公司之间的沟通中介,其个人素质和专业素质要求很高。一个合格的广告业务员必须敬业吃苦,有实干精神,同时要娴熟广告业务,具有创造性精神。他们敏锐的视角和独到的观察,广博的知识和善于交际沟通的能力,结合诚实和勇气,使他们在客户与公司之间达成默契和一致。可以说没有这个层次,广告公司就无法展开工作。在一些更具规模的广告公司中,包括业务在内的各个部门的工作往往更加规范,通常根据组织管理的需要,实行部门系统制或者事业部制。在这种体制下,营业服务、创意制作以及行政管理等工作,均由各个部门分开管理,具体如图6-2。

第六章 广告公司的管理

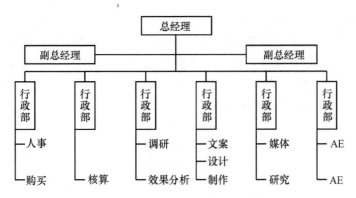

图 6-2 部门工作制组织模式

上述结构模式中,AE 人员只是负责与客户联系,创作部门则负责广告策划与创意,媒介部门负责媒体购买和媒介计划的落实。当然,这并不是说所有广告公司都须按照这种模式操作,事实上各不同类型的广告公司在组织结构上,往往是根据自身及业务状况来进行具体设置。比如,一些国际广告公司或跨国广告公司在组织结构上就具有其自身的业务特征。图 6-3 是一家全球性的广告公司的组织结构图,其服务客户遍布世界各地。

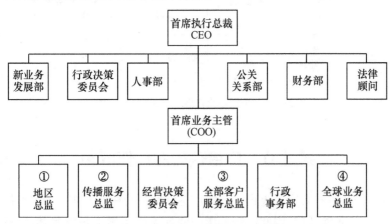

图 6-3 全球性广告公司组织结构

① 负责全球各部分地区的广告活动,所有分公司在这里汇报其业务。
② 其他与广告联合的传播服务,如销售促进、直接反应、公关、设计、企业诊断或黄页。
③ 负责全球客户服务的高级执行。
④ 负责全球创意、媒介和调查的高层员工。

在这种组织结构中,"地区总监"负责全球各部分地区广告活动,所有分公司在这里汇报其业务;"传播总监"负责其他与广告联合的传播服务,如促销、公关、设计、企业诊断或其他工作;"全球客户总监"负责全球客户服务的高级执行,"全球业务总监"负责全球创意、媒介和调查的高层员工。图6-4是一家美国本土的广告公司的组织结构:

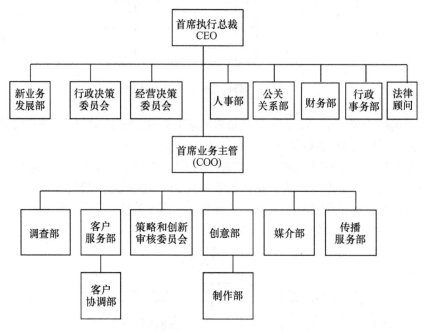

图6-4 美国本土广告公司的组织结构

第三节 广告公司的运作收益

与一般公司一样,广告公司的运作也是以效益为核心实施的,围绕着效益而建立了相应的业务部门,因此广告公司的业务流程基本上是按照其业务部门的划分而进行的。当然与其他类型的经营组织一样,广告公司的一些行政和辅助部门,如办公室、行政部、财务部等,其工作职能并无特别之处,广告公司有别于其他类型公司的是其业务部门。正是在以业务部门为链条的运作过程中,广告公司获得自己的相应收益。

一、广告公司的业务流程

比之于很多其他类型的生产经营机构,广告公司的业务流程相对比较简单。从上一节所介绍的广告公司的组织结构中可以看出,广告公司虽然因具体情况不同其结构设置有所差异,但不论什么类型的公司在业务运转中有三个部门却是必不可少的,这三个部门就是业务部门、创作部门与媒介执行。可以说正是由这三个部门所组成的一条业务连线,使得广告公司得以完成其"产品营销"的整个过程。自然广告公司的经营方式职能完善正是以这三者为主而实现的。

简而言之,广告公司的运作流程就是:承接广告业务——策划创意制作——代行媒介发布。其所依循的业务操作过程是:(1) 业务部通常也叫客户部,在广告公司的运转中,这个部门实际上也是整个广告公司的营销推广机构,由它出面并负责推广广告公司及其产品和服务,接受客户委托的广告业务。同时在与客户的合作过程中,担负客户沟通和维护客户关系的职责。(2) 客户部门在承接广告业务之后,再交由公司的创作部门给予处理,创作部门包括了策划、创意以及设计制作等工作,这部分是广告公司提供产品和服务的核心,也是一个广告公司区别于其他公司的根本所在。(3) 经过创作部门策划创意以及设计制作的广告作品得到客户认可之后,通常需要在相应的广告媒介上发布,而广告公司的媒介部门所负责的就是发布和媒介执行。当然在广告公司所承接的业务中,也有一些是单纯的策划创意和设计制作,这些广告业务通常只要给客户提供相应的广告作品即可;也有一些业务是客户本身制作创意完成的,仅仅需要广告公司作为媒介代理,那么这个工作主要就是媒介代理服务,通常由媒介执行部门单独完成。

从这个业务流程中可以看出,在广告公司的业务操作过程中,帮助公司产生收益的通常是创作部门提供的策划创意和设计制作业务,或者是媒介部门的媒介代理执行业务。广告在营运过程中的经营收益正是由此产生的,这种收益一般是以"佣金"方式体现的。为了进一步认识广告公司的运营及其收益,我们进一步介绍其业务运作部门的构成以及广告佣金的偿付方式。

二、广告公司各主要机构的组织职责

如上所述,广告公司的业务部门主要是三个方面,现在随着市场的规范和竞争的激烈,许多广告公司都强化了其调研能力,在公司主干业务部门中专设了调研部。

1. 客户部。

客户部也称业务部，其主要工作职能是业务及客户资源的开发，并负责客户的联系沟通，对客户的广告活动进行策划管理，代表客户支配广告公司的内部资源。在广告公司中，客户部门堪称是广告公司的龙头，其他部门的工作是在客户部门的带动下围绕着客户服务而展开的。在规范的广告公司中，客户服务人员可分为三个层级：客户总监(Account director)、客户经理(Account manager)和客户执行(Account executive)。在广告公司的具体业务运作中，客户人员代表客户利益尽其可能参与全部广告活动。他们不仅仅开发和寻找合作伙伴，使业务工作能够持续展开，而且也把来自客户方面的信息准确及时地传达给创作和媒介人员。客户部门在长期的工作中与广告客户建立了稳定密切的工作联系，他们了解广告主的长期目标和营销策略，熟知其企业状况和广告理念，往往能够从客户的产品和市场状况出发，形成某种具有策略性的思维，并藉以对公司的广告业务给予引导。

2. 创作部。

在广告公司中以其专业技术为客户提供广告"产品"的，是创作部。就广告公司而言，主要的任务就是把自己的创意产品卖给客户，因而如果说客户部门是龙头的话，创作部门则可称作是"心脏"。通常在一些广告公司中，属于创作部这一范畴之中的还有策划、创意、设计、制作等部门，由于广告公司各自有所侧重，在称呼上也不同。创作部从客户及客户部门了解广告活动目的，然后创作人员进行构思策划，并发展为广告创意，在大多数情况下，这些创意都会经过专门的设计制作而成为专门的广告作品。创作部门在人员构成上大致有：策划创意总监(Creative Director)、文案写作(Copy Writer)、美术设计(Art Designer)以及制作人员(Producer)。广告公司规模较大的，在创作总监以下还有更详细的划分。创作总监或是策划创意部门经理，通常总体协调广告作品的策划和创意，并最终审定广告作品制作。

3. 媒介部。

在广告完成了从策划到制作，最后体现为一系列的广告作品和广告运动计划设想后，公司要实施的工作就是安排媒体进行刊播，通过大众传媒的信息传达发挥广告的作用。媒介部门的职能就是，制定并实施合理有效的媒介计划，并落实媒介购买，通常情况下，广告公司的媒介工作有四个方面：

媒介计划(Media planning)

媒介购买(Media buying)

媒介调查(Media research)

媒介监测(Media monitoring)

在上述四项职能中,媒介计划人员是核心指导,他们按照客户部门、市场调研和媒介调查所提供的信息,并根据策划创意部门的意见,制订出有利于品牌或企业传播目的的媒介发布计划,交由媒介购买人员予以实施。媒介调查则是关注媒介特点、收视率情况、同类产品广告在媒介上发布的时间、费用、频次等。一方面给媒介计划提供建议,另一方面这些信息反馈到公司其他部门,以便于有针对性地调整广告策略并作出合理的广告预算。媒介监测是对公司广告发布情况给予关注,了解媒介是否按照协议准时发布广告,在发布中有无疏漏,以免造成广告损失。媒介部门的工作层级有:媒介总监、媒介经理以及媒介执行人员等。

4. 市场调研部。

随着广告公司工作的规范化,市场调研在广告运作中的地位越来越加重要。在日趋激烈的竞争中,市场调研也受到了广告主们前所未有的重视。市场调研工作已不仅仅是广告公司开始广告策划创意时的工作前提,而且还是贯穿于整个广告活动的始终,从广告活动展开之前的产品、消费者、竞争分析的调查,一直到广告运动过程调查、广告运动效果调查。一些大的广告公司设有专门的调查部门和专业市场调查人员,小的广告公司即使没有这个部门,也有专门人员从事这项工作。在人员的层级上,通常有调研经理(research manager)和调研主管(research supervison)等。除此之外,还有一些专门从事市场调研的专业公司,它们在业务分工和操作上较为细致。

三、广告代理费用的偿付方式

收取相应的服务费用是广告公司的收益来源。广告公司独立的角色使其可以为广告主提供更加客观和专业化的服务,这也可以解释那些支出巨额广告经费的广告主,并不为了节省资金自己亲自做广告,而是将其广告业务交给广告公司的原因。通常情况下,广告公司提供服务获得的收益可以分为几种类型:

(一) 佣金制

佣金制由媒体佣金与制作佣金两部分组成。

媒体佣金是指广告代理公司为代理客户向媒体广告部门定购媒体时间与版面,从媒体广告部门取得的按比例计算的佣金的收费制度。广告代理公司收取的佣金率多为15%,由于获得的金额较高,它们一般为客户提供设计、制作等方面的免费服务,只从媒体处拿纯粹的代理佣金。如果企业预算较大,广告主与代理商也可以商定一个低于15%的固定费率,按照浮动佣金协议,代理商根据一定的广告费开支接受固定佣金,超过这个开支水平,佣金就相应减少。

制作佣金是代理商制作业务向客户收取成本时加上的佣金,一般标准是成本价格的17.65%。由于这种方式没有与广告的最终销售成绩挂钩,除了一些专门的媒介代理公司外,只采取这种计酬制度的代理公司已经越来越少了。

(二) 实费制

大中型企业一般采用实费制支付方式。实费制有三种主要的形式:

1. 实费合同制:广告主与广告公司签订合同,规定广告代理公司的服务内容及这些服务的收费标准。

2. 全面实费制:广告主与广告公司之间按照预先制定的服务项目决定所有的费用金额,包括媒体的佣金。

3. 成本加费制:广告主与广告公司之间达成一定的协议,在广告公司的成本费用中加入一定金额的报酬加价,作为广告公司收取的总费用。

(三) 工时计费制

工时计费制是根据广告代理公司人员的实际工作时间来支付酬金的方式。其优点是可以成为广告主监督代理商实际服务成本的标准,双方可以根据代理商花在服务上的时间调整下一次的付酬标准。但其缺点也比较明显:广告主经常会干预代理商的管理,工时计费用于代理商所提供的服务上会缺乏弹性,可能会使客户及代理商的注意力从创作偏离到计算过程的解释中,此外,这种酬劳付费方式可能无法反映最佳广告意念的创作方法,它暗示着思考创作广告的时间及成形过程要拉长。

(四) 绩效酬劳制

绩效酬劳制的基本理念是代理商为广告主所做的工作应该得到公平的酬劳。此外,倘若代理商所做的广告证明对广告主的成功有极大贡献的话,代理商还应该获得一笔额外的酬金奖励。

这种方式是以预先确定广告绩效目标来确定酬金的。如果代理商所做的广告工作达到这个目标,报酬就可以在15%以上;如果超出这个目标,可以获得更高的比率;而达不到目标的话,其报酬就可能会低于所支付媒体佣金的15%。显然,这是一种将广告与销售效果挂钩的好方式,有利于激励代理商的工作热情。但这种付酬方式也有难以避免的缺陷,如果代理商的表现稳定,或者说并没有付出额外的工作,他也可以靠着营销人员的努力得到奖励,那样的话得到的就可能比他付出的要多了。

(五) 共担风险制

共担风险制是广告主与代理公司相互合作、共同承担产品营销的风险,共享赢利的一种新型经营操作形式。这种合作方式,将广告公司由服务者变为投资者,改变了原来产品销售好坏与其没有直接关系的状况,增加了他们的工作压力与主动性,有利于帮助企业在市场上获得成功;对于广告主而言,虽然会提高预算费用的支出额度,却可以减少投放广告的风险,实现与代理公司之间更密切的合作。

共担风险制的基本操作流程为:双方首先达成初步合作意向,签署合作及保密协议;之后,广告公司组建项目服务工作组,对风险广告合作对象进行考察及综合评估,并将总结报告提供给广告主,明确合作意向;广告公司与客户签署正式的合作协议书;广告公司向客户提交项目整合行销推广企划书;双方确认企划书的内容,核定各阶段的广告投入、投入产出比以及超额奖励方式等;最后,双方将签署的协议与合同等相关文件到公证处进行公证,以确保相互间的利益与权利有效。以上程序结束后就可以开展具体运作了。

在确定采用风险广告时,广告主应注意选择诚信度高、经验丰富、资本实力雄厚的代理商合作。这样,不仅可以引进对方的"智力资本",还可通过引入广告资金的方式,减少广告主的前期广告投入,将企业的经营重点放到产品生产和销售方面,有助于实现产品创新、提高企业管理水平。

这种合作方式目前最为困难的是要确定双方投资比例与利益的分成。例如,上海素易鲜公司是由上海冠生园与东方电视台共同组建的,在公司的2500万元注册资本中,前者持52%的股票,后者持股48%。东方电视台就是以风险广告投资的方式参与合作的,注资1200万元作为产品的广告费用,待"素易鲜"做足了广告,而且销售额达到2000多万时,东方电视台才算是真正持有了48%的股份,继而坐收红利,之后的广告费就开始由已经良性正常运转的广告主支付了。

风险广告的具体操作方式可因公司而异,没有固定的模式,只要可以发挥双方的优势,产出最佳效益即是成功。

案例分析

奥美官司的启示

2005年,北京奥美将北京奔驰公司告上法庭,索要1262余万元的巨额广告代理服务费用。时隔两年,北京奔驰以虚报广告费反诉北京奥美,致使北京奥美返还奔驰公司580万元已支付的广告费。昔日的紧密合作伙伴反目成仇,对簿公堂,两起官司各有胜负,背后又折射出什么呢?

1. 甲乙方矛盾浮出水面。

一般来说,广告产业链条由广告主、广告代理公司及媒体组成,近来在链条三方之间还出现了媒体购买公司,让原本复杂的广告产业局面更加复杂。广告主一直处于强势的甲方位置,而广告代理公司则处于委曲求全的乙方位置。强弱对比悬殊让广告行业始终处于发展的怪圈之中,由此产生了一系列广告"专业病"。

2. 比稿。

比稿中标是国际通行的做法,但是在中国,情况有些不同。一方面是广告主动辄为一个项目召集十多家广告公司比稿,希望比稿的广告公司越多越好;一方面是像麦肯这样的大公司拒绝比稿,比稿出现冰火两重天。总的来说,这种情况主要是由广告主方面造成的。由于广告主素质良莠不齐,许多广告主借比稿为名享受免费创意。广告公司在比稿期许了许多天之后,往往会发现自己的创意出现在电视报纸之中,而制作单位则是比稿广告主的市场部门。没有有效的知识产权保护条例,广告公司有苦难言。同时,在比稿的过程中,一些广告公司也存在不正当竞争,守规则的广告公司不得不退出。总之,比稿造成甲乙双方信任度缺失,所以大型广告公司会选择首先与广告主直接建立互信,以自己的品牌赢得项目,而不是采取比稿中标的方式。

3. 改稿。

广告主粗暴干涉广告公司的策划创意早已是广告业内的通病。从头再来,通宵加班,在这一点上,广告公司的委曲求全显露无遗。广告人以实效广告安慰自己,没有商业价值,不能实现销售,再好的创意也是零,所以广告主永远是对的。广告人有一点很明白,自己是营销策划的专家,精心策划的推广不会毫无价值,但是为了广告主买单,自己必须无条件服从,自己必须无条件接受外行领导内行的事实。

当然,广告公司也不是完全无还手之力,一些大型广告公司为每一项服务都明码标价,包括一个平面设计的小小改动。但总的来说,大部分的广告公司在广告主面前是弱得不能再弱的乙方。

4. 财务死结。

付款一直是广告主与广告公司的死结,能否顺利过这一关是广告双方真诚合作的标志。

北京奥美为索要巨额代理费将北京奔驰公司告上法庭只不过是这一死结的法律表现。实际上,每个广告公司对于广告主的付款问题都有话要说。广告款是一把双刃剑,媒体代理公司以强大的资金实力可以为广告主预付媒体广告款,从而成为媒体代理公司争取广告主的有利条件。而对广告代理公司来说,广告款让中小型公司欲活不能,一笔巨额广告代理费用的不能及时到位可能会让他们被淘汰出局。对中小广告公司来说,有时生死竞争的关键就取决于广告主的支票。但广告主的甲方优势位置总是让他们能拖一天就拖一天。

5. 奥美的奥秘。

奥美输掉了官司有些蹊跷。本来奥美追讨广告代理费是正当权益,但法院要求奥美公司提供财务资料,以便进行审计时,遭奥美公司拒绝,以致奥美由于主张款项中存在不实费用而被迫返还奔驰公司580万元。很明显奥美有难以启齿的苦衷。在中国运营的外资背景的广告公司总有一些低调的行为,尤其是在财务的公布方面。在中国广告协会每年公布的数据中,总不免看到外资公司的缺席。比如智威汤逊·中乔广告公司2004年谢绝提供相关数据。1997—2000年,智威汤逊·中乔营业额全国第三,2001—2003年营业额全国第五,2004年它的缺位使本土广告公司(北京未来)近6年来唯一一次进入全国前五位。同属WPP集团旗下的上海奥美广告公司近4年也没有提供营业额、营业收入相关数据,查阅以前资料,发现1994—2002年上海奥美都有提供数据,而且都进入全国营业额前10位,而2003年以后,上海奥美不再提供相关数据。

与奥美同样引人注意的是2005年精信广告中外合资方事件。2005年10月1日,精信整合传播集团的董事长及行政总裁陈一枬正式辞职。她辞职之后,把真相向国安公司和盘托出。国安无法相信,一个运作良好的大型广告公司14年来一直处于亏损状态,于是国安以离职检查的名义进行了审计。国安发现,由于中方出于对合作方的信任,在财务、运营、管理等方面没有插手合资公司的运作。但是,所有的重大问题都没有经过董事会,公司出现的问题国安不知情,公司的真正账目国安也无从得知。WPP总部在美国上市,底下有很多分公司,开到中国香港,香港再开到大陆来,精信就相当于它的小公司了。所以精信的财务根本就反映不到WPP的总财务报表上去。

为什么有些外资广告公司不愿意把财务暴露在阳光下,哪怕是修饰过的财务报表?一方面可能是这些公司确实存在财务问题,另一方面也许与中国广告业的大势有关。我们看到,在进入中国的前期,外资广告乐于将财务数字公布,以显示其高度的赢利能力,借以树立自己的品牌。但是进入21世纪之后,尤其在2005年,外资广告低调了许多。恰恰这一年,中国放开外资设立控股广告公司的限制,随后政策放松空间更大,广告业内对外资的迅速壮大有所担心。

关起门来搞发展,这是外资广告的高明策略,少了热闹的作秀,多了大手笔的并购,在中国二三线市场和新媒体市场不时看到外资广告巨头的身影,可以肯定,在空白的财务数字后面,外资广告已经动手了。

6. 广告业的治理歧途。

北京奥美与奔驰的纠纷至少说明了中国广告业有两个问题必须解决:一个是广告业的生态,一个是广告业的规范。对一个行业来说,行业生态决定了这个行业能走多远。广告主与广告代理公司不平衡的甲乙方现象客观存在,行业链条不平衡的现象也不是在广告业独自存在,这就需要外部力量进行协调。

公司间正常的财务关系及知识产权等可以由相关法律来保证,但考虑到中国广告业的特殊状况,更好的办法是出台广告行业的相关细则,这是《广告法》修订应该重视的问题。目前这个重要的协调功能应该由广告协会来承担。在广告代理公司与广告主,乃至各大媒体出现矛盾的时候,应由广告协会出面协调,这种做法在韩国已成功实现。韩国广告放送公社处于广告主与媒体之间,最大化地为广告代理公司争取利益。而中国现在正缺乏广告公司的代言人,以至于出现不利于广告公司的各种现象。中国广告业亟待规范这是不争的事实。而中国广告业规范的主要力量集中在治理违法广告上,这是广告的治理而不是广告业的治理。未来中国广告业究竟应该向哪个方向发展,哪些因素制约着广告业的发展,中国广告业的治理者考虑了这些问题吗?合资广告公司中方利益受损、外资背景广告公司财务经不起审计,这些现象的背后却是中国本土广告公司普遍弱小、外资背景广告公司的迅猛发展,这也许不是广告治理想看到的局面。

案例来源:沈明:《奥美官司的启示》,载《广告大观综合版》2007 年第 11 期。

思考题:
1. 简述广告公司的分类及业务范围。
2. 谈谈本土与境外广告代理公司在业务能力上的差异。
3. 简述广告公司的业务流程。
4. 试析直线职能组织模式广告公司的优势。
5. 简述广告公司主要的机构组成及其职责。
6. 广告代理费用的偿付方式有哪几种?

第七章
广告公司的经营

本章将着重阐述下列问题：
- 广告公司的骨干业务人员都有哪些？
- 广告公司如何有效地开发其业务？
- 怎样防范广告公司的经营风险？
- 广告公司维护客户的技巧有哪些？
- 广告公司如何处理与客户之间的关系？

第一节 广告公司的人力资源

广告公司的业务运作主要依靠的是具有创造力的员工团队，尽管员工构成在任何一家公司中都至关重要，但在广告公司中则尤显突出。这是因为广告公司作为以广告策划创意为核心"产品"的经营机构，这个产品本身的价值构成对人的思想和能力的依赖远远超越其他的产品。就广告公司而言，人的作用主要体现在几方面：以客户服务与业务沟通为主的业务人才、以创意策划为主的创作人才、以协调与管理为主的管理人才，以及专业的媒介人才、公关人才、调研人才等。

一、广告公司的领导人才

一个广告公司要想获得成功，一定要有一位好的总经理，从某种意义上说，这是决定广告公司能否站稳脚步跟求得发展，并结合各方力量取得预期成功的关键。领导是一种行为或影响力，是对整个团队实施引导的带头人。一个领导要想在团队中实施领导，就必须具有影响力，而这种影响力来自两个方面：位置权力与个人权力(魅力)。位置权力是由领导的地位所形成的，具有某种强制性,即使从属对其并不认可也必须服从。个人权力大多属于领导者自身所具有的人格魅力,在某种意义上,他是一个领导者综合素质的体现,在领导魅力中兼具德、识、才、学等多方面,可归结为知识素质、能力素质和道德素质。广告公司的领导通常都是一些熟悉广告业务,自己具有充分的经历和精深的专业技巧的专业人才,他们明白广告业的状况,具有理想和协调能力。作为领导者,精通具体业务很重要,但更重要的是能带领大家合作共同完成业务,所以领导者的任务就是:完成组织目标,并且能够尽可能地满足组织成员的需要。如果要为广告公司领导者作一勾画,其所应具备的是:

① 自信、宽容、勇于承担责任;
② 敬业、献身、善于作出决定;
③ 号召、激发、开启部属的创造力;
④ 悉心体察,公正裁决;
⑤ 认准目标,有所不为。

二、广告公司的创意总监

创意总监在广告公司中担负着组织策划创意人员达成策划创意,并对其成果进行最后审定的责任。在创意总监之下,有文案撰写人员、美术设计人员、摄像摄影人员等。创意总监对有关策划创意的建议形成决定,指导其下属专业人员按照自己的意图工作。作为一个重量级专业人才,创意总监必具素质为:

① 要懂得营销,最好是文学或艺术专业毕业;
② 精通电视广播及绘图印刷业务;
③ 是一个出色的教师和细心的人才发现者;
④ 充满了感染力和人生乐趣;
⑤ 能够连续工作,并喜欢各种调研;
⑥ 善于为不同类型产品作广告;
⑦ 会与他人分享荣誉,也敢于承担责任;
⑧ 有效地协调、组织管理。

三、广告公司的文案人员

文案员担负着广告公司策划创意的最基本工作,是广告"产品"的直接生产者,不同的产品由不同的文案人员创作,往往会产生截然不同的广告,这点在广告史上表现得尤其突出。由于传统广告创意对文案创作的依赖,所以那些杰出广告的成功首先都是文案创作的成功,而广告史上的一切有影响力的、震撼人心的"伟大创意"(big idea),大都出自于优秀的广告文案人员。大卫·奥格威是这样,李奥·贝纳是这样,罗斯·瑞夫斯也是这样。一个优秀的文案人员,通常具备这样一些能力:

① 具有创造性思维和非凡的写作能力;
② 语文功底深厚,善于用精湛的语言表达创意;
③ 对人类心理、产品物质和广告具有强烈的好奇心;
④ 有幽默感和丰富的知识内涵;
⑤ 有勤奋工作的习惯;
⑥ 有能力在报刊上发表散文,或者为电视写一些平常的对话;
⑦ 长于形象思维,能够形神俱有地表述对象。

四、广告公司的客户执行

客户执行在国外广告公司中称作 AE。AE 不是单纯拉业务的业务员,是广告公司中专门与客户打交道,并代表客户在广告公司内部形成沟通的专业人才。业务是广告公司开始运转的动力,AE 可以说是公司的火车头。作为 AE,要具备丰富的知识、端庄的仪表和出色的交际沟通技巧。要既了解客户情况,又熟悉公司情况,要善于把自己推销给客户。AE 常常是处在公司与客户夹缝中,所以他们比其他人员更加感受到工作的艰辛。台湾学者樊志育提出了 AE 应具有"五A"精神:

Analysis(分析):能够透彻分析商品、市场及客户情况;
Approach(接触):善于与公司客户接触,很快达成沟通;
Attach(联系):积极热情不断发展业务的联系能力;
Attack(进取):强烈的进取心,主动向客户提供策略和建议,以便于扩大业务;
Account(利益):争取获得最大利益,要有谈判技巧,精于进退策略,善于回收账款。

五、广告公司的媒介执行

广告公司的媒介执行主要担负着相应的广告媒介管理和媒介广告的投放任务。通常情况下,媒介执行所担负的主要是广告公司与广告发布下游媒介的联络任务,具体职责有:媒介购买及执行、媒体资源整合和维护、媒体信息发布监测。同时作为专职人员,还要经常研究媒介,定期形成媒介监测报告、媒体情况调研分析报告,并根据客户要求出具相应的媒介证明和媒介调研报告。

由于媒介执行处在广告公司的业务后端,直接关系到广告公司服务的最终实现,因此媒介人员还担负着调节公司的客户广告链接、维护广告公司与媒介的关系,并为公司寻找和开发新的广告媒介资源的任务。

第二节 广告公司的业务经营

广告公司的业务主要就是为客户提供广告服务,其经营涉及内外两个方面。从内部而言,主要是具有专业服务能力的工作团队和业务能力;从外部而言,主要是相应的广告业务量和客户资源。其中业务和客户资源是推动广告公司经营的前提,对于大多数广告公司来说,广告公司的工作就是为了开发和维护自己的客户,以保证公司经营的持续性。

一、有效的客户开发和业务拓展

开发和维系广告客户是保证广告公司业务来源和持续经营的前提。在广告公司的经营运转中,尽管具有创造性的策划创意是广告公司得以立身的核心所在,但是如果失去了客户开发,不能够长期维持客户,整个广告公司的运作则成了无本之木无源之水。所以在广告公司经营中如何开发客户、争取客户、选择客户、维系客户就成了保证良性运转的主线。

许多有规模的成熟的广告公司,在长期的业务运作之中,已经建立了自己稳定的客户群,同时由于在世界上有一定的影响,也容易受到客户的关注。但对于新的广告公司而言,所有的客户对它来说都是新的,新广告公司没有成功的历史,没有知名度,往往也缺乏经验,缺乏与成熟的大广告公司竞争的资本,所以新客户的开发对新广告公司尤其重要。那么,一家新的广告公司如何去开发客户?老的广告公司又是如何不断开发新客户?广告公司的客户来源通常有几种途径:高层管理人员的私交、以往满意客户或者其他咨询机构的推荐、近期成功宣传推广的带动以及同业推广、直邮或者公司平时建立的声誉。有专家认为开发新的广告业务最成功的办法主要是三种:争取盛赞本广告公司的客户;具备高超的演示技巧;运用关系网培养与客户高级主管人物的私交。[①]

在广告界,由于每个公司和每个经营人员各自不同的条件和背景,其方式方法也不尽相同,我们只能从一些成功广告人的经验中去体会,这里介绍广告行业中两位卓有影响的奇才——大卫·奥格威和乔治·路易斯。

---

① 〔美〕威廉·阿伦斯:《当代广告学》,中国邮电出版社2005年版,第125页。

第七章 广告公司的经营

大卫·奥格威因创建奥美广告公司并成功地为客户进行了一系列广告代理而享誉广告界。奥格威在进入广告界时已经32岁,就像他在《一个广告人的自白》中所说的那样,野心勃勃,如同是带领大家将要到海上去掠夺的海盗。他所做的工作,第一步是列出最想争取到的客户名单,对这些客户进行有计划地开发。从广告公司的角度来讲,要做到这一点,就必须对市场行情有个比较全面的了解,对客户情况有比较清醒和透彻的了解,正如奥格威所说的那样,"最成功的广告公司,是那些高层人士对可能成为他们客户的广告主的心理特征有最敏感洞察力的公司,死板和推销艺术是搞不到一块的。"奥格威曾宣称自己只做第一流的生意,实际上在他事业之初也曾经交接了一些小客户,而恰恰正是这些小客户使他有机会表现一些细腻的广告,进而帮助他崭露头角。所以先从小事做起,积累经验一步步地拓展业务,也未尝不是小公司的生存和发展之道。更何况小客户也在发展,也许有一天会变成大客户。大卫·奥格威曾经犯了一个错误,拒绝了一家生产商用机器的小公司,没料想就是这家小公司在多年以后,成了世界著名的跨国公司,其生产的复印机几乎成了复印机的代名词,这就是 Xerox(施乐)。争取大客户是许多广告公司的理想追求,因为大公司不仅可以给广告公司带来稳定可观的收入,而且也可以增加广告公司的知名度,有利于广告公司的竞争。在争取大公司时,一旦看准了目标,就要制定具体的开发策略。大公司往往是多家广告公司瞄准的对象,每家广告公司都有自己特别的招数和手段,如果没有充分的准备和特别的竞争优势,鹿死谁手很难预料。有一些广告公司在客户竞争中采取不正当的竞争手段,玩弄不道德伎俩,这点很不可取。大卫·奥格威认为,开发新客户的最好方法,就是制作好的广告。现在一些大的客户在选择广告商时,往往邀请多家广告公司进行"比稿",这就意味着争取客户的角逐,最重要的还是创作好的广告。

乔治·路易斯在麦迪逊大道的广告天才中,是最具叛逆精神的一位。在多年的广告生涯中他深知:"自己所做的每件事,到最后都必须由付钱的人,也就是客户来批准。广告这门在自由经济市场上生气勃勃的行业,还是必须遵从客户的意见和判断。"所以在其与客户相处中,常常格外投入,喜欢不失时机地以自己的热情和自信来感染客户。也许在乔治·路易与客户相处的生涯中,最让人感兴趣的是其对付难缠的客户的一些招数。在他的《蔚蓝诡计》一书中,讲到自己为一家已经开发出了产品的健康减肥食品公司做广告,但这家公司却礼貌地拒绝了他,因为这个产品对他们一点不重要,可他们冻结了这个产品的推广。一般的广告商在这种情况下都会放弃,但路易斯却没有住手,他请速递公司将一组广告创意寄给了该公司的主管,这项名为"窈窕美食"的广告计划顺利地被通过了,并且很快创造出了一个成功的产品,即使十四年后这个产品的市场销量仍然超过三亿美元。对付刁难的客户,其"最有趣的经验就是为白手起家的企业主工作,这些企业主掌握时机,为很难实现但现已成真的梦想,不惜冒灭顶的危险","他们都有一种共通、可敬的人格特质:独自冒险于未知境界而能绝处逢生,也总会坚强地面对一切。""在与其共事或为其工作的人眼中,他们就像是超人","而由于身边经常围绕着拍马屁及凡事唯唯诺诺的小人,这些现代暴君继而特别容易爱上坦率直言,敢与他面对面的人。"①正是凭借着这种深刻的理解,路易斯在与格外难缠的客户的接触中,一次次地获得了成功。

二、防范广告公司的经营风险

作为一种公司经营方式,广告公司的经营风险也可以分为系统性风险和非系统性风险。系统性风险主要来自于广告经营本身,比如经营方式、业务运作等等。非系统性风险涉及更多外在因素,比如国家的产业政策、宏观经济形势等等。经营广告公司首先面临着投资方式的风险,在公司启动之前虽然有过可行性研究和对未来的思考,但在经营过程中又会有许多实际问题出来,一着不慎,顿失全局。同时,广告业是一个对人才依赖性极强而人才流动又格外频繁的行业,所以人才管理的风险在广告业表现尤为突出,如果一个广告公司寻觅不到优秀的人才,或者是有了人才却无法使其安心下来,那么这个广告公司肯定是一家短命公司。此外,由于广告行业竞争格外激烈,属于市场本身的风险也很大,如果没有一定的竞争能力,也难以抵抗来自同行之间的竞争风险。

在这里尤其要提及的是时刻关系到广告公司生存的财务风险:

1. 来自比稿和比案投入的风险。

经常会有客户要求多家广告公司拿出各自的文案参与说明,以便在竞争中挑选广告公司。通常情况下,比稿有两种方式:① 要求广告公司对广告活动提出整体性的策略和看法;② 要求提出一套完整的广告计划。对于广告公司来说,要完成其中任何一项工作,都需要有大量的人力、财力和物力。在这种情况下,广告公司往往很矛盾,因为任何一个好的市场文案都必须要有相当的投入才可取得,比如市场调研费用、其他的工作劳务开支等。不做前期的支出,很难取得好的文案;而前期投入较多,在比稿失败之后又大多数无法收回。所以参与比稿就意味着要承担一定的风险。

---

① 〔美〕乔治·路易斯:《蔚蓝诡计》,海南出版社1996年版,第185页。

2. 代理补偿制的风险。

在单纯的代理关系中，广告商按照客户要求运作，只要按规定完成了工作任务，就要获得全国规定的佣金和报酬。代理补偿作为一种客户对广告商的激励方式，固然有着很多的诱惑，但任何激励机制都具有双重性。对客户而言，衡量广告的统一标准是销售业绩和利润收入，而销售业绩与利润收入在许多情况下与广告并不完全一致，无法真实反映出广告是否成功，所以采取代理补偿制时，就必须考虑广告是否能如期达到销售。除广告之外，还有其他与销售相关的问题解决得怎么样等等。否则本想通过代理补偿制获得收益的初衷，到头来却适得其反。

3. 垫付资金的风险。

大多数广告公司的最大的财务风险都来源于此。这是伴随着代理制而来的一个必然特征。在广告业务运作中，从客户—代理商—媒介这么样一个过程，客户出资委托代理，由广告代理向媒介支付广告刊播费用，然后从中收取佣金完成广告活动的财务运作过程。在大多数情况下，客户与广告代理签订代理合同后，只是暂付部分广告款项，其余部分在广告进行过程中和广告完成之后分批兑付，由于客户在付款中常有拖欠或在广告完成后要求降低费用的现象，所以媒体往往把客户的信用风险转向广告公司，要求广告公司如期付款。在这种情况下，广告公司在所难免地要为客户垫付一部分资金，如此一来也就自然承受了来自客户与媒体之间的资金收付风险。在代理中，广告公司几乎时时刻刻都有这种风险，为有效防止，它常常要做几方面工作：① 对客户信用及资信情况作翔实调查；② 严格签订好广告合同，各项条款不能马虎；③ 在代理开始之时即预收广告费用；④ 建立定期收款制度。

第三节 广告公司的客户维护

和任何公司一样，拥有稳定而又忠诚的客户，是广告公司业务发展的前提。稳定的客户不但可以扩大广告公司的业务，而且也降低广告公司业务开发成本，同时由于长期的合作基础，有利于广告公司不断提升自己的服务能力。良好的客户关系是建立在良好的专业服务基础之上的，因此在服务客户的过程中，在不断提升广告公司服务水准的同时，还要注意不断提升服务技巧。

一、维护广告客户的技巧

广告公司在获得了客户之后，还有一个重要任务，就是维系客户。当然，要想与客户保持长期的业务关系,最重要的首先是创作高质量的能够给客户带来显著效益的广告。因为客户与广告代理的关系如前所言,更重要的是一种财务关系,广告主以广告费投入委托广告商代理,根本目的是要获得更大的收益,如果广告商能够帮助广告主达到这一目的,那么这种代理关系就可以进一步发展,广告商同样也从中获得相应的财务收益。反之,如果广告商的努力无法使广告主获得相应的收益,那么无论再做其他更多的别的努力,这种代理关系都难以持久。由于广告代理市场在总体上处在一种供过于求的状态,广告客户的流动受到各方面的因素影响而十分频繁,各种不正当的业务竞争手段也层出不穷,所以广告公司在保证广告服务质量的同时,也要注意保持客户稳定的技巧。对此,一些成功的广告人总结了一些可供借鉴的经验:

1. 与客户保持密切的联系。广告公司的客户执行要谨记客户的电话,通过各种形式经常拜访客户,与客户沟通。在重视大客户的同时也不要冷落小客户。公司主管层也要拜访客户,有时不妨邀请客户到公司来开会,借此与其他相关工作人员熟悉。

2. 尽量降低广告成本并让客户知道你为他省了多少钱。每次费用开支事先征得客户同意,并将各项费用详细用表列出。

3. 不要只把关注的兴趣放在媒体佣金上,也应该对广告创造材料及其他并无大利可赚的项目抱着同样的热情和负责态度。

4. 不要过多对客户提及你所代理的其他客户。要让客户感到你工作的重心就在于他自身,一切都是以其业务为中心在运转。

5. 经常为客户的产品和营销出谋划策。一个称职的广告公司必须对客户及其产品了然于心,平时经常考虑客户的产品及营销,不断对其提供建议,使客户感觉到你是他们中的一员,以便建立密切关系。

6. 要向客户提供完整的工作报告和业务进展情况。拜访客户要有切实的内容,同时也要向客户汇报自己的工作情况,要使客户相信广告工作正在进展,而且不断有阶段性的成果。

在客户关系处理中,切忌耍小聪明,也不必不择手段地讨好。有些广告商迷信广告"佣金"和"回扣",其实主动提出给客户"回扣"不仅会使客户轻视你,对你不放心,甚至要疑心你从中赚取了多少不合理收入。

二、处理好与客户之间的关系

对一个广告公司而言,不论是有一定规模经验丰富的公司,还是刚刚起步经验不足的公司,如果开阔眼界,其实它所面对的客户资源还是十分丰富的。从这个意义上来讲,广告公司在进行业务代理之前,也需要对客户有所挑选。现在有些广告公司在业务争夺上似乎有点"疯狂",有时甚至表现得"饥不择食",这不仅不利于广告公司自身的业务开展,而且有损于广告业的健康发展。从某种意义上讲,对客户的挑选与对客户的开发对广告公司经营的成败同样重要。在客户开发与选择上,不宜盲目求多。广告客户的数量应与广告公司的规模和能力相适应,如果招来了许多客户,甚至是大的客户,但公司却没有能力满足这些客户的需要,即使勉为其难去应付工作,其广告作业质量必然受到影响,要受到客户的抱怨,最终失去客户,这样的恶性循环势必对广告公司声誉有所损伤,对今后经营造成极为不利的影响。另外,并非所有的客户都遵纪守法讲究经营道德,也有的客户只是想通过"比稿"无偿获取多家广告公司的智慧成果;有的客户可能不按协议或故意拖欠广告款项;有的客户在广告内容上往往掺进违规内容,等等。这一切都要求广告公司在客户选择上必须慎重,既要有灵活性,又要坚持原则,不能只看到眼前利益,贪图小利而招致大损失。大卫·奥格威在其《一个广告人的自白》中曾特意讲到自己对广告客户的选择,并且有意识地辞掉一些客户。他的原则是:一方面要"有利可图","干没有报酬的工作,无论哪家公司都承担不起";另一方面,有时一家客户初看上去无利可图,但却可促使你做出非常出色的广告,使你大显身手赢得极好的声誉,这也是值得的。

诚然,客户选择是保证客户质量的第一步,但在现有客户管理上,广告公司要做的工作更加重要,因为只有处理好与现有客户的关系才能保证广告公司业务的持续稳定。在这方面,许多有经验的广告公司总结出许多行之有效的方法,归纳起来主要有以下几方面:

其一,保持管理层的接触。

在广告公司的客户管理中,与客户保持接触是广告公司管理层所应做的一项重要工作。不能认为与客户的沟通和接触主要是客户经理或客户执行的工作,由公司管理层与客户接触,既能从全局的角度了解广告业务情况,也表现了公司对客户的重视。同时管理层的接触有利于发现客户管理和业务进展中的不足,可以及时调整和弥补。管理层接触作为一项比较细密的工作,要求有一个明确的合作计划以及对计划进展的监控系统。要明确选定与客户接触的主要人选,除了公司客户部门的人员外,还有公司负责人。为了加强与客户的关系,更多地使公司与客户之间相互了解,就要在与客户接触中不断使更多的公司管理层与客户实现沟通,这样有利于客户更加全面地了解整个公司。有些公司往往特派负责业务的副总经理与客户主管接触,却没有尽可能扩大接触面,这样有时表面上似乎与客户方面主管交往甚密,其实也可能有所疏漏。只有让客户从更广泛的层面上与公司形成接触,才可能增加其对公司工作的满意感。

其二,注意客户方面的评估。

客户在与广告公司的合作过程中,对广告代理状况往往有自己的看法。有时由于种种原因,客户并不轻易表露自己的看法,甚至对一些工作方面的不满加以克制,直到问题表现得比较严重时才给予指出,如果在这种情况下公司再作出反应往往为时已晚。比如,广告公司在受理了客户广告业务后,往往会指派谁来负责该项业务,有时所指派的那个人可能并不符合客户的愿望,但客户又无法直接表露出来。直到某一特别时刻,某项业务会突然使问题升级,客户会把长期以来所积累的不满一下子爆发出来。所以广告公司在接受了客户委托以后,一定要从多方面征询客户意见,向客户提供全面的信息,并详细解释广告公司所采取的各项措施,并与客户一起探讨,达成一致。为了保证与客户之间的沟通和理解,有必要定期向客户咨询意见,阶段性地了解客户对公司的看法。了解客户评估看似复杂,其实在操作中可尽量简单化,只要能达到使客户与广告公司坦率沟通,并有利于业务发展的目的即可。

案例分析

并购还是升级?奥美与麦肯不同的发展路径

在现代广告公司的发展历程中,奥美和麦肯可谓是世界广告业的"双子星座",二者凭借着良好的经营业绩和传世的作品在广告史上留下了光辉灿烂的一笔。但令人惊叹的是,二者虽然都是国际 4A 广告公司,都隶属于大型跨国传播集团,但其发展方式却大相径庭:奥美走的是一条并购之路,通过并购重组快速扩大自己的势力范围;而麦肯走的却是一条"自主升级"之路,通过不断强化自己的核心竞争力来攻城略地。

尽管发展方式不同,但两家公司都做出了辉煌的业绩,奥美和麦肯连续数十年在世界广告营业额中排名前十,进入中国后连续十多年荣登中国广告业前五强排行榜,在发展业绩上,二者可谓是殊途同归。

一、奥美并购:资本运作成就王者

奥美广告公司成立于 1948 年,由"广告教皇"大卫·奥格威在美国纽约创办,1989 年被擅长资本运作的马丁·索尼尔以 8.64 亿美元收购,1992 年与上海广告有限公司合资成立上海奥美,1993 年又在北京和广州成立了北京奥美、广州奥美,开始了其在中国的发展历程。

在进入中国的前十年,奥美并没有秉承马丁·索尼尔一贯的资本运作风格,在经营上中规中矩,主要是依靠其先进的运作经验拓展中国市场,但这并非是马丁·索里尔的经营理念发生变化,而是受制于当时中国的政策。在这种情况下,以资本运作见长的马丁失去了用武之地,只能按部就班地慢慢发展,但这种蛰伏只是让奥美收回了打出去的拳头,为下一次的爆发积蓄了力量。在这期间,奥美凭着大卫·奥格威在广告界的巨大影响力和它的360度品牌管家理论不断在中国市场谱写传奇,打造着核心竞争力,使奥美成为一块被中国广告人敬仰的金字招牌。

2001年12月11日,中国正式加入WTO,根据《贸易服务减让表》等法律文件,中国政府制定了开放广告市场的时间表,这为奥美的资本运作打开了方便之门,从此开始了一系列令人咋舌的并购动作。在短短数年里,奥美依靠并购重组迅速铺开了摊子,也因此被业界称为"买来的公司"。(见图7-1)

时间	收购对象名称	收购对象简介	影响
2002	西岸公关	西岸公关是中国本土最强大的公关公司。	奥美获得西岸公关14年来积累的客户资源,在公关行业的地位更加巩固。
2005	奥华广告公司	奥华广告公司是福建广告业的领头羊。	奥美进军福建,一举成为东南沿海最大的广告公司。
2005	香港财经公关顾问公司IPR	IPR对于整合运作并购重组的企业具有丰富的经验,占据着香港市场20%的份额。	奥美的财经公关实力大为增强,随着中国企业IPO和并购重组案的增多,奥美在这一块的盈利能力大为增加。
2006	黑狐广告公司	黑狐在地产行业占据着极大的市场份额,拥有万科、华侨城、中信等地产业的一线客户。	奥美迅速在地产业占据了一席之地,同时借道黑狐在二、三级城市建立起来的资源和渠道迅速向内地市场推进。
2006	世纪华美广告公司	世纪华美是国内领先的互联网广告代理公司。	奥美一举成为国内排名第四的互联网广告代理公司。
2007	辽宁阳光加信广告有限公司	阳光加信是东北最著名的广告公司,拥有中国网通、辽宁移动等大客户资源。	奥美借助阳光加信的资源开始在东北布局。

图7-1 奥美的收购情况

奥美之所以选择并购的发展方式,首先是与企业的发展历史和组织机构有关。奥美广告公司从1948年成立以来一直都是以"做广告"著称于世的,其组织机构并不健全和完整。20世纪80年代以后,新的市场环境要求广告公司不能像以前的广告公司那样职能单一。除了为广告主提供策划创意方案外,广告公司还必须涉足调查业、咨询业、公关业和品牌管理等方面的业务,由单一的"做广告"变成一个能提供整体解决方案的营销传播机构。在这方面,奥美是有缺陷的。要弥补这个缺陷,最行之有效的方式就是通过并购,用并购来完善自己的组织结构;所以,奥美选择并购之路实际上也是不得已而为之,是偿还历史亏欠的无奈之举。其次是与企业经营理念有关。奥美母公司是WPP,领导人是马丁·索里尔(奥格威虽然是创始人,自1989年被WPP收购后,就已经丧失了控股权),此人在以资本运作著称的萨奇兄弟集团曾任财务总监达十年之久,深谙广告业并购之道。自1986年自立门户以来,并购动作一直不断,被誉为广告业的默多克,所以接手奥美之后屡有并购之举并不奇怪。再次是与企业的发展战略相关。历史短暂一些的奥美,弥补缺陷的最好办法就是选择并购,因而奥美的发展战略就是要通过不断的并购,来弥补自己组织机构的欠缺和营销工具的不足。通过此举,它能最快捷、最有效地健全自己的组织机构,形成核心竞争力。

二、麦肯转型:升级延伸核心竞争力

麦肯是一家有着百年历史的广告公司,是麦肯—埃里克森广告公司(McCann-Erickson)的简称。麦肯广告公司(The H. K. McCann Company)成立于1912年,埃里克森广告公司(The Erickson Company)创建于1902年,两家公司于1930年合并,成为美国纽约曼哈顿最为成功、最有突破性、也最早进行跨国扩张、广告营业额长期居于世界前列的广告公司。1991年麦肯与《光明日报》合资建立麦肯·光明广告公司,1992年又分别在上海、广州建立了自己的分公司。经过10多年的发展,麦肯·光明广告公司创造了多个中国第一:第一个当年投资、当年盈利且始终没有亏损的合资广告公司;为中国在国际广告节第一个赢得奖项——戛纳国际广告节铜狮奖(1996年)的广告公司;麦肯·光明上海公司被国际权威杂志Media & Marketing推选为最佳电视广告创作公司(1997年);其员工荣获权威杂志Media中国唯一的"亚太区最佳广告人"称号(1999年),等等。这许许多多的"第一"使麦肯·光明发展成为中国顶尖级的合资广告公司。与奥美"并购型"的发展方式不同,麦肯走的是一条"自生升级型"的发展道路,即主要靠自身的发展而扩张,通过敏锐的消费洞察、独特的创意观念和新媒体的开发来稳定和争夺客户资源。

广告公司的发展状态有三种:一是在新领域中的草创,首要目的在生存扎根,充满了对一炮打响的大项目的渴望;二是积累了一定品牌资产,提升美誉度成为当务之急;三是行业内的领军人物,若要更好地生存,则必须开拓新的蓝海。麦肯世界集团一身具有了这三种角色,旗下既有关注数字媒体的麦肯客户关系行销 MRM 与全新创意的 Can Create 创意热店这样的新锐公司,又有麦肯光明、麦肯健康传播等口碑很好的老牌公司,同时又开拓了优势麦肯的媒体投放、Momentum 的活动行销与万博宣伟公关等新型业务。麦肯在中国不断刷新自己的面貌,与那些乐于资本开拓的激进公司不同,麦肯的消费洞察与创意灵魂的发展主线十分清晰,是延伸核心竞争力型的稳健公司,这种发展模式对绝大多数的中国中小广告公司具有很强的借鉴意义。

麦肯世界集团有两次大的转型。五年前第一次转型完成了公司整体架构的成型,麦肯·光明广告(McCann-Erickson)、优势麦肯(Universal McCann)、麦肯健康传播(McCann-Healthcare)、麦肯客户关系行销 MRM、麦肯活动行销 Momentum、万博宣伟公关公司(Weber Shandwick)、未来品牌企业识别公司(FutureBrand)七大子公司基本完成了对广告产业链的覆盖。麦肯大中华区总裁兼首席执行官彭德湘指出,公司整体架构核心着眼于需求创造链的打造。客户对此评价很高,他们在行销、公关、活动、广告、投放等方面的要求都能得到有效满足。彭德湘认为,广告公司的发展必然是核心竞争力不断强化,而广告业的基本任务是什么?"帮助客户品牌创造需求,帮助客户销售产品,这是广告公司存在的理由。"怎样为客户创造需求?"对消费者和媒体充分了解,用大创意提升创造力完成销售。"

麦肯世界集团的第二次转型正在进行,背景是日新月异的新媒体对广告带来的冲击。彭德湘认为,首先对新媒体要有正确认识,夸大、逃避与恐惧都是不可取的。"新媒体正在成为人们生活中的一部分,新媒体带来的冲击正如 100 年前报纸、电视所做的一样,在充分研究了新媒体之后,新媒体会成为广告人手中的有力工具。但前提必须明确,新媒体只不过是广告传播中的补充手段,目前 90% 的广告投放还是在传统媒体之上的。"他认为,新媒体所造成的最大变化在于消费者,影响了人们的消费行为。比如,传统传播中,对消费者信息的传递大多是单向强迫的,而新媒体下信息必须真正对消费者有用才能吸引他们,方方面面的变化就要求改变传统广告的一些做法。"新媒体就是一种工具",热闹的新媒体在麦肯眼中就是这么简单,同样,麦肯的数字化升级策略也简单明了,"让所有广告业务都具备数字运用能力,所有人员都能全面掌握数字媒体"。这种转变将是以培训的方式完成,不涉及公司的大换血,也没有大规模的资本并购。

麦肯之所以选择升级的发展战略,是因为它认为,对广告公司而言,并购风险高于收益。"风险存在于两个方面,一是两个不同的公司,文化很难融合。事实上,很多并购案的出发点是在于财务数据,而不是真正的公司发展,这样失败的案例已经有很多。第二是品质的把控。每个公司都有自己的强项,水平参差不一,这样很容易对整体品牌起到负面效应。"此外,作为百年老店的麦肯,早在多年前就已经形成了一套完整的结构体系。从早期的塑造品牌、销售概念、广告调查到今天的"Media in Mind"、"McCannPulse"、"Social Discovery"等专业工具和专业手段的使用;从报纸广告、四色的杂志广告、广播广告、电视广告到互联网新媒体的应用;从简单的文案撰稿到专业的分工合作;从单纯的广告到整合营销传播等。

在一百年的发展中,麦肯公司在专业领域始终扮演着创新、推动并使之成熟的重要角色。正因为如此,麦肯不需要通过并购来扩大自身规模,其核心任务是如何把现有的规模转化为实际的优势,深耕细作、强化自己的核心竞争优势也就成为麦肯的必然选择。

麦肯进入中国,已经成功地完成了本土化。麦肯对于中国市场的充分尊重,对市场的高度适应也应当为中小公司所重视。其中最重要的就是麦肯的三地发展战略。麦肯目前在北京、上海、广州三地设立分公司,没有求大求全,而是根据当地市场实际情况发展了麦肯的三大业务领域。

其中,北京麦肯光明致力于通过独特、有效的整合传播为客户品牌创造需求,这种策略主要体现在两方面:第一,基于突破传统的创意+媒介(纵向)的框架,充分发挥互动行销、事件行销和公关等多元整合传播手段(横向)。第二,大力发展有潜力的本土客户,北京麦肯光明对具有以下四点特征的本土客户有着浓厚兴趣:有成为全球或国内领先品牌的强烈愿望;有在传播和创意方面寻找长期战略合作伙伴的需求;来自于高速成长的行业;在传播和创意的实践中,客户与代理公司双方都有足够的创造优秀创意的空间。目前麦肯北京的客户包括雀巢、微软、英特尔、UPS等。

上海麦肯则认为每个人在他自己的强项中都是一个领导。传播行业没有绝对的对与错,也没有规矩一定是由高级别的同事动脑筋想策略、想创意、负责简报提案。因此公司鼓励每个员工勇敢地发挥自己的强项、勇敢地挑战自己、勇敢地提出想法、勇敢地跳出框框、勇敢地面对客户提出对的方案、勇敢地质疑过去的思维、勇敢地跳出岗位与职位的限制。这是整个上海麦肯的文化。目前麦肯上海的客户有通用汽车、巴黎欧莱雅、强生等,以时尚和快速消费品品牌为主。

广州地区的经济有自己的独特之处,民营企业很多,对广州麦肯而言,本土客户居多。但本土品牌同样有着自身优势,其竞争力在于迅速、多元、灵活,本土品牌对时效性的要求非常高,在长远建立品牌内涵的同时,也必须着重短期的销售效益。广州麦肯的经验是为不同的客户制定最适合其业务需要的运行系统,增强执行力与时效性。麦肯广州在过去六年,已经协助广州移动巩固了旗下的全球通及动感地带品牌在广州的强势地位。此外,黑人牙膏在过去数年,在中国市场的强势崛起,也在于洞悉消费者需求,在执行力与时效性,以至强大的品牌拉动力相辅相成下缔造出优越的销售成绩。

三、并购还是升级？对中国本土广告公司发展的启示

中国广告市场重开已经30年了,经过30年的积累,本土广告公司已经走到了一个十字路口,是学习奥美并购式成长,还是学习麦肯自生升级型发展方式呢？这是本土广告公司必须作出的选择。

有人认为应该选择奥美的并购方式,一是因为行业并购、资本运作是大势所趋,这对于中国广告业来说尤为迫切。我国广告公司数量多、规模小,111万广告从业人员分属于17万多个广告经营单位,每家平均下来不到7人,户均经营额不到120万,人均不到16万,这种高度分散、弱小的格局是缺乏竞争力的,必须通过并购重组淘汰一批中小型广告公司。二是应对外资广告公司"蚕食"的需要,在跨国传播集团大兵压境的情况下,中国不组建自己的广告航母舰队是很难抵御实力雄厚的跨国传播集团的冲击的。三是本土广告公司发展历程短,组织结构还不完善,并购是最快捷的解决方式。

但也有人认为麦肯的"升级型"发展道路更适合本土广告业,原因有三:一是中国的资本市场不发达,融资渠道非常有限,广告公司很难获得充裕的资金;二是中国的产权制度还不清晰,并购就不得不触及产权问题,很容易诱发腐败;三是本土广告公司发展历史短,原始积累非常有限,即便想资本运作,也因为囊中羞涩而心有余而力不足。

上述两种观点都有其合理性,但因为这样就肯定一方或否定另一方显然是不对的。发展方式并无好坏之分,关键是合适与否。有人认为在现代广告公司的发展过程中,资金实力是最重要的:少数实力雄厚、有资本运营能力的大型广告公司应该尝试着走一条以并购为主、自生为辅的发展之路;而对于大多数实力尚弱的中小广告公司来说,向麦肯学习,练好内功是最好办法。这个结论表面上看是合理的,但却忽略了一个基本事实:资金对于广告公司的发展是重要的,但不是唯一的,纵观世界大型广告集团的成长史,有很多大型的广告公司,比如说奥美、麦肯、电通在最初的发展过程中,并没有雄厚的资本实力的支撑,这些公司主要凭借前瞻性的眼光、先进的运作理念成长起来,所以对于处于起步期的本土广告公司而言,单以资本的大小选择发展道路是不合理的。

广告业是一个人才密集、知识密集、资金密集的行业。人才(尤其具有前瞻性战略眼光的人才)、先进的运作理念、雄厚的资金实力都是企业的核心资源。对于处于十字路口的本土广告公司来说,在选择未来发展道路的时候,首先要弄清楚的

是:自己现在处于什么位置(有多少资源、组织结构完善与否)、想发展成什么类型的公司(是大而强还是精而专)、通过什么途径能最快捷地达到那个目标?在综合考虑上述因素的基础上理性地选择一条适合自己的路。

但是,无论走什么路,对于本土广告公司而言,关键是要打造自己的核心竞争优势。从表面上来看,奥美和麦肯走的是两条不同的发展道路,但实则殊途同归:都是在延伸自己的核心竞争力。奥美是利用自己强大的品牌力去同化被并购的企业,在兼收并蓄的基础上形成一套自己的运作方式,所以奥美虽然并购的对象众多,但都能打上奥美的印记,这是奥美并购成功的关键;而对于麦肯来说,之所以能够快速地成长,在于它对"善诠涵意,巧传真实"创作理念的把握,在于对消费者消费心理的深刻洞察,对创意新观念不懈的追求,对新媒体、新业务领域不断探索,这是这家百年老店长盛不衰的秘诀。

而核心竞争力正是本土广告公司所欠缺的,长久以来本土广告业没有形成一套自己的作业规范,各公司比拼的不是服务,不是专业运作能力,而是在比拼价格,这正是许多本土广告公司日益凋零的根源。本土广告业要走出这个困境,无论是做大做强还是做精做专,都得深入地发展自己的核心竞争力。

案例来源:改编自《麦肯转型 延伸核心竞争力》和《并购向左,自生向右——广告公司发展方式探寻》,原文载《广告大观》综合版 2008 年第 8 期。

思考题:
1. 简述广告公司的核心业务人员有哪些及其职责。
2. 广告公司在开发客户时应注意哪些问题?
3. 广告公司与客户如何进行双向选择?
4. 广告公司的经营风险一般来自哪几个方面?
5. 广告公司如何进行业务拓展?
6. 广告公司如何处理好和客户之间的关系?

第八章
传统的媒介广告

本章将着重阐述下列问题：
- 广告媒介是如何发展演变的？
- 广播电视广告媒介有什么营销特点？
- 报刊印刷广告媒介有什么营销特点？
- 户外广告媒介有什么营销特点？
- 媒介广告营销效果有哪些评价指标？

第一节 广告媒介的发展演变

媒介是广告实现沟通的桥梁，在广告价值实现中媒介充当信息传达的角色，在广告产业链中，媒介也是构成产业形态的根本支柱。广告是广告主向目标受众传达信息并影响其行为的一种方式，这种广告行为只有通过媒介才可能走向大众，所以我们把一切负载广告信息并能够达成与其受众沟通的物质载体，统称为广告媒介。

一、媒介概念与广告媒介

从严格意义上讲，广告的存在形式是完全附着于对媒体的依赖之上的。现在已经很难考定第一条广告是怎样出现于媒介上的，但是有一点却毋庸置疑，这就是现代广告在其发展之初，最基本的媒介就是当时的传媒主体——报纸。其后多年来，随着社会经济以及传播形式的发展，各种新媒体形式不断出现，从而也导致了广告及其媒介传播方式的不断发展。媒体形态的发展与社会经济，尤其是与技术进步的发展密切联系，而且在很大程度上，媒体的发展也直接影响了广告业的发展方向。

根据传播学家的研究,"媒介"一词早在唐朝就已出现,《旧唐书·张行成传》谓,"观古今用人,必因媒介。"在这里"媒介"是指使双方发生关系的人或者事物。在英语中"媒介"(media)一词大约出现于19世纪中期,值得注意的是"媒介"一词从一开始就与广告密切联系,当时伦敦街头佩戴标志或者散发传单的儿童被称为"广告媒介"。1909年出版的《韦伯斯特词典》对"媒介"一词的解释是:"工具,例如广告媒介。"早在第一次世界大战期间,英国的一些广告机构就已经设立了"媒介部",以挑选、比较各种媒介,将广告信息传播给其顾客。"媒介"一词在翻译和使用中也常常与"媒体"通用。从概念上来说,所谓媒介,就是指介于传播者与受传者之间的用以负载、传递、延伸特定符号和信息的物质实体,它包括书籍、报纸、杂志、广播、电视、电影、网络等及其生产、传播机构。①

而所谓广告媒介,就是传播广告主信息的媒介,是"连接生产产品或提供服务的企业与打算购买物品的潜在顾客之间的重要桥梁"。② 按照这种理解,广告媒介的类型几乎可以是无限外延的,不仅仅有我们常说的电视、报纸、广播和杂志等这些大众媒介,而且还有各种类型的广告传播中介,诸如:路牌、直邮、展板、招贴、横幅等等;随着新技术的发展,新的媒介也在不断涌现,诸如互联网、手机、光盘等等;与此同时各种可以传递广告信息的媒介形式也在不断开发,如充气模型、楼宇电视、手机短信,甚至是航天火箭,等等。可以说,媒介的发展和广告媒介的不断开发过程,也是现代广告的发展演变过程。

二、发展演变中的广告媒介

从广告业的发展历程而言,自从中国人发明了造纸之后,经过几个世纪的发展,印刷术在推动信息记录和传播的同时,也对广告产生了极大的影响。最早的英文印刷广告出现在15世纪70年代初,一家伦敦教堂贴出出售福音书的传单,这也许可以算是最早的招贴广告。但是真正具有代表意义的印刷广告,应该是报纸广告,而报纸广告的滥觞却是在二百多年之后。印刷使大多数广告赖以存在的报纸、杂志和印刷品成为一种可能。所以追溯现代广告的历史,广告媒体最为重要的就是报纸。

19世纪中叶在英国和美国最早出现的那些广告公司,不折不扣地都是些报纸代理公司。它们为报纸提供一种原始的批发功能,当时的报纸由于自身还很弱小,无力向全国性的广告主或者不同区域的广告主销售版面。在很大程度上,

---

① 邵培仁:《媒介管理学》,高等教育出版社2005年版,第13—15页。
② 〔美〕威廉·阿伦斯:《当代广告学》,华夏出版社2001年版,第111页。

报纸尤其是一些比较小的报纸,必须雇佣代理商代其向各地的广告主出售版面。广告代理商的介入加速报纸广告的发展,也使报纸作为最主要的广告媒体显得越来越突出。在其后大约半个多世纪,报纸作为广告的主要媒介,这个统治地位一直保持着,这一方面是由于报纸一般是属地方性的,对占绝大多数的地方商人具有很大吸引力;另一方面因为报纸的队伍和发行量也在不断扩大。1980年,在美国全国有种种报纸达1640种,发行量最大的《华尔街日报》每日发行量达190万份;《今日美国》发行量为130万份。大约有63%的成年人在阅读各种报纸。在中国,1982年各种公开发行的报纸仅659家,四年后的1986年,这个数字就上升到了2151家。报业的发展以及它在社会各个领域的广泛影响,使其在广告媒体上多年以来一直当之无愧地成为一种肯定。报纸广告媒体地位的确立除了媒介发展原因之外,另外作为一种印刷媒体也有其不同的广告传播特点,所以与报纸广告媒介类同的杂志广告也随后逐渐地崛起。

19世纪后几十年里,杂志逐步在广告传播方面担当起重要责任。在美国早期的广告代理中,罗德和托马斯公司以宗教和农业期刊为主,开始为许多期刊做独家代理。在电视出现以前,杂志是最大的全国性广告媒体,杂志与报纸一个很大的不同就是,报纸在内容上基本上是以地方性为主的,它更多关注的是当地的社会现象,而杂志则更具有广泛性和专业性,因而其发行的地域就远远超过了报纸。1950年美国杂志的发行量是每百人140.2份,20年后上升为每100人17.05份,而且这个数字逐年都在增长。1990年美国《读者文摘》和《电视指南》的发行量都超过了1600万份。杂志经久不衰的一个原因,即在于它正在变得更加专业化,1990年美国发行量最大的杂志是《现代成年人》,达2000万份。在中国,据有关资料统计,1994年各种公开发行的期刊达8133种,每期发行量超过100万册的有21种,一些定位准确的专门杂志如《女友》多年以来一直保持每期100多万份的发行量。这一切都说明,今天的杂志正在以特定群体为目标,通过专业化发展对读者群加以细分。杂志的革新,进一步地加强了其与读者之间的联系,这样作为广告媒体对于实现广告的传播就更具有效果一些,目标市场明确的产品在广告媒体的选择上把杂志作为首选。如化妆品通常选择女性刊物和时尚杂志,电脑、医药、仪器等也都注重在相应的杂志上发布自己的广告信息,这使得它们更容易受到目标消费群体的注意。

报纸和杂志的发展,带动了整个印刷广告媒体的发展。在很长一段时间里,这种媒体形式一直统治着广告发布,这种现象直到电视媒体形成并逐步在社会生活中占据相当地位。以电台、电视为代表的电波媒体,主要作用于人的视听感受,这是20世纪中后叶才开始形成的。1922年广播作为一种新的广告媒体出现了,20世纪三四十年代是广播的黄金时代,它是那个时期的统一的交流媒体。由于没有电视的竞争,广播节目吸引了许多人的注意力,从肥皂剧一直到晚间节目,广播使得许多人成为众所周知的明星。20世纪60年代后,广播节目利用其超越空间阻隔和方便及时的优势,注重为一些户外听众播出新闻、娱乐等节目,直到今天它仍旧与杂志一样,通过专业化的细分,使自己指向特别界定的一部分人。广播在吸引年轻人方面做得非常成功,在占中国人口近70%的农村,广播更是首屈一指的大众传媒。加之广播广告低廉的收费价格,对许多广告商来说也具有极大的吸引力。1980年,美国共有1700家非商业调频广播电台,还有超过5000家的调幅电台和5000家的调频电台。这个庞大的数字使之成为广告媒体中一个不容忽视的组成部分。

电视的出现要比电台晚。1948年弥尔顿·伯乐首次播放电视节目,从而揭开了商业电视走向大众的序幕。在电视发明的前十年中,播放广告的公司通常以整个节目作为广告,这与现在各个不同的广告片穿插在一个节目中的情况完全不同。电视的出现向广大受众提供了前所未有的生动画面,它的声像并行的表现方式和极具扩张的表现空间,对广告主们产生了极大的吸引力。经过20世纪五六十年代电视在世界范围内的极大发展,它的家庭普及率不断提高。与此相伴随的是各类电视网站在不断地建设,今天在中国各类电视台已不下数千家,从中央电视台一直到社区或单位的电视系统,电视网站的增加大大丰富了电视节目,使电视更加社会化、个性化。与此同时,随着电视网络的扩张、信息高速公路的建设和卫星通讯的应用,电视台的频道覆盖面越来越大,今天在地球的任何一个角落,利用电视去收看一些主要世界频道已不再是一件困难的事。电视观众的数量在急剧地增加,据有关方面统计,截止到1997年6月底,中国电视观众总数已达10.94亿人,是世界上最大的电视收视群体。1981年中国的电视覆盖率是49.5%,电视机的社会拥有量为1600万台,平均每万人电视机拥有量是1.6台,到1996年仅15年时间,电视覆盖率达86.2%,电视机的社会拥有量达3.17亿台,平均每百人拥有电视机26台。这个数字在近年来又得到了很大的提升。电视的高速发展,使其在各大广告媒体中很快地后来居上,大有取代报纸成为第一大广告媒体之势。有线电视是电视发展中一次巨大的变革,由于信息化和宽带网络对家庭的接入,它大大地增加了电视频道的可选择性,使广告媒体变得更加多元化。

在今天看来,以上所讲的基本都属于以大众传媒为代表的传统广告媒介,随着信息高速公路的建设和全球信息化的到来,国际互联网正在大步迈向我们的生活。国际互联网建设使得整个世界比邻而居,早在上个世纪80年代初,美国未来学家约翰·奈斯比特在其《大趋势——改变我们生活的十个方向》一书中就讲到,地球将变成一个村庄。互联网的出现,也许不仅仅是一种媒体形成的介入,更重要的还是一种生活方式的到来。在不远的将来,人们大概会生活在一个网络世界中,以网络为主要依托实现各种交流与沟通。今天网络作为一种广告媒介,正是方兴未艾之际,比之于已领风骚多年的各大广告媒体来还如同是初生的婴儿,但是可以肯定地说,在不远的将来网络媒体将会成为广告媒体的主导。

第二节　传统广告媒介的特点

所谓传统媒介是相对于以互联网为代表的新兴媒体而言的。从广告媒介的长期发展过程来看,每一种新的媒体兴起都意味着过去的媒体成为一种传统媒体。20世纪90年代以来以互联网为代表的新兴媒体的兴起,在某种意义上是对过去的各类广告媒体确立了一种划时代的分界线。此前处于统治地位的代表性广告媒体,是电视、报纸等媒体,传统有四大媒体或五大媒体之称,所以我们论述传统广告媒体,也是以此作为类型参照。

一、广播及电视广告媒介

广播媒体和电视媒体都属于电波媒体。仅仅从历史角度而言,电波媒体无法和传统的印刷媒体相提并论,但是若就收视率和影响力而言,电波媒体比之于印刷媒体,可谓是有过之而无不及。尤其是电视媒体,堪称是当今的主流广告媒体。

1. 广播广告媒介。

广播是伴随着无线电技术的发明而诞生的。1920年KDKA商业电台在美国匹兹堡的开播,标志着广播媒介的诞生。尽管电视出现后,广播受到了一定的冲击,但由于其快捷的传播和收听伴随状态的沟通模式,仍旧拥有相当多的听众。

广播的最大特点是受众面广、受众总量比较大,而且比之于报纸和电视来讲,广播几乎不受任何时空的限制,受众几乎不需多少代价就可以随时随地收听广播信息。除此之外,广播广告的相对成本要远远低于报纸和电视。在中国,广播除了在城市中依然普遍之外,在占全国人口80%的广大农村,广播显然居于各大媒体之首。因此种种原因,广播也是广告主常用的一种广告媒介。广播在当今社会明显不足之处是,它只有声音效果,从受众注意力来讲,比报纸和电视要低许多,加之广播广告展露时间较短,也不像报纸那样可以反复阅读和保存,因此在广告效果上稍有不足。但不论怎么说,如果考虑到广播低廉的收费价格和几乎不受时空制约的受众范围,也许从广告投入产出成本上讲,广播广告媒介并不逊于其他媒介。

2. 电视广告媒介。

电视与广播同样属于大众电子传播媒体，与广播不同的是，电视除了输出声音外，还利用电子技术输出图像。电视因其通俗化、大众化、普及化及可感性强的特点，已经成为一种对现代人影响最大的媒介动力。比之于报纸这一传统的广告媒介形式，电视显得更加普及且深入到每个家庭。据悉，在美国有超过70%的人，在德国有大约50%的人，主要是靠电视来了解国内大事的。日本人日平均看电视时间达3个小时，中国观众每天看电视时间约2小时11分。电视的强大影响使许多广告主毫不犹豫地把广告费投向了电视。多年前，中国中央电视台曾进行过黄金时段广告招标，一些广告大户不惜巨资，以数亿元的报价取得"标王"的桂冠，其情其景至今仍让人惊叹不已。

与广播不同，电视属于视听两用媒体，电视传播的信息是声音和画面的结合，它兼备传播着文字、声音、图像、色彩。与其他媒体相比，电视的现场感更强，形象更真实，可信度更高，能给观众一种面对面交流的亲切感，在展示产品时也更具说服力和感染力。而广告主之所以钟情于电视广告媒介，也是因为电视具有综合视觉和听觉符号的特点，对观众感官吸引力强，受众注意程度集中，传播面十分广泛。另外，近年来电视繁荣，电视节目也不断翻新，可看性、娱乐性大大提高，这一切对广告效果的实现都大有裨益。

二、报纸及印刷广告媒介

报纸和杂志合称为报刊，是最主要的印刷类广告媒体。所谓印刷广告媒体，指的是以印刷为物质基础和技术手段，以平面视觉符号作为信息载体的信息传播工具。除了报纸和杂志以外，印刷广告媒体还包括招贴、传单和其他印刷品。

1. 报纸广告媒介。

报纸是迄今为止运用历史最长、范围最广的一种广告媒介，今天从整个世界范围来讲，报纸所承担的广告仍是居各大媒介之首，虽然受到了电视媒介的强大冲击，但是报纸广告媒介仍有其无法替代的优势。从国内报纸广告媒介近年来的经营趋势看，一些覆盖广阔的全国性报纸如《人民日报》、《经济日报》、《中国青年报》等，虽然仍旧保持着自己内容宽泛、读者范围较广的特点，但是不断地细分市场，尤其是抓住区域市场却是报业经营的一个大趋势。这点与欧美报业情况颇为相似。在国外，报纸更多的是地方性媒介，针对某一区域社会受众。所以，报纸比较适合于地方性和区域性的广告。近年来，国内一些大的中央级报纸订数逐年下降，随之而来的是广告收入增长缓慢或呈现负增长状态，而与此相应的是一些地方性晚报、日报后来居上,取得了相当大的成功。比如在全国报业广告经营额排在前列的《羊城晚报》《解放日报》《广州日报》《成都晚报》等,都是区域性报纸。

广告主之所以选择报纸,尤其是地方报纸作为广告媒介,是因为其具有广告容量大、文字说明详细、读者层相对稳定以及便于保存等特点。另外,报纸强烈的地方色彩,以及在区域市场上强大的影响力也是其受到广告主青睐的原因。

当然,报纸作为广告发布传播的渠道,也有一定的不足之处。例如:报纸采用新闻纸印刷,因此在表现形式上有很大的局限,不适合展示比较精美的广告;受众的选择性可能也会导致他们跳过广告不看;报纸的时效性使得广告被反复阅读的可能性较小,从而影响广告的提醒效果;报纸内容的丰富,使得广告往往被读者忽视。

2. 杂志广告媒介。

在印刷媒介中,杂志是与报纸不同的另一种广告媒介形式。相对于报纸注重地域性和广告的及时性而言,杂志对受众市场细分,往往不是以地域来划分的,而是以受众职业、行为、性别等属性来划分的。不同的杂志偏重不同的领域和内容,如《青年文摘》侧重大众文化,《女友》则侧重于女性服务。因此,在广告传播时可以根据每种杂志特定的读者群进行有的放矢的沟通。此外,由于杂志的受众群具有一定的稳定性,文化程度也较高,读者成员之间有一定的认同感,因此,可以为企业提供比较明确的选择方向。杂志媒介的这些特点决定了它在地理上的限制比报纸要小,保存时间周期比较长,读者重复阅读率也明显高于其他媒介。杂志作为广告媒介最大的不足,是出版周期相对较长,不利于一些对时效要求比较高的广告。

另外与报纸相比,杂志在印刷和装订上都更为精美,纸张质量也较好。随着我国进入杂志发展的黄金时代,各类娱乐、影视、财经类杂志层出不穷,在印刷上也越来越考究,多彩的摄影技术更是使产品具有了某种真实感。尽管其在生动性上还比不上电视画面,但已经能够比较全面地反映产品的外形特征了。

三、户外及分众广告媒体

大众传媒以其宽广的覆盖范围和巨大的受众群体,成为企业和广告商的第一选择。但不可忽视的是,与此对应的一些小众媒体在传播过程中也有着自己独特的优点,它们往往与大众传播媒体相配合,用来直接影响消费者的购买行为。因此,企业也很有必要研究这类媒体的投放策略,以开拓更为广阔的广告信息传播渠道。这类媒介主要包括:户外广告媒体、交通广告媒体、售点广告媒体、直邮广告媒体、赠品广告媒体、黄页广告媒体等。

1. 户外广告媒介。

户外广告媒体，主要指在露天或公共场合传播广告信息的物质载体或工具。常见的户外广告媒体有路牌、灯箱、霓虹灯、店面招牌、电子翻板、户外液晶显示器、报亭、橱窗等。随着广告业的发展，户外广告的制作手段也越来越精良，它们不仅传递着各种信息，也装点着城市的空间。

相对于其他形式的广告，户外广告的突出特点表现为广告的高到达率与重复率。户外广告作为一种地区性和城市化的广告媒体，往往设置在繁华地段和交通要道的人群密集处，因此它能在相对较远的距离内就吸引人们的注意。并且它所传播的广告内容一般都主旨鲜明、形象突出、主题集中，能够不受时间的限制对行人产生持续作用和反复诉求，据调查显示，在所有的媒体中，户外广告的达到率仅次于电视，位居第二。由于户外广告媒体长期固定在一个特定的场所，对地区消费者的选择性强，企业可以根据该地区消费者的风俗习惯和文化心理进行设置。如果将现代电子技术应用于户外传统广告媒体，还可以推陈出新，设计出更具冲击力和吸引力的广告，起到意想不到的传播效果。同时成本的低廉，也是户外广告吸引广告商的又一法宝。它的千人成本与其他媒体相比要低得多，一般企业都承担得起。

2. 交通广告媒体。

所谓交通广告，就是一种以流动性的受众为传播对象的媒介形式，它一般利用公交车、地铁、飞机和轮船等交通工具及周围场所发布广告。如火车或公交车车内的广告牌、公交车车体两侧或后端的喷绘广告、火车票或汽车票背后印刷的小广告等。

由于交通广告具有很强的流动性，所以它在传播方式上最为积极主动，也更容易吸引受众的注意。特别是公交车车身广告，庞大的广告面积和绚丽多彩的画面不仅能让受众接触到全新的广告信息，还能感受到视觉上的愉悦。公交车的高流动性和长时间的暴露，使得它轻轻松松地覆盖了城市的绝大多数地段。企业在选择交通工具投放广告时，需要根据一定的参照指标进行选择，如固定线路的受众分析、单位时间内乘客的人数等；在广告表现方面，则尽量简洁、醒目，不宜长篇大论、过于复杂，以便利于乘客阅读。

3. 售点广告媒介。

售点广告即POP广告，全称为"Point of Purchase"，泛指利用销售现场的相关设施所做的广告。如招贴画、小旗帜、货架陈列、悬挂海报、室外霓虹灯、横幅、灯箱等。POP广告的出现对消费者最终做出决策有着很大的影响，消费者在售点广告的刺激下很可能改变原有的购买主张,重新进行选择;也有的原本没有购买欲望,但受不了广告的冲击采取立即的购买行动。从命中率来看,售点广告要远远高于其他媒体广告,这是由于消费者从大众传媒上看到广告到实际购买的过程中会受到很多因素的干扰,即使消费者从一开始决心就很坚定,一定要购买某个品牌的产品,但到了销售现场之后看到另一品牌的促销力度更大更实惠,或许就会立刻改变决定。所以POP广告关注的就是这种"临门一脚"的效果,从另一层面上来说也是为了防止前期的巨额广告投入付之流水。

企业在策划POP广告时,要注意营造销售气氛,激发潜在的顾客购买或改变对产品的不良印象;最好能利用彩条、横幅等新颖的广告方式吸引受众的关注;另外,利用商品实物性、应用性的演示也不失为拉近产品与消费者距离的好方法。

4. 直邮广告媒体。

直邮广告又称DM,全称为Direct Mail,由于DM广告的针对性强,能比较准确地选择传播对象,因此为越来越多的商家和消费者接受并采用。随着数据库的广泛使用,广告主可以对消费者的资料进行分门别类,根据其不同的消费特征提供有针对性的信息,DM广告则是这些信息传递的有效渠道。此外,DM广告也能为消费者提供更加详细的商品信息和服务信息,让消费者购买时更具主动性。

企业在利用DM广告媒体时,首先得重视对消费者数据库的开发,广泛收集消费者各方面的资料并不断更新,在广告信函发出去以后还要注意吸收消费者的反馈,力求使消费者获得满意的服务。

5. 黄页广告媒体策略。

黄页实际上是一本按照一定顺序编排的某个城市或地区的电话号码簿,在西方已经有100多年的历史了,在中国才刚刚起步。黄页实际上是一种商业性很强的媒体,具有查询号码和广而告之的双重功能,它能方便地把买卖双方介绍到一起。黄页的权威性和高认同率使得消费者对黄页中的广告信息信任度较高;黄页的高覆盖率和灵活的传播手段也让它成为企业发布广告的新兴传播渠道,特别是对于一些常年都需要进行广告宣传的企业来说,黄页长时间的持续发布能力是其他媒体都难以做到的。

尽管我国的黄页与发达国家相比还有差距,但黄页独有的商业价值应该为广大企业所认同,企业在投放广告时也应根据黄页的特点设计广告:在有限的空间里提供详细适度的广告信息刺激消费者的欲求;黄页广告要与企业其他广告形象一致,不能给消费者留下轻率易变的印象。

第三节　传统媒介的广告营销

广告主的广告活动本身是一种营销支出,这种支出很大部分是用作媒介购买,正如广告代理公司提供策划创意制作等服务一样,广告媒介在广告活动中所提供的是媒介产品本身,通过出售媒介产品获得相应的收益。虽然传统媒介的首要价值并不是广告,但是广告却是传统媒介最大的收入来源。因此对于传统媒介而言,广告营销工作是一项关乎媒介生存发展的重要工作。在这种传统广告媒介营销中,报纸和电视具有突出的代表性。

一、报纸广告的营销

广告媒介的营销是媒介及其广告部门的一项重要工作,不同媒介因其特点不同在营销中也体现出了各自不同的特点,报纸广告的营销自然与其媒介特点密切相关。对于广告主来说,选择报纸作为广告传播的媒体,主要是基于报纸本身所具有的一些传播特性。比之于电视媒体,报纸属于一种解释性媒体,适合刊登复杂的广告信息,广告客户可以根据产品的不同设计不同信息,乃至于选择不同类型的发布方式。比如,在报纸的编排上,将新闻和广告混排可以增加广告的阅读率,对广告功效的发挥有直接影响。在新产品上市或进行企业形象宣传时,可以使用整版做广告,等等。

1. 报纸广告的不同类型。

报纸广告主要是以版面形式展示的,通常情况下可以分为两大类:品牌营销展示的常规广告、发布信息的分类广告。通常情况下,那些品牌营销和展示性广告都会选择相应大小的广告版面,版面的大小不仅体现出企业的实力强弱,也直接关系到广告的传播效果。一般而言,广告的版面越大,读者的注意度越高,广告的效果也越好。但是在这类广告之外,报纸广告中还有一个不容忽视的对象:分类广告。分类广告是报纸广告中最常见的发布信息形式,分类广告单位虽然不如常规广告那么显眼,但是分类广告的总量并不逊于常规广告。而且由于分类广告单位成本低,其来源也比较广泛,所以它几乎不受季节和经济周期的影响,是报纸广告收入的一大支柱。

2. 报纸广告的基本规格。

因为报纸是通过印刷版面来发布信息的,所以报纸媒介的广告计量单位通常也是根据版面的大小来确定的。按一般常规,报纸媒体所刊登的商业广告按版面大致可以分为跨版、整版、半版、四分之一版、双通栏、通栏、半通栏、四分之一通栏、报眼、报花、中缝等。通栏的宽度与整个报纸版面一致,高度则是报纸高度的1/5,整版报纸可以分为5个通栏;双通栏则为两个通栏的高度;半通栏则为一个通栏宽度的1/2。报眼位于头版右上角与报头对应的位置,规格一般小于半通栏。

二、电视广告的营销

电视媒介因其大规模的普及性以及媒介本身的通俗性而深受欢迎,因此电视广告媒介也就自然成为传统媒介中最具影响力的媒介。在当今的广告媒介经营中,电视媒介的广告营业额度也明显地遥遥领先其他广告媒介。

1. 电视广告的类型。

如前所说,电视广告所售卖的是广告时间,它以时间长度作为价格核算的尺度。但是值得注意的是,并不是所有的时间都具有同样的价值,这就涉及电视广告的时间类型。通常情况下,电视广告的类型可以分为几种:

(1) 常规电视广告。常规电视广告所指的是那些在常规广告时间播出的电视广告,这些广告往往是正常广告时间中的主要内容。

(2) 电视插播广告。电视插播广告指的是在节目进行中,或者电视剧播出中所插入的那些广告,它比常规广告更加具有强制性。

(3) 栏目特约广告。栏目特约广告是指电视频道中一些固定的栏目或节目,由一些品牌或产品以特约的名义播出,借以提升其受众影响。

(4) 影视贴片广告。影视贴片广告是和影视剧捆绑播出的一种广告,因影视剧制作受到资助或者投资,根据合约当该影视节目在电视频道播出时,随片播出相应广告。

(5) 冠名赞助广告。冠名赞助广告通常和一些媒介活动有关,尤其是一些体育或者文娱节目,由某家品牌或产品冠名,例如"蒙牛酸酸乳超级女声大赛"。

2. 电视广告的基本规格。

电视广告的营销与报纸广告最大的不同是,报纸所出售的是空间,而电视所出售的是时间。时间作为电视广告的售卖单位,由于电视媒介中不同的节目安排,以及不同时段的区别而被细分成许多不同的售卖方式。当然严格地说,时间也并不是决定电视广告售卖价格的唯一尺度,电视广告也有空间观念,这就是覆盖面和收视率。所以决定电视广告售卖价格的,在时间作为基本度量单位的前提下,还有覆盖面和收视率作为参照。

电视广告的时间有两个方面的含义:其一是指的电视广告本身的长度,也就是作为电视广告售卖单位的基本长度;还有一个是与电视收视率相关的时间点,即广告播出的不同时段。电视媒体提供的广告时段除了那些特别广告外,往往根据收视率的高低将插播的广告和广告节目划分为不同的等级,并制定相应的收费标准。比如将每天的时间分为 A、B、C、D 四个时段,A 段为 18 时至 22 时 30 分,B 段为 22 时 30 分至 24 时,C 段为 9 时至 14 时,D 段为剩余的其他时间。这四段的时间可由企业自由选择,播出次序没有先后之分。

三、媒介效果考量的评价指标

广告媒介的售卖虽然是以时间和空间作为基本单位的,但是衡量广告效果甚至影响广告售卖价格的却并不简单是时间,还有媒介广告的影响力。因此媒介营销过程中,一些具有价值的传播指标,也都关系到媒介的营销,这些实际上就是媒介刊播广告边际效益。

对于媒体边际效应的分析关系到两个方面:其一是媒体在广告信息传播中受众的接受状况和影响程度,其二是不同媒体所特有的接触特点和接触效果。这里我们首先分析第一个方面,第二点将在后面结合不同广告形式与媒体形式加以分析。从媒体边际效益角度分析广告信息对受众的影响,需要涉及一些量化的因素,因此必须了解有关媒体传播的相关概念,并运用这些概念和公式对媒体边际效果进行评价。

1. 到达或到达率。

到达是指在一个特定时间里,广告信息达到目标消费者的比例或者总数。比如,在一个为期一月的时间周期中,在一个大约 10 万人口的目标市场上,有 60% 的人至少一次看到了某一广告,那么其到达范围是 6 万人,或者称到达率为 60%。到达反映的是受众暴露于媒体信息前不重复的程度或范围,它代表了至少视听一次以上信息的百分比,最高不超过 100%。到达仅表示受众与媒体接触的机会和程度,并没有考虑到媒体暴露的质量,也就是说注意或接触到广告信息的受众可能仍然并不知道广告的含义,因此对到达概念的进一步引申就是有效到达。有效到达表示受众接触广告信息后并对其内容有所了解的人数或比例,它不仅说明了媒体暴露的数量,同时也包含了媒体暴露的质量。

2. 视听率。

视听率包括电子媒介和印刷媒介,指刊播于这些媒体的某一广告,在一个具体时期(某段时间、某一日或某一次等)之中,特定人口中接触人数的百分比。如果特定人口中接触比例大,说明发行量大,视听率高,相应的广告信息送达面也广,广告效果就好。

3. 目标覆盖率。

指媒体所覆盖的对象中,有多少人属于广告的目标消费者。比如,甲乙两个媒体,前者覆盖受众有100万人,但其中属于广告消费特指对象的只有1万人,其目标覆盖率是1%;而后者受众仅50万人,但其中属于目标消费者的可能是20%,即10万人,从目标覆盖率上讲,后者肯定优于前者。

4. 毛评点。

毛评点即总的视听率,它指的是某一广告媒体在特定时间所送达的视听率的总数。毛评点在对信息送达和视听率统计时,并不排除受众重复的可能性。比如,某一电视广告随节目的到达率是50%,节目一周播放了6次,那么它的毛评点就是300,或者300%。

5. 千人成本。

千人成本是指在某一媒体发布广告,送达1000个对象(个人或家庭)所需的成本费用。其计算公式为:

$$\frac{广告费}{媒体受众总量} \times 1000$$

比如,某电视广告在电视台A档节目中播出,假设节目收视对象为500万人,播出频次共计10次,则媒体受众总量为5000万人次,播出费用是10万元,则其成本就是:

$$\frac{100000}{50000000} \times 1000 = 2 \text{元}$$

运用千人成本法可以计算出媒体花费的基本代价和广告投放的平均收益,所以这个方法常被用作广告媒体量化评估的标准。

案例分析

品类先创,纸媒助力:云南白药牙膏广告的媒体策略

云南白药牙膏是老字号企业云南白药集团于2005年推出的一个全新产品,尽管每支牙膏的平均市场售价高达20元,但以"完全超越传统牙膏,不仅仅清洁牙齿,更重要的是对牙龈出血、口腔溃疡、牙龈肿痛等口腔问题有显著效果,长期使用能有效全面保健口腔"的卖点,云南白药牙膏成功地开发了一个新的市场,与其他牙膏品牌形成了差异化竞争。2006年,云南白药牙膏销售额进入全国牙膏销售前5名,达到了3亿元;2007年,云南白药牙膏的销售额已经突破了6亿元,高露洁和佳洁士都已经把其列为中国市场上最为主要的竞争对手。

在消费者日趋成熟、行业管理日趋规范的市场环境下,如何跨行业地切入一个比较成熟的市场,并把产品卖到主流价格的6~10倍,无疑是一个非常有挑战的课题。比起常规牙膏,云南白药牙膏在清洁口腔、防蛀、美白等卖点上很难有所超越,而单纯的药物牙膏市场过于局限,很难起量,那么云南白药牙膏的独特点在哪里呢?

通过调查,云南白药项目组有了新的发现:随着辛辣饮食、工作压力、电脑辐射、失眠等诸多生活问题的出现,中国人牙龈出血、口腔溃疡、口臭等口腔健康问题日益突出,而在这一领域,还没有哪支牙膏做大做强,而云南白药药物成分,对各种口腔问题恰好有显著效果!结合这样的市场空缺以及产品特点,项目组找到了不同于一般日常护理牙膏和药物牙膏的"第三极",那就是"口腔全能保健牙膏",在这样的策略下云南白药牙膏跳出传统牙膏的阵营,将牙膏针对的问题从牙齿扩展到整个口腔问题,并通过云南白药这个医药品牌,对产品的功能进行佐证。辅以云南白药百年的品牌力,云南白药牙膏区隔出了一个不同于普通牙膏的新品类——"非传统口腔全能保健膏",依靠独特的品类区隔迅速撬开市场。

那么,如何才能在最短的时间内让消费者接受这一产品呢?在多次商讨后,项目组确立了"报媒阵地,深度说服"的八字方针,同时配合电视媒体和终端活动。因为云南白药牙膏不是一支普通的牙膏,而它要解决的也不是普通的牙齿问题,而是口腔综合保健的问题,要达成这个目的,项目组需要对消费者进行一些有战术的深度说服和科普教育,而报纸无疑是最佳载体。项目组认为,在市场启动期,平面广告比电视广告的效率更高、信息传达量更大、说服力更强、成本更低。在一个阶段内,采用不同风格的平面广告,连续发起4轮攻势,层层递进,环环紧扣。2005年8月,云南白药牙膏启动全新营销传播攻势。

一、2005年:以小搏大,非常突破

1. 平面:四轮攻势,层层递进。

第一轮:新闻炒作诞生背景,营造发现感

2005年8月中旬,第一轮平面广告在各重点市场面世。当时的平面主要希望解决两个社会关注的问题:(1) 云南白药集团为什么要出牙膏;(2) 这是一支什么样的牙膏。从云南白药牙膏产品本身挖掘出不同的新闻素材,以新闻的标题、新闻的行文方式、新闻化的排版,将产品呈现给消费者。如《百年药企做牙膏 小题大做》、《云南白药牙膏里的国家机密》、《这是一支无法抄袭的牙膏》、《这是一支2016年的牙膏》……挖掘产品诞生的背景,提升产品的附加价值。

还有一些新品上市的启动感广告,力求给消费者强烈的发现感和上市冲击。如《一支新型牙膏来到XX(地名)》,最大化地吸引目标消费者的关注。在媒体选择上,项目组选择各市场发行量最大的市民类报纸,在周五刊登,这样能直接拉动终端卖场在周末的销量。

图8-2　云南白药牙膏第一轮报纸广告

这一系列新闻式广告,对市场销售的拉动甚至出乎项目组的意料。以湖南为例,第一期广告《一支新型牙膏来到湖南》、《云南白药牙膏里的国家机密》刊登后,第二周终端销量就出现爆发式增长,在走访中,项目组看到,很多消费者拿着报纸到终端找云南白药牙膏,而当时云南白药牙膏只有一个品类,在终端的排面只有一竖条,和佳洁士等"洋牙膏"在终端的排面比是 1∶10,而在两周后,云南白药牙膏凭单支品类牙膏,KA 卖场日均销量最高峰达每日 200 支,是当日佳洁士和高露洁系列牙膏的销售额总和。

第二轮:症状出发,对号入座

经过 4 周、每周一期的广告投放,终端销售立即以几十倍的幅度增长,几乎每一个广告都能接到数十个来自地、县级经销商的电话,要求代理云南白药牙膏。各省级经销商信心大增,纷纷吃货,8 月份,全国销售即突破 1000 万。9 月份,第二轮攻势启动。这一轮的广告主要从症状出发,对"牙龈出血、肿痛、口腔溃疡"的人群集中引导,让消费者对号入座,产生购买。

第三轮:持续造势,营造热销感

为了使市场热度进一步升温,项目组撰写了一系列新闻造势广告,以"高价牙膏热销"为新闻切入点,激发人们的好奇心,同时从心理层面,引导消费者的集体无意识,营造出云南白药牙膏正在流行的势头。请看:《怪!20 多块的牙膏居然卖火了》、《谁在买 20 多块的牙膏?》、《云南白药牙膏:从猜疑到信任》、《高价牙膏竟然遭抢购》。

图 8-3　云南白药牙膏第三轮报纸广告

这一系列以营造热销为出发点的平面,确确实实带来了市场的热销,10 月份销售 200 万支,销售额达 4000 多万元。

第四轮:节庆流行,号召送礼(春节期间)

打破了常规日化产品的传统思维,打出了送份"口腔健康"的市场号召——牙膏也可以送礼,在中国商家纷纷眼红下注的节庆市场,云南白药牙膏顺利地抢到了一杯羹。诸如:《高档牙膏遭抢购 买来多半当礼送》。

图 8-4　云南白药牙膏送礼广告

2. 电视:紧扣策略,呼应平面。

在 15 秒钟里,如何让人们去购买一支 20 多元的牙膏?

第一,清晰传达"牙龈出血、口腔溃疡、牙龈肿痛"三大核心症状,传递云南白药牙膏的作用,这是传播策略的体现,也是实现销售的关键要素。

第二,注意对云南白药品牌形象和产品品质的提升。

第三,必须有一个清晰的记忆点。由此,项目组推出了《人群篇》。

3. 终端:把小活动做出大声势。

在牙膏领域的促销上,云南白药牙膏的促销费用与竞品相比并不占优势,许多售价在 10 块以下的品牌,促销力度远大于云南白药牙膏。如果以简单的赠品促销与对手抗衡,显然会落于下风。通过与客户沟通,项目组决定将云南白药牙膏的终端营销,定位"终端传播"。即将促销活动当成一种传播活动,以富有新意和冲击力的终端活动,与消费者进行互动,在互动的过程中,推出赠品促销,最大化地实现终端购买。2005 年 7 月:请 10 万市民作证,把简单的免费赠送变成有策略的"主题活动"。在上市阶段,项目组推出"云南白药牙膏 请 10 万市民作证!",活动选择大型卖场举办,凡有牙龈出血、口腔溃疡、牙龈肿痛的消费者,可领取一支云南白药膏 30 克试用装,活动期免费赠送 10 万支。2005 年 10 月:好运摇钱树,好礼摇出来——迎国庆现金一把抓;春节:礼品市场出奇兵,创新主题巧造势,牙齿过大年,口腔要保健——犒赏牙齿礼相连,健康口腔迎新年。2006 年春节前夕,项目组推出"牙齿过大年"主题活动,在每一个可控终端进行推广,利用春节的节日氛围,推出云南白药牙膏礼品装。

图 8-5　云南白药牙膏平面广告

在云南白药牙膏的市场运作中,还有一些非常有益的探索,即在一个审批严格的时代,如何在日化和药品之间打"擦边球",并在传播和营销中巧妙穿插运用,为医药类日化产品的市场运作开创了新思路。此外,新闻性的软文文体在新品上市启动初期会有非常显著的市场效果,能快速加深信任度,拉动销售。

二、2006 年:整合出击,完美风暴

2005 年经过一系列的平面拉动后,2006 年年初,在经过爆发式上量后,销量出现了一定的回落和停滞,如何打破增长瓶颈,赢得新一轮的销量飞跃?2006 年,云南白药牙膏组合多种战术,以多角度、多层面的广告攻势,形成一轮接一轮的市场冲击波。

1. 报纸:3 轮战役,再赢市场。

第一轮:制造心理障碍,强力驱动

图 8-6　云南白药牙膏平面广告

毕竟,云南白药牙膏是一支售价高达 20 多块的牙膏,必须最大化地驱动目标消费者选择云南白药牙膏,才能让销量不断地攀升。项目组决定从制造心理障碍着手。随后,两篇独具风格的平面广告新鲜出炉,又一次突破传统平面广告的模式。《不要与9种人接吻——除非他(她)改用云南白药牙膏》《这几种人难以亲近——除非他(她)改用云南白药牙膏》。两篇广告描写了因为口腔问题在生活中引发的尴尬,以朱德庸式的漫画进行表现,将这种尴尬进行放大,引发人们的心理障碍。两篇广告投放之后,立马引起轰动,一些年轻消费者开始成为云南白药牙膏的消费者。

第二轮:营造品牌区隔,巩固市场

经过前面三轮广告之后,市场热度已经接近顶点,接下来需要做的是,让销售进入轨道,维持稳步增长。这时,项目组开始推出品牌系列广告。展现云南白药牙膏的高端品质,使之与其20多块的售价相匹配。同时配合两篇新闻式广告,强化品牌的不可复制与不可超越。

第三轮:挖掘团购和送礼市场,制造新需求

进一步挖掘市场需求,开发团购市场和节庆送礼市场,进一步推进市场销售。

2. 电视:4条片子,广角证言,强化选择。

这个阶段,项目组增加了电视的投放力度,拍摄了多条片子,从各个角度广开证言,进一步强化消费者的购买选择。从企业角度证言——《证言篇》,从消费者角度证言——《牢笼篇》,从功效角度证言——《接龙篇》,从牙膏选择角度证言——《适用篇》。

图8-7 云南白药牙膏电视广告

3. 杂志:深度植入式广告。

终端:锁定节庆日,频繁开展终端促销。诸如:五一前后、"清凉一夏"、母亲节活动、父亲节活动。每一个主题活动在节日黄金周引爆,设计新颖的终端物料,既抓住了消费者的眼球,又传播了产品的核心利益,配合精心设计的促销礼品,极大地刺激了终端销售。此时,一些多元化的终端探索也在同步进行,如机场终端的开发,力求在高端进一步提升产品形象。

图 8-8　云南白药牙膏活动广告

三、2007 年:拓展巩固,飓风行动

2007 年,全国攻势展开后,项目组发现,各区域市场平均开发使战线过长,资源不足。因此决定将传播诉求多元化、精细化,划分诉求层次和诉求对象,面向不同人群、不同渠道,选择针对性媒体,开展针对性推广。

报纸宣传之口腔健康深度说:

1. 聚焦牙周病,深度说服。牙周病是目前成年人口腔健康的最大威胁,中国 90% 以上成年人都有一定程度的口腔问题,这些软文从牙周病的危害角度出发,号召成年人多使用云南白药牙膏,预防牙周危害。推出牙周保健大学堂系列讲座(发表于《北京晚报》《南方都市报》等)。

2. 聚焦慢性疾病与口腔健康的关系,深度说服。一系列警示软文炒作,主打心脏病、高血压、糖尿病三大慢性病患者,告诉他们一个真相:口腔健康与身体健康密切相关。诸如报纸软文《警惕:病口再伤人——专家提醒:心脏病、高血压、糖尿病等病人须高度重视"牙龈出血、口腔溃疡"》《中国 1.6 亿高血压患者小心口里藏"刀"! ——高血压、糖尿病、心脏病人警惕"牙龈出血、口腔溃疡"》。

图 8-9　云南白药牙膏软文

报纸宣传之口腔健康广度说:

中秋和十一期间,以《云南白药牙膏成节日送礼送健康的首选》为新闻点进行节日产品热销炒作。诸如报纸软文:《中秋:送礼年年变,今年变牙膏》、《今年中秋发"牙膏"?——一支20多元高档牙膏成公司福利"新热门"》、《中秋福利趣事多:员工要牙膏,采购直叫好!》、《为25岁以上有口腔问题的人算笔账》、《口腔问题,它们可曾让你丢了饭碗?》。

图 8-10　云南白药牙膏软文

报纸宣传之口腔健康高端说:

诸如《百年药企发起牙膏价值论战》、《牙齿结实、牙龈粉色、牙周无病变——成人口腔健康三大新标准"刷新"国人意识》、《"口腔威胁论"——我们无法逃避!》、《继智商、情商后,中国发达城市兴起"齿商社交论"》。

报纸宣传之口腔健康时空说:

时间说——按季节、节庆划分。诸如:《夏季,"成人口腔受难季"?》、《欢庆节日后,悲哀口腔日?》

空间说——一对一解决方案,精确指导。将传播载体细分,如航空杂志、全国重点报刊健康版、家庭医生等。在区域市场,使用解剖麻雀的方式,分阶段宣传,以新的传播策略创造新的销售奇迹。如:针对广东市场,3篇软文刊登在《南都周刊》,即《广东人的牙怎么了?》、《广东人为牙着急?》、《广州、北京、重庆等"上火高发区"兴起口腔保健新潮流》。

专业类杂志之《家庭医生》:

分别刊发了《血!血!血!——高血压、糖尿病、心脏病、胃病、慢性消化道疾病这5类病人:警惕口腔红色危机》、《心脏病、高血压、糖尿病、胃病、慢性消化道疾病这5种人,牙龈出血、口腔溃疡更危险!》、《口中三患祸全身:血患、痛患、疮患!》、《牙龈出血、口腔溃疡、牙龈肿痛:3类人"不得不防"!》等文章。

图 8-11　云南白药牙膏软文

高端类杂志之《航空杂志》：紧密围绕航空人群的阅读特征，从饮食、国情、文化等角度，先后撰写了《从美食大国到口腔问题大国：中国每 100 个成年人中 9 成以上牙齿有问题》、《30，40，50：谁让中国 3000 万成年人提前戴上假牙？》、《九成国人没有第二张合格的身份证！》等文章。

案例来源：上海凯纳营销策划公司。

思考题：
1. 怎么理解广告媒介类型的无限外延性？
2. 简述广告媒介的发展演变过程。
3. 广播电视广告媒介有什么营销特点？
4. 报刊印刷广告媒介有什么营销特点？
5. 户外广告媒介有什么营销特点？
6. 媒介效果考量的评价指标有哪些？

第九章
新媒体广告管理

本章将着重阐述下列问题：

- 新媒体广告及其基本特征是什么？
- 网络广告都有哪些主要形态？
- 为什么说手机是最具潜力的媒体形态？
- 如何理解植入式广告对媒体价值的创新？
- 怎样理解植入式广告的信息完备程度？

第一节 媒体创新与互动性态

媒介形态的创新是与新技术发展密切相关的。20世纪90年代以来随着信息技术的发展，媒介也经历了一次前所未有的大裂变和大发展，在这里最有代表意义的就是以互联网为代表的新媒体的诞生。新媒体的诞生使传统的大众传媒时代面临着严峻的挑战，与此同时也给传统广告带来革命性的发展可能和创新机会。

一、新媒体与新媒体广告

所谓新媒体并不是一个很严格意义上的媒介概念，新媒体是相对于传统媒体而言的，因此新媒体本身就是一个不断变化的概念。传统意义上的媒介主要是以报纸电视为代表的大众媒介，用于广告的也主要是我们通常所说的五大媒体。由于市场变化和技术手段的提升，许多在传统媒介中没有被运用的广告形式被开发出来，并在广告传播中得以广泛运用，这种区别于传统媒体的广告就是我们所说的新媒体广告。新媒体广告意味着广告传播在媒体构成的基本要素上发生了变化，这种变化的基础乃是技术手段的创新。因此随着信息技术的发展，

新媒体广告形态还会不断地涌现。目前常见的新媒体广告主要有几种:[1]

1. 电子菜谱新媒体:以中高档餐厅里平板电脑、Pad、iPad 电子菜谱为媒体,通过高清大图、3D 效果、视频效果、音频效果、超链接效果、电视节目效果来增加品牌的公众认知度,面对的受众都是高收入人群,使品牌传播达到最佳效果,充分利用时尚的概念,是到目前为止最年轻最时尚的新媒体。

2. 户外新媒体:目前在户外的新媒体广告投放包括户外视频、户外投影、户外触摸等,这些户外新媒体都包含一些户外互动因素,以此来达到吸引人气、提升媒体价值的目的。

3. 移动新媒体:以移动电视、车载电视、地铁电视等为主要表现形式,通过移动电视节目的包装设计,来增加受众黏性,便于广告投放。

4. 手机新媒体:手机媒体是到目前为止所有媒体形式中最具普及性、最快捷、最为方便并具有一定强制性的平台,它的发展空间将非常巨大。未来的两到三年内,3G 手机逐渐普及,手机媒体将成为普通人在日常生活中获得信息的重要手段。

在这些新媒体广告中,有一些广告形态其实是传统媒介形态在新的媒体环境下的延伸,但是由于媒体环境的变化,这种延伸同样也带来了媒体的创新和广告的创新。比如楼宇广告和公交广告。流行的楼宇广告有楼宇电视和楼宇平面框架广告,这种广告形态其实就是电视广告和平面招贴延伸到楼宇空间的一种尝试,它以最低的成本最精准地到达目标消费者。那些在高层写字楼办公,或者居住在高层时尚住宅楼的用户,每人每天至少 3 至 4 次上下楼梯,而楼梯旁边的平面广告至少 3 至 4 次闯入他们的视线,具有其他媒体所不可能具有的广告阅读的强制性。公交广告也以同样的形式延伸传统广告,从而使公交本身也成为一种新的媒体形态。公交车与乘客的相互流动性是公车广告最具魅力的所在,可以针对乘客在车内停留的时间长且处于休闲状态,而车内亮丽的广告、翔实的文字图案给车厢内广告增添了无穷的活力。车内聚集的人群是产品宣传的重要阵地,它具有较强的广告冲击力和其他媒体不可替代的广告受众率。当然,这种对传统媒体手段的延伸,并不是我们所说的新媒体广告的主体,从媒体革命的角度来看,真正具有代表意义的是以互联网为基础的,建立在新的信息技术基础上的新媒体广告。

---

[1] 转引自《百度百科》"新媒体广告"。

二、广告多元化与媒体多元化

传统广告的一个最大共性,就在于它们基本上都采用一种单向的广告信息传输,受众的接收成为一种被动式的强迫,这大大地降低了广告的影响效果。与之相对的是,新的广告媒体正在改变这种现实,把与受众的互动交流引入到广告信息传播之中,这就是我们所说的互动媒体广告。互动媒体广告作为新型广告形式,其区别于传统媒体广告的最大特点是,改变了传统媒体广告中受众只是作为被动接收者的单向传输状态,把广告信息传播变成一种相互之间的信息对流。精确区分互动广告似乎并不像定义互动这个概念那样容易,这是因为很难截然把哪些媒体划入互动范畴。因此我们赞成把互动广告定义为:①

> 一切让使用者(而不再是传统被动沟通模型中的接收者)能够控制自己从商业信息中获取信息数量或速度的媒体。……使用者与商业信息处于一种默读层次上的对话状态……在所有情况下,使用者和信息源都是在互相交换信息——这是一种交流而不是简单的传输和接收。

按照这种理解,典型的互动媒体广告有 CD-ROM(只读光盘存储器)、虚拟现实、互联网、数字电视、移动电话以及交互式免费电话等。这些交互式广告媒体有些是新兴的,也有些是传统媒体形式的改进。其中绝大部分都是基于计算机和网络技术而建立的,而移动电话和免费电话则是对电话营销的进一步完善。目前 CD-ROM 尚未成为大规模的广告媒体,这主要是因为多媒体电脑的拥有者数量相对比较稀少,同时运用光盘推销还没有其他广告形式普遍的原因。虚拟现实在一些游戏场所经常看到,其最大特点是顾客通过触摸可以与动画物体互动,从而具有与现实中一样的感受。一些展示式的虚拟现实目前已经得到了大量的运用,比如房产商在楼盘完成之前,运用模拟方式展示不同户型的三维构造。数字电视是传统频道电视和有线电视在网络技术基础上的进一步发展,它构建了一个可以形成交流互动的传播平台。电视作为大众传媒曾经在一个时期处于相对的媒介垄断地位,电视广告也对受众形成了无法回避的信息渗透,但是由于电视广告本身的单向性质,遥控器给予受众相对的主动权,使得受众有可能在电视广告过程中主动进行接收选择。数字电视的发展,不仅大大拓宽了电视的包容空间,而且最大的诱惑在于它就像是一个大卖场那样,所有的电视频道最终都将成为这个大卖场中的一件被消费者挑剔的商品,传统的电视台和电视频

---

① [美]特伦斯·A.辛普:《整合营销沟通》,中信出版社 2003 年版,第 385 页。

道只不过是一个节目提供商而已。对广告的直接影响就是，受众可以像选择节目那样去选择自己需要的商业信息，而且还可以通过数字平台反馈自己或者订制商业信息。免费电话作为一种传统营销形式，我们在数据库营销中还将继续涉及。

值得特别注意的是，移动电话的普及无疑催生了一个全新的广告媒体形式的诞生。它的突出特点就是在互动性的同时实现了广告信息的准确送达，在某种意义上移动电话代表了一种新的媒体形式的崛起。随着手机的不断普及，这种时刻贴近用户的随身通讯工具也成为一种有影响力的媒体形态，相对于其他媒体形式而言，手机不仅具有移动携带的方便性，而且还具有个人私密性。从广告传播效果角度看，由于手机的个人拥有性本身所形成的数据库特征，使得这种媒体形态天然包含明确的客户细分。目前这一媒体已经受到了营销传播界的极大关注，正在受到有效地开发。

互联网在借助于计算机的互动媒体中，可以说是最具有代表意义。它把全世界的电脑连接成一个巨大的网络，信息可以通过这个网络进行电子传递，并且具有极大的互动效应。目前互联网已经被营销者当作是最有潜力的广告媒体，互联网广告费也逐年上升。互联网广告的主要形式是横幅广告和赞助。前者是在人们经常访问的网站上建立的广告形式，现在已经由静态的转化成不同形式的动态模式；后者是广告主作为某一网站的赞助商，从人们对网站的访问中获得收益。互联网广告虽然是一种极具潜力的广告形式，但是目前所受到的关注并不充分，这除了因为大多数广告主还不理解如何利用互联网广告媒体之外，还因为互联网广告形式尚未充分挖掘。实际上，互联网上的所谓广告横幅、弹出广告以及赞助广告，只不过是传统广告形式在网络媒体上的一个翻版而已，它远远不能代表网络广告的特征和发展趋势。网络媒体的最大特点是信息存储量大和互动性强，商业广告正是基于这种特点在互联网上发展自己的空间，这种发展不仅仅是简单的移植传统广告，而是从内容到形式都形成自己的突破。比如，网上商城、网络交易市场、电子邮件、聊天室等等，都成为新型网络广告的传播空间。几乎可以肯定地说，随着互联网和个人计算机的日渐普及，网络在不断延伸，也许最终的趋势将是电话、电视和互联网的三网合一，当电视成为完全的互动交流媒介，电话的连接打破网络语音的局限，手机除了点对点信息发送之外还是一个移动网络节点之时，互联网完全可能成为广告媒体的主导形式。

媒体形式的延伸与广告形式的发展是并行的，不同的媒体特性决定了不同广告形式与受众接触的特点，也决定了这种接触的效果和成本。因此如何选择广告媒体形式，就成为实现广告价值的一项重要任务。

第二节 网络广告与手机广告

以互联网为代表的新媒体,具有传统大众媒体所不具备的传播特性,这种新的传播个性的建立有赖于网络技术。所以新媒体广告很大程度上也是一种网络广告,从网络角度看媒体广告最具代表意义的就是互联网和手机,因此我们从广告的发展和应用角度出发,选取互联网广告和手机媒体广告加以论述。

一、互联网广告媒体

网络媒体是发展潜力巨大的新兴广告媒体。根据中国互联网信息中心统计,截至2003年年底,中国网络域名数量首次突破百万大关,全国网站接近60万个,网民已达7,950余万。网络传播正对人类社会产生越来越大的影响,互联网已经成为继报刊、广播和电视之后的第四媒体。它可容纳的精细全彩画面、大容量信息传递和24小时在线的传播模式使得它很方便地在广告主和广告受众之间进行双向的信息交流。

1. 互联网广告媒体特征。

除了信息的海量以外,网络媒体信息传播的交互性才是它最显著的优点,也是最吸引广告主的地方。以往的受众在广告传播中只能被动地接受信息,即使有信息的反馈,但与传统媒体所实行的单向推动模式比起来仍显得微不足道。互联网的出现,使受众根据自己的喜好和兴趣获取信息成为可能,在互联网上,受众第一次在真正意义上成为信息传播的主导者。网络广告的交互性使得广告对受众的选择性越强,广告对广告主的反馈率就越高。

互联网作为一个向公众开放的平台,消解了传统媒体之间的边界,也消解了国家与国家之间、社群与社群之间、产业与产业之间、信息发送者与接收者之间的边界。在互联网上,广告主和广告商可以提供几乎无限制的空间由受众查询,其即时发布、即时传递的特点让广告主在信息发布方面几乎不受时空限制。网络广告所具有的文字、声音、图片、色彩、动画和音乐也能满足众多消费者的需求,特别是那些第三代消费群的需求,这类人群出生于20世纪70年代,不仅文化水平较高,且崇尚自我,在消费习惯上追求新奇快捷,消费能力也强,是广告主理想中的目标受众。

与传统大众媒体相比,网络媒体还具有"分众化"的特点。不同的网站和虚拟社区把受众划分为不同的群体,受众在网上获取信息时的针对性,使得广告主可以准确地选择投放广告的目标市场。而网络的"即时检测功能"也可以为广告主提供关于广告达到率的最新报告。这种权威的点击率统计系统,可以精确地统计出广告的浏览量以及网络客户点击时的时间分布和地域分布情况,从而为广告商准确评估广告效果、及时调整广告决策提供客观依据。

此外,网络广告比传统媒体广告的价格要便宜得多,因此,企业在选择网络媒体发布广告时所承担的资金压力要比传统媒体小得多。当然,网络媒体权威性的缺乏也影响到受众对广告的信赖度;网络对硬件设备的要求和一定文化水平的要求也限制了上网人员的社会构成,他们往往集中在有一定学历的年轻的城市人口当中,其他人由于主观或客观条件的限制被排除在"网外",这对某些类型的企业选择网络投放广告也是个桎梏;网络法规建设的滞后也影响了网络广告的规范化发展。

2. 网络媒体的广告类型及规格。

尽管互联网提供了表达丰富广告创意的平台,但消费者如果不登录该主页也无济于事。所以,网络广告的形式越来越丰富多彩,其主要目的就是吸引浏览者的注意力。就目前来看,网络上的广告形式有如下几种:

(1) 旗帜广告(Banner):这是最早的一种广告形式。旗帜广告一般以 GIF、JPG 等格式建立图像件,尺寸多为 460×80(单位:像素)的长条形,放置在页面中时可以横置,也可以竖置。它往往带有提示性,一旦被点中,就能把浏览者带到广告主的网站,从而进一步了解详尽的信息。

(2) 按钮广告(Buttons):也有的称之为 LOGO,ICON。这类广告在技术属性和制作方法上同 BANNER 广告比较形似,但尺寸要小得多,一般有 4 种:125×125,120×90,120×60,88×31(单位:像素)。由于 Button 广告只显示公司或产品的图表,所以价格比较低,也很受一些大企业的欢迎。

(3) 浮动图标广告(Floating button):这类广告与按钮广告相似,但它不是固定的,会随着页面或鼠标的滚动而浮动。

(4) 邮件列表广告(Direct marketing):它是指将广告加在读者所订阅的电子刊物中发送给相应的邮箱所有人。与传统的 Email 广告容易招致用户反感不同,这类广告因为有固定的发送频率和分期的固定篇幅,且内容相对固定,具有可读性,因此网民比较容易接受。

(5) 对联广告(Couplet):在浏览页面完整呈现的同时,在页面两侧的空白位置呈现对联式广告。它的特点是,使广告页面得以充分伸展,同时也不干涉使用者浏览,注目焦点集中。

(6) 全屏广告(Full screen ads):这种广告规格出现于 2001 年,在网民打开浏览页面时,广告以全屏的方式出现 3~5 秒,然后逐渐缩成旗帜广告的尺寸。

这种广告形式对网民的视觉冲击特别强烈,很适合表达一种整体的宣传概念。

（7）插入式广告(称为弹出窗口,Pop-up windows):在网民打开页面时,会自动跳出一个略小的网页。这类广告最大的弊端就是由于强行推出,容易引起用户的反感。

（8）互动游戏广告(Interactive games):在一段页面游戏开始、中间和结束的时候,广告可以随时出现。还有的广告主根据自身产品的特点量身定做一个游戏来进行广告宣传,如NIKE、麦当劳等就经常采取这种广告形式吸引目标消费群的参与。

（9）网视广告(Icast):这是一种由视频广告与FLASH结合播放的互动式多媒体视窗,可以直接将客户的电视广告格式转化为网格格式,实现在线播放。

（10）搜索引擎(Search engine):凡是输入搜索关键字的用户,都可能被吸引到一个相应公司的网站上去。比如搜索微波炉,搜索引擎在显示搜索结果的同时打开格兰仕公司的网站;搜索平板彩电,可能会被带到TCL公司的主页。

（11）定向广告(Trageting):它是一种一对一的网络广告形式。网络运营商通过网络追踪技术对用户资料进行整理和分类,并记录用户的IP地址,然后利用网络广告陪送技术将广告信息有的放矢地向不同类别的用户发送。

（12）背投广告(Super pop-under):它是一种藏在页面之后的弹出式广告,由于后弹的方式相对友好,也不太影响网民的正常操作,所以目前较受欢迎。

可以预见,随着网络技术的进一步发展,新兴的广告制作手段会更趋完善,广告的表现形式也会愈加丰富。

3. 网络广告媒体策略。

尽管网络广告传播范围广、交互性强、受众数量可准确统计等优势已是有目共睹,但要使其真正发挥作用,还得靠企业周密的网络媒体策略。毕竟网络媒体与其他传统媒体不同,企业需要深入地挖掘网络的商业潜力,增强广告效果。一般而言,企业有两种方式在网络上投放广告:一是利用已有的网站投放,二是自己建立网站投放,我们这里主要研究前一种情况。

首先,企业在选择投放广告的网站时,要考虑网站的访问量。众所周知,网络最吸引人的地方就在于其信息的海量和无边界性,要把网民吸引到一个网站上来是很不容易的,所以企业需要选择知名度高和点击频率高的网站,这也是衡量某一网站作为广告载体是否合适的两大指标。除此之外,企业还要对站点访问者的构成进行分析,通过站点或第三方提供的资料来判断访问该站点用户的基本情况,看其是否与广告所希望的目标客户相吻合;同时还要根据访问者的登录情况分析他们的活动规律,在有条件的情况下可以对他们发送有针对意义的广告信息，做到有的放矢。

其次，虽然网络为人们提供了一个自由发布信息的场所，但是与此同时也给网民留下了一个信息可信度不高的印象。因此，企业在网上发布广告时务必要提供真实可信的信息，以免损害企业产品形象。另外，网络服务的快捷性和搜索引擎功能的强大使消费者获取真实信息变得越来越容易，在这种情况下，即使企业想进行不实宣传或掩盖产品缺陷也变得异常困难。

再次，企业在网络上投放广告时还可以辅之网上资讯、网上销售等一条龙服务。这样做的一大好处就是"趁热打铁"，让网络广告及时发挥效果，同时也为消费者提供更多的便利。在网络上投放广告时也要注意与传统媒体的配合，因为网络广告自身的一些局限性，使得它并不一定能覆盖企业全部的目标消费群体，所以，企业还得借助传统大众传媒的力量进行宣传，让它们相互配合，相得益彰。

最后，在发布网络广告时，企业要注意加强广告表现形式，争取给网民带来更强的视觉冲击。选择在同一网站上投放广告的企业越来越多，特别是由于国内运作成功的商业网站不多，所以很多广告都集中在三大门户网站上（新浪、网易、搜狐），这样视觉干扰就比较大了。所以企业在设计广告时要尽可能地突出本产品的特点，必要时可以避开主页上广告传播的高峰，选择聊天室、BBS等虚拟社区进行投放。

二、手机媒体广告传播策略

当短信作为一个新生事物走进人们生活时，手机广告就以燎原之势发展了起来。如今手机短信不管是在技术上还是在规模上都已经具备了成为一种全新广告形式的标准。据统计，2000年国内手机全年发送短信10亿条，到2001年为189亿条，2002年上升为900亿条，在2003年已达1,700亿条。而在2004年春节的7天时间里，中国手机短信发送量超过100亿条，比2003年春节增长了40%。可以预见，随着网络规模和手机功用的不断发展，手机将吸引越来越多的用户。从技术上，专门用作做广告用途的短信群发版软件的出现也解决了许多阻碍短信广告发展的技术问题。

由于手机媒体拥有广泛的用户群和开发商强有力的数据库支持，与传统的广告形式相比，它的相对成本要低廉得多，通过计算机的分类，还可以实现数据库化广告投放，保证广告的达到率。而手机广告的点对点传播模式，使得它可以根据客户的需求定制有个性化的广告信息，真正做到"一对一营销"。不足之处在于由于技术的限制，手机短信多少有些"强制性接收"的色彩，受众很容易反感,甚至感觉到自身的隐私受到了侵犯。

所以,企业在利用手机对用户进行信息发布时,首先要注意保护用户的隐私,选择那些已经和运营商签署过赞同协议的用户,且遵循适时适量的原则进行广告投放。针对目前手机广告形式较为单一的特点,与其他形式的网络广告业务进行捆绑,这样可以达到降低广告整体发布成本和提升发布效果的目的。例如在英国,移动电话的使用者平均每天会收到3条短信广告,参加这些广告促销活动可获得慈善捐献的相关信息、购物或电话账单折扣等。另外,企业还要充分发挥手机媒体"一对一"的特点,多设计有互动性的广告活动,这样不仅可以吸引更多的用户参与其中,还能通过用户的反馈提升产品和服务质量。如麦当劳公司就曾经与专业的广告代理商合作,往顾客手机上发送关于麦当劳产品的有奖问答,答对的可以免费享用某种产品,如薯条、汉堡等,领取时出示手机短信即可。这一举动不仅吸引了众多顾客的热情参与,也让麦当劳的各种产品销量大增,毕竟人们去麦当劳进餐不会只吃一样产品。

第三节 植入式广告价值变革

把植入式广告置于新媒体广告中加以论述,并不是因为它与新的信息技术具有必然联系,而是因为这种广告形态正在渗透到我们的生活中,通过不断地更新和发展,被赋予了一种新的价值。而植入式广告的运用,不但给传统广告带来新的媒介生机,同样也为新媒体广告增加了更多的创意。

一、植入式广告概念及其基本特征

由于植入式广告植入的并不一定是产品实体,也可以是品牌LOGO,因此也可叫做 Brand Placement。Product Placement 和 Brand Placement 在实践中都有使用,相比较而言前者更为普遍。很多情况下两者是同时出现的。在范畴上前者包含了后者。在中国除了将 Product Placement 翻译为植入式广告以外,也有翻译成置入式广告、嵌入式广告或者是产品安插广告,甚至更为笼统的隐性广告。从营销的角度谈,也有人称之为植入式营销(Product Placement Marketing)。这些翻译的认同度相对植入式广告而言比较低。因此,作者在这里就采用"植入式广告"的翻译。

为了更好地研究植入式广告,并使之与上述其他形式的隐性广告相区别,这里特别需要说明植入式广告的三个特点:

第一,植入式广告是视觉可视的。也就是画面刺激在意识阈限之上。观众可以确切看到产品或品牌的画面，以此将其与潜意识广告相区别。因此潜意识激发的效果产生机理对植入式广告并不适用。

第二，植入式广告是由媒介使用的。植入式广告出现在大众媒介上，带有大众传播的特点。这一特点使之与口碑传播的另类广告相区别。大众传播的一些研究结果，部分地可以应用到对它的研究中。而上面所提到的另类广告则基本上是一种人际传播。两者分属不同的传播类型。

第三，植入式广告是融入媒介内容的广告活动。不管是产品、服务、品牌标识或者是品牌理念，所有这些都是媒介内容的一部分，而不是像传统广告那样与节目内容分离。人们在接受节目的同时也完成了对广告的接受。这一点是植入式广告与其他传统广告最大的不同。

二、植入式广告的主要应用形式

作为一种新兴的广告形式，植入式广告的大规模应用还是近几年的事，但它的形式已是多种多样。植入式广告可以出现在不同的媒介载体上。目前已经出现的形式有电影、电视、报纸、杂志、网络游戏、手机短信、流行音乐，甚至小说。在这里所指的载体类别，并不是指我们一般在做媒介研究时用的分类方式。以往无论是传播学的研究还是广告媒体的研究，基本的分类都是电波媒体、平面媒体、户外媒体和网络媒体。其中电波媒体包括电视、电台；平面媒体包括报纸、杂志；户外媒体中再分出灯箱、车体、路牌等等。这样的分类是以载体的传播特性作为分类标准。植入式广告不仅仅与媒介传播特点相关，而且与媒介节目的内容和形式高度相关。比如说同样是电视，在电视剧中植入和在综艺节目中植入，受众的接收状态差别很大。在众多媒体形式中，以下几种媒体载具是最为常见的：

1. 电影。

有据可查的最早植入式广告出现在1951年的电影《非洲皇后号》(*The African Queen*)中，在该片中明显出现了戈登杜松子酒的商标。而历史上最有名的植入式广告是在史蒂芬·斯皮尔伯格1982年执导的《外星人》(*E. T. The Extra-Terrestrial*)中，小主人公用一种叫"里斯"(Reeses Pieces)的巧克力豆把外星人吸引到屋子里来。《外星人》是一个里程碑，之后美国电影中的植入式广告就越来越多，并越来越受到观众和业内人士的重视，广告手段也日见翻新。如007系列电影中的欧米茄手表、宝马汽车；《荒岛余生》(*Cast Away*)中的联邦快递、WILSON排球；《黑客帝国》(*Matrix*)中的三星手机、喜力啤酒、凯迪拉克汽车；《少数派报告》(*Minority Report*)中的凌志汽车、诺基亚手机；以及最新的《玩命快递》中的奥迪汽车等等。在国内,冯小刚可以称得上是运用植入式广告最频繁也是最成功的导演,在《不见不散》、《没完没了》、《大腕》和《手机》等电影中,都可以看到诸多的植入式广告。

2. 电视剧。

美国热门电视剧《欲望都市》(Sex and The City)中的植入式广告堪称经典。这个节目成了一些类别产品的主要影响者,特别是烈酒、餐馆、服装、珠宝、首饰和鞋类产品。剧中高悬在纽约时代广场的巨大广告牌"绝对猛男"(Absolute Hunk)既让绝对伏特加巧妙而隆重地成为一个对剧情有绝对推动作用的桥段,又成功地展示了自己在意见领袖级时尚人群中的巨大影响力。受这部连续剧影响最大的是女性时装。时尚杂志《女装日刊》写道:"产业观察家认为,《欲望城市》对年青女性穿着和购物所产生的影响比任何其他电视节目都大,电影更无法与之相提并论。"国产电视剧比如"诸葛酿"借助《外地媳妇本地郎》的播映,成为白酒类中的强势品牌。

3. 综艺节目。

综艺节目中的植入式广告最引人注目的是中央电视台的春节联欢晚会。在2005年央视春晚上,小品《讲故事》里有这么一段对白:爷爷说:"我要摇一摇",爸爸疑惑地问了一句:"摇一摇?"孙子接口念道:"农夫果园,喝前摇一摇"。显然,这是农夫果园插在小品里的一次隐性广告。在小品《祝寿》中,"娃哈哈非常可乐"、"珍奥核酸"被当成了礼品;在小品《浪漫的事》中,为了能让蒙牛"露脸",郭达把蒙牛牛奶举到了身前数次,他的"儿子"还特意端着一大瓶蒙牛牛奶在镜头前晃动;在小品《男子汉大丈夫》中,我们明显地看见一排"娃哈哈纯净水"摆在桌上,郭冬临还特意说要喝口水,把镜头引向了"娃哈哈纯净水",并说"再带上一瓶";还有朱军和冯巩表演的小品《谈笑人生》,桌子上放的是"喜力啤酒";再到观众席上清一色的农夫山泉、农夫果园,在春晚里农夫山泉和农夫果园以画面形式出现了不下20次。每当摄影师把镜头切向观众时,农夫品牌就出现在人们的眼前。此外,比较成功的例子还有莱卡在"我型我SHOW"中的植入。不过,在这个节目中莱卡既是冠名赞助商,又进行了品牌植入。

4. 网络游戏、小说和音乐。

在台湾,麦当劳将产品植入到一款名为椰子罐头的游戏之中。在游戏中,麦当劳的汉堡变成了可以提升玩家战斗值的新武器。在用该汉堡打斗的时候,由玩家控制的系统会发出音乐和欢笑,而这些都是麦当劳的宣传口号和音乐。有数据显示,这个汉堡武器每天都有上万次的购买和使用,也就是说麦当劳的互动广告可以在游戏当中出现上万次。联合利华推出一款在线的免费游戏"诱惑的技巧"(Seduction Skills),用来介绍 Axe 的新香水——"最后的欲望"。

  小说也可以成为植入的载体。宝马公司事先请了侦探小说家为其经典车型——Mini Cooper 创作了一部小说 *Mission Mini*。小说描述一位纽约当代著名艺术家存放于巴塞罗那的 6 幅拼贴式艺术作品突然失踪,名侦探 Sam Cooper 与其最佳拍档 Mini Cooper 穿行于巴塞罗那的大街小巷,查实案件,找出窃贼。

  广告与音乐的结合为商品提供了直达年轻人的传播渠道。韩国流行歌曲《Any Motion》的音乐录像中除了当红歌手李孝利之外,还有一款三星 Anycall 手机。李孝利与 Anycall 手机共舞,唱着"想看谁就看、什么歌都能唱、什么号都能拨"。三星承担了这首歌和录影带的全部制作费用。"我们希望这首歌能让大家记住 Anycall 手机,歌中数次出现 any 这个词。"三星的广告经理解释道。这支歌在三星的网站上被重点推出,在每部三星手机中都预装了这首歌曲。

  不同形式的植入式广告在媒介特点、传播特性、运作方式、广告效果等方面存在较大的差异。目前在诸多植入式广告的形式中,电影和电视剧的植入式广告实践开展得最为普遍,运作的方式也相对成熟。而且这两种形式在传播特性、效果模式等方面存在较多的共性,因此本书就以影视剧中的植入式广告作为研究的对象。

三、植入式广告的价值研究

  广告效果研究向来就没有一个令人确信的标尺,而传统的广告效果研究方法用于植入式广告则更加难以说明情况。从不同植入方式广告所带来的效果上的差别来看,我们提出了信息完备程度的概念。[①] 信息完备程度是指产品或品牌在影视剧的植入活动中信息露出的情况。根据不同植入式广告包含信息点数量的多少来区分其信息完备程度。以信息完备程度作为标准,对植入式广告的植入方式进行分类,有利于进一步对不同的植入方式进行价值解读。

  通过对植入式广告信息展露的分析,可以归纳出五个信息点:标识(Logo)、产品(Product)、态度、功能、品牌涵义。在这五个信息点中,只包含前两个信息点被认为是低信息完备程度,而具有产品功能展示和品牌涵义诠释的则是信息完备程度较高。需要说明的是功能和品牌涵义的信息点的出现必然会包含前面的信息点,所以,这五个信息点是一个信息完备程度的提升过程。以信息展露的完备程度作为标准,将植入式广告分为四种植入模式:标识植入、产品植入、功能植入和品牌符号植入。

---

① 参见王文轩:《植入式广告价值研究》,浙江大学 2006 年学位论文。

1. 标识植入。

标识植入就是单纯地让品牌的标识出现在电影的镜头之中。这样的植入方式最为简单、灵活。标识几乎可以出现在电影的任何地方,作为电影场景的组成部分。比如在王家卫的《2046》中,影片的末尾是未来世界的场景,模糊而灰暗的大楼和灯光中出现一个异常明显的红色 LG 标志。《天下无贼》中公路上一辆大卡车呼啸而来,车的前脸和侧面出现了"长城润滑油"的 LOGO,而在车的正后方出现的是其母公司——中国石化的 LOGO。需要指出的是,标识植入仅仅是画面中出现了品牌标识,这样的出现和剧情本身没有必然关系。标识的植入是游离于电影的情节之外的,是不是出现标识或者出现何种品牌的标识对电影而言是没有任何影响的。

2. 产品植入。

产品植入主要是指产品本身或作为媒体内容中故事发生的场景或场景组成的一部分出现。这里的产品植入就是带有标识的。只有极少的产品消费者可以不需要看到标识而仅通过产品本身就能识别。不带标识的产品露出几乎没有任何的意义。而在植入式广告的实践中,所有的广告主唯恐标识露出不够清晰或者时间不够长。因此,这类植入包含了两个信息点。比如《天下无贼》影片开头,一对男女为了勒索一富翁,刘德华扮演的王薄用佳能摄像机摄下富翁对刘若英扮演的王丽的不轨举动。在西藏的寺庙,王薄窃得一大袋手机,镜头扫过,都是诺基亚。列车上的警察利用 HP 的笔记本电脑进行无线上网,并下载疑犯的照片,再通过佳能的打印机,将疑犯的照片打印出来。单纯的产品植入,在信息的完备程度上是最低的,仅仅是做了展示,让观众看到剧中人在使用这个产品。

3. 态度植入。

态度植入就是在电影、电视剧、小说等中通过人物的对话将剧中人物对该产品或品牌的正面态度展示给观众。威尔·史密斯在《我,机器人》中向其祖母展示匡威的帆布鞋,同时告诉她:"我只穿2004 的'匡威鞋',这是全明星限量版的"(翻译可能根据不同版本会有微小差别)。《阿甘正传》里有一句经典台词:"见美国总统最美的几件事之一是可以畅饮'彭泉'汽水。"在《我的希腊婚礼》中,女主角说:"我老爸只相信两件事,第一件事是要教育美国人,第二件事是任何身体上的问题,不管是红疹或是鸡眼,只要喷'稳洁'就会好了……"这样的态度植入带有一种角色对该品牌的情感在里面,一般是比较正向的情感。态度植入在信息的完备程度上比前两类植入要高。由于这类植入往往带有对品牌的正面态度,在沟通效果上类似于传统的电视广告片。但这类植入观众比较不容易注意到,因此有一定的风险。

4. 功能植入。

　　功能植入是指某一品牌产品的功能成为推动整个故事情节发展的有机组成部分，而且几乎贯穿于整个故事。在007系列中，各种款式的宝马汽车成为男主角邦德必不可少的伙伴。当邦德陷入困境时，往往需要依靠宝马汽车优异的性能或者是匪夷所思的功能才能转危为安，并且推动情节向前发展。比如在《择日再死》中，邦德需要利用汽车的隐身性能方能从敌人严密的看守下逃脱，利用汽车的防弹功能抵抗对手的攻击等等。这种方式可以让产品的功能得到展现甚至是优化。因为对于某些影片，尤其是超越现实题材的影片，需要一些概念化的功能。概念化功能的展示虽然不会让观众信以为真，但仍然可以在观众对品牌的印象优化上做出贡献。功能植入是一种信息完备程度较高的植入方式。

5. 品牌符号植入。

　　品牌符号植入是指根据品牌所具有的符号意义，将某一品牌商品或服务植入电影、电视之中，成为故事主人公个性和内涵的外在表现形式，同时通过故事情节的发展不断演绎品牌符号原有的意义和内涵，增强品牌的个性，进一步提升品牌形象。比如《电子情书》，浪漫的女主角每天清晨自信地走在纽约上西区的街头，总会先至星巴克咖啡店外带一杯咖啡，而每天晚上，则会打开她的苹果电脑，进入AOL.com开始收发e-mail。星巴克咖啡、苹果电脑和AOL.com网站，这些品牌的形象、个性，以及其所具有的社会象征意义，已经成为女主人公角色演绎的道具。影片中剧情、女主角的形象和气质对品牌的形象是一种具象的表现。同时，影片中围绕人物的品牌符号之间相互暗示、互相诠释，不断地强化着这些品牌所具有的符号意义。这种植入方式是信息完备程度最高的。观众能够准确、全面地理解有关品牌的各种信息。品牌的内涵、个性得到最大限度的展现和强化。品牌形象深入人心。

　　标识植入和产品植入的方式，它们在传播上的效果仅仅是露出(exposure)，没有信息的沟通，这种叫做低信息完备程度植入。低信息完备程度的植入方式的价值在于，给品牌或产品带来新的展示机会，并通过展示获得消费者的喜爱，或者是创造消费者对产品的熟悉性。而功能植入和品牌植入往往能在情节中更加充分地展示品牌，并清晰地表达相应的品牌态度，在展示了植入品牌理念的同时与传播对象达成某种沟通，为品牌符号意义的诠释提供一个和谐、完备的符号网络。这种深度的广告植入，称为高信息完备程度植入。

第九章　新媒体广告管理

案例分析

你是我的优乐美:奶茶广告媒体整合推广案

优乐美奶茶是喜之郎公司在2007年推出的一款新产品,有原味、麦香、咖啡、巧克力、草莓、香芋6种口味,是即泡即饮型奶茶。从产品的属性、品牌调性及包装的设计都有明确的指向,与80后建立了千丝万缕的联系。

优乐美奶茶的目标人群是15—25岁的年轻人,作为一款全新上市的产品,优乐美奶茶由备受年轻人崇拜与追捧的周杰伦代言,周杰伦的高知名度、时尚帅气的外表、出众的音乐才华,迅速地将优乐美奶茶优雅、快乐、美丽的独特品牌内涵发挥到淋漓尽致。

在为优乐美做的"你是我的优乐美"的推广案中,不仅以明星——周杰伦来吸引消费者,参与了明星题材的内容建构,还通过对不同媒体的出色整合,做了一次很好的"混媒"尝试。

一、病毒营销预热

由于品牌代言人周杰伦在目标消费者中已有很高的知名度,因此首先在未播出电视广告前,把他在拍优乐美广告时的花絮放到互联网上进行传播,以互联网的低成本投入吸引年轻目标消费者的关注。

二、电视广告强化记忆

以电视广告等传统媒体进行第二轮的推广,强化目标消费者对品牌的记忆度。

三、网络营销深度沟通

建立以周杰伦当学院院长的品牌社区,建立品牌的忠诚度。在产品包装里放入随机码,消费者可凭随机码到社区中兑换产品。

优乐美电视广告迅速提高了品牌的知名度,但是其覆盖人群不分男女老少,而互联网可以为优乐美奶茶这个新品提升品牌影响力并与核心目标人群进行互动沟通,解决电视媒体解决不了的问题,将周杰伦的影响力在这群人中迅速放大。

利用流行电影《不能说的秘密》的故事背景,在电视与互联网之间形成相互支持、相互激发的互动,从而让消费者在社区中积极参与,在交流中分享品牌内涵,由消费者亲身参与品牌构建。

四、点面结合:网络平台的整合营销

步骤1:点:建立网络平台、社区聚拢人气

1. 优乐美学院为了更好地吸引消费者,充分利用了"互动"这一手段:

(1) 购买优乐美奶茶,输入产品内含的密码即可兑换优乐美学分,累计足够的学分即可兑换各种丰富的奖品。

图 9-1　"暖心贺卡"活动　　图 9-2　优乐美寻珍活动　　图 9-3　杰伦奶茶铺

（2）设置与周杰伦、优乐美奶茶相关的三大主题活动，高度吸引用户参与。

（3）其他板块设置了丰富有趣的小游戏和小调查等。

整个网站互动体验感强，通过以上的板块设置，调动了用户的参与热情，对用户有很好的黏着度，产生了最佳的传播效果。优乐美学院每天都给用户带来不同的快乐和惊喜。

2. 三大主题活动。

（1）导演系活动

活动以翻拍或者重新创意优乐美电视广告片为主题，各位优乐美学院的同学上传视频或者相册视频即可参与活动，根据作品的质量或者投票的方式来评选出最后的大奖。投票方式除了一般的"在线投票"外，还特别添加了"奶茶投票"——大家可通过购买优乐美奶茶产品获得的随机码为自己的作品投票，投票的分值是在线投票的 100 倍。每投一票的同时可以积累 100 优乐美学分。这样在一定程度上刺激了消费者购买产品来为自己的作品投票，促进线下销售。

（2）音乐系活动

音乐系活动以游戏的形式进行，游戏中有果冻粒小人和 6 种口味的奶茶杯，当果冻粒小人掉落到奶茶杯中时，同学们按下奶茶杯对应按键就能完成演奏，按键的准确次数越多，音乐系成绩就越高。整个游戏分为 3 个级别，每周在不同级别中积分最高的同学即可获得大奖。

（3）表演系活动

活动提供精美的相片模板，相片模板分别是周杰伦和 TVC 的女主角江雨晨，各位同学只要上传自己的单身照与周杰伦或者江雨晨合影即可参与活动，看看谁和周杰伦或者江雨晨最般配。最后按照 6 种不同的优乐美奶茶口味评选出了符合奶茶口味的 6 个优秀作品，与产品的关联性强。根据作品的质量或者投票的方式来评选出最后的大奖。所用的投票方法与导演系一样，在一定程度上可促进产品销售。

图9-4 导演系活动

图9-5 音乐系活动

图9-6 表演系活动

启示：

虽然网络广告在形式上不断创新，但效果上却一直没有摆脱传统营销的套路。网络媒体的互动性、个性化在这种传统网络广告中并没有得到充分体现。

从企业的角度来看，企业进行网络营销的主要方式为企业网站。企业网站是全面展示企业文化和产品信息的场所，但在一定程度上，企业网站的营销并不是很有效，最主要的原因也是因为缺乏互动性。网络互动营销平台正是植根于网络的本质特征——互动性而建立，以多种互动形式吸引网友注册进入平台参与活动，从而达到提升企业形象、促进产品销售等营销目的。网络互动营销平台以充分利用网络的互动性为手段，适应信息时代的社会消费潮流，为网络营销开拓充满生机的崭新领域。

网络互动营销平台的目标受众以年轻网民为主。因此，目前网络互动营销平台的广告主要来自备受年轻消费者青睐的快速消费品、休闲服装、运动品牌、电子数码产品等行业。包括可口可乐、NIKE、蒙牛等国内外众多品牌已纷纷涉足网络互动平台，力求取得销量提升的新突破点。

目前网络互动营销平台的建立主要有三种形式。第一种是自身企业网站的下级网站，如"森马奥运主题网"等；第二种是依附于其他网站而建立，即处于其他网站的域名之下。一般情况下，平台与其所依附的网站往往有着某些方面的密切联系，如产品特性、活动内容、活动目的或目标受众等。如康师傅"辣旋风"方便面与爱唱久久网推出的"唱享辣旋风"的网络K歌活动，互动平台建立在爱唱久久网的域名之下，活动内容与网站的性质十分切合。第三种是独立平台，不依附于其他网站，拥有独立的域名，如本案喜之郎"优乐美"奶茶创建的"优乐美学院"以及云南绿A螺旋藻创建的"绿A原生部落"等。

在功能方面,与传统网络营销相比,网络互动营销平台不仅能促进品牌推广和产品销售,还具有一项独特的作用:为企业建立用户数据库。这主要是因为网络互动营销平台一般需要用户注册,填写自己的信息,这些数据让企业获得了额外的收获。

步骤2:面:整合网络营销工具,全面推广

优乐美奶茶官方网站结合多种元素及功能,为用户带来新鲜的体验。配合网站推广,整合各个优势媒体的网络资源,利用"全面整合网络工具、进行优化流量、更精准有效沟通"的策略为优乐美奶茶提升品牌影响力并与目标人群进行互动沟通。

选择腾讯网、校内网、优酷网、56网、PPLive、杰迷中文网作为优乐美奶茶官方网站的推广平台,全面覆盖了关注优乐美奶茶的年轻人群,并通过各个媒体最具特色的产品把优乐美学院推向与消费者精准有效沟通的平台中。

工具1:品牌网站

优乐美品牌博客:依托QQzone建立的优乐美品牌博客是除"优乐美学院"之外,活跃用户沟通交流的场所,也是优乐美此次推广活动的线上线下结合部。

工具2:视频网站

与其他传统媒体的广告模式相比,互联网视频由于内容更生动、直观,页面简洁,用户观看的注意力更集中,传播力更强,因此,视频广告的内容可以更有吸引力,广告信息的传播对于用户来说更有价值(匹配度更高),广告形式对于广告主来说更为有效。

互联网视频广告不但综合了所有传统媒体广告的特点和优势,而且随着信息技术和终端的不断推陈出新,作为最符合人们心理欲求的媒体展现方式,互联网视频将会结合新技术演绎出更多有趣、有用、有效的营销方式,使用户在获得最好体验的同时,不知不觉中自主选择广告信息,使营销变得更加主动。

本案应用:优酷网、QQLive、56.com

图9-7　56.com网站　　图9-8　QQLive活动　　图9-9　优酷网

工具3：WEB 2.0网站

作为真实社交关系网络，以校园网为代表的WEB 2.0网站的用户黏度甚至超过主流门户网站。互联网的病毒营销和社群营销模式，在这样一个庞大的平台上能够得到非常高效率的应用。每个网络用户都可以变成"活"的广告，建立用户的口碑传播网络，营销信息可以像病毒一样传播和扩散。

本案应用：校内网。校内网是现在最具影响力的校园类网站之一。校内网具备"Gift礼品中心服务"，用户可通过在线充值购买校内虚拟货币——校内宝（1校内宝=1元RMB），使用校内宝在礼物中心购买可以传情达意的Gift。这些"赞助商礼品"已经成为企业开展线上CRM、传递企业理念，推广产品的营销利器。

校内网在11月将优乐美奶茶包装为"暖心奶茶"进行礼品互赠。用户登录校内网，在礼物列表中选定"暖心奶茶"后，便会看到礼物信息提供商：优乐美。点击"优乐美"后即可进入"周杰伦的优乐美"群，在点击温馨提示中的"奶茶"时，会自动跳出"周杰伦的优乐美"群页面，用户可以畅游优乐美世界。当给好友成功送出"暖心奶茶"礼物之后，他的页面上就会出现礼物及赠送者。同时，在他"收到的礼物"中，会显示赠送者给他的暖心奶茶及祝福语。截止到11月30日，上线仅一天，校内网共有652315人赠送优乐美奶茶给好友，通过礼品文字链进入"周杰伦的优乐美"群的点击人次为245237次，共计加入该群的会员总数高达57960人。如果每个人有30个好友，那么就有1800万人被拉入优乐美奶茶的品牌传播攻势中！并且这些礼物会长时间保留在个人页面的"新鲜事"和"礼物"中。每个人首页新鲜事第一屏都是优乐美奶茶礼物！校内网官方还会在用户过生日的时候，发送礼品，一天要派发出二万个以上，给同一天过生日的用户。此种形式为病毒营销的一种，用病毒扩散的效果计算，每天将有60万以上的人看见这份特别的生日礼物。

图9-10 人人网活动

工具 4:IM(即时通讯工具)+社区

即时通讯工具是实时互动的个人化信息交流方式,其最大影响是突破时空界限,改变人和人的交流模式,从而使情感维系更加紧密。手机一般是有需要才会打,是点对点;而 IM 则不同,大家都挂在网上,只要碰到了就会互相问候,可以是点对点,也可以是面对面。在交流上,更加快捷方便,更自由,容易进行精神和情感的对话。

IM 平台的广告和营销价值,在 QQ 和 MSN 自己嵌入的广告中便已体现。但纯粹由第三方公司利用 IM 平台进行广告营销,还是在 WEB 2.0 概念流行之后才出现。中国 70% 的网民使用 IM 工具,大大超过了使用电子邮件的用户。据统计,中国几大 IM 工具运营商的总注册账户已超过 5 亿,同时在线人数几乎达到 2000 万人。

本案应用:腾讯。腾讯网是以 IM 工具腾讯 QQ 作为"神经中枢"的,结合新闻社区、互动社区、娱乐活动为一体的综合门户网站,腾讯网与腾讯 QQ 共用一个横向媒体平台。作为一个新型的媒体,腾讯的用户以青年用户为主体,是最具传播力和互动性的媒体平台之一。

【总结】数据见证效果

活动开展三个月以后,每天有 15 万年轻朋友到学校来参观,每天页面的浏览总量是 65 万次。另外,在三个月的推广期间,优乐美的学院页面总流量达到 3700 万次,通过这个平台就促销了 401031 杯奶茶,同时还拥有了 49 万的注册会员。

主题活动总参与人数:

导演系参与人数 2415 人次　　　音乐系参与人数 405289 人次

表演系参与人数 9825 人次

腾讯流量优化效果:

广告总曝光次数达 140.28 亿次,广告总点击超过 630 万次

　　平均 CPM(千人成本)= 0.11 元　　平均 CPC(每点击成本)= 0.25 元

校内网流量优化效果:

广告总曝光次数达 3.9 亿次　　　广告总点击超过 64 万次

　　平均 CPM(千人成本)= 0.88 元　　平均 CPC(每点击成本)= 0.53 元

视频网站流量优化效果:

广告总曝光次数达 3.15 亿次　　　广告总点击超过 59 万次

　　平均 CPM(千人成本)= 7.6 元　　平均 CPC(每点击成本)= 0.18 元

杰迷网流量优化效果：

广告总曝光次数达 2200 万次　　广告总点击超过 18 万次

平均 CPM（千人成本）= 0.5 元　　平均 CPC（每点击成本）= 0.06 元

案例来源：根据广东平成广告有限公司、上海平成竞介广告有限公司网站资料改编。

思考题：
1. 请说明互动广告的基本含义是什么？
2. 简述网络广告的媒体策略。
3. 怎么理解手机是最具潜力的媒体形态？
4. 简述植入式广告的概念及其基本特征。
5. 简述植入式广告的载体及其植入形式有哪几种。
6. 如何理解植入式广告对媒体价值的创新？

第十章
广告策划与创意

本章将着重阐述下列问题：
- 什么是广告的可能性目标？
- 广告经营管理中如何确定可行目标？
- 广告策划管理必须遵循哪些原则和流程？
- 为什么说定位是广告策略开发的必然？
- 广告创意管理中有哪些有效的方法？

第一节 广告目标与广告管理

确定广告目标是广告管理的一项重要工作，是进入广告策略阶段的首要任务。一项广告活动，如果失去了目标也就丧失了方向。在具体策划过程中，每一项工作归根结底都是为了保证广告目标得以实现。广告目标从某种意义上可以使参与广告运作的各个方面形成一种向心力。它所表现的功能和目标价值，决定了我们在广告策划中，必须把制定广告目标作为进行广告战略决策时的一种行动规则。

一、认识广告的可能性目标

在营销传播中广告并不是全能的，这一点已经被越来越多的人所认识。所以广告作为整合营销传播计划中的一个组成部分，必须对其任务加以界定。广告计划既是广告独立运作的规划，也是广告作为整合营销传播组成的一个执行规划，一切都必须从设定广告目标开始。设定目标可以保证广告与整合营销传播中的其他营销工具有机组合，而且在明确广告策略方向的同时，对广告活动予以协调管理。

第十章 广告策划与创意

所有的广告策划人员必然面临着这样一个问题:广告能做些什么？通常广告是被作为一种促销工具来看待的,所以营销人员对广告的最大期待就是实现销售任务。多数的广告活动也都是在鼓励消费者采取相应的行动,但是如果就此把广告的任务单纯看做是实现销售,或者说把销售的全部责任都推给广告,显然并不现实。销售的终点是营销目标,而不是广告目标,广告是在消费者做出购买决定之前,对其所进行的宣传、劝服或者提醒活动。因此,在确立广告目标时,要切记一条简单的格言:"营销是卖,广告是讲"(Marketing sells, Advertising tells),也就是说,广告目标虽然与销售业绩直接相关,但是它首先应该与传播效果挂钩。

为了确切具体说明广告目标在营销和广告策划中所处的地位,我们不妨用图式对市场营销和广告决策过程中所包含的各种主要的内部和外部因素加以表现,如图10-1所示。由图10-1可见,环境分析、营销计划和广告计划是其中关键的要素。而作为广告运作的核心,广告计划又包含着三个基本的支撑点:① 目标的确定和目标市场的确认;② 信息战略和信息战术;③ 媒体战略和媒体战术。显然,目标的选择成了第一位的要素,这是从广告过程和反应关系上对广告目标的认识。

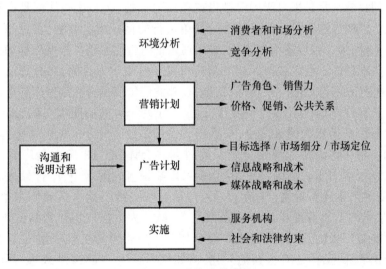

图10-1 广告决策框架

按照这个决策框架,在营销中沟通和说服过程通过广告计划具体实现,因此广告的目标价值就在于它完成沟通任务,达到传播效果并进而帮助实现市场营销所确定的销售目标。所以,在广告策划中制定广告目标,就是要判断广告必须完成哪些任务,有哪些优势和机遇可以利用,有哪些劣势和威胁应该加以说明或者回避。

在广告目标决策中,往往存在着一些看似明确实际上非常含糊的表述,诸如"为产品创造良好的市场形象,扩大产品的市场份额,增加销售提高利润"。这种表述貌似正确,但是大而无当,没有人可以从这种表述中明白广告到底要干什么,需要花费多大的成本,广告效果又是如何评价。说穿了,这种表述既不能把广告与营销加以区分,也不能具体指导广告活动,其本身毫无目标价值。与任务组织目标一样,广告目标应当是切实可行的。也就是说,目标应当为决策提供有效的指标,为结果的评估提供标准。更进一步地,目标作为有效的沟通工具,要为战略决策与战术决策之间的衔接提供途径。一个有价值的广告目标,必须要对广告活动的方向做出规定,界定广告必须完成的任务,与此同时这个目标还必须能够明确具体地加以表述,并且可以通过某种方式进行检验。正是从这个意义上,我们把广告目标看做是可测量性目标。

二、广告的销售目标与中介目标

由于广告被看做是有效的促销工具,所以涉及广告目标时,最为方便和最有吸引力的目标常常是来自于即时销售或市场份额的认识,这种认识具有很大的普遍性。以销售作为目标是一种十分简单可行的目标制定方法,它只需要以销售额为依据,为广告设定销售指标,最后通过把广告前后销售额变化作为标准衡量是否实现目标。应该说按照即时销售或市场份额作为目标,在有些情况下不失为一种具有操作性的广告目标,比如:在邮购广告或是一些零售广告中。但是这种方式在许多情况下却并不可行,这是由于两个方面的原因:其一是因为广告仅仅是影响销售的因素之一,很难将其作用单独区分开来加以考虑;其二是广告的作用通常需要持续一个较长的时期才会体现。图 10-2 是广告影响销售的系列因素图示。从中可见,在众多可影响销售的因素中,广告只是其中之一,其他的因素还有价格、分销、人员、包装、产品特性、竞争活动等多个方面。例如:某家汽车制造商推出一种新型汽车,虽然大力推广但销售状况不佳,这中间可能有广告的问题,但也并非完全如此。广告可能已经将潜在消费者吸引到经销商那里,但还有些其他问题,诸如汽车质量、价格或款式等,都可能导致顾客放弃购买。在这种情况下,如果单纯地以汽车销量来衡量广告是否成功则显然不公平。

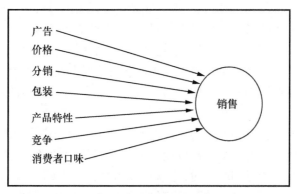

图 10-2　影响销售的因素

除此之外,广告对销售的影响往往是一个长期的持续过程。由于广告对销售影响的滞后作用,要真正认识一个广告活动的影响可能要等待一段时期。例如:一个历时 6 个月的广告活动,其重要贡献可能是产生 12 个月的影响。有关研究表明,对于需要经常购买的非耐用消费品,一个广告的效果可长达 9 个月。如图 10-3 所示,广告可吸引顾客成为多年的忠诚顾客,也可以通过培育积极的态度和增加品牌价值,使商品在今后达到销售高峰。这样,通过销售数据,即使以实地调查所得出的数据来评定广告效果,其等待时间可能远远超出广告所持续的 6 个月。由此可能产生两个问题:首先,在广告费支出后到销售增长这一段时间中,独立判断广告对销售变化的影响十分困难,但决策却必须立即制定,无法等待这些数据;其次,为获得更加及时和准确的信息,必须寻求能够更快反映广告投入效果的变量。

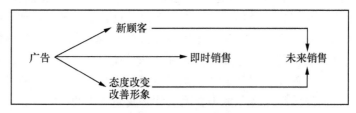

图 10-3　广告的长期影响

由此看来,单纯以销售来衡量,由于难以为决策提供实际的指导,所以这一方式的现实操作性并不强。人们希望销售增长,但却无法确定是哪一个广告活动或者是广告活动中的哪一方面造成了销售增长。从目标管理上讲,如果一个标准无法提供有用的指标以支持相应的决策,那么这一目标就无法完成其基本功能。正是在这个意义上,我们还需要从销售目标之外,为广告寻找其他的可操作性目标。从广告传达营销信息,最终促动购买行为的过程中,我们可以找到发生作用的一些直接结果。在探寻广告目标时,我们通常在对三组问题的认识中找到相应的答案,并通过对其进行系统分析,进而获得有效的广告目标。

(1) 谁是目标受众?也就是说广告信息将要对哪些人做定向传达?

(2) 在这一部分细分市场中,广告试图预期、驱动、改变或影响的最终行为是什么?

(3) 通向所希望行为的过程是什么?在这一过程中广告扮演什么角色?

第一步是确定目标受众。目标受众通常是最终消费者,当然也有例外。在目标受众与最终消费者相统一时,它就应成为目标市场的一部分。所以在这里我们实际上是从目标市场中找到了广告所要传播的对象。目标受众是从细分市场中区隔出来的,它应该是一个比较明确体现某种统一性的消费者组合,这个群体不仅能够详细描述,而且按照其特定的社会形态可以进行相应的行为状态分析,从中得到一些量化标准。

第二步包括最终需求行为分析。也就是说,要明确广告希望能够引起目标顾客什么样的行为反应。在这里要对目标消费者可能发生的行为变化做出设定,这种设定就是通过广告信息将使目标消费群体最终产生行为的最终结果。例如,是促进新顾客的尝试性购买,还是老顾客的忠诚,从而加快使用频次,或者是进一步传达有关产品知识以增进理解,希望改变目标受众对产品形象的认识以及其他行为。显然,这些行为方式也是可以比较明确地表述,甚至在很大意义上是可以量化的。

第三步则是包含导致目标对象需求行为的宣传和决策过程。这就进入到焦点所在,即在广告影响与最终行为反应之间所具有的一系列广告反应衡量标准,我们可称之为中间变量,一般有认知、品牌知识、情感、态度等。比如要吸引某一顾客购买本品牌的关键因素是对其灌输高层次的品牌认知,而使其保持真诚的最好方法可能是强化其某种态度。由此可见,即使最终目标是行为,但直接导致决策的实际目标也首先表现为某种认识或者情感态度的变化,这种对广告信息发生反应并进而导致行为变化的中介因素就是我们所说的中间变量。中间变量的表现可能是一种或多种,确定广告目标就要判断哪一种中间变量与需求行为之间关系最为密切,并且哪一种变量对广告投入来说最具有经济价值。

与笼统地概括广告目标是"为产品创造良好的市场形象,扩大产品的市场份额,增加销售提高利润"等表述所不同的是,在这个目标探寻过程中,我们找到了一些可以确切衡量的指标,这些指标标志着广告目标是可以清晰把握的。更有意义的是,我们发现了一个非常具有价值的概念,即实现广告目标的中间变量。严格地说,中间变量就是进行广告策划所要达成的具体目标。由此运用这一组可以具体量化的指标体系,我们为广告目标的确立找到了一种具有操作价值的理论背景。

案例分析

纯净水广告战:乐百氏与娃哈哈

乐百氏与娃哈哈是中国饮料行业的两个著名品牌。乐百氏的起家产品是乳酸饮料果奶,这和娃哈哈当年的主力产品一样,而且乐百氏在这个产品的推出时间上略早于娃哈哈。那个时候,这两家企业是中国配置型乳酸奶的领头羊,广告做得一样有名气,娃哈哈广告是"妈妈我要喝——娃哈哈果奶!"乐百氏则是"今天你喝了吗——乐百氏果奶?"连续几年,两个企业齐头并进,在中国市场上好不热闹。一直到1996年,在市场占有和销售总量上,两家都不分上下。后来两家企业所走的路子也大致相同,在果奶这个主导产品之外,又开始生产瓶装纯净水。

图10-4　王力宏代言娃哈哈纯净水广告

纯净水的市场在当时才刚刚开始上升,五花八门,各种品牌纷至沓来,这两家具有影响性的企业进入这个市场,无疑十分受人关注。但是在进入市场之初,它们的招数也还比较杂乱,大家也不只生产纯净水,还有矿泉水什么的。其他形形色色的生产厂家,也各显身手在市场上割据一方。最初,娃哈哈的广告是遵循着它一贯的路子,好像很有功能感的样子,强调水来自地下多少米深处、含有什

么什么矿物质等等。倒是乐百氏以纯净水作为主要推广对象,它的广告很成功。据说那是一条投资200多万元制作的广告片:

> 宁静兰色的基调,万籁俱寂。一滴晶莹的水珠铮然而下,流利而又透明地穿过一层层过滤,最终净化成乐百氏纯净水,至纯至净。一个强有力的利益承诺随之推出——乐百氏纯净水,27层净化!

这真是一个堪称经典的伟大创意。它的成功不仅仅是在于对纯净水概念的强调和突出,而且以其高雅的基调,吻合了消费者内心对纯净的感性理解。尤其是在当时,各种水五花八门的情况下,别出心裁地为纯净水作了一个很好的定位。也许今天在瓶装水市场,纯净水能够占据绝对优势的市场空间,很大意义上要归功于这个广告。那个时候水的市场还没有像后来那么分明,各种各样的水和各种各样的品牌,令人眼花缭乱,真正意义上的市场领袖还没有出现。当所有纯净水品牌的广告都在说自己的纯净水纯净时,消费者并不知道哪个品牌的水是真的纯净,或者更纯净的时候,乐百氏纯净水在各种媒介推出这种诉求点十分统一的广告,以理性的冷静突出乐百氏纯净水经过27层净化,毫无疑问是对其纯净水的纯净提出了一个有力的支持点,或者说是对其纯净的程度作出了一个具体的说明。千万不要小看这个简单的数字,还有那个寂静无比的过滤过程,消费者的心弦就是被这种微妙的组合给拨动了。这个广告在众多同类产品的广告中迅速脱颖而出,乐百氏纯净水的纯净给受众留下了深刻印象,"乐百氏纯净水经过27层净化"很快家喻户晓。纯净水本来是一种很难说明的低参与度产品,消费者对它的认识并没有那么理性,当时之所以能够有很多品牌烽烟四起,一个很重要的原因是没有一家是站在制高点上。所以"27层净化"的广告一推出,用理性说明给消费者很强的安全感,不仅塑造了一种"很纯净可以信赖"的印象,而且它的冷静和优雅、高水准的制作也大大拔高了乐百氏的品牌形象。

应该说,在这一轮的广告策划中,乐百氏是拔得了头筹。它的竞争对手娃哈哈调整策略相对要迟一点。娃哈哈在经过一番徘徊后,广告上也另辟蹊径,与乐百氏所不同的是,它一反昔日的功能诉求传统,着力于感情诉求,大搞明星策略:"我的眼中只有你!"用一个很养眼的二线明星景岗山作为形象代言人,这是一个很了不起的举动。这是一个很成功的明星与产品的组合,正因为是景岗山,产品、品牌、明星三者之间才达到了完整的统一。这比后来非常柠檬用红得发紫的李玟和茶饮料用香港笑星周星驰都要成功。

其实还有一点不为人知的是,景岗山作为娃哈哈形象代言人根本不需要付费,因为它的大规模播出量同时也给这位二线明星带来了更多的露脸机会。相比之下,500 万元请周星驰作形象代言人,其投入产出比要相差很多。"我的眼中只有你"这个创意与乐百氏的"27 层净化"相比,一点也不逊色。因为娃哈哈知道,在经过了"27 层净化"之后,再多加两层对消费者根本无所谓,所以它要换一种方式提高市场知名度。纯净水所能够道出的信息毕竟不需要很多,明显的情感引导再加上娃哈哈高密度的广告播出,很快便使得它成为纯净水市场上的第一品牌。娃哈哈与乐百氏的差距就从这个时候开始,渐渐地拉大了。也许,就是在这时候乐百氏开始乱了阵脚。拿破仑·波拿巴有句名言:"当你的敌人在犯错误的时候,千万不要去打搅他。"娃哈哈冷眼注视着乐百氏,它一如既往地大搞明星路线,景岗山用过是毛宁,毛宁之后又是王力宏,好像没完没了。终于乐百氏沉不住气了,它开始学习娃哈哈,也要搞明星策略。乐百氏请的是香港天王巨星黎明,这一次无论从重量级上还是号召力上,抑或是明星出场费上,都大大地盖过了娃哈哈。然而这一切却并没有给乐百氏纯净水带来新的辉煌,相反却打乱了原来所确立的品牌认同,黎明的出场标志着乐百氏广告由"27 层净化"的理性诉求转向情感诉求,但是广告从创意和信息表达上却没有什么新鲜的地方。从形象推广的角度说,它是扰乱了品牌形象。

当初,乐百氏纯净水在各种媒介推出卖点统一的广告,突出乐百氏纯净水经过 27 层净化,给受众留下了深刻印象,"乐百氏纯净水经过 27 层净化"几乎成了这个产品的基本特征,现在,乐百氏纯净水让"27 层净化"退居二线,代之以天王巨星黎明为形象代表,在电视、海报、包装等媒介的推介中强调的是"现代、时尚"的乐百氏,而不是"很纯净、可以信赖"的乐百氏。这是乐百氏纯净水广告策略的重大改变,这个改变有可能导致消费者对乐百氏纯净水品牌形象的认知混乱,造成已经建立的品牌资产流失。改用黎明做广告,首先是广告策略上的失误,它是在抛弃自己转而向娃哈哈学习,但是学习中又有所脱节。新的电视广告创意也有失策,整个广告虽富有动感,在视觉上有一定冲击力,但广告内容却显得格外空洞,几乎谈不上有什么主题。在明星表演了一番后,末了似乎想用一句广告语来点题,但"纯净你我"与前面的广告内容没有任何关联,显得十分牵强。这个广告的失败之处在于在创意策略上只注意发挥名人的广告效应,却没有使原有的广告主题得到顺理成章的延伸,明星与产品之间也有喧宾夺主的现象。

图10-5　黎明代言乐百氏纯净水广告

当然,也有对这个广告倍加赞赏者,认为乐百氏请黎明演绎的情感诉求广告显示了对目标消费群的精确定位、高超不凡的创意和匠心独具的艺术魅力。瓶装纯净水的主要消费场所是户外,而年轻人的户外活动是最多的。黎明的歌迷很大一部分是年轻人、少男少女,再加上黎明在香港歌坛四大天王中相对比较年轻,有一个较好的国际形象。而黎明当年主打歌曲《自动的爱情》中的"爱像水一样的纯净、情像水一样的透明"能引起渴望纯真情感的青少年的强烈共鸣,且与水有天造地设之合,似乎就是专为纯净水广告而作词谱曲的;镜头中黎明潇洒转水的动作给广告平添了强烈的记忆点,黎明在街头教一群小朋友转水,友好、亲切、乐融融,此时,乐百氏水已不仅仅是一瓶单纯的水,而是沟通"你我"的情感载体。

然而不论怎么说,对广告的效果衡量,都不能脱离注意、记忆、认同等因素,以及最根本的对市场的促动效果。当这些广告都成为过去,市场以事实做出结论时再回头反思,至少有一点很明白,"27层净化"作为乐百氏纯净水的独特概念,至今仍旧具有相当的魅力。而在它之后所推出的天王巨星黎明版广告,早已被人们忘却,即便是残留着记忆,也不清楚黎明推荐的理由了。任何一个广告,不论是理性诉求还是感性诉求,都必须遵循一定的理由或情感逻辑。也许在这点上,乐百氏恰恰犯了一个错误。

案例来源:卫军英:《现代广告策划》,首都经济贸易大学出版社2010年版。

第二节 广告策划流程的管理

广告策划是建立在三个支撑点之上的:目标市场确认和广告目标确定、信息战略战术、媒体战略战术。在现实工作中,广告策划往往不仅体现为一项具有指导性的策略计划,而且还是一份具有操作性的工作方案,表现了突出的应用性特征。因此,广告策划工作不仅包含着一定的操作规范,而且还对具体思维方法提出了自己的要求。

一、广告策划思维方法

作为对广告活动的总体关照,广告策划在思维方法上具有鲜明的特征。大体而言,进行广告策划,在思维上必须具备几种规定性。

第一,把事实作为基点。

广告策划不是一种纯粹思维性工作,也不是仅仅限于文字材料的组合。广告策划直接面对的是企业、产品、市场、消费者,面对着众多的竞争对手。一个策划一旦付诸实施,就需要一定资源(包括人力和财力等)的投入,因而也就承担了一定的市场风险,这样一来有效性就成了衡量策划是否成功的一个铁的标准。而一个有效的广告策划,绝对不可能凭主观臆想产生,也不是闭门造车所能够完成的。从策划模式看,建立策划的每一个支点都对事实有着明确的要求:必须确切了解产品的特点与性能;必须熟知价格及销售途径;必须洞察消费对象和潜在消费群;必须充分掌握市场资料和竞争情况;必须找到关键的营销沟通环节;必须制定切实可以量化的广告目标;必须有效地实现媒体传播等等。

这一切决定了在广告策划中,策划思维必须牢牢地建立在事实的基础之上,每一项措施、每一个指标都必须从事实出发,受到事实的制约。同时,策划的最终指向也具有事实的规定性,要符合实际,具有实在的内容。广告策划所做出的各种结论,都必须是对现象充分把握之后,经过细致周详的分析才能够得出,不做无事实依据的结论与判断。

第二,统观全局系统思考。

广告策划是一项宏观性的市场战略,涉及许多方面,这些方面既具有各自相应的独立性,又彼此交错,形成复杂的关系,所以策划实际上是一个系统工程。就这点而言,在思维方法上,必须具备系统思想,从宏观上把纷纭复杂的各个方面看做是一个有机协调的整体。在横向面上,对涉及的各种内容,诸如市场和产品资料、创意和表现策略、不同媒体的合理配合、各项经费的投入预算等,都必须统一观照;在纵向操作上,策划的每一个组成部分和每一项步骤,也都必须协调一致。比如,客户执行人员必须全面准确地与客户进行沟通,保证广告主营销战略和营销意图得以完整的理解和贯彻;调研人员要结合具体情况做出翔实可信、具有针对性的市场结论;策划人员和创作人员则要制定出具有可操作性的策略,并能够使创意策略延伸和细化,形成具有影响力的鲜明表现形式。除此之外,其他诸如媒介执行、公关宣传、财务管理等等,都必须在系统思考之中。

按照系统工程思想,整个广告策划是一个大系统,它由多个子系统组合而来。母系统在统摄各个子系统的同时,自己又隶属于一个更大的系统,系统之间各自独立又互相关联、互为作用、互相制约。这就要求在广告策划中,不能只作孤立的静态思考,必须抓住彼此之间的关联性,从彼此关系和互动过程中去认识,要掌握全局,同时也要把握发展趋势。

第三,抓住关键突出主导。

一个完整的广告战役涉及的头绪极多。比如市场调研中对营销环境的分析、对消费者行为的分析、对产品状况的分析、对竞争对手的分析等等,每一项都具有极为宽泛的延伸面。但任何一个策划,不可能在各个方向上都面面俱到。很多广告策划人员往往会犯一个习惯性错误,有时为了保证收集多方面完备的资料,反而使自己迷失其中而忽略了核心所在。有时候会冒出很多创意,不知道如何决策。出现这种情况,原因就是没有把握关键所在,从而使自己陷于其中不能自拔。这就要求,广告策划必须站在一个制高点上,找到通观全局的主导所在。一般来说,在广告策划过程中,从营销战略出发,对广告运动的要求就是广告所承担的任务。

依据这一要求,广告策划对市场提出了自己的分析结论,找出了问题和机会,解决问题把握机会,就成了策略的中心,也就是其关键所在。前期准备如市场调查、情势分析是为了建立策略;进一步工作如实施广告定位、发展创意策略、具体组合媒介等,也是为了贯彻策略。所以广告策划的关键和核心主导,就是制定出切实有效的可操作性策略。一个好的广告策划,不是资料和数据的堆积,更不是空泛无稽的纸上谈兵,而必须是主题清晰、策略突出、便于操作的行动纲领。其间有一条贯穿主线,纲举目张,统一于一体,看上去脉络清晰,重点分明。

二、广告策划原则

广告运作在长期的发展之中总结出了自己的基本策划要求,这些要求是保证广告策划科学有效的基础。为此在对广告策划工作的总结中,提出几项必须遵守的工作原则,这些原则要求客观上反映了广告策划的专业特性。

1. 目的性原则。

这是对广告策划决策进行控制管理的基本要求。目的性原则对策划工作而言,意味着两层含义。其一,广告策划决策是实现营销沟通目标的一个选择过程,必须按照确切目标进行。第二,策划工作必须按照确切目标提出自己的工作进程和任务细分。失去了目标的策划工作,永远无法达到合理的规划和既定的效果。

任何一个广告活动,在其展开之时,不论采取什么方式,都必须明确自己的目标。或者是为了直接促销,或者是为了提高产品知名度,或者是出于公司形象考虑,或者是要解决营销中某一具体问题等等。目标代表了广告策划的一种方向,是公司营销目标在广告沟通中的具体体现。

2. 整体性原则。

由于广告策划是一个由多方因素相互配合的系统工程,其每一项工作既有相对独立价值,又彼此环环相扣。如果丧失了对全局的把握,没有从整体上协调各个广告环节,致使各项因素无法和谐统一,广告也很难发挥其效益。

当整体性考虑出现脱节时,往往一个广告活动,或者找不到好的策略,或者虽然提出了一个很好的策略方向,但是在具体创意和传播中,这个策略没有得到有力的体现,甚至是创意的符号表现形式削弱了策略本身,那么策略所代表的广告目标就不可能实现。在广告策划中常常看到会有一种相互脱节现象,诸如,信息的设计有违目标受众的接受习惯;媒体形式不能很好地把信息传达给目标消费群体;广告的成本超出了预算承受范围等等。所以整体原则强调了一条铁的定律:广告策划需要协同组织、合理分工、密切配合。

3. 效益性原则。

广告是一项直接的功利性活动,它是通过付费手段对目标效果的追求,而作为企业的一种投资行为,要求广告投入取得合理的收益回报是其本质所在。从投入产出角度来看,广告策划必须保证广告能够达到或者超出预期效果,否则就是对广告投入的浪费。

如果一个广告策划失去了对效果的追求,这个策划本身就毫无意义。广告运作的效果应该如何确定?这一点在设定广告目标时就应该明确,必须需求一些可以具体测量的量化指标,任何一种通过主观臆想的判断和预测,都不是科学的态度。这里需要注意的是,广告主往往把销售上升看做衡量广告效果的唯一依据,这一看法并不全面。有时候广告的成功并没有直接影响销售,而销售的上升也完全可能不是因为广告的原因。广告活动只要圆满达成了广告策划所提出的目标,即可以看作实际效果的实现。

4. 集中性原则。

这是针对广告活动范围和广告信息目标指向而言的。在广告策划决策中，由于来自各种不同的干扰，往往企图让一次广告策划完成多重任务。这一点并不足取，因为目标众多必然要影响策略的针对性，分散广告诉求重点，给受众造成混乱印象，最后导致每一个目标都无法完成。集中性原则是广告策划对目的性和效果性的贯彻：集中优势，各个击破。

从广告信息传达和目标受众接受角度看，集中性原则的提出具有必然意义，它的基本背景就是竞争性产品大量同质化，与此同时消费者的需求却变得越来越具有个性色彩，而由于信息重复和信息过剩，以及信息传播渠道的多元化，进而导致了消费者在选择性接受中的被动状态。如果丧失了集中性原则，很可能会导致产品形象模糊不清、广告目标群体毫无反应、广告信息被淹没在大量信息之中。

5. 操作性原则。

广告策划决策不只是做出策略性决策，它同时也是一系列实施计划。操作性原则要求它必须符合市场环境和现实条件的许可；符合广告主实际负担和产品销售可能，而且广告实施人员在具体执行时方便可行，这样才能保证广告运动的有效展开。

有些广告策划往往脱离实际，提出一些理想化的方略，表面上看非常完备甚至富于蛊惑性，但是却超出了市场环境和现实条件的允许，或者是与客户的负担能力有距离，或者是与产品或营销的实际状况有出入，或者是超越了广告执行者的实施能力等等。最后导致广告计划无法具体执行，或者是执行之中多方大打折扣，结果面目全非导致失败。比如，从宏观上讲，广告法规对广告活动就有所限制，而每个国家的广告法规又各不相同，这样有些适合于某一个特定国家的广告创意在另一个国家就很可能无法发布，如果一定要在另一个环境中保持这种形式，在事实上就不具备可操作性。

三、广告策划流程

根据广告策划的工作特点，一个完整的策划周期，其各个时期工作对象、内容、目标均有所不同，这种不同决定了每个阶段中不同方面的特殊性。

（一）广告策划四个阶段

在通常情况下，一个规范性的广告策划可分为市场分析、战略规划、计划制定、文本编写四个阶段。在这四个阶段中，由于侧重点的不同，工作步骤也各有所异。

1. 市场分析阶段。

这一阶段的基本工作就是进行市场调查和相应的分析研究。主要承担工作的是专业调研人员。其工作内容是收集相关的资料数据，对这些数据进行分析评论。广告策划中的市场调查虽然与市场营销中的调查分析颇为接近，但由于工作目标不同而各有所异。从总体上讲，广告调研中对营销环境、产品状况、消费群体、企业及竞争对手、同类产品的广告战略分析等，与营销调研基本相似，但在具体执行中却另有侧重。从营销出发的市场调研，要求系统地搜集、记录和分析各方面的资料，而作为广告策划的市场调研在选择吸收营销分析成果的基础上，立足于产品与消费者的沟通，其目标是怎样形成广告信息与消费者态度行为之间趋于一致的途径。因此，广告调研实际上就是要帮助确立广告目标，提出广告策略，并决定支持这种策略的计划措施。

由于借助于营销计划的指导，广告调查一般从一开始就是有重点有侧重地进行。根据公司实际和营销状况，有侧重于广告或偏重于问题之分。偏重于产品的调查分析，以产品为中心搜集资料，通过对产品各个方面的分析，了解产品目标消费者的认识状态，对产品进行综合评价分析，确立其独特的性能和竞争优势，以便于准确传达产品信息。偏重于问题的调查分析，力图从现存的诸多现象中找到形成沟通突破的关键和问题之所在，并提出发展趋势。这些都是广告策划中有针对性策略建立的前提。

2. 战略规划阶段。

这是广告策划的核心部分。它集中并总结归纳了前期调查的成果，对各种数据资料和研究结构进行决定性选择。在这一时期，对同样一个调查数据，由于观照角度不同往往会有不同的或截然相反的策略判断。广为人知的一个例子是，某鞋业公司的两位调查人员分别前往非洲调查，其发回公司本部的是根据同一事实提出的两项完全相反的建议：一个认为"这里没人穿鞋毫无市场"，另一个则说"这里的人都没鞋市场广阔"。因此对于广告策划来讲，仅仅凭借大量辉煌的调查数据并不能保证策略正确广告成功。在进行战略规划中，"识见"是一项极具价值的能力，策略高下之分不仅是逻辑模式和貌似科学的演绎，它往往是建立在经验和翔实分析之上的宏观把握能力和灵敏市场感觉的折射。所以策略规划就是以策划创意人员为中心，结合对广告目标的深入细致分析，根据广告定位和广告诉求，进而发展创意和表现策略，根据产品、市场及广告特征提出合理的媒介结合策略和促销组合策略等。

战略规划阶段是广告策划工作的主体。前期各项工作是战略规划的准备，后期各项工作是对战略规划的细化和应用。在战略规划中，不仅完成了产品及广告信息向市场推进的基本方针策略,同时也限定了贯彻这一策略总体的方式方法,这就是相关的诉求、表现、媒介、公关等基本策略要求。在任何一个广告策划中,战略规划都举足轻重,它往往是策划成败的关键所在。

3. 计划制定阶段。

把战略规划加以具体细化,并运用系统形式使之规范化,这就是计划制定阶段的工作。制定计划首先是确定广告运作的时间和空间范围。在这里时间不仅指广告运动的运作周期,而且也代表了对广告机会的合理选择。制定计划的依据,首先是战略规划和具体战术的应用,此外各种调查所提供的客观依据也很重要。有时一个好的策略和绝佳的创意表现,往往因为时机把握有误而全盘皆输。同样,空间范围的确定也很重要,任何一个策划都是对特定市场空间的策划,计划就是要详细地对这一空间进行限定,以便于集中有效地体现战略战术。计划在媒介方面的工作,包括对媒介组合和媒介实施的详细陈述,怎样适用媒介才有利于达到最佳效果?广告频率如何?用多少预算才能支持这样的频率等。

在一个完整的广告策划中,如果没有一系列详尽的计划,那么再好的策略也只能是空泛的议论而不具备实际操作价值。正因为计划的制订,使得广告策略具备了付诸实际的条件,所以广告策划中好的计划不仅保证策略执行,而且也完善和补充策略的某些欠缺和不足。另外,如果把广告策划作为一项工作过程看待,计划本身是对策划工作的一种检视和管理,它规定了每一步工作的具体任务和发展节奏,能够确切地调控广告策划运作过程中所出现的各种游离和偏差。

4. 文本编写阶段。

广告策划在完成了一系列策略和方案之后,需要一个系统全面的文本来说明整个策划,这种文本形式通常叫做广告策划书。广告策划书是对广告策划思想、广告信息战略以及广告实施计划的集中表达。前期的工作中虽然形成了大量的文字资料和讨论记录,但这一切还尚未成为一个有机协调的系统,而且由于其繁杂浩多,大都是一些原始记录和描述,与广告策划书所要求的简洁明了相违背。所以在策划书文本编写中,就要检查总结前期成果,对每一步骤提出结论性总结。

文本编写的重要任务是撰写广告策划书。它不仅集中体现了广告策划的结果,也是策划人员向上级主管或广告客户说明工作争取业务的本钱。广告策划书作为策划中各个阶段工作的系统整合,必须脉络清楚、层次分明、自始至终贯穿着一条主线,这就是广告的基本策略。调查分析是为了提出有效的策略,各种战略战术规划是要具体强化策略，计划制定是为了保证策略实施，最后策划书文本也是为了说明策略。

由以上对广告策划四个阶段工作的描述中，可以看出，广告策划作为一种可行性决策和规划，在其完整的操作过程中，核心所在就是提出科学可行的战略战术决策。市场分析是为决策提供基本依据，文本编制是对决策进行书面化归纳。这种由决策性战略战术规划所达成的规范的文本形式，就是我们所说的广告策划书。广告策划书是有关广告运作的指导性文件，同时作为广告运作的依据，它也是实施工作和管理的具有权威性的广告实施计划。

（二）策划流程与人员构成

通常在策划工作准备之际，为了保证广告策划工作的顺利进行，大致上总是按照一个比较程序化的模式展开工作的。这个程序化的工作流程，在专业性广告经营机构中显得更加突出：

1. 第一步是组成专门的策划班子。策划班子一般称为策划小组，人员包括客户执行、策划创意、设计制作以及媒介公关人员等。这些人通常由一个策划总监或者是策划主管之类的负责人统一领导。

2. 规定任务，设定各项工作的时间进程。这是进行策划前期工作的落实，主要任务是搜集信息和相关资料，为进一步工作做好准备。

3. 调研和资料分析。这是对部分市场资料的归纳和汇总，要求能够描述市场、揭示市场发展趋势，并为进一步制定广告策略提供依据。

4. 基本决策研究。在调查研究基础上，根据机会和可能，对广告策划提出基本策略构想，包括在市场细分基础上确定目标市场，并形成广告定位等。

5. 发展创意策略。在全部市场研究结果和基本广告策略基础上，根据广告方向和信息特征，经过细化和充分展开，形成具有独特性的广告表现形式。

6. 编制广告策划文本。把全部市场研究和广告策略，以及具体广告创意表现形式、操作实施方案，用文本形式加以规范表达，便于客户认识和对广告策划结果进行调控。

7. 与客户进一步沟通。把前期研究成果，包括已经形成的策略和创意向客户进行阐释说明，并且吸收客户对广告策略和创意的建议，最后就广告策划方案达成一致。

8. 计划实施及监控。组织人员对广告策划所涉及的各个环节具体落实，包括创作、设计和媒介发布，对整个过程进行监控并根据实际需要进行必要的调节。

9. 广告策划效果评估。按照既定目标对广告运作结果进行评价或者总结，效果评估可以是事前评估、事中评估,也可以是事后评估。

由于广告策划的不同阶段工作性质和工作重点有所不同,加之广告策划工作涉及营销传播的多个层面,而其每一个方面都具有一定的专业色彩,因此一个比较完整的策划往往是由不同专业人员组成的,团队精神和协同作战是广告策划运作的一个特色。通常为了完成一项策划任务,具有不同广告操作背景的专业人员,采用策划小组的作业形式是一个比较好的选择。策划小组一般由几类人员共同组成:小组负责人、调研人员、创作人员、媒介执行人员等。

第三节 广告策略与创意指导

按照广告的策划流程,通常必须确定广告的信息策略,并在此基础上完成创意开发。在广告策划中,目标市场、广告目标以及定位等一系列策略,是对广告基本市场方向的确定,而信息战略则主要是在此基础上决定广告所要传播的信息内容。只有在确定了广告的基本信息内容之后,才能够进一步完成创意和具体表现。

一、定位是广告策略开发的基本路径

定位是市场及市场学发展的必然产物。作为一种广告策略,定位的关键思想是要使消费者对我们的品牌代表什么有清楚的认识,那种试图让一个产品或品牌成为人见人爱的"大众情人"的做法从根本上无法形成清晰的定位。在定位战略中,有关品牌的价格、分销、包装以及产品实际特征虽然也起重要作用,但定位却主要靠广告宣传来获得。这正如定位概念的倡导者所说的,定位不是要对产品本身去做什么,而是要对消费者的认识做些什么。从广告策划战略管理上讲,欲达目标就必须使细分市场与广告定位有机地配合,这就是对于一个品牌的定位,必须能够最有效地吸引我们最希望获得的目标群。

定位观点早在20世纪70年代就由美国广告学家艾尔·里斯、杰克·特劳特提出,它的核心价值就在于,在当今这个传播和信息泛滥的时代,公司太多、产品太多、品牌太多,市场上的干扰和噪音也太多,因此一个产品或者品牌如果要想取得市场认同,最重要的就是在人们头脑中确定你的位置。而进入头脑的最容易办法就是争做第一,如果当不了第一,你就得针对已经成为第一的对象(包括产品、政客、人等)来给自己定位。这是因为在我们这个传播过剩的社会,人

第十章 广告策划与创意

们已经学会了在头脑中的小阶梯上给所有商品①打分排级,如果一个商品或者品牌能够进入这个头脑阶梯并占有位置,那么就可能得到注意。他们这样解释定位:②

> 定位从产品开始,其可能是一件商品、一项服务、一个机构,甚至是一个人,也许就是你自己。但是,定位并不是要对产品做什么事情。定位是对你预期的顾客所做的事。换句话说,你要在客户的头脑里给产品定位。

显然,在这里表明了定位的特性,它虽然是建立在产品之上的,但却不是对产品本身进行改变,而是改变受众对产品的认识。就是说定位的着力点是受众心理,所以他们立即对这个定义进行补充:"所以说,把这个概念称作产品定位是不正确的,因为你对产品本身实际上并没有做什么事情。"这就是说,定位是一种彻头彻尾的广告手段和策略方式。

从整合营销传播角度考察,广告中的定位思想其实就是一种对信息一致化的策略性确认。它不仅为广告所要传达的核心信息找到基点,而且也对这种信息的传播途径提出了限制性要求。从市场竞争的背景上来看,任何一个产品或品牌在消费者心目中的定位都是一种相对的概念,是消费者对该产品或品牌与竞争产品或品牌的差异性比较评价。在消费者的大脑中有一幅产品类别概念图,某一品牌在这幅图中的位置(当然是与竞争对手相比较的位置)就是该产品的定位,而这种位置是由消费者所认为的各品牌之间的联系所决定的。这进一步说明了定位虽然依据产品或品牌本身的一些有形因素,但更重要的是凝结在这种品牌之间的消费者的认知意识和品牌内涵,所以对于定位而言运用广告比改变产品要重要得多。作为市场营销和广告策划中一个具有革命性的概念,定位今天已经得到了广泛的应用。当企业把市场作为核心追求时,几乎每一步都存在着定位问题。似乎不仅仅是产品、品牌,包括企业自身、企业在竞争中所处的状态,都存在着一个定位问题。定位简直就成了新的市场环境下,达到与目标对象沟通的必然手段。

实施定位战略有各种各样的方法。但不论什么方法,其目的最终都是发展或强化品牌的某一特定形象在消费者心目中的地位。由于定位在实质上是把产

---

① 这里所提到的商品这个概念也许已经超越了经济学上对商品的界定。事实上,如果用营销学的眼光看待问题,一切对象凡涉及某种具有价值的交流和交换,都具有商品意义。当然,在很多情况下,这种价值表现得比较隐蔽,不是以简单的货币符号表示的。所以艾尔·里斯和杰克·特劳特在《定位》中把这种手段推广到政治、个人,甚至是恋爱。

② 〔美〕艾尔·里斯、杰克·特劳特:《定位》,中国财经出版社2002年版,第2页。

品与目标顾客的心理需求在特定状态下达到一种吻合,因而定位方法的两个极点就是作为实体的产品与代表心理状态的观念,由各种方式所形成的定位最终都可归于实体定位、观念定位或者市场竞争定位。

二、广告创意与广告诉求

创造性地把既定广告策略通过具体形式加以呈现,使得广告构思由概念转化为现实,这就是广告的创意表现。广告创意表现就是广告构想的符号形式,是对策略思想的一种物化状态。当然,广告创意表现不只是一种简单的符号组合和连接,而是一个概念强化、提高冲击力的创造。如果说在信息战略中更多的是关心"说什么",那么在创意表现中则侧重于"怎么说",也就是战术形式问题。广告创意表现大致而言可分为两个阶段。第一阶段即广义的创意阶段,这个阶段的核心是提出策略构想,确定有助于强化和表现策略的信息传播形式,借以吸引潜在顾客的注意力,达到说服目的。第二阶段是狭义所言的广告创作阶段,即制作广告作品,就是要找到一种最佳符号组合形式,能够充分而又巧妙地向潜在顾客传达信息内容,即传播学上所谓编码。我们首先阐述有关创意方法和创意构思的问题。

广告创意堪称是科学与艺术的一种完美结合。其科学性主要体现在广告创意所诞生的分解步骤上:限定目标、设定信息、选择传达。在这一过程中所采用的是典型的合理型思维,因为它把多处资讯加以综合和提取,最后形成了一个具有突破性的方向。在创意过程中,首先要明确的是营销计划。营销计划是对广告工作的理性指导。广告创意依据营销计划的指导,综合各种资料形成一种或多种创意构想,明白有力地告诉消费者:该品牌将可为他们带来什么利益,这个品牌为何适合他们。所以创意过程的初始在于形成创意构想。曾经有许多人阐述这一问题,广告创作人员对这一问题充满兴趣。通常,广告创意过程始于以下几点:

① 寻求事实。

A. 问题定义:指出问题所在;

B. 准备:收集并分析所获得的相关数据。

② 寻求构想。

A. 产生构想:试探性地列出构思作为可能的引导;

B. 发展构想:对构思进行选择和修改,并进行修饰、组合等处理。

这一过程从寻求事实开始,先找出问题所在,然后据此收集和分析相关数据,构思的原材料来自于所有信息源的信息。当然这里肯定有一些信息比其他信息更有用,比如有关消费者的第一手资料。在寻找事实阶段,应对广告目标有一个全局性的了解,广告目标是创意过程的起始点,同时也约束着整个创意过程。当然,适当地冲击这一约束也是被允许的,因此广告目标在创意中不能被看做是一个单方面的、固定不变的约束条件,而应看做是创造力、经验和管理相结合的一种指导。寻求事实阶段在各种被"消化"后,就进入了创意的核心阶段——构思产生阶段。要想使创意过程畅通无阻,关键是产生出多个构思文案。

在广告创作人员开始广告创意之时,对广告的整体框架进行一下思考大有好处:广告将运用何种诉求?比如,这个广告应该运用竞争性对比(理性)的方法吗?如果需要代言人,是专家还是大众欢迎的名人?尽管广告创意的灵活性和创造性不应受到限制,但创作无疑得益于知识的积累和规律的支配,这就包括对创意方法和创作模式的恰当运用。

"诉求"(appeal)就是广告进行说服的方式方法。"诉求"在一般意义上是将某一种或某一运动的宗旨,广泛地告知社会,通过有效地说明唤起响应和支持,在广告中就是告知并期望受众按照广告意志行动,它是针对消费心理或消费需求而传达信息或观念的一种表现方式,如"健康诉求"、"青春诉求"、"性诉求"等。在通常情况下,广告诉求可以分为理性诉求和情感诉求两大类。

一种是理性诉求方法。它作用于受众的理性动机,通过一系列逻辑认识,包括完整的概念、判断、推理等思维过程,对产品及广告信息主体加以真实、客观的评价,让受众做出理智的决定。理性诉求侧重于说明对消费者的利益承诺,它从商品的本位出发,其语言格式往往是:我是一个什么样的产品,具有什么样的特别功效,质量方面的保证,以及在比较中的优势。理性诉求是以事实说话,要求客观、公正、科学,不必过于修饰和加工,让消费者从事实的逻辑关系中做出自己的判断。所以理性诉求常常引用大量数据和原始资料,以此增强诉求力度。

另一种是情感诉求方法。情感诉求把广告指向消费者的情感动机,针对消费者心理、社会的或象征性的需求进行诉求,通过表现与诉求内容相关联沟通的情绪与情感因素来传达广告信息,在受众的情绪变化和情感冲击中,激发出消费者态度和行为的转变。情感诉求着重从消费者角度陈述广告产品能够给予消费者的实际利益,其语言格式是:这个产品将带给您什么好处。

对情感诉求进行细分,可分为积极(正向)的情感诉求与消极(反向)的情感诉求二类。前者强调从产品或服务中所获得的积极愉快的一面,或用愉快的理想的方式进行诉求,比如服装广告中采用成功、自信、美丽而富于魅力的模特儿,配合各种理想的环境来展示产品,就是要引起受众积极的态度或反应。而消极的诉求则借助于受众对某种状态的反向反应加以表现,如药品广告可能会宣传在缺少某种药物的情况下感受到来自疾病折磨的痛苦,以激起受众的担忧或恐惧。有时消极广告诉求也被称为恐惧诉求。情感诉求是向受众传达某种情绪或情感,借以唤起消费者的认同或偏爱,所以其在表情方式上通常以人类普遍感情为主,常见的情感有:性爱、同情、恐惧、情趣、幽默等等。

案例分析

杰出的广告创意:泰勒吉他

鲍勃·泰勒设计和装配吉他有20多年的历史了,他是一名工艺师,他的作品充分显示了这一点。泰勒吉他的市场售价是2000美元左右,高的甚至要到7000美元。世界上一些最好的吉他也都出自泰勒公司,但是其销量和质量却不成正比。于是,两位杰出的广告专家,著名美术总监约翰·维特罗(John Vitro)和优秀文案约翰·罗伯逊(John Robertson)共同创作了泰勒吉他杰出的系列广告。

泰勒吉他的营销问题是显而易见的,虽然在有限的专业圈子里,人们承认泰勒吉他是一种高品质的乐器,但是最大的问题是对于广大的业余吉他爱好者来说,泰勒吉他压根就没有什么知名度。吉他代理商反馈的信息是:"我们也知道泰勒公司的产品确实不错,但我们的顾客却从来也没有听说过你们的产品,没有人知道这个名字。"有鉴于此,他们制定了一个创意战略,就是让每一个吉他爱好者嘴里能提到泰勒吉他,如果广告成功,这些人在购买时,也许就会尝试一下泰勒吉他。

当时的竞争对手们的广告中,大都采用对比手法或者艺术界名人推荐,维特罗和罗伯逊认为,泰勒吉他广告必须全然不同,以显得卓尔不群,同时还必须反映出每只泰勒吉他的优秀品质,并且广告要能拨动人的情感。他们面临的挑战,在于要把所有的构思凝结成一个单一的"大创意",只有找到这个独特的模式,才能够制作出一系列独具特色的信息。这个杰出的创意是在研究了大量市场和竞争事实后开始进行的。最初的构思不断地在酝酿——5个、10个、20个……艰苦卓绝,直到灵光一闪出现了树。经过艰难的创意构想,他们找到了一种表现大创意的形式:树——因为木头来源于树。大量的树的图片:单纯的树、森林的树、雾中的树,要用大幅的,不仅仅整版,而是整版跨页。文案非常短小,略带幽默色彩向人们讲述森林与人们生活的微妙关系,广告完全采用情感诉求方式。其中一幅广告突出表现高原上一棵孤立的树,标题是:"其实,吉他最简单的形式就是一个木制的空盒,如何填满它取决于您自己。"整个系列创意的关键所在,是找到了广告所要达到的目标,并且基于目标寻找最合适的表现方式。最后整个杰出的创意系列都是以树为中心的。

图10-6　泰勒吉他广告

广告文案富有诗意,机智而又令人振奋:

在一双手中,一块木材可以变成客厅的咖啡桌,
在另一双手中,一块木材可以变为音色最甜美的吉他,
专为不打算弹奏咖啡桌的人设计。

图下的小字仍旧在延伸着主文案的机智:有些树变成了铅笔,有些树变成了纸张进而变成了吉他杂志,有些树变成了鞋楦,而有些树则变成了吉他,有些树集所有幸运于一身。广告大获赞赏,发布之后识别率惊人,销量也随之明显提高。从这里可以看出杰出创意至少有两个重要特征:受众共鸣和战略关联性。

案例来源:(美)威廉·阿伦斯:《当代广告学》,华夏出版社2001年版。

三、广告表现的符号形态

广告的创意表现就是广告符号形式在广告创作中的具体运用。受众对广告信息的接受主要依赖于视觉或听觉,所以表现广告创意的转达方式主要是相应的符号标志:文字、图像、声音。这些符号要素分别适用于不同的媒体:印刷媒体、影视媒体以及广播媒体等。对这些符号或者要素加以合理安排,并进行适当地组织合成,就创造了完整意义上的广告。

值得注意的是,每一种符号大都主要对应一种广告表达方式,如文字是印刷广告的主体,而且只有在印刷广告中,文字才能表现出自己特别的表达力度。图像所对应的是绘画展示和影视广告,这类广告非常强调视觉图像和文字表达,声音借助于人的听觉把广告信息表示出来。当然,尽管每一种符号都直接对应于某种媒介形式和受众接受机制,但并不是说这种符号都是孤立地运用。在大多数情况下,它们都是有机地组合着。比如平面广告虽然主要采取文字说明,但它通常配有各种各样的图案,相得益彰地表现着广告信息。影视广告则更是把图、文以及声响效果有机配合,构成自己特有的符号体系。广播广告虽然只能依赖声音,但事实上它也是广告文稿的另外一种表达。广告创作就是运用这种符号形式把广告创意加以延伸和深化,它不仅代表了广告说明的情绪状态和风格选择,而且因为作品类型不同,还形成了创意表现符号的区别。广告创作一般有三种类型的表现符号:广告文案、广告图像、广告音响。

其一,广告文案。

文案可以说是广告创作的基础。几乎广告史上所有的杰出人物,都是凭借着高超的文案水平赢得不朽的英名。现代媒体的发展虽然为广告提供了更加丰富的表现语言,但是无论怎样文案依然在广告创作中具有举足轻重的地位。所以进行广告创作,必须要了解广告文案的一些基本要求。

1. 不要期待消费者会阅读松散的文句。所以文案一定要精炼,要准确,陈言务去。切忌那种自我感觉良好的文字卖弄。

2. 避免运用类比句法。广告文案传达信息时要科学准确,不要用"就好像……"之类的文句去说明产品。

3. 要富有个性,感情真诚,容易被人记忆。提出产品定位,宣传产品特色,就是赋予商品一种个性品格。对于有个性的产品一定要用有个性的文案语言表述,否则将无异于其他。有个性的语言表述,必然贯注着真诚的情感,绝对不能矫饰造作,这样才易于理解,也有助记忆。

4. 在真实坦露中展现吸引人的魅力。许多广告在宣传中都不免有一种夸张,过于夸张有失于真实,甚至流于欺诈。广告文案要像是你在对自己的亲友倾吐一样,实话实说,通过真实的表白展现自己的风范。

其二,设计图案。

广告图案直接诉诸人的视觉,相对于文案来设计图案更加直接,在对广告的阅读中它往往先于文案进入人的知觉系统,而且几乎不需要像文字那样经过思维转化。所以图案设计一定要注意:

1. 在平面广告中图案要吸引人。通常图案是对文案的一种配合,图案必须要吸引人,以引起对该广告的关注。

2. 针对不同对象使用不同图案。不同类型的消费群体对图案的关注有明显的差异,图案要根据目标对象的特点设计。比如要吸引女性,最好使用妇女和小孩的图片。

3. 图案必须与文案相吻合。除了对文案的配合外,图案本身也是一种信息表达和传播元素,所以最好能表现出产品所提供的利益。比如文案讲一个减肥产品的效用,图案上最好就展示其玲珑的曲线。

4. 尽量用摄影图片代替手绘图形。摄影图片更加逼真,能够展示生活本身,有很强的现实感,受众感知中更加亲切甚至具有熟悉感,所以更能引起人的共鸣和关注。

5. 图案运用要遵循美学原则和视觉规律。设计必须平衡,空间布局赏心悦目,尽量使用某种力量使广告中各种元素融为一体,同时使广告所欲表现的重点得到应有的突出,成为人的视觉中心。

其三,电视广告。

电视广告是一种综合了文案、图像以及音响的表现手段,可以说在广告的表现符号中电视广告是最有表现力的一种形式。作为一种更加直接更加感性的表现形式,在创作过程中要把握其特点,使电视的表现优势得到充分发挥。

1. 努力通过画面来展示。影视的语言是画面,用画面来叙述比仅仅是文字和道白更具说服力。画面展示可感性、真实性很高。如果不能展示就不必强求,以免弄巧成拙。

2. 关键性诉求是自然流泻出来的。在画面表现中要水到渠成,不要让人感到突兀,觉得是硬拼凑出来的。

3. 尽可能地重复品牌名称,以加强品牌感染和记忆。

4. 把产品塑造成广告中的英雄。一则好的电视广告不是在于它的制作手法怎么好,如何细腻精致,而是在于它如何有效地实现了信息沟通,促动了产品销售。所以要着力推出产品,让产品成为中心,让人对产品惊艳不已,而不是让人觉得这个广告做得很好。

5. 推销从一开始就有,不必要做无谓的开场白。有些电视广告唯恐观众不理解,在前面用了许多铺垫,结果淡化了对具体产品的推销,等产品出现时广告已进入了尾声。

6. 多用特写,用近景代替远景。电视广告不是影视片,它要的是单纯和集中,不需要过于强调背景。近景和特写有利于强调画面,能够突出产品,便于观众注意和了解。

案例分析

全国品牌，区域推广："康师傅"广告的创新策略

15年前，康师傅第一碗红烧牛肉面在天津开发区诞生了，从此康师傅方便面伴随着"香喷喷，好吃看得见"的承诺飞进了千家万户。在成功地推出了"红烧牛肉面"这个畅销的产品后，康师傅又不断地推出许多新的产品、新的口味，以提供给不同地区消费者更多个性化的选择。在规格上也不断地推陈出新，使康师傅的销量连续成长。以"红牛"作为"金牛"产品奠定了康师傅在方便面行业中不可动摇的地位。

一、区域品牌策略开创营销蓝海

进入到21世纪，国内的方便面企业发展越来越成熟，方便面市场的竞争也越来越激烈。虽然康师傅拥有强大的品牌资产，可是原有的品牌策略支持其前进的步伐正在逐渐变缓，康师傅的下一步要怎么走？如何才能使康师傅这个品牌发展得更好，更加稳健，这成为康师傅发展过程中很重要的课题。

纵观中华大地，九百六十万平方公里养育着世界四分之一的人口，共有56个民族欢聚在这里，有着上下五千年的悠久历史，饮食文化更是博大精深。全国不同地区因自然条件、生活习惯及经济文化发展状况的不同，大众的口味喜好和饮食习惯也各有不同，这便造就了各地风格迥异的菜肴佳品。那么康师傅方便面是不是可以从这个角度出发去思考品牌未来的发展策略呢？研究各区域的饮食文化特色，并把它融合进方便面里？有了这样的想法以后，康师傅针对全国的每一个区块进行单独分析，把每一个区域当做一个单独的市场去看待，企图能够找到其中的特色与不同。首先，康师傅从中国的西南着手，进行饮食文化特色的分析。

四川，这个天府之国，是个有着浓厚饮食文化的地区，有着最明显的口味特色。而就是这个有着浓厚饮食文化的区域带给康师傅不小的启示：当地人喜好食辣，各种美食充满辣滋味，"无辣不欢"是川人最为典型的饮食特色。康师傅发现在这个区域里，麻辣牛肉口味的方便面在当地消费者中的接受度远远比红烧牛肉面更高，甚至在销售占比上已经超过了后者。但是依据当时的品牌策略来看，红烧牛肉面作为康师傅品牌的金牛产品，一直是康师傅品牌运作的重点投资，而其余的产品只是作为康师傅旗下除红烧牛肉面以外的口味的补充。如何能够让其他类似于麻辣牛肉这样的口味茁壮成长？如何能够让康师傅的品牌更加细分且进一步深植消费者心中？

在经过深入研究和多方面佐证后，2004年初，康师傅"油辣子传奇"这个

品牌应运而生并于西南成功上市。最初大家都以怀疑的态度去观望这个"新生儿"，然而短短不到一年的时间，"油辣子传奇"已经在西南带给康师傅巨大的销售贡献，销售量节节攀升，品牌知名度达到100%，销量几乎可与红烧牛肉面相媲美。这一成功极大地鼓舞了康师傅研发地方口味的信心。随后，康师傅又尝试着针对广东市场开发了"老火靓汤"，并同时针对西南市场开发了第二个区域系列产品"陈泡风云"，这两个系列的上市都取得了相当的销量。

图10-7　油辣子传奇　　　图10-8　本帮烧　　　图10-9　蒸行家

随着以上几个区域品牌的成功推出，康师傅越来越意识到口味对味对于消费者的重要性，并开始将区域饮食文化和区域口味的研发作为重要的策略方向。2004年中对华中、东北、西北、华东等地方区域进行了针对性考察和调研后，一举开发了华中"蒸行家"、华东"江南美食"、华南"老火靓汤"、西北"油泼辣子"、东北"东北炖"五个系列。以上系列上市后的状况进一步证实了康师傅依据地方饮食文化、发展区域系列产品战略方向的正确性，开创了康师傅中华美食的新篇章，同时也进一步巩固了康师傅方便面第一品牌的地位。

图 10-10　油泼辣子　　　图 10-11　江南美食　　　图 10-12　陈泡风云

2005 年以后,康师傅区域系列策略迅速发展,并且进一步地深入研究中国大陆每一地区的饮食文化特点,根据中华美食八大菜系进行创新突破,将消费者熟悉喜好的口味作为方便面口味发展的基础,陆续推出了符合各地饮食文化的新系列,如西北"酸香世家"、华北"酱香传奇"、华东"本帮烧"和"山珍海烩"等。如今的康师傅已拥有 12 个已上市的地方系列、3 个正在进行中的地方系列,未来将进一步细分市场,根据区域市场的进一步深化,逐步推出符合各省区域的区域系列。

当打造区域品牌的概念形成以后,如何在全国各地发展这个策略,塑造品牌?推广团队认为,任何一个品牌的建立都不是一蹴而就的,尤其是在这个品牌纷争的年代。康师傅选择了通过对各个区域的区域品牌的打造来支持区域品牌的策略。

二、老火靓汤——"煲"出广东营销新境界

广东有一俗语说:"宁可食无馔,不可饭无汤。"食饭饮汤是广东人日常生活的一部分,可见"汤"对广东人来说是多么重要,因此"靓汤"成为广东的代表,极其讲究,也因此享有盛名。广东的靓汤,选料极其严格,火候极其讲究。数十种汤料,还要加上数小时慢火煲炖,一煲好汤可谓价值不菲,不仅是美味,更是滋补;不仅是时间及原料的价值,更体现煲汤者的用心。

1. 策略基础:紧紧抓住广东人的爱汤情结。

针对广东人喜汤爱汤的情结,2004年康师傅着力在华南开发适合地方口味的区域方便面,秉承古代中医"药膳同源"理论精华,取正宗产地的食材,聘请专业老中医,采用传统民间养生保健配方,运用现代生物工程技术,经过多次的口味研发实验及消费者口味的调查评估,精心研发出了康师傅煲汤系列方便面,将煲汤与方便面结合,为华南消费者提供方便美食。

产品研发出来了,而"煲汤"系列方便面的核心价值是什么?如何与消费者沟通?这些是推广团队需要在传播上进行思考的。推广团队经过对当地消费者的深入研究,对他们的饮食习惯、消费习惯以及在食用汤品时候的情景和态度一一进行了分析,发觉"汤"对于当地的消费者而言是非常重要的,但是随着生活节奏的加快,生活在城市里的人煲汤的时间越来越少。而这时候,具有专业品质的康师傅煲汤系列方便面上市,正是满足了消费者的需求!并且推广团队完全有信心,康师傅方便面是经过无数次的研发得来的,口味是正宗、地道的。似乎一切都来得很容易,康师傅的核心价值就是"好像真的在煲汤",一语将康师傅的产品特色与消费者的内心需求联系到了一起!

核心价值的得出令推广团队的后续工作更加顺畅,产品的命名自然要以能够体现推广团队的核心价值为前提,并且是华南当地消费者所共知的,又能很好体现产品特点的,于是"老火靓汤"就这样诞生了。

2. 产品创意表现:Logo从"汤勺"到"煲"。

因为"老火靓汤"是康师傅旗下的一个地方系列,所以在视觉上推广团队需要给它一个符码,以便未来将该系列旗下的延展口味一并纳入其中,并且方便在未来与消费者进行沟通。经过广告公司一次次的提案,最终推广团队采用了新的Logo设计,使用煲汤过程中的必要器具"煲"进行呈现,并且一直沿用至今。在产品包装的设计上,推广团队的原则是一定要能够体现当地美食的口味特色,符合当地人的传统认知和审美习惯。所以在审视广告公司提出的包装时,虽然方便面的包装表现空间有限,但是每一个细节都需要考量到,甚至针对包装上摆放方便面的容器都要进行严格考量地方特色后进行筛选,并且一个系列里面的不同口味如果在口味特色上存在差异,一些设计的执行也需要有细节的不同,如容器、底纹等。

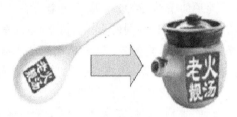

图 10-13　"老火靓汤"logo

电视传播：系列主题，攻克受众心智

广东老火靓汤之《老火办公室篇》

2004年，以"好像真的在煲汤"作为原点，将消费者最常见的一幕即在办公室吃方便面作为创意点子进行表现，突出核心主张"像真的煲汤一样"。表现方式是采用主人公对于正宗煲汤味道的寻找来突出沟通概念，突出产品利益点。

图 10-14　老火靓汤之《老火办公室篇》

广东老火靓汤之《老火老鸭篇》

2005年，继续堆砌"好像真的在煲汤"这一核心主张，表现地点改在家里，采用年轻人对煲汤味道的寻找来体现产品特色。

图 10-15　老火靓汤之《老火老鸭篇》

广东老火靓汤之《老火舞狮篇》

2006 年，与前两年的沟通主张一样，只是在表现上加以调整，累积老火靓汤在消费者心目中的地位。

图 10-16　老火靓汤之《老火舞狮篇》

三年下来，"好像真的在煲汤"这一沟通主张已经深植消费者心中，该系列产品也成为当地消费族群喜爱的煲汤口味的方便面。

三、东北炖——"炖"出东北市场新豪气

在2004年"老火靓汤"成功上市的同时,康师傅在全国引爆了中华美食地方系列的战略,推出的"蒸行家"、"江南美食"、"东北炖"、"油泼辣子"分别在华中、华东、东北和西北上市。

1. 策略基础:无缝契合东北人的炖菜传统。

在东北,最让人耳熟能详的地道传统菜就是炖菜了,小鸡炖蘑菇和酸菜炖排骨更是其中的代表。于是,康师傅通过对东北大小菜馆里面炖菜的品尝、研究和反复的调制实验,再经过东北乡亲的试吃、评论,在研究、试吃、讨论无数个这样的循环之后,终于开发出了地道的炖菜系列的方便面。

2004年研发之后,推广团队在进行该系列核心价值提炼的时候想到:东北是冰天雪地的北国,一年以冬季时间最长,而炖菜又多是在冬天食用的,让人吃了心里就觉得暖,更是体现了东北人待客的热情劲,于是"这个味儿暖"便结合着东北菜系的特点和东北人的热情悠然诞生了。给这个系列命名的时候,同样考虑到东北人热情、直爽的个性,所以命名最好也能够直来直去,免去过多的诗情画意和联想翩翩,是什么就叫什么,干脆、直接,于是"东北炖"这个直爽的名字产生了。

图10-17 "东北炖"logo

2. 产品创意表现:Logo从"汤勺"到"大铁勺"。

东北炖系列的Logo和包装的设计自然也要体现东北人的大气和豪爽。作为系列识别的符码,东北的炖锅是一个很好的象征物,配合"东北炖"的名称自然运用。包装设计也是采用了炖菜中使用的元素之一"大铁勺"作为容器进行口味特色的表现。

3. 电视传播:情景描述凸显地域特色。

广告片也围绕着推广团队沟通的核心主张进行表现,选择了东北冰天雪地

的冬季进行描述,以大锅炖菜生动地表现出产品特色。

东北炖之《东北白山黑水篇》

在产品上市两年后,推广团队发现,东北地区虽然冬季时间长,但是夏季也是非常炎热的。"这个味儿暖"到了淡季如何与消费者沟通?所以,推广团队对"东北炖"重新进行了价值梳理。东北菜重的是情义,轻的是客套与花样,菜如其人,很有几分东北人的特点,粗犷豪放,不拘一格。大盘的肉、大碗的菜、大杯的酒,透着那么实在!对!实在,这个味儿实在!新的沟通主张有了!

图10-18　东北炖之《东北白山黑水篇》

东北炖之《东北出游篇》

在广告片的创意表现上则围绕着新的沟通主张,并结合当下消费族群所喜好和向往的行为着手。"自驾游"已经成为时下年轻人喜欢和愿意参加的休闲娱乐项目之一,于是推广团队把这一行为加入到广告的表现中,使产品更贴近消费者的生活,在提供消费者地道方便的地方美食的同时,带给消费者一种对于生活的积极乐观的态度。

结束语:基于以上的成功经验,康师傅在各区域迅速推广区域商业活动,并在各区域都取得了不错的成绩!短短几年的时间,康师傅区域系列的成功推广,不仅仅为康师傅赢得了区域市场的稳定地位,并且为康师傅在消费者心目中的品牌形象大大加分。康师傅还将沿着这条品牌路线持续稳步地走下去,提供给消费者更多更好的选择。

图 10-19　东北炖之《东北出游篇》

案例来源:《广告人》2008 年第 3 期。

思考题:
1. 为什么要把广告目标看做是可测量性目标?
2. 广告经营管理中如何确定可行性目标?
3. 简述广告策划的四个阶段及工作流程。
4. 结合实例谈谈为什么说定位是进行广告策略开发的基本路径。
5. 简述广告创意表现的两个阶段。
6. 怎么理解广告创意是科学与艺术的完美结合?

第十一章
广告调研与评估

本章将着重阐述下列问题：
- 广告调研与广告评估的作用是什么？
- 广告调研包含哪些基本内容？
- 广告调研的基本程序和方法是什么？
- 广告管理中如何界定广告效果？
- 广告效果评估有哪些基本的模式和方法？

第一节 广告调研评估的价值

广告调研评估实际上指的是两个方面的内容，即广告市场调研和广告效果评估。由于这两者都是关系到广告经营管理中对于广告效果的实际作用，且两者在操作方法上有许多相似性，所以本章将这两方面内容一起论述，以便于更好地认识广告市场调研与广告效果评估，以及它们对广告运作管理的管控作用。

一、广告市场调研分析

事实上广告市场调研通常是在广告策划创意之前进行的，其目的是为了帮助进一步有效地明确广告策略和创意表现。通常在调研中了解竞争状况和营销环境，有利于更加清晰地认识细分市场和目标市场，并在此基础上提出广告目标和广告定位。而广告效果评价则往往是广告策略实施之后，对营销传播价值的一种责任审计，既然广告是一个有意义的目标行为，那么这种评估就具有必然意义。由于广告所具有的宽泛的涵盖面，以及广告运作中的多重关联性，所以这种评估就不只是某种单一指标的简单衡量，作为一种综合评价，它是建立在广告调研和信息效果达成之上的。

不论是在企业的整个广告战略中,还是在营销战略的过程中,市场调研都扮演着非常重要的角色。通过市场调研,企业才能找到问题的症结所在,找到解决问题的方法。比如消费者反映产品没有吸引力,企业就要注意新产品的设计,改进产品的款式和功能;如果消费者对广告的内容没有印象,企业就要进一步合理地进行广告诉求,加强广告的感染力;如果消费者对企业和产品的认知度都很高,在市场上却买不到产品,这就说明企业的销售渠道不够宽广,企业应注意销售网络的铺建。可见,市场调研对于企业而言非常重要,它是企业开展营销活动的基础,企业要对它有足够的重视,要结合自身的能力和市场的要求在调研的基础上做出综合的决策。

(一) 市场调研的基本原则

由于开展市场调研需要花费大量的人力和物力,不论是委托广告公司进行调研还是企业自己组织人员进行调研,所投入的费用都不可能回收,因此,市场调研一个最基本的原则就是费用的节省性。当然,节省费用也有一个前提,那就是所获信息是有用的,是为企业进行营销决策时可以参考的。除此以外,就是调研的时效性。一项大的调查往往会持续较长的时间,市场的瞬息万变要求企业的广告计划乃至营销计划也要不断地修正,因此,企业要在第一时间内掌握信息才能制定出应对市场变化的决策,这就对市场调研的实效性提出了要求,要求为发展广告和营销活动所做的市场调研必须紧密配合企业市场活动的最佳时机,不能等到市场情况发生很大变化后才拿出调研的结果。

(二) 市场调研的分析方法

企业在完成市场调研后需要对得到的数据进行整理和分析,剔除无用的信息,对有用信息进行提炼,在这个基础上做出科学的预测。否则,没有通过分析和研究的调查数据对企业而言是毫无意义的。一般来说,现在在调研中比较常用的有两种方法:定量分析和定性分析。

1. 定量分析。定量分析是用数学和统计学的方法,对使用定量调查得到的数据和资料进行精确的数理统计,在统计结果的基础上对提出的问题做出客观的判断。而定量调查就是对一定数量的有代表性的样本进行封闭式的访问,关于定量调查的方法(如面谈法、电话调查法和邮寄调查法)我们在以下章节再做详细介绍。企业采用定量分析方法有助于避免管理决策层的主观倾向性,它对问题的分析精确而且客观,但由于它所使用的数学统计学方法,又限制了它对宏观问题的把握和预测,因此它比较适用于对微观问题进行分析。

2. 定性分析。定性分析是用较少的抽样,以决策者的经验分析为主对使用定性调查的问题做出有一定主观倾向性的判断。定性分析是一种以小样本为基础的探索性的调查研究方法,目的在于对问题的定位或启动提供比较深层次的理解和认识。企业采用定性的分析方法有助于预测宏观问题,也能帮助他们理解消费者内心深处的动机和感觉,如消费者对产品的使用感受和评价。此外,与定量分析方法相比,定性分析的结果能更生动地帮助企业决策人员理解定量调查的各类数据结果。

总之,定量分析和定性分析各有侧重,对企业调研人员的要求也较高。在做定量分析时,调研人员要有比较长远的眼光,要能对市场中的消费文化和消费者的行为心理有所认知和理解,不能只限于数字;在做定性分析时,调研人员要避免受到个人情绪和价值观的影响,尽量以客观的立场,从消费者的角度来看待问题。最合适的办法是,在调研中把定量分析和定性分析结合起来使用,否则偏重一方忽视另一方只会带来灾难性的后果。

(三) 调研中要合理利用信息资源

现代社会是一个信息社会,信息的迅猛增长和瞬息万变对企业的发展提出了新的挑战。不少企业家和经济学家都认为,控制信息就是控制企业的命运,失去信息就失去了一切。事实也的确如此。没有资金,企业可以通过贷款和建构解决;没有情报和信息,企业的生存和发展就岌岌可危了。从策划的角度来看,企业成功的营销活动本质上就是靠信息的重新组合和有效排序来指导的。因此,调研人员在市场调查的过程中除了要收集与本企业及产品有关的信息外,还要有意识地了解市场上的一些其他信息。如对报刊、电视、网络等媒体上的信息进行筛选,大众媒体上的海量信息可以为调研人员提供一个灵感组合的来源。可口可乐公司就是一个例子。该公司在北京申奥之际就一直非常关注事件的进展,并设计了两种营销方案,一旦媒体宣布北京申奥成功就推出庆祝申奥成功的特别包装,如果失败就按兵不动。结果在北京申奥成功、国民群情激动之时,可口可乐适时地推出了特别包装,在赢得市场的同时也博取了消费者的欢心。

此外,在对产品进行调研的时候可以留心同类产品的优劣和消费者的反应,从中捕捉有利于改进本企业产品设计的信息。如在调研中,生产超级牌红茶的厂家发现由于传统的包装设计在第一次打开后很不方便消费者的存储和再次使用,因此特别设计了拉链型的包装,结果销售量比以前有了很大的提升,市场的良好反响证明了消费者对这种包装的肯定。有时候生活中的一些信息与企业营销人员头脑中的知识结合起来也能产生不少灵感。比如,在快餐面风靡市场之际,不少有营销头脑的企业就借势推出了快餐粥和快餐粉丝;传统熨斗要求消费者准备熨衣板,就有商家推出了悬挂式熨斗;普通台式电脑体积大,不易携带,就有商家设计出笔记本电脑——这些都是生活中的信息带来的商机。

二、广告传播效果评价的基本指向

效果评价一向是营销传播尤其是广告战略中一个比较敏感的问题,究其原因主要是因为在广告主和传播机构之间,有关效果认识的出发点往往有所不同。正因为这样,多年来作为营销传播主要形式的广告运作,提出了多种不同的评价方法和评价体系,但不论如何变化,这些评价标准的唯一指向,都是力图说明广告对预定信息目标的完成。和一般广告以及其他促销形式评价所不同的是,广告传播评价与效果衡量需要注意两个纬度上的可能。一是基于信息达成和传播效果的考量,这与通常的广告效果衡量具有某种一致性;二是广告作为一种整合营销传播工具,由于把建立顾客与相关利益者关系作为实现品牌价值的根本追求,所以效果衡量还必须从整合过程中评价其对顾客和相关利益者关系的促进。

从某种意义上说,评价广告所达成的顾客与相关利益者关系,并不完全是一个指标设定问题,它在很大程度上是一种具有感觉意义的定性观察。因为无法运用数据来说明顾客以及相关利益者对于品牌的关系程度,只能大体表述这种关系倾向,因此这种评价更加侧重于过程描述,诸如品牌信息集中性如何、着重于解决顾客的哪些认识问题、所选择的方法是否适合于信息传播等等。具体而言,在评价顾客与品牌之间关系促进时,主要必须做的是两个方面的工作:其一是有关品牌信息设定是否有利于促进品牌与顾客以及相关利益者之间的关系;其二是在整合营销传播执行过程中,步骤和环节是否有利于达成这种信息,并进一步促进与顾客以及相关利益者的关系。虽然在对这个问题的评价中,不可避免地也需要一些数据和量化的分析方法,但是出于逻辑的和质性的评价却是最为重要的。可以说,数据和量化方法在这里只是逻辑和质性方法的一种参考,或者是为后者提供分析基础。

在一般广告以及其他营销传播效果测量方法中,偏重于数据分析和技术测量。在很大意义上说,这些数据分析和技术测量,可以帮助确认某一个具体问题,比如有多少顾客接触到了信息、顾客受信息影响的程度如何、传播结果是否达成预期目标等等。由于效果评价不仅仅是营销传播活动完成之后对结果的评价,它也是一种有效的管理方法和调节工具,因此这些技术性的分析和测试可以贯穿在营销传播活动的整个过程之中,除了对结果进行分析评价外,还有营销传播之前的预先测试,以及营销传播进行中的跟踪测试。

广告传播效果评价相对于广告策划创意而言,具有更多的技术意义,它在一定程度上更是一种操作战术。然而必须提请注意的是,不论是战略性的还是战术性的,整合营销传播在本质上是一种更加有效的营销传播运作方式,因此这些效果评价都不可能脱离对成本的评估，也就是说广告评估在本质上要求广告结果必须是在提高传播效果的同时，也大大降低传播成本。

第二节　广告调研的基本方法

要开展成功的广告运作，广告调查是必不可少的。只有真实地了解了市场和消费者，才能做出正确的选择，任何对市场和消费者的主观臆断，对广告和营销的成功都是一种潜在的危险。什么叫广告调查，广告调查的主要内容以及广告调查的程序和方法都是我们所要探讨的问题。

一、广告调研的基本内容

广告调查和市场调查有所不同。市场调查是对市场、竞争、价格等与营销决策有关的信息进行全面调查和分析，并将得出的数据和结论与营销管理者沟通的过程；而广告调查则偏重于对广告运作有关信息的调查，其目的是使广告活动踏实、周详，并尽量避免广告费用的浪费。比较起来，广告调查可以看做是市场调查的一个部分，且是为市场营销决策的一个局部目标而进行的。在广告经营管理中，广告调查工作尽管可以在市场调查计划中予以整合，但重点应该掌握的还是广告运作或某个品牌的广告策划及实施后的市场反应资料。具体说来，根据广告运作展开的步骤，我们可以将围绕其进行的所有调查研究，划分为以下几个方面：

1. 市场及竞争调查：主要针对现有消费者、潜在消费者、竞争对手、产品、价格而展开，目的是为了研究现有消费者的消费习惯、潜在消费者的特征，以及市场现有的规模和发展空间、竞争对手的实力和策略等。

2. 广告策略调查：针对广告策略发展而进行。广告策略是企业广告运作中一项非常重要的指标，它不仅包括企业对于自身产品的定位、广告定位所做的决策，还包括广告的信息策略和表现策略，即广告说什么和怎么说的问题。

3. 媒体调查：针对媒体选择、媒体用途及媒体组合的调查。由于媒体费用在整个广告预算中是一笔非常大的开支，所以选择性价比较高的媒体也是企业营销人员的职责所在。由此也可得知媒体调查的主要目的就是要掌握广告信息达到目标市场的效果与效率，使之在广告预算范围内发挥最大的效用。

4. 广告效果调查：包括广告运作的效果事前检测（如广告运作展开前的样本市场广告发布效果检测）、广告运作开展过程中的事中检测（对广告运作的开展进行跟踪检测，以便及时发现问题，解决问题）和广告效果的事后测定（广告活动效果的最终测定)。

5. 广告公司调查：企业广告的运作涉及选择一家合适的广告公司，并与之保持良好的合作关系，所以在选择广告公司时也需要进行调查，掌握真实的情况。

二、广告调研的程序

尽管广告调查的具体程序往往因市场而异，但其基本步骤大致相同。由于调查的效果与科学的工作流程有着直接关系，所以我们很有必要对广告调查的基本程序做一番解析。

1. 明确调查目标。明确所需要的信息究竟是什么，这是广告调查的第一步。广告调查首先是由问题引起的，如果营销工作中有了足够的资讯，那也就不必进行调查了。在确定所需信息时需要注意的是，广告调查的目标必须与广告目标保持一致，否则得到的信息将是无用信息；另外，对所需信息的界定尽量有一个明确的量化指标，不能太过笼统和含混，以便于后期的数据测定。

2. 准备实施方案。一旦调查目标得以确认，下一步要解决的就是如何去收集信息的问题了，即调查方案的确定。如采用什么方法和技术来实现调查的目的、估算调查所需的时间和费用、调查人员的安排等。这些方案可以采用计划书的形式表现出来，使之成为一个调查设计的框架结构，便于系统管理。

3. 具体执行。根据调查计划书有步骤地展开工作，收集所需资讯。在执行过程中，要严格注意对时间的控制，最好是按照调查的各个阶段的执行时间进行估计和分配，因为广告调查具有很强的时效性，不能让它落后于市场的变化。其次，对调查过程也要实施有效的监控，以及时地发现问题，解决问题，保证调查顺利进行。

4. 数据整理及分析。调查完成后，要对收集上来的信息进行分类，剔除无用信息，然后将余下的有用信息录入电脑，再采用数据分析法或逻辑分析法对其进行深入的研究，挖掘出数据背后的意义，把调查中的发现应用到广告操作中去。

5. 撰写调查报告。广告调查报告的撰写是整个调查活动的最后阶段，它的主要使命就是把调查结果用文字和图表的形式表现出来，然后传递给相关决策部门。一般来说，一份好的调查报告应该包括序言(介绍调查的基本情况，由扉页和目录组成)、摘要(介绍调查所获得的成果以及不足之处)、引言(介绍调查的背景)、正文(由调查方法、调查结果、结论及建议组成)、附录(与正文相关的一些资料，如图表、调查问卷等)。

三、广告调研的方法

在广告调查的过程中,往往需要收集大量的第一手资料,相比较二手资料(已存资料)的简单易得而言,第一手资料的收集较为不易,需要采取多种方法来收集原始资料,所需成本也更高。在这里,我们介绍几种最常用的调查方法:

1. 观察法。它是指通过观察被调查者的行为获取资讯。它可由相关调查人员到现场执行(如观察消费者的购买决策过程、同类产品的销售情况等),也可以通过仪器进行观察,由仪器连续记录消费者的行为过程。

2. 试验法。指通过对试验样本的数据分析,得出对总体的推断。在广告活动中,用得比较多的是在广告发布前的预测试和广告运动展开前的市场反应测试。在广告发布前,将广告的目标消费群样本置于一个特定的环境中,通过试验装置观测其对广告的反应。在广告运动开展前,选择局部市场做一个广告的投放试验或销售点做一个销售试验,以检测市场反应。

3. 调查法。它主要包括小组访谈法(将受访者集中,由主持人负责组织深度讨论)、问卷访问法(以问卷形式要求受访者作答)、面访法(调查者与受访者当面就某些问题进行交流)、电话访问法(以电话为媒介对受访者进行调查)、邮寄调查(将问卷寄出,受访者填好后回寄给调查者)。

第三节 广告效果的评估模式

广告是企业有目的的投资行为,因此对广告效果和广告价值的评估,就是企业广告运作的必然选择。由于广告本身在发生作用的过程中具有相当的不确定性,因此,长期以来对广告效果和广告价值的评估结果并不乐观。这里主要就评价标准和评价方法做一些简单介绍。

一、企业广告的价值

任何企业的广告行为都是一种商业行为,包括各种营销广告和公益广告,所以广告价值本质上就是广告所产生的商业效益。但广告本身是一种公开化的社会经济行为,因此商业行为和商业追求也涉及一种社会价值的认同。

(一)企业广告的价值取向

广告能利用当今各种最能引人注目的先进媒体,在供需双方之间进行信息沟通,在创造商品和企业形象之余,改造消费者的心理期望,而广告对各种创造价值的方式和手段的运用使得广告早已不是单纯的实用功能说明,而是包含着复杂的文化内容。可以说,如今的广告不仅负载着价值,更渗透着价值。尽管我们不能要求企业和广告公司都是道德家,但对于广告的表现形式,企业应该具有自律意识,避免不健康的价值取向,应做到:

1. 坚持广告的可信度。防止虚假性广告、夸大性广告、遮蔽性广告误导消费者。

2. 坚持广告的公正性。现代广告往往通过象征性的内容向消费者传递丰富的价值观和文化内涵,企业应该掌握好其中的度,处理好同消费者之间的利益关系,不能只站在企业的立场和角度来看待事物。

3. 坚持广告的艺术性。广告既是一种艺术表现,也是一种经济活动。企业需要解决的问题是:怎样使两者完美地结合起来,避免广告的低俗化倾向,使消费者在感到愉悦的同时,也能接受广告所传递的商业信息。

(二)企业广告的商业价值

企业做广告时,除了要注意上面所述的价值取向,相应地承担一定的社会教化和文明养成的责任以外,还要重视广告的商业价值。一般而言,企业做广告,最直接的目的还是为了追求经济效益。一个广告成功与否,在很大程度上就是看它的经济效益。在这里我们谈到企业广告的商业价值,主要探讨的是它是如何通过大众传播媒介,向用户传递信息、施加影响、促进商品销售的,而广告的商业价值如何评价,也有一些指标加以衡量:

1. 广告是否吸引了人们,特别是目标消费者的注意力。现代人每天都会接触到铺天盖地的信息,这些海量的信息实际上已经超出了人们的消化能力,因而在社会活动中,人们往往只会吸收自己有兴趣的信息资源。吸引受众眼球,从来就是广告的第一要务。

2. 广告是否能激发消费者的情感,突出本企业商品在消费者心目中的地位,增进其对该商品的信任感。据研究表明,大部分的消费者在购买时都是不理性的,对于关注程度较低的商品更是如此。因此激发消费者的情感,让他们对本企业商品产生好感非常重要。如著名的食用油品牌"金龙鱼"的广告,一贯以"温暖的家庭亲情"为诉求切入点,激发了广大消费者的共鸣。到了企业发展的中期,该产品的广告诉求一改往日的温馨风格,改走理性诉求路线,提出了"1∶1∶1"的口号,以表明食用油质量上乘。但由于广告表现含糊不清,很多消费者对此口号都表示无法理解,后来金龙鱼更由于涉嫌广告虚假宣传被消费者告上法庭,市场人气大不如前。痛定思痛之后,金龙鱼终于舍弃了这一概念游戏,广告诉求重归亲情路线,市场反应随即反弹。

3. 广告是否能唤起消费者的购买欲,增强商品的销售能力,扩大企业的市场占有率。尽管销售额不是衡量广告效果的唯一标准,但也是其中一个非常重要的指标。对大部分企业来说,对广告最直接的要求就是能带动销售量的上升,在市场上占有一席之地。还是举一个食用油的例子,"鲁花"花生油在央视投放广告之前,只是一个偏安一隅的无名小辈,尽管该产品的质量上乘,在花生油的压榨技术方面也是一大突破,但也仅仅只在企业所处的小区域内有些名气。投放广告之后,鲁花的知名度有了很大提高,销售能力也大大加强。

4. 广告是否培养了新的需求市场,发挥了市场扩容的功能。高明的广告除了成功劝服消费者购买本公司产品、扩大市场占有率以外,还能培养新的市场需求,获得更多的利益。能否培养新的公众需求市场,从很大程度上要看广告是否能够创作出一种新的概念或者说在原有商品的基础上不断地推陈出新,在保留原市场的同时到别处另觅商机。如绿箭口香糖,在初入中国市场时表现不尽如人意,因为在彼时的中国,国人根本没有嚼口香糖的需求,也不知该产品对自己有何好处。因此,绿箭口香糖灵机一动地提出了"清新口气"这一全新的概念,不厌其烦地告诉消费者绿箭的利益点,这一概念的提出不仅培养了一个全新的口香糖市场,绿箭也当之无愧地成为这一市场上的龙头老大。

二、广告效果的界定与管理

毫无疑问,在企业广告的运作中,无论怎样的广告追求和广告行为,归根结底都是为了实现广告目标。广告效果测定作为一种确认目标达成的调控和检测方式,当然也不例外。这种认识从某种意义上直接限定了对广告效果的认识。

(一) 关于广告效果的基本认识

有几种观点可以加深我们对广告效果含义的认识。第一种观点认为,对广告效果的测定,反映在广告是否实现了确定的目标。比如,如果把广告目标界定为直接销售业绩的提高,那么就必须从广告播出前后销售额的变化上来判断广告效果。如果把广告的目标确定为提高产品知名度或树立公司形象,那么消费者对产品的认知情况或者公司美誉度的提升情况就是一个判断标准。但值得注意的是,在对广告效果的测定中,往往有一种简单地把广告效果与销售效果等同的认识。我们认为,销售业绩虽然与广告有着密切的关系,但并不能简单地视为广告的直接反应,销售业绩是整个营销组合的结果,广告对销售的促进是通过对消费者的态度和行为产生影响来实现的。所以对广告效果的测定,主要应是对广告信息效果的评价。它大体包括三个方面的内容:

1. 广告信息内容效果。对这一方面的评价和测试,主要是要弄清广告是否按照既定策略准确完整地表达了主导信息。

2. 广告传播效果。根据传播过程,我们可以将传播效果划分为几个阶段,在每一个阶段对广告的具体反应做出评价。具体分法有很多,比较常见的如 AIDA 模式把广告传播效果分为四个阶段:"注意(attention)—兴趣(interest)—欲望(desire)—行动(action)。"

3. 广告对市场或销售的直接影响。发布广告信息最根本的目的是有利于企业目标市场的拓展和销售的提升,尤其是一些直接促销广告。所以,比较广告前后的市场占有情况和销售额变化情况,同样也是评价广告信息效果的一种方式。

另一种观点认为,广告效果主要是指广告的传播效果,由于企业和广告代理公司往往对广告效果的认识有所差异,所以应从广告作用的不同层次上评价:

1. 认知层次效果。即广告在多大范围内取得了传播效果,有多少人看到或听到了广告信息。

2. 态度层次效果。即广告信息在受众接受之后,对受众的影响怎样,其渗透程度如何。

3. 行为层次效果。即广告对消费者的购买行为和购买决策起到了何种促动作用,帮助销售了多少商品。

在实际应用中,第一层次的认知测定有利于对广告创作和广告文案的评估;第二层次的态度测定有利于判断广告促动是否成功;第三层次的行为测定有利于评定广告是否确实属于正确的营销手段。值得注意的是,除了第一层次之外,态度和行为测定在实际操作中比较难以掌握。

对广告效果的认识还有其他方面,诸如心理效果、社会效果、经济效果等。但从广告效果测定上来讲,应该说罗斯·科利所倡导的 DAGMAR 法是我们今天所能看到的最好的方法,他强调了一个基本事实:广告目标应是广告能够完成的沟通的任务,这个任务必须具体明晰,要能够测量。所以,广告目标在某种意义上就是衡量广告效果的标准和尺度。

(二) 广告效果的动态管理

由于广告目标的设定往往是在广告实施之前对市场反应和市场预期的一种设想,它的基点是信息对消费者的促动,而信息传播和消费者行为等在现实中都具有某种可变性,所以在进行广告效果测定时,必须注意动态管理。

1. 要认识到大多数广告运动都是机动灵活的,广告目的虽然有某种确定性,但其弹性空间也很大,因此在大多数情况下往往不能准确地对其效果进行测定。

2. 广告运动在其实施和发展中,往往会出现以前未预料到的变化,在这种情况下,效果测定方法也应随着广告目标的变化而进行相应的调整。

3. 由于广告效果的实现往往是一种积累效应,在时间上明显地滞后,所以在测定广告效果时要考虑到这种延时性。

4. 在广告对人的认知和行为反应中,影响广告效果的变数很多,广告所达到的超出目标设想的效果也很多,也就是说广告除了有直接效果外,还具有某种间接效果,虽然有时广告并不一定直接起作用,但它可以激发其他促销形式的作用。

三、广告效果测定方法

企业在发动广告活动之前,最担心的就是广告效果究竟会如何,是否能达到预定的目标。所以,对广告效果的测定不仅包括广告效果的事前测试,还包括广告效果的事后测试。

(一) 广告效果事前测试法

进行事前测试是为了确保信息的有效性,通过事前测试弄清和消除有可能导致消费者混淆或产生消极反应的某种广告信息障碍,使得广告作用和信息的传达更加有利。在事前测试中常常采用的一些方法是:

1. 数据统计法。

$$印刷媒体阅读率 = \frac{接触(注意)广告人数}{媒介发行量} \times 100\%$$

$$电波媒介视听率 = \frac{接触(收视)广告人数(户数)}{电视机(收音机)拥有量} \times 100\%$$

$$广告记忆率 = \frac{对广告节目有印象人数}{收看广告节目人数} \times 100\%$$

2. 仪器测量法。主要是借助一些专门仪器对广告效果进行测定。如视向测定,可以测定出眼睛的移动,记录下印刷广告中目光每秒停留60次的视点,从而得知读者看到了什么,视线主要集中在广告的哪一部分;皮肤触电反应,可以用来测定广告受众在听到广告之后因刺激所引起的注意与记忆等情绪反应。其他的诸如节目收视记录器、测瞳仪,都是被用来测试广告效果的仪器。

3. 问卷测试法。通过一种精心设计的问卷,要求受众对其中的问题做出回答,以便测定消费者对广告的反应,进而判断哪种信息最能够传达广告的关键内容。问卷测试也包括直接提问,这对从多种广告方案中比较选择尤为有效。

4. 等级测试法。让受测者把所测试的广告,根据自己的评价一次排列出来。比较常用的是以广告的说服力为依据,进行由高到低的排列。

(二) 广告效果事后测试法

如果说广告效果的事前测定主要是基于广告决策的需要而进行的话,那么事后测试则是对广告实际效果的确认,是要弄清广告是否按照目标要求和预期完成了自己的任务。进行事后测试的项目有很多,我们根据广告的传播沟通效果着重介绍几个方面。

1. 认知测试。认知测试主要是理解受众对广告所传达信息的知晓程度,通常用于有关知名度的调查。完成认知过程是有效广告的必要条件,也是最基本的条件。如果一个广告在被调查中没有受到消费者认知,那么它就不可能发生作用。在有些情况下,认知也被用来调查受众对广告的认知程度。如著名的斯塔奇测试法,在对印刷品广告的调查中,要求浏览过广告的人回答三个层次的问题:

第一是注目率:指读者在特定印刷品中曾经看到过某一广告的频率。

第二是阅读率:指读者看到广告后在何种程度上阅读了广告,并且能够明确指出广告的品牌或服务。

第三是精读率:指读者将广告中的文案已阅读了一半以上的比率。

2. 回忆测试。回忆测试比认知测试更进一步,它能了解广告的冲击力和对消费者的渗透程度。回忆有两种方式:一种是辅助回忆,给测试者某种提示以便其能据此说明广告内容;另一种是无辅助性回忆,提出名称请受众通过回忆说明广告信息的内容。

3. 态度测试。主要是测试广告在受众心理上的效果,测试内容是消费者对广告品牌的忠诚度、偏爱度以及对其总体的印象。在方法上可采用多种形式进行,如问卷、检查表、语言差异、等级测试等。在测试中主要用不同的程度登记来表达测试结果,例如:

极不喜欢—不喜欢—无所谓—较喜欢—很喜欢

4. 购买行为测试。这种测试是对消费者购买选择的实际考察,它强调了购买行为的改变,试图在产品销售量与广告有效达到之间建立起某种数学模型。比如,受广告影响的实际购买率测算、广告产生效益测算、广告促进增长速度测算等。

有关广告效果测试的方法还有很多。必须指出的是,没有任何一种方法能够完全满足广告研究的所有需要,因此各种测试方法应该综合运用,合理选择,但最基本的一点,是看这些方法是否有效而可靠。在有效性上,主要考虑三个因素:

① 确切把握广告努力追求的目标,对不同侧重点、目标的测试具有很大

差异。

② 受测者应该具有对目标市场的代表性。

③ 尽量减少由于测试环境的影响而造成的结果失真。

案例分析

阿迪达斯 08 奥运影视广告测评研究

2008 年 6 月,在第 55 届戛纳广告节上,由上海 TBWA 腾迈广告公司为阿迪达斯公司所做的名为"一起 2008,没有不可能"的系列广告,摘取了中国广告参节 13 年来的第一个金奖。研究该广告可以管窥戛纳广告评奖规律,进一步推动中国广告第一金之后的戛纳进程,同时对该广告的传播效果也是一个检测。虽然该广告获得的是户外广告金狮奖,但对它相应的影视广告作品进行研究,更能挖掘其价值所在。

本次测评以在线"阿迪达斯 08 奥运广告"视频广告为检测目标来完成问卷检测工作。问卷涉及"总体评价"、"传播特性分析"、"表现分析"、"镜头分析"、"动画元素分析"、"文化意义分析"6 个部分。最终的有效问卷资料为 56 套,经过统计分析,结果如下:

1. 总体评价。

根据国际广告协会和国外广告界"5P"、"5I"和"优秀影视广告作品的标准",测试组攫取"给消费者愉快的感受"、"要有首创、革新、改进"、"明确的主题"、"直接的即时印象"、"生活的趣味"、"冲击力"、"发生兴趣"、"感染力"等 8 个指标,来检测"阿迪达斯 08 奥运影视广告"给人的总体印象。

(1) 愉悦度、情趣度和兴趣度检测情况。"这则广告给你愉快的感觉程度"问题的检测结果是:认为"很高"的占 16.07%,认为"高"的占 57.14%,认为"一般"的占 26.79%——四分之一强的人对此广告没有愉悦感。"你觉得这则广告是否有情趣"问题的检测结果是 64.29% 的人回答说"有",35.71% 的人回答说"没有"。对"这则广告是否能引起你对阿迪达斯的兴趣"回答说"能"的比例是 26.79%,回答说"不能"的比例是 32.29%,介乎"能"和"不能"之间"说不清"的比例是 33.93%。

(2) 首创性和传播主题检测情况。在"这则广告你认为它的首创性"问题上,60.71% 的人认为"很有创意上的首创性",35.71% 认为"创意上的首创性一般",3.57% 的人"不觉得有创意上的首创性"。可见,六成人肯定该广告的首创性,而四成人不肯定它的首创特性。对"这则广告是否有明确的传播

图 11-1　阿迪达斯"一起 2008"系列广告

主题"问题,"很明确"者占 27.27%,"明确"者占 50.91%,"没看明白"者占 21.82%。

(3) 即时印象和冲击力检测情况。"这则广告是否有直接的即时印象"问题的回答情况是:72.73%"有",27.27%"没有"。对"这则广告是否有强烈的冲击力",64.29% 的人认为"冲击力很强",28.57% 的人认为"冲击力一般",7.14% 的人认为"冲击力不怎么强"。上述 7 个指标的统计数据显示:人们对阿迪达斯 08 奥运影视广告的总体评价存在着争论性,而作为"感染力"这样"一种持久的张力、内在的力量"的"综合能力体现"的指标,该广告的测评结果是:"感染力很强"占 58.93%,"感染力一般"占 33.93%,"不怎么有感染力"占 7.14%。

2. 传播特性分析。

(1) 品牌标志。"一起 2008,没有不可能"这则阿迪达斯 08 奥运影视广告,总时长 30 秒,在 90 分钟的检测中,被试对其产品(品牌)的观察效果并不一致。

产品(品牌)出现时刻	1	2	3	5	7	16	21	22	25	26	27	28	29	30
观察到的人次	11	5	3	1	2	1	1	1	7	5	1	4	13	2

上述标志统计只是目测效果,不免有些差异。但只有 1 人次说明出现过两次品牌标志。针对测评对象对"产品(品牌)"概念于广告中的表现并不是很熟悉的情况,本检测还对此做了再一次的测试。问题直接标注为"本广告产品标志出现在本广告的",选项分别为"A. 开头;B. 片中;C. 结尾"。统计显示:选择片头出现阿迪达斯标志的占 3.70%,选择片中出现阿迪达斯标志的占 5.56%,选择片尾出现阿迪达斯标志的占 90.74%。

(2) 广告目标分析。测评组用对比方法来测试阿迪达斯消费主体和本广告目标定位的差异变化,以探测在该品牌广告运动中本广告所发生的目标变化。测试者在"阿迪达斯产品消费人群主体应该是"和"这则广告所表现出来的定位人群(广告锁定的目标受众)主要是"这两个问题上,留下了自由式留言。测评组提取这些留言中最频繁出现的 7 个关键词及其出现频率,以图表标示如下:

关键词提取	运动	年轻(含青年、青少年)	体育	时尚	休闲	活力	奥运
阿迪达斯产品消费人群主体	46	45	5	5	3	1	0
这则广告所表现出来的定位人群	22	28	6	0	0	3	14
变化方向	↓	↓	↑	↓	↓	↑	↑

阿迪达斯产品消费人群主体第一指向是"运动""年轻",第二指向是"体育""时尚""休闲",第三指向是"活力"。而这则广告所表现出来的定位人群,第一指向("运动""年轻")没有产生变化,但第二指向却发生了变迁,直指"奥运",然后才是"体育"和"活力","时尚"与"休闲"荡然无存。从纵向来看,"奥运""活力""体育"涵义获得正向变化,尤其是"奥运"涵义,增幅高达 140%,真可谓达到了 2008 北京奥运赞助商之奥运广告的传播目的。

对于阿迪达斯产品消费人群主体,典型的说法是:"14—25 岁,包括了初中生、高中生、大学生以及刚毕业的青年人群,以及 25—35 岁,有一定的经济收入,对生活要求质量,事业有成,对休闲生活有概念的人士。"而阿迪达斯 08 奥运影视广告所表现出来的定位人群典型的说法是:"充满激情、热爱运动的年轻人","热爱体育、享受奥运的年轻观众","具有积极生活心态,愿意尝试新事物,不怕冒险的年轻人"。

对阿迪达斯广告运动战略定位和阿迪达斯 08 奥运影视广告战术定位是否

发生偏移,测评组在测试中专门设置了一道问题:"上述二题的定位人群是否完全一致?"表示"完全一致"的比例是 32.93%,认为"完全不一致"的比例是 8.93%,徘徊在"好像有点说不清"的高达 57.14%。

3. 表现分析。

对阿迪达斯广告表现进行检测,主要围绕该广告主题表现的三个要求、表现类型和诉求方法三个方面展开。(1)广告主题表现。"对广告主题的表现、展示的要求,主要有三点,即:①准确、鲜明;②独特、统一;③易懂、易记。"以此三点来检测阿迪达斯 08 奥运影视广告,结果是:

	高度评价	肯定评价	"一般"认可评价	否定性评价	其他评价
是否准确、鲜明	1.79%	67.86%	12.5%	17.86%	/
是否独特、统一	5.36%	73.21%	/	21.43%	/
是否易懂、易记	/	69.64%	58.93%	19.64%	1.79%(弃权)

从上述统计中不难看出,阿迪达斯 08 奥运影视广告不论是主题在"准确、鲜明",还是主题"独特、统一",抑或是主题"易懂、易记"的要求上,都存在着一定的争论性,尤其是在主题"独特、统一""易懂、易记"上,都受到五分之一强的质疑。如"(主题)不是很明确,表现得也不是很鲜明,看了半天才能反应过来","第一遍看不懂要表达什么主题,不易让人记住"。也许正是因为预测到该影视广告有"场景太多,太复杂,变换得太快,没有哪个能在人头脑里留下深刻的印象"这样的缺陷,上海 TBWA 腾迈广告公司最终以平面广告作品提交给戛纳广告节,可谓在媒体表达上独具匠心而最终夺魁。

(2)广告表现类型和诉求方法。在测评组给定的七种广告表现类型选项中,阿迪达斯 08 奥运影视广告表现类型认可率最高的是"动画与电脑绘画型",高达 87.5%,其次是"名人推荐型",比率高达 83.93%,且此两种广告表现类型并举认可程度达到 76.79%。而对于该影视广告的诉求方法,认为其应该是感性诉求的比例很高,占 45.45%,只有 5.45% 的人认为其使用的是理性诉求方法,而"感性诉求和理性诉求兼顾"的比例为最高,几近一半(49.09%)。

4. 动画广告元素分析。

(1)总体评价。按照"影视广告动画设计"内涵,测评组从三个方面七个指标来对阿迪达斯 08 奥运影视广告的动画广告元素进行检测评估,总体情况如下:

评价范围	评价指标	品评态度		
		肯定性评价	否定性评价	其他(折中)
设计要素	造型简洁,抓住品牌特征	91.07	8.93	/
	角度准确且变化多端,创造出冲击力	82.14	8.93	8.93
	夸张(形体造型、创作思维、人物动作、色彩)处理程度	87.50	12.50	/
	画面简单有立体感	92.86	7.14	
形象设计	人物设计与品牌相关性	87.27	10.91	1.82
动态设计	人物造型比例(主角与配角)处理	80.39	19.61	/
	力度夸张变形(强调动作特征,突出动作效果)处理	96.43	3.57	/

从上述统计中可以很直观地观察到:三个指标("造型简洁,抓住品牌特征","画面简单有立体感","力度夸张变形处理")均在优秀之列,而"角度准确且变化多端,创造出冲击力"和"人物造型比例处理"这两个指标,后者表现出"主角多了点,没有唯一","不是很好,角色很多,运动员相当多,没有主次"等弊端,但上海 TBWA 腾迈广告公司提交给戛纳评委的是户外平面作品,而不是该影视广告,因此规避了缺点,更突出了优秀指标,获得戛纳评委的青睐就在情理之中了。

(2)存在的问题。尽管阿迪达斯 08 奥运平面广告荣获金狮奖,但其影视广告中否定性因素同样浓缩在其系列平面作品中,其中以夸张处理程度、人物设计与品牌相关性、人物造型比例(主角与配角)处理负面因素居多。阿迪达斯 08 奥运平面广告的问题主要是背景问题。背景色彩上"色彩有点暗淡,没能更好地体现出运动的活力","在色彩方面,可能稍微不尽如人意,因为整体色调比较得暗淡,让人看起来比较费力"。"灰色"一直是阿迪达斯 LOGO 的主色调,在阿迪达斯的网站、专卖店、广告作品,甚至专卖店里的一张 DM 宣传画,都是冷峻的黑色和灰色,这种格调与来自中国的李宁品牌大相径庭。李宁品牌显然比阿迪达斯更懂中国人,它的主色调是红色,无论李宁品牌走到哪里,以何种形式与受众互动,都是一片灿烂的红。中国人喜欢红,红色代表运动、活力和张扬,更符合本土审美。

背景造型上,"在形象上确实不美观,以黑白灰的颜色处理容易让人产生反感"。色彩背景连带着造型背景,"色彩方面,诚然突出主角没错,但群众的灰色给人一种很压抑的感觉",乃至"有些不当,人都是平等的。踩在别人身上,并让多数人像是去朝拜似的,这点宣扬的理念有些不妥"。但从另一角度来理解,这样处理未必不是"处理得很好,人物造型采用素描手法,新颖但是有灰暗消极的成分,整体给人一种悲壮的感觉,动作夸张缓慢,色彩暗淡,只能说沉睡已久的中国龙要苏醒了"。同样,乐观来看,"千万普通人和他们的手臂托起运动员,突出了团结一致的重要性和中华民族团结向上的精神"。诚如丁俊杰在《聚焦55届戛纳广告节》一文中对该广告的评价:"我个人认为是非常好的,这组广告具有非常强的震撼力和感染力,自推出以来,也深受中国消费者和老百姓欢迎。这组广告以奥运作题材,用著名运动员,以虚幻的方式说明奥运赛场不是一个人的赛场,出类拔萃的奥运健将背后依靠的是一个强大的民族,他们实际上背负着一个民族的希望。"

案例来源,袁筱蓉等:《中国广告戛纳第一金测评研究》,载《艺术探索》2009年第2期。

思考题:
1. 广告市场调研的分析方法有哪几种?
2. 广告调研包含哪些基本内容?
3. 简述广告调研的基本程序。
4. 对广告信息效果的评价包括哪三方面的内容?
5. 简述广告效果事前测试的几种方法。
6. 简述广告效果事后测试的几种方法。

第十二章
广告预算的管理

本章将着重阐述下列问题：

- 广告预算的内容以及对广告管理的意义？
- 影响广告预算的主要因素有哪些？
- 编制广告预算要遵循哪几个步骤？
- 广告预算的编制方法有哪些？
- 怎样理解广告预算优化的决策模式？

第一节 广告预算的科学价值

在广告运作过程中，需要投入多少费用？这是企业广告管理中十分重要的问题。虽然越来越多的企业把大量的资金投入到广告活动中去，但并不是每个企业都能获得成功，通过广告活动得到预期的产品销量。一般来说，导致企业广告投入效果不佳的原因有很多：企业是否考虑影响预算的因素；对预算内容是否进行明确界定；预算的分配是否科学；广告预算编制方法是否合理。这些都直接影响广告运作的效果，从而影响销售收益。

一、广告预算的含义和内容

在广告经营管理中，确定广告预算是一项非常慎重的工作，因为预算不仅直接关系到经费的投入，而且更重要的是影响到费用投入后所得到的产出效果。没有预算的支持，再好的广告计划也是纸上谈兵的空中楼阁，所以科学清楚地认识广告预算是科学有效运作广告的基本前提。

（一）广告预算的含义

预算，是指组织团体对于未来一定时期内的收入和支出的计划。而广告预算则是指企业在广告活动中所计划使用的总费用。或者说,是企业投入广告活动中的资金费用的使用计划与控制计划。作为使用计划,广告预算是以货币形式说明的广告计划;作为控制计划,它又在财务上决定计划执行的规模和进程。具体来说,广告预算就是指在一定时期内,企业打算在广告宣传方面所投放的资金,它规定着企业在广告计划期内从事广告活动所需的经费总额、使用范围和使用方法,是企业广告活动得以顺利进行的保证。

(二) 确定广告预算内容的范围

对于广告预算含义的把握,首先要求确定哪些与广告有关的费用应该列入广告预算,也就是说,广告预算的使用范围包括哪几个部分。

美国 PRINTER'S INK 杂志提供了一种区分广告各种经费的方法(见表 12-1),即将所有费用分为三种类型,并且分别列入白、灰、黑三种颜色的表中。①白色为必须列入广告预算的项目;灰色表示可列入,也可不列入预算的项目;黑色则表示不可列入广告预算的项目。

表 12-1 广告费用支出构成表

白	必须列入广告预算的项目	媒体购买	支付报纸、杂志、电视、广播等广告媒体的费用;购买或租用户外广告媒体的费用;执行直邮广告、售点广告等的所有费用等
		广告管理	广告主广告部门人员的工资、办公用品费用;广告代理商和其他广告服务机构的手续费、佣金;广告部门的差旅费等
		广告制作	美术设计、制版、印刷、摄影;广播电视广告录制、拍摄的费用;与广告相关的产品包装设计费用等
		杂费	广告材料运送费,以及其他各种广告费用
灰	可列入也可不列入广告预算的项目		样品费、推销表演费、商品展览费、促销活动费、广告主广告部门的房租、水电费、宣传车辆费、为推销人员所提供的一切便利所需的费用
黑	不可列入广告预算的项目		免费赠品、邀请旅游费、社会慈善费、商品说明书费、包装费、顾客招待费、行业管理费、广告公司人员工资、福利和娱乐等费用

PRINTER'S INK 对广告支出的划分十分明确,但也有不合理的地方,应用起来显得过于繁杂,特别是对于中小企业来说。此外,白色那类必须列入预算项目的支出费用的多少,是根据企业的广告活动范围来确定的,而灰色可列入也可不

---

① 纪华强:《广告媒体策划》,复旦大学出版社 2003 年版,第 225 页。

列入预算的项目与黑色不可列入预算的项目,究竟哪些应归入广告预算,哪些不应归入广告预算,则应该根据企业处理广告促销和公共关系的习惯和规定来确定。因此,这一表格在实际应用中会显得不够简捷和灵活。在我国,企业广告运作过程中的广告预算应该分为五个组成部分:

第一,广告调查、策划费用。此项费用包括:支付于产品调查、市场调查、消费者调查、广告创意与策划、广告效果测定、购买统计部门和调研机构资料的费用。

第二,广告设计、制作费用。

第三,媒体发布费用。包括购买媒体用于刊播、发布广告的时间、空间的费用。

第四,广告人员的行政费用。包括广告工作人员的办公、出差、管理的经费。

第五,广告活动的机动经费。主要用于应付意外情况,如市场出现特殊情况,需临时采取一些应变措施所用的费用。

根据各种费用的用途和性质,广告预算可划分为三种:

第一,直接广告费用和间接广告费用。直接广告费用指的是直接用于广告活动的广告设计制作费与媒体费用。间接广告费用是指广告部门的行政费用等。在管理上,应尽量压缩间接费用,提高直接广告费用的比重。

第二,自营广告费用和他营广告费用。自营广告费用是指广告主本身所用的广告费用,包括企业广告运作的直接和间接广告费用。他营广告费用是指企业委托其他专业广告公司及部门代理广告运作的一切费用。一般来说,他营广告费用在财务上比自营广告费用要节省一些,使用效益也更好一些。

第三,固定广告费用和变动广告费用。固定广告费用是自营广告人员组织的费用及其他管理费用,这些费用支出在一定时期内是固定的;变动广告费用是随着广告规模的大小而变动的,例如:因为数量、距离、面积、时间等因素的影响而变化的费用。

二、广告预算与广告效果

当前,企业在广告投入上随心所欲的现象较为普遍,具体表现为广告投入要么过多,要么不足,要么分配不合理,这些都将影响广告的有效性。广告费用作为企业的一项投资,要取得一定的回报,当然需要有足够的预算,但对一个企业或某个产品来讲,广告所起的作用毕竟是有限的,相应的广告预算也应是有限度的。同时,如果一味地削减预算,就会像莫蒂默所说的:"做广告而不把钱花足,是广告宣传中最大的浪费。就像买票去欧洲,只买全程三分之二的机票,你花的钱虽然不少,但是你却去不成欧洲。"①

广告预算不同于企业的其他财务预算。一般的财务预算包括收入和支出两大部分。而广告预算一般只是广告费用支出方面的预算,广告投资的收益则由于广告效果的不同而有所不同。在广告运作的过程中,很多企业总是觉得广告投入越大,所取得的广告效果越大。而事实并非如此。一系列广告运作效果的实证研究发现:当广告费用投入达到一定规模时,广告的边际效果呈递减趋势。美国广告学研究专家肯尼斯·朗曼(Kenneth Longman)经过长期研究,在利润分析的基础上,创立了一个广告投资模式。他认为任何品牌产品的广告效果都只能在临限(Threshold,即不进行广告宣传时的销售额)和最大销售额之间取值。如图12-1所示。

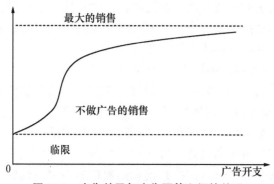

图12-1 广告效果与广告预算之间的关系

肯尼斯·朗曼认为,任何品牌的产品即使不进行广告运作,也有一个最低的销售额,即临限。企业进行广告运作,效果不会超过产品的最大销售额。一般来说,广告只是企业市场营销组合因素之一,而产品的最大销售额是由企业的经营规模、生产能力、销售网络以及其他市场营销因素综合决定的。肯尼斯·朗曼的观点是,理想的广告运作应该是以最小的广告投入取得最大的广告效果。当广告效果达到合理规模时,超过部分的广告预算就是一种资源的浪费。

曾经叱咤中国VCD市场的万燕和爱多,就是处理广告预算和广告效果的相互关系走向两个极端的例子。我们知道,世界上第一台VCD出自中国的企业,那就是万燕。但是在短短的四五年内,万燕就由VCD行业的"开国元勋"成为了"革命先驱"。究其失败的原因,广告经费投入的匮乏是其中的重要因素之一。相反,爱多作为后来居上者,则以充足的广告费用打开了市场。爱多花了

---

① 〔美〕大卫·奥格威:《一个广告人的自白》,中国物价出版社2003年版,第45页。

420万元请成龙拍广告,广告的制作费用也近百万。而后又以2.1亿元夺取中央电视台的广告标王。当时的广告效应为爱多带来了丰厚的销售回报。但是成也萧何,败也萧何。随着VCD市场的成熟,竞争的激烈,爱多的广告费用随之增加。因为没有科学的广告预算,巨额的广告经费成为其沉重的负担,影响了产品的销售利润,从而导致财务危机,使得爱多很快走向了衰败。

三、预算对企业广告运作的意义

对于企业广告运作而言,预算具有战略与实践的双重意义。一般来说,广告预算的作用主要有六个方面的作用:

其一,能有效且合理地解决广告费与企业利益的关系。对一个企业而言,广告经费既非越少越好,也非多多益善。广告活动的规模和费用大小,应与企业的生产与流通规模相适应,即掌握适度原则,在发展中求节约。广告预算的制定,为解决这一关系架起了桥梁。

其二,为评价广告效果提供了明确的经济指标。评价广告效果的首要依据就是看广告活动在多大程度上实现了广告目标的要求。由于广告预算中对开支做出了明确规定,因而可以直接对每一广告活动的花费与效果之间的关系进行明确比较,并用以结算广告运作的经济效益。

其三,使广告经费使用更富计划性。通过广告预算,可以有计划地使用广告经费,以使有限的广告经费满足全年度的营销需要。广告预算对每一项活动、每一段时间、每一种媒体上应投入多少经费都进行了合理分配,这就保证了广告经费有计划地合理支出,从而避免随意性。

其四,能促进广告效果的提高。广告经费是企业的一种投资,既然是为广告投了资,就应当发挥它的作用,为企业带来更大的效益。周密合理的广告预算对这种支出做了明确合理的安排,有助于每一项具体广告活动效果的提高。

其五,作为广告活动的有效控制手段。通过广告预算,广告主可以对广告费用的多少、分配到哪些方面、起到何种效果等,做出完整、系统的规定。这样,企业就可以有效地对广告活动进行管理和控制,从而确保广告运动按计划进行。

其六,使当事人在广告活动中责任感增强,避免浪费。广告预算可以促使当事人提高责任感,充分合理地利用资金,从而避免和减少资金运作中的不良现象和浪费。

第二节　广告预算的合理分配

在广告经营管理中,要科学地编制广告预算,对广告经费进行合理的分配。这里除了认识广告预算,如确定广告预算的内容、熟悉广告预算与广告效果的关系,掌握广告预算对企业广告运作的意义之外,还必须了解有哪些因素影响广告预算,在此基础上再进一步编制广告预算。

一、影响广告预算的主要因素

一般来说,影响广告预算的因素很多,在这里,就有关产品生命周期、品牌的市场基础、销售的市场范围、同业和异业的竞争状况、广告媒体与广告频次、公司财务能力等几个主要因素加以分析。

（一）产品生命周期

产品生命周期是指一个产品从上市到衰退的整个过程。一个产品在它的生命周期中所处的位置,与广告制作所需要的经费密切相关。因此,处于生命周期不同阶段的产品,其广告预算是不同的。如图 12-2 所示。

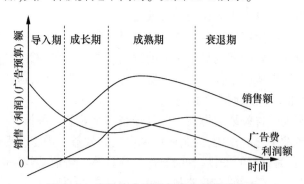

图 12-2　产品生命周期与广告预算的关系

大多数产品在市场上要经历导入期、成长期、成熟期和衰退期四个阶段。导入期是产品进入市场的第一个阶段。在这个阶段,企业广告运作的目的主要是告知潜在的消费者有关产品的信息、产品对于消费者的利益点和用途。广告主要想提高产品知名度、树立品牌形象,必须投入大量的广告预算,这样可以利用媒体进行广告宣传,以增加产品的暴露度。在导入期,企业不能期望产品带来较大的利润,广告运作是为产品的迅速成长打下坚实的基础。这样的运作符合广告预算的"派克法则"。"派克法则"是美国专门的市场调查机构对 40 多年的统计资料进行分析得出的结论,即要确保新产品上市的销售额达到同行业的平均水平,其广告预算必须相当于同行业水平的 1.5 倍~2 倍。

当产品进入成长期后,产品在目标市场上已有了一定的知名度,一些消费者对产品建立起了初步的品牌认知。其他的市场营销因素如销售网络等已基本建立,产品离市场饱和状态尚远,销售利润正在逐步增加。这时候,企业广告运作的活动频率应该比导入期要慢,因此,广告预算也应随之递减。不过这一时期,广告诉求主张"个性诉求型",以良好的产品形象增加消费者的品牌忠诚度。因此,广告预算应该有所侧重,把费用更多地花在产品品牌形象的塑造上。

当产品步入成熟期,市场渐渐饱和,企业利润达到最大化。同类产品和替代产品层出不穷,市场竞争达到白热化。由于竞争的加剧,企业的广告预算比成长期开始有所增加。在这一阶段的广告预算主要是达到两个目的:一是维持市场份额,通过广告运作进行促销活动使得消费者持续购买产品;二是加强对市场的渗透力,通过广告运作扩大产品的市场占有率,加大对目标市场以外的扩展。

而当市场饱和、销售开始大幅度地下降时,产品进入衰退期。这时候,即使增加对产品的广告投入,市场也不会得到明显改善。因此,企业可以索性将广告预算缩减到最低限度,而把更多的广告预算花到市场前景更好的产品上面。产品衰退期的广告预算,只是提示消费者产品还是存在的,以出现的品牌形象唤起消费者对产品的回忆,从而维持一定的购买。

(二) 品牌的市场基础

产品品牌的市场基础也将影响到企业广告运作的预算。这里所说的市场基础,一是指品牌的市场占有率,二是指品牌在市场竞争中的角色地位。一个具体的品牌,如果已经拥有了一定的市场占有率,而且它的消费者基础较好,那么所需的广告预算就会少一些;反之,则广告预算要高许多。市场占有率的大小,也反映了产品使用者的数量。从媒体传播的角度看,这有一个规模经济的问题。产品使用者的数量越大,广告信息送到每一位消费者的千人成本就越小,这样,广告预算也可随之降低。

从品牌在市场竞争中的角色地位来看,市场形态通常由四种基本的角色地位组成:市场领先者、市场挑战者、市场追随者和市场补缺者。一个具体的品牌,如果所处的角色地位不同,所需的广告预算也不一样。如果品牌处于市场领导者的地位,产品有着较高的知名度和美誉度,其广告主要是维持消费者的重复购买,广告运作没有必要"狂轰滥炸",广告预算也就相应地不用特别高。如果品牌处于市场挑战者的角色,其比之市场领导者来说,品牌知名度不太高,销售网络也有可能不是非常成熟,这样就需要投入比较多的广告费用,才能在市场上一鸣惊人,获得消费者对品牌的认同,促使其采取购买行动,这样的角色地位使得企业广告运作的预算往往居高不下。市场追随者和市场补缺者的角色地位,共同的特征是可以与其他竞争者平静地分享市场空间。一般来说,这样的产品品牌广告预算也不需很高。

(三)销售的市场范围

市场范围,主要是指产品的市场销售覆盖范围的大小以及地区分布程度。一个产品销售范围的大小,往往也是影响广告预算的重要因素。广告运作本身按市场区域划分,有地方性广告、区域性广告、全国性广告、国际广告等不同类型,这是由于产品的市场范围不同,企业在广告运作过程中选择的媒体组合不一样造成的。一般来说,产品在市场上的销售覆盖范围越大,广告费用也就越多。

(四)同业和异业的竞争状况

同行业竞争对手在市场上推行的广告战略会直接影响广告预算。如果竞争对手采用比较强劲的广告攻势,或者竞争品牌比较多,那么使得本品牌在消费者当中赢得更多的知名度所需要的广告预算就要比平常多。通常,一个竞争激烈的市场,也是一个广告预算耗费庞大的市场。比如说,本品牌面临很多竞争者,而且这些竞争者又都投入大规模的广告,那么,为了让消费者能够听到自己品牌的"声音",所需要的广告费用要比正常时候多很多。

这里所说的异业竞争主要是指可替代性产品的竞争。异业竞争与产品风险相关。产品风险是指消费者选择产品所承担的风险,一般可以用两种方法判断:一是以产品实际花费为准的金钱风险;二是产品购买后能否满足需要或解决问题的风险。这些都直接影响着广告类型与广告风格,自然涉及广告预算。通常,低风险产品在市场上都面临着激烈竞争,具有很大的可替代性。为了维持或改善现有地位,这种可替代性较强的产品对广告的依赖很大,所以广告预算也较高。相反,如果产品在市场上没有其他产品可替代,那么所支付的广告预算也就相对较低。

(五)广告媒体与广告频次

广告媒体与广告频次对广告预算的影响也是显而易见的。不同的广告媒体购买价格大不一样。有时,对某一消费群体的信息传达不同的媒体可以同样达到,但媒体价格差异非常大,选择的媒体不同,广告预算也就不一样。

此外,广告在发布中持续的周期长短、发布频率也至关重要。为了传达一定的品牌信息,广告必须持续一定的周期,并要求有一定的重复和强调。而广告频次与广告预算成正比关系,对于在同一个媒体上发布的广告,广告频次越大,需要的广告预算就越高。此外,还有一个具体操作中经常会碰到的问题,媒体的广告时间和广告版面的价格随着频次、数量的增加,可以给予一定的折扣优惠,这也会影响到广告费用的支出。

(六) 公司财务能力

广告预算与企业自身的财务能力息息相关。广告经费投入以后,获得销量收益需要一定的时间。经营状况良好、财务负担能力较强的企业可以支付比较高的广告预算,而且也有实力承受广告投入到销售收益之间的时间差;反之,财务能力不强的企业只能支付较少的广告预算或者根本无法负担广告预算。

二、编制广告预算的要求

编制广告预算主要有五个要求,具体分述如下:

其一,加强预测。广告预算是对未来所做的安排,是规定一定时期内广告运作所需的经费总额。为了使预算尽可能符合实际情况,必须对市场环境和消费者需求加强预测。

其二,协调整合。如前所述,广告预算的使用范围有几个部分,这些预算都是为了促进共同目的的实现,它们之间有些是前后相继发生的费用,有些是相互补充发生的费用。而广告只是营销组合中的一小部分,与同样是促销手段的公共关系、现场促销等环节互相配合,它又与产品策略、价格策略、销售渠道策略等互相促进。因此,在编制广告预算时,必须充分考虑各项预算之间的协调整合,考虑整个预算与其他营销组合之间的协调整合。

其三,合理控制。这里包含了三层意思:一是总额控制;二是进度控制;三是目标控制。这三层意思实际上是互相贯穿的,就是单位时间内的总额控制。2001年8月,国家税务总局做出规定,企业缴纳所得税时,能够计入成本的广告费只能占全年销售额的8%,多出部分只能在以后年度摊销。这样的政策出台,企业更应该加强对广告预算的合理控制。

其四,讲究效益。这与第三条的要求是一脉相承的,主要是强调节约,对此,可实施"成本否决法"。

其五,富有弹性。即广告预算最初尽可能偏紧偏粗,为今后执行碰到重大变化时留有余地。

三、广告预算编制的步骤

广告预算由一系列的编制工作组成。主要有调查分析、规划、细化、评估、协调等。广告预算的编制大体上要经过以下五个步骤。

（一）第一阶段：广告预算的调查分析

俗话说："良好的开端是成功的一半。"预算编制的第一步——调查分析工作对整个广告预算的成败将产生深远影响。调查的对象是企业的销售额、广告目标、营销计划、产品流通情况，还有产品质量、竞争对手的状况等因素。这里应着重调查分析两部分内容：一是企业上一年的销售总额。广告预算一般是一年进行一次。在下一年度的广告运作进行预算时，应该重视企业上一年的实际销售额，由此来预测下一年度的销售情况，以便合理安排广告预算。二是企业产品的销售周期。大部分产品在一年的销售中，都会呈现一定的周期变化，即在某些月份上升，某些月份下降，某些月份维持不变等，这也就是我们常说的销售旺季和销售淡季。这种产品的销售周期可以为广告预算的编制提供依据，以确定在销售的淡旺季得到相应的广告支持。

（二）第二阶段：确定广告投资量

经过调查分析，明确了企业总的战略目标和销售目标，根据企业整体营销计划与市场环境，提出广告投资总额的计算方法和依据，由此确定一个财务年度中广告运作的总体预算。

（三）第三阶段：制定广告具体预算

把总体的广告预算明细化，这就需要制定一个具体的方案。广告的具体预算方案应该包括两大部分：一方面是广告总预算的时间分配，也即按季度、月度将广告预算中的固定开支分配下来；另一方面要考虑的是广告总预算的分类预算，这是指在总预算指导下，将总预算确定的广告费用具体分配到不同的产品、不同的地区以及不同的媒体上。

（四）第四阶段：拟订控制与评估标准

在确定了广告总预算并制定广告预算明细方案以后，需要拟订控制与评估标准。确定各项广告支出所要达到的效果，制定出广告效果的考评标准。这些评估标准要公正客观，易于操作。在拟订控制与评估标准时，还应该充分考虑到如果广告预算出现问题，应该如何修正、如何及时完善预算方案。广告方案的成功，有赖于经常的检查，企业管理人员应注意广告运作的执行是否与预算方案相吻合，定期核查各项支出，对每一时期的支出应该有完整和系统的记录。

（五）第五阶段：设置预留机动经费

广告预算通常是一个财务年度广告运作费用的计划，因此要保证一定的弹性，以便在情况变化时进行适当的调整。这就需要在编制广告预算时，除去绝大部分的固定支出外，我们还需要留出一定比例的机动开支作为预算。同时也需要对机动经费进行控制和评价，界定预留预算的投入条件、时机及效果评估办法。

四、广告预算的分配

广告预算总金额确定以后,企业需要进一步将经费分配到每一项具体的广告活动中,确保广告运作能够顺利、有序地开展,实现广告的预期效果,进而达到营销目标。这需要制定预算明细化的方案,也就是广告预算的分配。广告预算的分配方法主要有以下几种。

(一) 按时间分配

按时间分配,是指企业进行广告运作时根据广告刊播的时间来分配广告预算。这也是对广告运作时机的选择。

按时间来分配广告预算,企业应该考虑以下几个因素:

1. 企业自身的经济运营周期。每一个企业有其自身的财务年度。比如饮料企业与保健品企业不同。饮料企业的财务年度可以是自然年的时间,而保健品企业一般是从每年的 3 月份到次年的 2 月份,因为保健品在春节是个销售旺季,企业一般喜欢忙完这阵才开始实施新的年度计划。另外,企业的资金回收也存在周期性。在企业的成长过程中,它所面临的社会环境、行业状况、国家政策都有所不同,广告运作的预算也将随时间变化。

2. 产品的销售周期。前面我们也讲到过,大部分产品在一年的销售中,都会呈现一定的周期变化,我们常常把销售看好、销量看涨的时期称为旺季;反之,销量平平的时期为淡季。一般来说,诸如服饰、空调、饮料等产品,季节性很强,广告预算也将随着时间变化。近几年来,随着节日长假的确立,假日经济得到很好的发展。企业广告运作也可以根据自身产品的特点,针对特定的节假日投放广告。

3. 产品生命周期。这一个因素我们在谈到影响广告预算的主要因素时已经做过详细论述,在此不再赘述。

按时间来分配广告预算,应该从两个方面入手:一是广告预算的季节性分配,可以按季度、月度来确定固定支出的预算。二是一天内的时段性分配。在一天的时间里,不同的消费群体会在不同的时间段接触媒体。例如儿童,一般会在傍晚 6 点前后坐在电视机前看卡通节目;而 19:00—22:00 的新闻和电视剧时间,是工作了一天的上班族最喜欢的电视时间段。企业在进行广告运作时,应该根据不同时间段的受众群体来分配一天的广告预算。

(二) 按市场区域分配

上述是在时间上展开的广告预算的分配,现在来谈谈空间上预算的分配。

按市场区域分配,也就是广告预算的区域分配。它与产品现有市场占有率及其未来开发的市场方向密切相关。通常,广告预算销售比较容易的地区要比销售困难的地区少分配一些,人口密度低的地区要比人口密度高的地区少分配一些,全国性市场的广告费要大于区域性或地方性市场的广告费。不过,上述的这些分配方法并不是绝对的,只是一个惯例。总的来说,按市场区域分配广告预算,企业一般会有以下具体的做法:

1. 重点扩散法。以某优势市场为突破口,在该市场取得强势地位后再向其他地区扩散。广告投入的地区与之相适应,这样的做法对于企业来说较为稳妥。

2. 稳步占有法。如果发现目标市场潜力巨大,企业往往会选择牢牢占有该市场,也将绝大多数的广告预算投放到该地区。这样的做法对企业来说风险较大,必须有相当的把握。

3. 灵活机动法。对于一些生命周期较短的产品,企业通常的广告策略是产品销售到哪里,广告就跟进到哪里。这样的做法比较灵活,广告预算的分配也相应地具有灵活性。但这种做法打一枪换一个地方,不利于品牌的维护和长远发展。

4. 占尽先机法。在实际操作中还会碰到这样一种情况,有些企业在市场尚未打开的地方先行投入广告,事先在未来的市场上培育消费者,树立品牌形象,从而期望在产品进入之前占尽先机,在同类产品中一举夺魁。这样的企业往往有长远的发展规划,也必须有雄厚的经济实力作为基础。

(三) 按广告媒体分配

按广告媒体分配广告预算可分为"媒体间分配"和"媒体内分配"。媒体间分配是指在计划选择的各种媒体之间的广告预算分配。例如企业的广告运作,报纸媒体应占多少广告费用,杂志媒体应占多少广告费用,广播媒体分配多少广告预算,电视媒体的广告预算又是多少,网络新媒体要不要投入广告预算等等。媒体内分配指同一类媒体的广告预算在不同单位中的再分配。例如:确定了电视媒体的广告预算后,要确定中央电视台应分配多少广告预算,省级卫视应分配多少,其他城市台又应如何分配等等。

按媒体分配广告预算,企业一般应考虑以下几个因素:

1. 企业产品本身的特性。在媒体上进行广告运作要注意结合产品的类别和特性,应该力求做到产品本身表现出来的特性与媒体相适应。例如:对视觉要求高的广告可以选择杂志、路牌或电视媒体;理性产品、以说明为主的广告应更多地选择报纸或专业杂志;日常消费品的广告常常在销售现场有不俗的说服力。

2. 目标消费者。不同的媒体目标消费者有所不同。争取目标消费者的注意是广告的直接目标,因此,要研究目标消费者接触媒体的习惯,选择他们喜欢的媒体,并在他们习惯接触该媒体的时间段投放广告。

3. 媒体价格和成本效益。要考虑到企业的经济承受力与整体的营销计划总预算相匹配,同时考察评估媒体的成本效益。例如:每一时段的每收视点成本,或报纸杂志版面的千人成本。

4. 媒体的质与量。媒体的发行量、覆盖面、声誉和影响力都是选择广告媒体的重要依据,均影响着广告的到达率、可信度和品质感。关于媒体质与量的评估,可以通过对以往采用该媒体所取得的广告效果的数据统计资料来实现。这些资料需要长期的积累和观察,并且必须保证它们的准确性和客观性。

(四) 按产品种类分配

按产品种类分配是指在广告运作过程中,根据不同的产品在企业经营中的地位,有所侧重地分配广告预算。这种广告预算分配使产品的广告费用与产品的销售额密切地联系在一起,贯彻了重点产品重点投入的经营方针。

这一分配方法分配广告预算的依据,可以是产品的销售比例,也可以是产品处在不同的生命周期的阶段,或者是产品的潜在购买力等。广告预算的品牌分配法也属于产品分配法。以美国宝洁公司为例,该公司的洗涤类产品有汰渍、快乐、Gain、Dash、Bold、象牙、Dreft、Oxydol、Exa、Solo 等品牌。其中象牙品牌是一个成熟品牌,其广告投入就相应少一点;Exa、Solo 等品牌是新品牌,需要大量的广告推广,其广告预算就需要多一些。

(五) 按广告对象分配

针对不同的产品、不同的广告运作,企业面临的广告对象也不一样。目前,不同的广告对象主要有团体用户、企业用户、最终消费者等,一般来说,对团体用户和企业用户的广告,预算费用可以少一些。直接面对消费者的产品的广告,就需要具有一定实力的广告预算。另外,还可以按重度使用者和轻度使用者,或意见领袖和意见追随者等不同类型划分消费者,企业广告运作也可以根据消费者的这些不同层次来划分广告预算。

(六) 按部门或项目分配

按部门或项目分配广告预算在企业的实际运用中也比较常见。即按照管理部门、创作部门、制作部门、联络部门等不同部门进行预算分配,或是按照市场调查、媒体选择、广告制作与管理等工作项目进行分配。一般来说,如果广告部门在企业中的地位较为突出,广告预算分配的比例就相对大一些。广告制作等项目的分配,还与是否委托广告代理公司等因素有关。

第三节　广告预算的编制方法

广告预算该如何编制,根据什么方法编制,在很大程度上因为企业品牌、产品特点、市场状况等而有所不同。预算有长程预算也有短期预算,长程预算通常属于企业广告的整体预算,短期预算则往往是某一个产品或者品牌的阶段性预算。

一、编制广告预算的方法

各种编制广告预算的方法都有哪些优点或缺点,这些都是编制广告预算时必须加以考虑的问题。迄今为止,企业广告运作要多少钱才算合理,还没有一个科学的计算方法。正确的广告预算既不是越少越好,也不是多多益善,而是要在适应生产和流通规模、有利于企业发展的基础上来编制。目前,编制广告预算使用较多的方法有以下几种。

（一）比率法

比率法通常指某种可预测的事实或数量的百分比,有代表性的比率法是销售额百分比法、利润百分比法以及销售单位法。比率法的最大优点是使用简单,便于计算,广告投放清晰,量入为出。但它也有不足,主要是由于广告预算比较机械,在实际的使用过程中容易忽略市场和营销形势的变化。

1. 销售额百分比法。销售额百分比法是广告主以一定时期内产品销售额的一定比例匡算出广告预算总额的一种方法。这种方法在企业实际的广告运作中最常用,也最容易通过管理高层批准。根据形式、内容的不同,销售额百分比法又分为两种：

（1）上年销售额百分比法。这种方法是根据企业上一年度产品的销售额情况确定本年度广告预算。其优点是确定的基础实际、客观,广告预算总额与分配情况都有据可依,不会出现大的失误。例如：某公司上年度的销售额为2000万元,其下年度广告费用比率是6%,根据销售额百分比法,这家公司广告预算为：

$$2000 \times 6\% = 120(万元)$$

（2）下年销售额百分比法。该法与上年销售额百分比法基本相同,都是根据产品销售的情况按一定比例来提取广告预算总额。区别在于下年销售额百分比法有一定的预测性,经营者在预测下一年度销售额情况的基础上来确定企业的广告费用。它以上年度销售情况为基础预测出下年度产品的销售额,再以一定比例计算出广告费用总额。这种方法适合企业的发展要求,但因为市场发展的未知性,会有一定风险。

总的来说,对于销售额百分比法的比率,不同的企业会有不同的考虑,这要视企业所在的行业及其产品的成熟程度来确定,而且还要参考企业的战略目标定位。通常,食品行业、保健品行业、饮料行业等快速消费品行业相对来说比率较高;家电、房产、汽车等耐用消费品的比率等相对较低。

运用这一方法编制广告预算时,在确定了总体的费用比率后,我们还要注意各个区域广告预算的二次分配,这就涉及一个亚比率的问题。比如:在考虑各区域的费率时,就应该视区域机构的市场战略地位、区域机构的组织成熟程度、区域市场的消费容量、区域市场的消费习性及竞争对手的对抗性程度等系数而定。当然,还要重点考虑企业自身在区域市场的销售规模问题。

2. 利润百分比法。利润百分比法可分毛利百分比法和纯利百分比法两种。企业使用毛利百分比法比较普遍。毛利是销售额减去产品成本的剩余值,以此作为计算广告预算的基础。纯利百分比法是按照企业销售的纯利润作为确定广告费用的基数,取出固定比例作为预算总额。

利润百分比法也涉及以上年度还是下年度的利润为基数的问题。因此,包括前预算和后预算。前预算主要来源于上年度历史利润的考虑,而后利润则主要是对下一年度未来利润的预测。利润百分比法适用于不同产品的广告预算编制,但对于新上市的产品不适用。

3. 销售单位法。这种广告预算编制方法与销售额百分比法相似,但不完全一样。这一方法以每单位销售金额来分配广告预算,即规定每一销售单位有一定数目的广告费,用这一单位广告费乘以总的销售总数,就得到企业总的广告费用。

例如,某企业生产优质白酒,规定每瓶的广告费为3块钱,计划一年的销量为50万瓶,这样,该企业的广告预算为:

$$3 \times 50 = 150(万元)$$

这种以单位产品分摊广告预算的方法,计算简单,多销则多拨广告经费,特别适合薄利多销的产品。另外,汽车等单件产品价值很大的行业也经常采用这种方法。

(二) 对手参照法

对手参照法认为,某品牌的广告支出,与竞争者的广告支出相关联。因此,其基本构想是将产品所拥有的市场占有率与广告投资相关联,也与产品类别中全部广告投资的占有率相关联。其所运用的假设是,在特定产品类别中的广告,与其他广告之间不相排斥。例如:某品牌的饮料广告主要是与其他品牌的饮料广告争夺消费者的注意,它并不与汽车、电脑等广告形成竞争。因此,这一品牌的广告占有率直接关系着品牌注意力,并最终导致市场占有率。在此情况下,广告的预算必须要参照竞争对手,以吸引更多的受众注意。对手参照法的计算公式为:

$$广告预算 = \frac{竞争对手的广告费总额}{竞争对手的市场占有率} \times 本企业预计的市场占有率$$

对手参照法的运用在国内企业当中逐渐增多。例如,娃哈哈力推非常可乐的时候,在确定广告费用预算时,就参照了可口可乐和百事可乐的广告投入。它先确知"两乐"的年度销售目标,再明确其广告投入,两者对比确定其比率,然后根据企业自身的战略发展目标和非常可乐的销售目标,按此比率进行初步预算,并在此基础上适当地增加一定的比率;同时,在全国的个别市场区域和个别月份,适当地错开"两乐"的锋芒,避实就虚。这样编制广告预算进行广告投入,就非常有针对性和打击力。

对手参照法的优点是能够充分适应市场,有利于在短期之内获得强有力的市场竞争地位。其缺点是它假定市场竞争只是几个可以参照的竞争对手,会忽略整个营销环境对销售的制约。另外,竞争对手广告预算的具体资料也不容易取得。

(三)资本投资法

把广告支出作为公司的一项资本投资,这一观念已经得到企业界的相当关注,尤其是在经济处于低谷时期更是如此。这种编制广告预算的方法的着眼点是,广告是企业的一项投资成本,所以要有投资回报,或以花费在广告上的资本的某种回报作为基准评估广告预算。由于其投资观念本身所具有的特质,使得投资回报要能够测定。资本投资法可以分两步进行:

第一步,为特定广告方案测定资金成本。这里不仅要研究资金成本,也要研究其利用价值。

第二步,计算广告投资回报率。具体方式是计算未来每一时期的投资回报率,并计入因时间因素所造成的损失,直到所投入的资金全部回收为止。这些估计的回报或现金流量均以回报率计算,然后可知经过一定时间之后投资的实际价值。计算公式为:

$$PV = \frac{1}{(1+r)^n}$$

PV——每一元回报的现值;
n——在将来的期间;

r——实际利率（或资金成本）

这种必须要等一段较长的时间才能收回付出的资金,明显效果是降低了将来回款的现值。相应的是,当资金成本增加时,未来回款的现值会因此降低。

这种方法最大的优点是在与其他资金支出比较时,能使广告主对广告投资回收有正确的看法。缺点是在预算中对广告目的缺少关联,同时在许多情况下,广告主不能正确决定在某一时期中广告的价值所在,甚至无法确定广告在多长时间内需要予以何等程度的重视。

（四）目标达成法

目标达成法也叫目标任务法、目标总和法。目标达成法是根据广告主的营销目标,确定企业的广告目标,根据广告目标编制广告计划,再根据广告计划具体确定广告预算总额。

传统的广告预算方法存在着两个共同缺陷:一是它们都不能把预算的焦点放在欲完成的工作上面;二是编制预算所需要的竞争对手的资料很难获得。20世纪60年代目标管理理论盛行时,广告预算的目标达成法被提了出来,旨在更加科学有效地进行预算操作。这种方法把预算置于整个营销计划之中。营销目标是在完成了市场分析和研究之后设定的,其中包括广告策划所要达到的目标,这样就自然形成了广告所要完成的任务,而广告预算决定就是执行这些广告任务所需的资金成本,它在营销规划中。

目标达成法所遵循的基本精神是"零基预算"。也就是说,预算的建立从零开始,不必考虑上年的预算情况,要求每一项预算都要与其所完成的任务密切相关,这是实现目标的必然要求。美国市场营销专家阿尔伯特·费雷(Albert Fery)将目标任务法的操作程序归纳为七个步骤,具体情况如下:

1. 确定广告主在特定时间内所要达到的营销目标。

2. 确定企业的潜在市场并勾画出市场的基本特征,包括:① 值得企业去争取的消费者对广告产品的知晓程度以及他们对产品所持有的态度;② 现有消费者购买产品的情况。

3. 计算潜在消费者对广告产品的知晓程度和态度变化情况,以及广告产品销售增长状况。

4. 选择恰当形式的广告媒体,以提高产品的知名度,改变消费者对产品所持有的不利于产品销售的态度。

5. 确定广告暴露频次,制定恰当的广告媒体策略。

6. 计算为达到既定广告目标所需的广告暴露频次。

7. 计算实现上述暴露频次所需的最低的广告费用,这一费用就是广告主的广告预算总额。

目标达成法的优点显而易见,它配合并实现了营销规划程序的行进方向,具有严密的系统性和逻辑性;同时它是针对具体任务分配经费,在预算上以零为基点,可以有效回避以往失误的重演,并保障广告费既不会浪费也不至于不足。当然,它也有其必然的缺点,它的科学性较强,但比较繁琐。在计算过程中,如果有一步计算不准确,最后得出的广告预算总额就会有较大的偏差。还有就是没有对每一个任务执行的最适合程度提出一个指导方针。因为在以目标作为前提的情况下,广告目标往往难以量化,无法提供准确的依据。另外,由于广告媒体传播中存在着多种偶然性因素,有时候很难估算广告效果。

(五) 经验判断法

经验判断法是一种凭个人经验和感觉,武断编制广告预算的方法。这一方法在操作上虽然不甚科学,但许多企业却乐于采用,在我国尤为普遍。经验判断法并未考虑广告要达成的目标,或者要从广告中取得什么满意的结果。通常由企业决策人员或财务部门以某种形式的判断来确定广告预算,它的主要依据往往是企业经验、企业资金能力或者是对企业未来的推测。这种方法的具体表现形式主要有以下几种:

1. 企业决策者决定。这种方法指广告费用由企业决策者根据企业的需要、广告运作的推广和财务实际能力决定从哪里拨款。广告策划人员不需要预先做广告预算,只需要分配和控制好广告费用的使用,使之发挥最好的作用。

2. 根据企业财力。即企业决策者根据企业经济实力,拿出力所能及的资金用于广告,以此期望得到回报。此方法虽然和企业或产品的市场情况没有直接挂钩,但决策者通常只在安全系数范围内操作,因而不影响或危及企业整体经济状况。

3. 竭尽所能。竭尽所能的广告预算往往出现在企业的某一特别时刻。基本上有两种情况:一是当企业必须迅速占领一个市场而不顾一切时;二是当企业需要全力拯救一个临危产品而孤注一掷时。采用竭尽所能的投入,决策者可能会考虑拿出所有资金,甚至不惜挪用他款来做广告。此时,决策者不考虑投入产出比,但求达到目的。这一方法有时很有效,但不能常用。因为它含有一种赌博心理,"不成功便成仁"。以脑白金和还债英雄形象东山再起的健特公司老总史玉柱,在巨人高科技公司创业之时就曾运用过竭尽所能的广告预算编制方法。当时史玉柱研究电脑软件的资金早已捉襟见肘,但是他仍决定将最后一搏的赌注压在广告上,利用当时媒体广告先刊播再付款的机会,在财务预算是负数的账上又透支了一笔广告款。奇迹由此诞生,不到一个月,电脑软件的订货款纷至沓来。史玉柱又把这笔钱悉数投入到广告中去,如此几番循环,使得巨人电脑软件畅销一时,短短几年就在珠海创造了一个高科技发展的奇迹。

4. 最低限额。任何广告运作都要保证一定量的广告费用。低于这个量,广告等于浪费,不如不投。例如:通过监测我们得知,各类手机平均年广告投入是1000万元。如果A品牌手机今年要投入广告,那么它最低限额广告费应是1000万元左右。低于这个数字,它的广告会淹没在其他同类产品的广告中,不但不能达到广告效果,反而会造成资金的浪费。这样的广告预算形式也是经验判断法的一种表现。

(六)综合法

综合法即通过各种广告预算方法的综合来编制广告预算。英国公共关系学和广告学家弗兰克·杰夫金斯认为这是实现广告预算的最佳方法。这一折衷的方法要求综合考虑有关因素,也包括那些无法预见的因素。这些因素包括过去的销售额、预计的销售额、生产能力、市场环境、销售队伍、销售存在的问题、季节性波动、地区性波动、媒体成本、市场动向等。通过对这些因素的综合分析,就可以得到一个编制广告预算的比较合理的途径。

以上列举了编制广告预算的几种常用方法。在广告运作中,没有一种方法能够完全适用于任何企业。理论往往是理想化的,在实际的操作中,我们需要从特定的企业、产品、市场和外部环境出发,选择最恰当的预算方法,并以其他方法作为补充,尽量避免因方法本身的不足而造成企业营销的失误,使我们的广告预算趋向精确合理。

二、编制广告预算的优化决策模式

正因为广告预算有多种方法,所以不论采取哪种方法都有各自不同的优点和不足之处。事实上广告圈里流行的那句话,"我知道我的广告费有一半是浪费了,但我不知道是哪一半",多少也道出了在广告预算与广告效果达成之间的无奈。为了尽可能保证广告预算管理的科学有效性,广告管理中通常会运用一些比较量化的决策模式。

(一)销售反应及衰变模式

"销售反应"函数法最初的广告预算模型用于测量广告支出与销售额之间的直接关系。假如企业已知"广告/销售反应曲线"的形状,那么利润达到最大值时的广告费用额就是最佳广告预算水平。1957年,美国学者韦达尔(Vidale)和沃尔夫(Wolfe)指出:销售反应曲线是一条带有拐点的曲线,广告费用的增加首先会产生连续收益递增,然后会出现收益递减的现象。在他们的模型中,当时

间为 t 时,销售的改变是广告预算、广告/销售反应常数、销售饱和水平和销售衰减常数四个因素的函数。

假设时间 t 时,销售额为 S,销售改变额为 ds/dt,广告预算为 A,广告/销售反应常数(当 $S=0$ 时,每 1 元钱的广告所产生的销售额)为 r,销售饱和水平为 M,销售衰变常数(当 $A=0$ 时,每单位时间销售损失的比例)为 λ,则:

$$\frac{ds}{dt} = r \cdot A \cdot \frac{M-S}{M} - \lambda \cdot S$$

根据此方程式,销售额的改变(增加)越快,即广告/销售反应常数值越高,广告支出越高,则未使用的销售潜能越高,而其衰变常数越低。

利用方程式计算利润增加额。假如广告预算为 A 时的利润增加额为 P,企业销售边际利润率为 K,则 $P = K \cdot (ds/dt)$,若 $P > A$,表明 A 的支出带来了利润的增长,A 预算的支出是有意义的。

(二)采用—控制模式

采用—控制模式是建立在假定广告—销售反应函数的参数是随时间变化而变化的基础上的。利特尔(Little)提出这一确定广告预算的模式。假设某企业根据最新有关销售—反应的函数情报,确定了本企业下一时期的广告预算。除了任意抽取的 $2n$ 个市场外,在所有市场中均按此基准确定广告预算。然后,该企业在 n 个试验市场花费低于基准广告费(譬如低 50%),在另外 n 个市场花费高于基准广告费(譬如高 50%)。这样,通过低中高三档广告预算的销售情况,就得到了平均销售情况,这一情报可以用来更新销售—反应函数中的参数。最后,采用最新函数来确定下一时期的最佳广告预算水平。如果每一时期都进行一次此类试验,广告预算就会趋于最佳值。

值得注意的是,在运用这种方法时,市场试验区的选择是至关重要的,直接关系到测试结果的准确与否。

(三)多夫曼—斯坦纳模式

多夫曼—斯坦纳模式由美国两位学者多夫曼(Dorfman)和斯坦纳(Steiner)共同设计建立。它适用于垄断、垄断竞争和寡头垄断市场。由于垄断竞争企业的广告预算巨大,故这一模式显得比较容易讨论分析。

企业的销售量可以看做是其价格和广告预算水平的函数。多夫曼—斯坦纳模式的假设前提是:广告预算的边际收益递减,即过某一点之后广告所导致的销量增加随广告费用的递增而减少。多夫曼—斯坦纳模式的理论意义是:如果一个企业能控制某项产品的价格、质量和广告预算,那么当利润达到最大化时,需求价格弹性的绝对值、边际广告收益(销售反应)相等。用公式表示为:

$$\eta = \mu$$

公式中,η 为需求价格弹性;μ 为边际广告收益。

下面是模式的推导过程。设 P 为产品单价,MC 为生产的边际成本,ΔQ 为最后一个单位的广告支出所带来的销量的增加,要使净利润最大化,则企业必须使最后一个单位的广告支出等于由此带来的利润增加,即

$$\Delta Q(P - MC) = 1$$

等式右边为广告成本,左边为这一个单位广告成本所带来的总收益。若对上式两边同乘以 $P/(P-MC)$,则可得到

$$P \cdot Q = P/(P - MC)$$

因为企业要使其利润最大化,所以须使其边际成本等于边际收益,即 $MC = MR$。

因此,

$$P \cdot Q = P/(P - MR)$$

不难发现,上式的左边为企业产品需求价格弹性(η),右边为边际广告收益(μ)。因此,企业要实现利润最大化,必须使其广告预算满足 $\eta = \mu$。

两者之间的关系还可用图 12-3 表示。

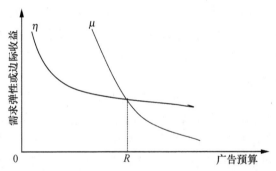

图 12-3　产品需求价格弹性与边际广告收益的关系

图中两条曲线的交点对应的广告预算水平(R)为最佳广告预算水平,此时企业利润达到最大化。

(四) 传播——阶段模式

传播——阶段模式是根据广告支出和最后销售之间的变化效果编制出企业的广告预算。我们在这里以 B 洗衣粉的广告预算制定为例,说明这种编制广告预算的决策模式。其步骤如下:

1. 确定市场占有率。如果 S 洗衣粉想要达到 5% 的市场占有率,估计全国

约有 2 亿个家庭,则该洗衣粉要吸引 100 万个家庭。

2. 确定该洗衣粉广告对市场消费者的接触百分比。B 洗衣粉广告预算的编制希望它的广告能接触到 50% 的家庭,也即 1 亿个家庭。

3. 确定看到广告的家庭中有占多少百分比的家庭会尝试使用这种新品牌。预计看到此广告的家庭中有 10% 的家庭,即 1000 万个家庭能试用该产品,在这 1000 万个家庭中又有 10% 即 100 万个家庭会成为该品牌的忠实用户,这也就是市场目标。

4. 确定每 1% 的尝试率所需的广告印象次数。B 洗衣粉预算的编制者预计,10 次的广告印象就可使 1% 的家庭达到 10% 的尝试率。

5. 确定达到购买程度所需的毛评点(Gross Rating Points)次数。1 个毛评点就是使 1% 的目标家庭看到产品广告 1 次,该企业要使 50% 的家庭达到 10 次感受广告,因此需要 500 个毛评点。

6. 根据 1 个毛评点的平均花费来确定整个广告的预算。如果想要使得 1% 的目标家庭看到此广告 1 次,平均花费为 1 万元,则这一年中 500 个毛评点共需要花费 500 万元。

这种编制广告预算的决策模式,实际上也是目标达成法的一种具体实现。这种决策模式需要预测广告支出的花费、广告触及率、尝试率以及使用频次,这种预测不一定准确,而且其理论上有一个缺陷,就是市场占有目标是建立在管理上的需要,而不是依据利润最大的目标导出的。

（五）竞额模式

上述模式并没有对竞争对手的广告支出情况加以考虑。当竞争对手很多而且都难以测知他们的广告预算时,可以不考虑竞争对手的情况。但在很多情况下,如果我们了解竞争对手的广告费用,就应该在编制广告预算时考虑对手的情况。我们可以参考竞争对手的产品、广告费用等数据来相应地编制自己的广告预算。但这种竞额模式缺乏理论依据,最好和其他决策模式综合使用。

案例分析

旅游景区如何做广告预算

很明显,广告经费是广告策划和媒体投放的基础,广告预算的作用不言而喻。旅游景区在市场竞争中必然要投入资金作广告,投入多少资金,怎样分配资金,要求达到什么效果,如何防止资金的不足或浪费等等,问题很复杂。对广告预算所作的策划必须合理、明确，容易被接受，便于执行。以下基于广告预算的四个方面考虑将有助于旅游企业进行更加完备的市场营销：

一、和年度营销战略相匹配

这也是众所周知的所谓局部服从整体。这也是景区广告计划预算制订的出发点，即要紧紧围绕年度营销战略的目标进行合理有序的方向与费用分解，分清什么环节需要什么样的及多少量的广告支持，包括市场的和非市场的需求等等。

因为景区品牌的成长不仅仅是来自于市场销售业绩，好的企业社会形象同样有助于景区获得来自政府等环境各方面的支持。河南交广认为：景区在安全、服务、人力资源、文化发掘等各个环节方面都需要传播，都是景区品牌的一部分。比如河南云台山在《中国旅游报》上的党员事迹、好人好事的宣传计划就属于社会形象宣传的范围。

二、满足市场的区域拓展

不同的区域有着不同的消费特点和消费水平及社会环境、市场环境与竞争环境，因此，广告预算计划在不同的区域中应有灵活性。另外，对于不同的区域用何种广告策略才相对有效也决定了广告费用的支出状况。河南交广认为：风景区市场营销部要在制订广告计划前对目标区域有深度的了解，不能简单地定义这个城市30万广告费，那个城市50万广告费等盲目的预算。此外，要对该区域市场的媒体状况有个完整的了解，对哪一类媒体对旅游消费群体的影响力度较大等做出综合分析。

三、市场发展预测

凡事预则立。市场是发展变化的，景区所处的环境也是变化的，因此，要对目标市场可能要发生的变化做适当的预测。如其他竞争对手的进入；区域市场消费文化变化的影响因素；如其他旅游方式的兴起流行；甚至其他非旅游休闲方式对旅游业的影响等等。

河南交广认为：首先景区的观念要改变，应树立传播效应的长期积累观念，降低前期高投入的浮躁，因为从市场的广告投放到市场的利润反馈有一个时间周期。多数旅游企业的市场投入费用都是有限的，大都是在上市初期的一股脑轰过之后，出现后续乏力症状。

四、零投入法则

所谓广告零投入模式，其实它并不是什么神秘的经济学法则，其在管理学上的依据实质是事前控制在企业宏观运营中的延伸运用。以往在实践中谈到事前控制大多是指营销及管理运营执行层面的事务，而对于此类广告零投入现象性的决策性质的事前控制涉及得较少。

其次，它更是一种思考的模式。广告资金零投入模式的本质并不是说景区在运营前不准备资金，其真实内涵在于通过思维模式的创新，发现运营的本质，反过来促使旅游企业在战略规划等方面提高效率，以提醒我们如何更加认真有效地把握好推动市场运营的广告资金的有效使用。

旅游市场部应该认真分析出有效的客户群体，并以更加有效而又费用低的方式去影响他们，这其中体现出较多的策划因素，比如通过一些新闻策划的炒作吸引大量的媒体关注而达到传播的效果。以下为旅游企业制定广告预算的五项方法：

1. 全年销售额的一个固定百分比，这是最常用的，亦是较易通过管理高层的方法。比如说国内旅游目的地、民航广告预算一般都不少，但是目前的预算也都并不高。其中航空公司在中国基本还是一个垄断产业，所以短期来讲广告量不可能大幅度提高。如果景区外在经营环境变化不大，维护往年预算，然后按通胀率调整。或者更大胆些——与竞争对手持平或更超前，当然，这意味着假设竞争对手是正确的。

2. 直觉判断——这要看景区的"胆色及高见"，单凭感觉及经验的亦不少，国内称为感性投放，以央视的投标为最明显的例子。城市形象广告应多采用30秒以上的长版本投放，其形象展现更具吸引力与关注力；投放周期应保持较长，方可保证形象提升与认同的最佳效果。如大连自2001年起，每年保持在CCTV-4高频次投放30秒长版本广告，目前其"浪漫之都"的城市品牌形象已深入人心，成为国内成功打造城市品牌的先行案例。

3. 量力而为——以所能负担的做到最好，虽然有些本末倒置，但不少景区只能以此做预算。许多景区根据旅游旺季来安排，如长白山景区的投放期在5月前，因为从5月开始即是长白山的最佳旅游季节，广告投放一般在旺季来临前，这样才能起到推动景区旅游人数增长的作用。多为阶段式、1—3个月的短期投放。许多景区视利润状况而定——决定预算多少的焦点是资金的来源，而不是目标，因此往往并不能达到效果。

4. 数据分析——如景区拥有更多市场数据，如市场份额，通常亦以整体广告份额的等同为上限，算出预算。以每个游客的成本需要做计算，即目标先定，然后看能否达到效果，这亦会受成本所限。以每项目计算，先定目标，然后算出所需费用，成本考虑需要有弹性，理论上是最合理，如定出GRP（毛评点）额，按CPRP（每收视点成本）算出整体费用所需。

5. 把有关市场数据模式化（Modelling），这是国外最成熟的做法，但数据需及时而且齐备，国内只有很少客户能短时间内做到这个层次。

旅游目的地品牌不同传播阶段的广告投放策略应用

旅游品牌不是仅仅在一段时间传播就能实现的,需要长期培养才能逐渐提高知名度、美誉度,培养更多城市忠诚顾客群。在旅游品牌的不同传播阶段,其广告投放策略也各有不同。

一、发展初期集中传播

重在提高知名度。可操作的预算不多,快速提升知名度的需求很大。此种情况适合应用集中型广告投放策略。如在一个重大节会或"五一"、"十一"黄金周等恰当时机,以较高频次集中投放,短期内迅速拉升知名度,达到引爆式的广告效果。

二、成长期脉动传播

重在提高美誉度。成长期旅游品牌经过了长年的形象塑造与人文传播等积累,已具备一定的知名度,亟须得到受众的认可与信任,此时期适合应用脉动型广告投放策略。如在"五一"、"十一"旅游旺季前加大投放力度,突显实力,抵制同类旅游宣传竞争;在非旺季时期减弱投放,维持广告暴露。最终达到旅游信息长年均可触达受众、深入受众、影响受众的目的。

三、成熟期持续传播

重在提高忠诚度。成熟期的旅游品牌已得到受众的认可,品牌发展与运营平稳,此时期适合应用持续型广告投放策略。广告投放量可视竞争对手的强弱安排增减。每年制定系统的宣传计划,全面巩固与强化自身的品牌地位,并可适时拓展子、副品牌,支撑主品牌的权威度。

不同广告预算的投放策略应用

一个浅显的道理——旅游品牌广告投放费用越高,广告效果越明显。但也并非是绝对的,并非钱少就做不出广告效果,只要有科学合理的投放策略!

一、低预算以高品质媒体为跳板

我国绝大部分旅游景区传播预算较低,如何使低预算发挥更大作用,如何实现优质传播是困扰客户的难题。河南交广认为:广告预算低不可怕,可怕的是广告投放媒体品质低!低预算投放重在选择广告媒体,除考虑到此媒体受众与城市目标受众相匹配外,更要考虑到广告价格、广告频次、媒体收视率、广告成本等多项因素。"哈尔滨国际冰雪节"即是低预算宣传的成功实例。"哈尔滨国际冰雪节"01—06每年投放均保持在100万元以下。其策略是选中央视国际宣传权威的国际频道为主攻平台,配合央视综合频道及经济生活频道,在冰雪节前进行集中短期投放。六年如此,广告效果已有目共睹。通过多年的国际化传播,哈尔滨的冰雪节活动已经真正走向国际,目前已与日本札幌冰雪节、加拿大魁北克冬令节、挪威奥斯陆滑雪节并称世界四大冰雪节。

二、中档预算稳固锁定注意力

中档预算广告投放操作空间相对较大。旅游品牌的投放周期尽可能拉长，但决不能太散，让受众掉入"游击战"的陷阱，应依据媒体优势，制定整体的媒体策略，选择稳定媒体长期投放，将信息完整、持续地传导给目标受众；再配合热势媒体在重点阶段加大力度强化广告效果，从而确保广告活动的成功。例如，山东聊城自2002年起已连续五年每年投量达200万元左右，坚持在央视国际频道覆盖全年投放，针对国际中、高层旅游受众深度影响，增加品牌积累，如今聊城的旅游收入已成为城市最大的经济增长点，成功塑造的"江北水城"旅游品牌已收到实效。

三、高预算科学整合深度传播

广告预算高时，将合适的媒体一股脑儿都列入投放，往往会适得其反，白白浪费"银子"。此时可考虑寻找适当时机进行插入式投放。如果不了解何时为适当时机，就干脆不要投。只有抓住时机才能准确地抓住最多受众的关注，从而产生更大的广告影响力。如义乌在2004年冠名"海峡两岸知识大赛"，就是看准了2003年美伊战争给众多国际人士带来了对"台海"局势关注的契机，借势大幅度提升义乌国际影响力，此部分广告预算获得超值的回报，带来义乌品牌稳中有升的发展趋势。在2008北京奥运的热点事件下，能捆绑奥运相关项目开展城市品牌广告投放，2007年是最合适的契机了。因此，旅游品牌广告投放应讲究方式策略，切不可"头痛医头、脚痛医脚"，对广告类型、发展阶段、预算安排应有清晰的认识，选择科学传播策略方能事半功倍，广告宣传对旅游品牌塑造产生的推动作用无疑是强大的。

案例来源，胡森：《旅游企业如何做广告预算》，载《旅游时代》2008年第5期。

思考题：
1. 简述进行广告预算管理的意义。
2. 我国企业广告运作中的广告预算由哪几部分组成？
3. 影响广告预算的主要因素有哪些？
4. 简述编制广告预算的要求和步骤。
5. 广告预算的分配方法主要有哪些？
6. 编制广告预算的优化决策模式有哪几种？

第十三章
广告的整合管理

本章将着重阐述下列问题：

- 广告管理中如何有效地协调品牌战略与广告策略的关系？
- 促销公关的运用与广告策略有什么区别？
- 销售促进怎样才能够和广告形成良好的配合？
- 为什么说广告不再是营销传播的首选工具？
- 怎样完整地认识整合营销传播的观念？

第一节　营销战略与品牌规划

广告作为整个营销战略的组成部分，显然不能被看成是一种孤立的营销行为。广告策略本身应该被看做是一种长期性的战略投资，这在被誉为广告业教皇的大卫·奥格威那里早就得到了确认。奥格威提出了品牌形象的概念，在今天的市场营销背景下，品牌成为更受关注的现象，因此在广告管理中进一步体现营销战略，并将广告与整个品牌的发展规划相结合，应该是广告管理的必然要求。

一、营销战略与广告策略

企业营销的成功主要依赖于选择有效的营销战略与广告策略。任何广告都是特定市场环境下的一种营销沟通方式，其永远面临的挑战是如何在这种环境下有效地完成自己的营销传播任务。显然，要完成这个任务首先需要理解产品与市场之间的诸种重要关系，而这些关系又恰巧是营销所关注的核心问题。因此，营销战略是一个总体的市场规划，而广告策略仅是实现这种总体战略的一种基本手段。

一个公司、一个产品或者品牌,无论是希望导入市场还是已经在市场上取得了一定的位置,它的存在都是一种竞争中的存在。因此,营销战略从某种意义上就是研究对手弱点,并以此作为自己占有市场的依据。由于每一个公司在市场竞争中的角色不同,通常这种市场形态被分为市场领先者、市场挑战者、市场追随者和市场补缺者四种基本模式。四种不同的市场地位,决定了不同的营销和广告促销战略。

在很大意义上,企业所取得的市场胜利主要是营销和广告策划的成功,而不是单纯广告创意的结果,究其根本原因是营销和广告策划所针对的是市场策略问题。任何企业如果没有一个成功的策略,就不可能有成功的市场结果,所以广告运作必须首先完成策略取向。营销策划可以说是最基本的市场策略规划,也是最为重要的企业要件,它必然也是广告策划的一个重要依据。

广告策划人员经常会犯一种专业性错误,就是没有认真对待公司的营销策略,仅仅从广告的专业要求出发制定一套策略。有时候这种情形在表面上完备而富有逻辑,但是却偏离了公司总体战略。广告计划只有服从营销计划并与营销计划密切结合,才可能获得相应的营销沟通效果,并且具有现实的可操作性。从营销控制上来说,广告计划必须适应营销计划的发展和调整,同时作为营销管理中资源的分配,广告计划也只有获得营销费用的支持才可能得以实施。正因为这样,营销计划的特征也必然反映到广告策划之中。

传统的营销策划模式是一种自上而下的模式,主要由四个部分构成:形势分析、营销目标、营销战略和营销战术(或者行动纲领),如图13-1所示。这种模式符合大多数企业所采用的分层制度,适合于新产品的推出。

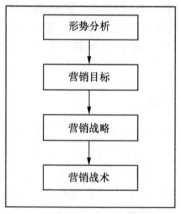

图13-1　自上而下的营销策划模式

第十三章　广告的整合管理

在自上而下的营销策划中,由于对营销各要素的基本要求已经非常明确,在大多数情况下广告只是对营销沟通目标的执行和贯彻,相应的广告策划重点是放在创意和媒介策略之上的。一般而言,营销策划所代表的是一种战略方针,广告策划是在营销战术(行动纲领)部分体现的。所谓战术在这里是"明确将在内部和外部要采取的具体的短期行为","是自下而上式营销的关键。"①

按照定位理论的倡导者特劳特和里斯的观点,企业创造优势的最佳途径就是先集中精力找到一个巧妙的战术,然后再将这种战术发展成为战略。这种将正常程序颠倒的方式,非常适合一些资源和市场力量都比较缺乏的小公司。这就是自下而上的营销计划,如图 13-2 所示。

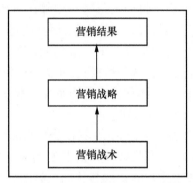

图 13-2　自下而上的营销策划模式

很多具有创造性的产品都是产生于这种营销模式之中的。比如可口可乐,据说在 1886 年,美国亚特兰大的一名叫做约翰·彭伯顿的药剂师,在他的后院配制了一种糖浆药水,原本是打算用来治疗胃疼和消除情绪忧郁症的。一天,有人错把这种药兑入苏打水中,于是一种特别的饮料在这次不经意的失误中产生,这就是最原始的可口可乐。彭伯顿的账房先生弗兰克·鲁滨逊以这种饮料的两种主要成分为之命名:coca 是南美的古柯叶,kola 是非洲的可拉果。他还设计了一个世纪以后成为可口可乐公司正式商标的斯宾塞体草书的 Coca kola 字样,终于成就了世界企业发展的一个奇迹。辉瑞公司著名的蓝色小药丸 Viagra(伟哥),最初也是为了治疗心脏病而开发的,不想奇效突现,于是改变方向,自下而上开始发展,最后风靡全球。这种自下而上的营销方式,在广告运作中经常出现,战术和战略的结合,会使广告的宣传核心更快地得到市场认同。对于两种不

---

① 〔美〕威廉·阿伦斯:《当代广告学》,华夏出版社 2001 年版,第 216 页。

同的策划类型,形象的说法就是"循序渐进、垂直深入"和"核心突破、枝节辐射"。①两者各有所长,并且可以互为补充。

二、品牌规划与广告策略

品牌已经成为企业管理和现代营销的一项重要内容,在某种意义上它不仅是企业经营的目标,而且也是企业经营的一种手段,正因为这样品牌已经贯穿到整个企业的发展过程中。品牌在企业经营现实中,由内而外的产生又由外而内地发生效用。对内它是凝聚各种关系、形成企业核心竞争力的根本所在,对外它是展示企业价值和企业精神的突出标志,代表了企业与消费者以及各种相关利益者之间的关系。现代社会中每个人每时每刻都在与品牌发生着密切的接触,很难离得开品牌。品牌已不仅仅是经济现象,而且还是一种社会、文化和心理现象;不仅仅存在于商品之中,而且存在于一切交换价值之中。

正因为这样,广告作为一种战略性投资,在实施广告管理时必须要考虑到整个品牌的发展规划和品牌的整体利益。具体而言要做好以下几点:

1. 明确认识消费者的品牌感知。

广告策略要结合整个品牌发展需要,在广告执行品牌决策之前,首先明确消费者的需要,在此基础上结合产品特征和企业发展战略,赋予品牌鲜明的形象与独特的个性特征,才能便于受众的识别与认同。消费者是企业利益相关者中规模最大、影响力最强的群体,他们对品牌的认知与偏好,直接关系到企业的市场赢盈利水平与竞争优势。基于实证研究的专家不仅告知企业需要舍弃"消费者请注意"的思考方式而转为"请消费者注意",而且还要明确,在现代信息充斥的社会中,受众更多地是以自己的情感体验去理解品牌,越来越少地为企业宣扬的品牌事实所动。因此,理解消费者的心理需求与购买诱因,对成功塑造和经营品牌有重要的意义。美国《福布斯》(FORBES)杂志专栏作家布洛克于1987年对万宝路香烟品牌进行的一项调查即是例证。

布洛克共调查了1,546万名万宝路香烟爱好者,主要问题是"为什么喜欢这种香烟"。绝大部分受调查者对此所做的回答都集中在香烟自身的属性上,诸如:这种香烟味道比较好、香烟味道浓等等。在得到回答后布洛克继续了他的试验,他向每位自称热爱万宝路香烟品质的人提出一个建议:以半价提供这种香烟。从外表上看不出香烟的品牌,但由生产商保证所提供的产品货真价实。这项建议发出后,其结果是那些号称喜欢这种香烟品质的人中,只有大约21%的

---

① 参见卫军英:《广告策划创意》,浙江大学出版社2001年版,第67—68页。

人表示愿意购买。可见当时很理性地表示自己喜欢万宝路是出于其品质的人,绝大部分没有说出真实意图,或者自己也不知道真实意图。布洛克据此认为,那些烟民们所需要的其实是万宝路香烟品牌所带来的特有的满足感,而不是香烟本身,简装香烟虽然具有香烟的一切内在质量,但是却不具备某种相伴而来的愉悦和满足。布洛克还观察了万宝路爱好者每天掏出香烟的次数,一般都在20～25次,超过他们吸烟的次数,这是一种下意识行为,这种行为也充分反映了非理性作用对人们行为的支配。

也许香烟本身就是一个非常感性的产品,还不足以完全说明消费者对品牌需要的事实。而非常具有技术特征的英特尔中央处理器也成为非理性消费品,则是对认知大于事实重要性的一个很好的注释。由最初的8086、286、386、486微处理器横扫整个市场,到因没有为这些"X86"申请商标注册而遭受效仿者对市场份额的大量蚕食,再到发起一场精心策划的全球品牌推广运动的成功,英特尔终于打了个漂亮的翻身仗。虽然消费者对技术性极强的处理器的具体工作程序与"奔Ⅲ"、"奔Ⅳ"的含义并不是十分清楚,英特尔也没有在广告中告诉消费者自己的"微处理器"比别的品牌好,但是消费者因为受到强大的广告攻势与品牌活动的影响,依然产生了巨大的购买热情与品牌偏好和信任。

由此可见,在一个可以充分满足需求的市场竞争环境中,品牌更要凭借其附加的"符号价值"引发消费者的理解与认同。这种认知不是企业强行灌输的,也不单单是从产品本身的功能利益中提取的,而是加入了很多受众自己的感情因素与社会影响因素。通过对现有和潜在消费者的调查,寻找到支撑品牌的核心因素与传播沟通的关键点,就为下一步工作做好了准备。

2. 通过广告进一步明确品牌定位。

广告策略的一个重要内容就是实施品牌定位,品牌作为可以超越产品功能利益、显示企业整体形象的综合系统,更需要寻找一个鲜明独特的位置。

当同质化的产品之间难以有效地区分时,借助与众不同的定位策略制造差异就为实现竞争优势提供了较大的可能性。需要明确的是,品牌定位应完全站在消费者的立场上,通过传播沟通满足他们的需要与欲求,使品牌的利益点在消费者心中占据一个有利的位置。因此,企业的思考重点应是消费者的利益而不是产品的属性。此外,成功的品牌定位还应达到与竞争对手的定位有明显的差异、便于目标受众的理解与信息传播沟通、与企业的品牌形象和个性特征相吻合等要求,以实现对目标市场最大的吸引力。

3. 建立牢固的品牌关系。

品牌要达到持久赢利,需要在赢得消费者的认同之外,得到其他相关利益群体的配合与支持。注重经营和维护品牌关系,是品牌策略中的最高要求。

我们可以按照利益群体对品牌的影响力,将品牌关系分为三个不同的层级,企业可以根据其对品牌发挥的作用而有所侧重,如图13-3所示。

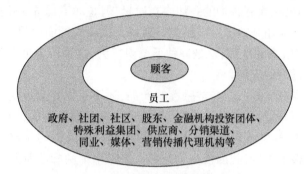

图 13-3　品牌关系的存在层级

在上述模型中,顾客群体处于核心地位,他们作为营销终端,对品牌的支持与否直接决定了品牌能否获得销售与赢利。由于顾客本身处于不断地变化和重组之中,来自不同渠道的各种信息无时无刻不在冲击着他们。因此,要建立与顾客之间的良好关系,就必须保持流畅的传播反馈渠道,迅速地把握顾客关注焦点的变化。

第二个层次是员工。员工关系涉及两个方向的交流:其一是员工和公司之间的内部交流;其二是员工与顾客和相关利益者之间的外在交流。从理论上说,只有当员工真正了解了他们的工作、感受到自己在公司受到公正待遇、体会到自己是公司队伍中的一员时,他们才可能满腔热情地投身工作,并为顾客提供一流的服务。从信息传播角度看,员工传达的信息对顾客的影响是十分重要的。因此,如果在员工这一环出现障碍,公司将会为此付出巨大的代价。

第三层次是其他相关利益者,他们也会对公司发展产生很大的影响。中间商、供货商和零售商会直接作用于企业的价值链,股票持有者和投资者与企业的经营运作息息相关,政府和媒体会对企业施加外部压力或增加推动力。

已有调查资料证实了同时关注多类相关利益者的好处:当公司同时关注三种团体——员工、投资者和消费者的时候,其效果远远优于只关注其中一个或者两个团体。在几年时间里同时关注这三个群体的公司,收益增长率是那些只重视有限利益相关者公司的4倍,前者股票上涨901%,后者却只有91%。①因此,

---

① 〔美〕汤姆·邓肯:《整合营销传播:利用广告和促销建树品牌》,中国财政经济出版社2004年版,第56页。

企业在制定品牌发展策略时，应在关注消费者需求的同时，注意协调好各方面的关系，以为品牌发展提供良好的内外部环境。

三、品牌形象与广告传播

品牌形象曾因解决了产品同质化给企业营销带来的难题而风靡整个20世纪60年代。相对于仅仅强调产品物理属性的硬性营销策略，品牌形象凭借其显著的直观性、有力的沟通效果、附加的情感价值而备受青睐，已成为企业营销传播中的重要沟通工具。广告作为一种大众传播方式，早被众多企业奉为制胜法宝。它在宣传新产品、促进销售之外，也为塑造品牌形象、传播品牌内涵、张扬品牌个性做出了积极的贡献。

对于品牌形象的定义，因研究者侧重点的不同而有不同的界定。我们可以将其简单地理解为由品牌所暗示的象征意义，是品牌所引发的联想。一般而言，品牌形象应该具有差异化、亲和力和持久力三个主要特征，既要与竞争对手有明显的区分，又能赢得消费者的普遍认同，而且可以做到在传播推广中的稳定与一致性。例如：百事可乐创立时，为与可口可乐进行区分，将品牌定位于"新一代的选择"，多年来坚持走明星代言诠释品牌形象的路线，从而获取了市场的成功。广告是塑造品牌形象、迅速强化市场认知的重要手段。虽然越来越多的企业开始意识到发挥它在品牌传播中的作用有十分重要的意义，但在应用过程中还是存在一些问题的。

首先，是处理获取短期赢利与保持持久竞争优势的关系。当两者之间产生矛盾时，选择后者的企业往往会比青睐前者的企业赢得更多利益，遗憾的是，在我国不少企业是在遭受挫折之后才幡然醒悟的。例如：哈尔滨制药六厂最初采用"地毯式轰炸"广告策略，铺天盖地地宣传促销"盖中盖"、"三精葡萄糖酸钙"等保健产品，以迅速占领补钙市场。这种过于关注销售业绩而没有重视维护品牌形象的做法，使得企业不仅遭受到来自目标消费者的不满与批评，还因广告策略的调整（减少产品广告播出时间，增加公益广告宣传力度）而耗费了更多的推广费用。令企业苦恼的是，消费者对这种"亡羊补牢"的做法常常不以为然，毕竟先入为主的促销广告已经使他们对品牌形象产生了感性的认知，再接受企业重新塑造的形象已是非常困难。

品牌形象与广告宣传之间的另一个问题是，信息传播过程中常出现不一致性的情况。很多企业因为成立时间较长、产品销售区域广泛、市场环境发生变化、竞争压力大等诸多原因经常调整推广策略，每个主题与宣传重点之间、品牌标志与标准色甚至品牌名称之间都缺乏有效的关联与一致的风格特征。这样的变动不仅不利于消费者的识别与认知,还影响了他们对品牌形象的理解,混乱的定位更无助于市场竞争。例如:麦当劳2003年一反以"欢笑、温馨、合家团聚"为主的诉求方式,开始在全球范围内推广"我就喜欢"主题,增加了更多年轻、时尚、张扬个性的因素,这与许多消费者心目中原有的品牌形象有很大的差别,一定程度上造成了他们理解与信息接收的困难。"绝对"伏特加的广告策略倒是值得参考借鉴的,十几年来,企业凭借统一的广告创意和设计风格为品牌塑造了独特的形象。"绝对"伏特加一直坚持在平面广告中采用以酒瓶为中心,以"Absolut"配合一个可以点明创意核心的单词为标题的"标准格式",表现题材虽涉及城市特征、自然环境、服装设计、影片及明星、文化传统等方面的内容,却在丰富的设计构思中保持了惊人的一致性识别特征,这对消费者感知记忆品牌形象与个性都有很大的帮助,参见图13-4所示。

绝对北京　　　　绝对40度　　　　绝对食物　　　　绝对米兰

图13-4 "绝对"伏特加的形象广告

案例分析

SWATCH:手腕上的时尚品牌

20世纪70年代中期,由于受到日本和美国制造技术上迅速革新的巨大压力,瑞士钟表业全球市场占有率受到了极大的影响,被迫仅仅立足于高价时髦的,以劳力士(Rolex)、派捷特(Haget)、浪琴(Longines)等为代表的珠宝手表市场。这样的产品定位极大地限制了瑞士手表市场的发展空间。Swatch(斯沃琪)就是在这样的行业发展和竞争背景下诞生的。

1984年,"ASUAG"与"SSIH"合并,组成"SMH"(瑞士微电子集团),后更名为斯沃琪集团。目前,该集团已是世界上最大的钟表工业企业,旗下不仅拥有斯沃琪、欧米茄、雷达、浪琴、天梭、CK等17个世界知名的手表品牌,还在全球拥有160个产品制造中心,广泛分布于瑞士、法国、德国、意大利、美国、维尔京群岛、泰国、马来西亚和中国等国家和地区。作为集团中的主打品牌，斯沃琪手表畅销30多个国家，到1994年已售出1.5亿只，1993年公司净利润达4.4亿瑞士法郎（合3.23亿美元）。欧洲是斯沃琪手表最大的市场，有资料显示，在意大利平均每个人拥有6块斯沃琪，以随意搭配不同的服饰。如今，东亚也凭借强劲的消费能力成为重点营销市场。

为什么斯沃琪这个诞生历史不长、中等价位的手表可以迅速超越众多高档品牌而风靡全球，不仅备受目标消费者的喜爱，还大受收藏家、影视明星、著名运动员以及艺术家们的追捧呢？主要是因为斯沃琪突破了手表简单的设计功能——它对时间概念的新演绎，不仅在于款式的千姿百态和色彩的绚丽丰富，而且运用了高科技的成果，体现了丰富的艺术想象力。例如1998年4月在上海几大著名商厦举行的"Swatch1998"春夏新款展示，不像在宣传产品，更像是一次艺术的品评和鉴赏。通过赋予每款新产品一个或浪漫、或深沉的名称，斯沃琪显示出特殊的品牌个性，深深地赢得了消费者偏好。

图13-5　斯沃琪手表以及广告作品

品牌价值：源自产品差别化设计

公司最初推出斯沃琪这个品牌时，就考虑到它必须是个独一无二、深具吸引力的产品。因此，产品设计的政策是别出心裁、形状趣怪、名字特别、形象高调，可以经历不同潮流而不会衰落。正如斯沃琪的一个广告口号所说："你有第二座房子，为什么不拥有第二只手表？"

以我国台湾为例，斯沃琪每季都会从500款设计中选出70款投入生产，配合春夏、秋冬的服饰分两季在市场推出。这些作品必须做到洞悉先机，预估及时出现的潮流。因此，在推出新产品前，公司会先开个全球营销会议，以确定新产品的模型。经过一年反复的讨论和研究，将大家的共识集中起来，这就是斯沃琪能享有"潮流先锋"的原因。另外，在多样化的面貌下还维持50元瑞士法郎的价格不变。因为斯沃琪认识到，若价钱上涨，相对的竞争力将减低，中下阶层的顾客很快会流失,品牌定位也就模糊了。

斯沃琪的目标市场以 20—30 岁的年轻人为主。随着第一批消费者年岁的成长,现在佩戴此手表的人,还包括了其他具有影响力的艺人和政府官员、艺术家,他们在休闲时,也会依照不同的场合更换手表的款式。消费者层面的扩大,保证了较强的市场支持力。

令人难以置信的是,斯沃琪手表只有 51 个零件,所以手表很薄,成本很低。随着技术的提升以及制作工艺的娴熟,生产成本逐年稳步下降,目前一只手表的成本已基本控制在 5 美元。

由 90% 以上的人只有一只手表,到斯沃琪带来的一人多表的革命,成功的品牌定位是这场划时代变革的基础。

品牌形象维护:渠道沟通与公关沟通相结合

斯沃琪认为,当今社会,在品牌代表了一种"想象空间"的同时,销售渠道也可达成有效的沟通,因此,在设店、销售点、通路、广告地点上都考虑到了有效传播品牌形象的问题。比如,在我国台湾,斯沃琪手表和其他手表的不同之处在于,百货公司的一楼都可以看到它的橱窗,它也是唯一坚持低价格、高形象的产品。在美国,斯沃琪手表最初在珠宝店和时装店中销售,现在在高档百货商店也有出售,但不进入批发市场。

斯沃琪认为,公共关系有较大的发挥空间,由于产品本身强调的是创意,全世界没有和台湾相似的情境,因此,它在这方面下了很大的功夫。斯沃琪每季在公关活动上的花费占总预算的 50%,总的传播战略特征是:活动频繁、广告适度。

1994 年 6 月,斯沃琪进入我国台湾市场。从一开始,斯沃琪就从采取公关活动的战略出发,每季推出强烈的主题讯息,通过传播斯沃琪的品牌概念,达到颠覆、再创青少年价值观的目的。下面是其中一些主要的活动:

1994 年:"Next Changing,改变的艺术"。设计师想要传达给消费者的共识是,斯沃琪已经做好准备,改变目前的平淡生活。任何事情都有可能更改,唯一不变的就是完美的斯沃琪。

1994 年—1995 年秋冬:"Swatch,The Other Just Watch,Swatch 不只是手表",传达心情和生活态度,以对比其他手表只能单纯提供时间的功能。

1995 年春夏:"Swatch Test,试验"。那是一段充满不信任感的时期,斯沃琪帮助消费者进行自我测试,包括对爱情、事业的测试。斯沃琪希望提醒产品拥有者能够静下来,测试自己的一切。

1995年—1996年秋冬:"Themes of the Times,时间的主题"。斯沃琪这一时期表的款式,联串古往今来的故事。同期的广告中,有黑人娶白人的例子,也有美国南北战争的影子,希望能藉此追溯历史,探索从前。

1996年春夏:"Swatch,Olympic Time Keeper",以1996年亚特兰大奥运会指定计时器为主题。

1996年—1997年秋冬:"City,Sign,Communication,城市、符号、沟通"。整个世界重心转往都市发展,设计师便以此为表现重点,将大都市及电脑的特色融入其中。

1997年春夏:"Light,明亮"。时装的潮流以轻薄明亮为主,斯沃琪也传递此概念。

1997年—1998年秋冬:"Time,what you make of it,创造你的时间"。这是套用爱因斯坦的概念,强调"相对"的感觉。

斯沃琪进入我国台湾市场3年,举办过的大小活动已超过20场,活动充满故事性及报道性,足以吸引媒体的报道。

独特的促销技巧:维护高品位形象

非常的品牌概念,需要非常的促销技巧。低价位和高品位似乎难以调和,斯沃琪却别有一套方法,其中促销技巧功不可没。

1. 斯沃琪每年不断推出新式样手表,以至于人们都焦急地期待新产品的出现。许多人拥有的斯沃琪手表不止一块,因为,他们希望在不同的时间、不同的场合搭配不同颜色的服饰。

2. 所有的斯沃琪手表在推出5个月后将停止生产,因此,即使最便宜的手表都将具有收藏价值,而且斯沃琪公司每年分两次推出数目极少的时髦手表设计版本。斯沃琪手表的收藏家有特权参与投标,购买其中的一种设计版本。公司有可能只生产4万只手表,而收藏家的订单却会多达10万份甚至更多,公司只好举行抽签活动来决定可以购买手表的4万位幸运收藏家。

3. 克里斯蒂(Christies)拍卖行对以前的斯沃琪手表定期举行拍卖。有位收藏家为收藏一只为数不多的斯沃琪花了6万美元。虽然斯沃琪手表只有12年的历史,但它已取得了"现代古董"的地位。在里斯本博物馆,专门设有数目有限的斯沃琪手表陈列台,并有防弹玻璃保护。斯沃琪公司自己也有"斯沃琪情感经历"展览,在全世界周游展出。

4. 斯沃琪公司拥有自己的零售商店。在米兰著名的维·蒙·拿破仑新潮街上,斯沃琪店吸引的游客人数要比该街上其他任何著名商店都多。有时顾客人数过多,则由商店通过扩音器报出4位数字,只有护照号码适合的顾客才可进入商店购买。

5. 许多公司同斯沃琪公司协商,要求在斯沃琪手表上注上它们公司的标志。斯沃琪到目前只答应了可口可乐公司,其他的都予以拒绝。

案例来源,改编自何佳讯:《斯沃琪,感性沟通显风采》,《销售与市场》1998年第8期。

第二节 公共关系与促销配合

促销有广义和狭义之分。广义的促销概念,是整个营销体系的一个方面,指企业宣传介绍其产品和说服消费者购买其产品所进行的所有活动,其内容主要有商业广告、公共关系、人员推销和销售促进。而狭义的促销概念,则是指广义促销四个内容构成中的一个方面——销售促进。销售促进活动虽然相对独立,但有经验的广告策划专家往往把它视为广告运作过程中的一个组成部分。其实在广义的广告概念里,通常也包含了公关宣传与销售促进,而大多数企业也都把这些开支列入广告的预算之中。因此如何做好公关和促销的配合,也是广告经营管理的一个重要任务。

一、公共关系与广告运作

公共关系(public relation,PR)简称公关,是企业市场营销中的一种重要的促销工具。在市场竞争环境中,企业和社会诸方面的关系变得越来越复杂,运用公共关系可以帮助企业塑造良好的公众形象,减少来自不同方面的摩擦,最终为企业营造良好的社会环境。公共关系的着眼点是组织与公众及其相互关系。从企业来说,运用公关能帮助企业保持与社会变动同步,树立企业良好的形象,实现企业的社会效益和经济效益。

(一)公共关系与广告的区别

公共关系是社会组织通过传播沟通手段影响公众、塑造组织形象、培养好感的一系列决策和行动。而广告是通过有偿使用媒介向消费者传递有关产品、形象等信息,并说服其采取购买行为。从两个概念出发,我们来分析两者的差别。一般来说,公共关系与广告的区别体现在以下几个方面:

1. 目的不同。

广告的目的是以最小的花费在最短的时间里推销出更多的产品或服务,最终目的是促进销售。而公共关系的目的是树立组织形象,增进公众对企业的了解,对企业产生信任感。只有公众对企业的形象得到认可,这个企业的产品才会得到销量的不断增长。这与广告对销量的促进是不同的。公共关系也能促进产品的销售,但这只是众多目的中的一个,而不是唯一,是消费者认可企业的形象、爱屋及乌的结果。

2. 传播对象有所不同。

一般来说,广告所针对的目标,往往是既定的消费群体或者是目标受众。而相对于广告来说,公共关系的对象则要宽泛得多,不仅有一般广告所面对的受众,而且还包括营销目标之外的其他关联群体。比如,企业与政府或者社会有关调节部门的关系,这些机构虽然不是企业产品的营销目标,但是它们却对企业实现营销目标有一定的影响。企业与其内部员工的关系,虽然并不构成直接交易,但是会对组织形象等方面产生影响进而间接地影响产品销售和品牌信誉;企业与媒体的关系,更是直接涉及与大众传播手段的合作问题;等等。这些都决定了企业的公共关系对象并不局限于简单的营销沟通对象,它还包括形成企业与社会联系的各种利益相关群体。

3. 传播方式不同。

广告的信息传播是以创造性的技巧将产品或服务的信息撰写成文案、设计成图案或摄制成影视片传达给消费者,其首先需要做到"引人注目"。而公共关系的信息传播,有些同新闻传播的方式一样,主要借助于新闻稿、新闻发布会、记者招待会等;有些传播途径则比较隐蔽,可以采用人际关系处理达到影响效果。

4. 效果形式不同。

效果形式首先是作用周期。与公共关系相比较,广告的有效期还是比较短暂的。广告在宣传一种产品或服务时,会有明显的季节性或阶段性,但公共关系则没有季节性。另外,广告的效果相对来说比较直接,具有可测量性,而成功的公共关系使企业具有良好的信誉,企业因此而受益无穷,但所得益处却难以用单一的利润指标来衡量,因为公共关系的效益是包括政治、经济、社会各方面效益在内的复合效益和整体效益。在受众方面,很多消费者往往对纯粹意义上的广告抱有一种抵触和怀疑,相对而言,公共关系的商业气氛被一定程度上掩盖了,消费者更愿意接受这些信息。

5. 投资形式不同。

公共关系的相对成本和绝对成本都远远低于广告。广告是有偿的信息传播,刊播广告需要付费来购买媒体的版面或时间。但在媒体运作方面,公共关系通常是经过精心策划之后,采用不付费形式在媒体上安排有关商业新闻,或者是通过其他传播形式使公司或产品获得有利展示,以达到公司与公众的沟通。正是因为这种投资形式的不同,广告可以根据实际需要不断重复,在很大程度上可以做到企业想怎么说,广告就怎么说,但公共关系的宣传则无法做到多次重复,因此,在到达率上很难得到保证。

(二)营销公关的有效运用

在多数情况下,企业的公关活动并不涉及营销本身,而是解决一般的经营问题。诸如公司与员工、股东、工会组织、公民活动团体以及供应商的互动关系等,基本上都属于这种一般公关的范畴。但是对企业来说,还有一种以营销为目的公共关系,这类范围比较狭窄的公关一般特指公司和消费者的关系,即通常所说的"营销公共关系"或者"营销公关"(marketing public relation,简称MPR)。①

营销公关对其他营销要素都可能发生影响。由于企业在营销操作中所面对的处境以及本身的应对方式不同,营销公关可以具体分为主动营销公关(proactive MPR)和被动营销公关(reactive MPR)。②

1. 主动营销公关及其PR工具。

主动营销公关是由公司营销目标所决定的,属于进攻型而非防御型,着重于捕捉机会而不是解决问题。主动营销公关的主要作用范围是新产品的推出以及老产品的改进。把主动营销公关与营销的其他手段结合起来,就可以赋予一个产品更多的接触面、新闻性和可信度。主动营销公关的效果,在很大程度上要归之于可信度的创造。在实际操作中,主动营销公关已经形成了一些基本的PR工具,常见的主要有:

(1)公益赞助。公益赞助是企业通过资助一定的实物或者承担全部或部分费用,赞助兴办文化、体育、社会福利事业和市政建设等,向社会表示其承担的责任和义务,以扩大组织影响、提高知名度和美誉度的公共关系活动方式。通过赞助可以完善企业的道德人格形象,沟通与公众的情感关系,也能够展示企业的实力,增强企业广告的说服力和影响力。比如,农夫山泉的"一分钱支持北京申奥"的活动,获得名利双收的效果,提升了品牌,也迅速提高了销量。

(2)新闻事件。营销公关在营销传播中常用的一个手段是利用媒介关系,其中比较有特色的一个做法是制造新闻事件。制造新闻事件是专业的公共关系人员经过精心策划,有意识地安排某些有一定新闻价值的事件在特定的时间和场合中发生,从而吸引大众传播媒体对之进行报道。但制造的新闻事件一定要

---

① 〔美〕特伦斯·A.辛普:《整合营销沟通》,中信出版社2003年版,第590页。
② 卫军英:《现代广告策划》,首都经济贸易大学出版社2004年版,第236页。

以事实为基础,而不是伪造,必须符合新闻传播规律,它不只是一篇新闻稿,还是一个活动或一个事件。公关人员要把有价值的新闻挖掘出来,并借助活动给予展现。

(3) 公开出版物。公司依靠各种传播材料去接近和影响其目标市场。它们包括年度报告、小册子、文章、视听材料以及公司的商业信件和刊物。在向目标客户介绍某种产品是什么、如何试用、如何安装方面,小册子往往起很到重要的作用。由公司经理撰写的富有思想和感染力的文章可以引起公众对公司及产品的注意。公司的商业信件和刊物可以树立公司的形象,向目标市场传递重要信息。视听材料如幻灯片、录像和 VCD 等越来越多地被用于促销。

(4) 人际关系档案。负责营销公关工作的人一定要建立人际关系档案。当企业需要时,就可检索人际关系档案,对其进行专门的公共关系工作,这样将会收到非常好的效果。在进行人际传播时要非常注意传播的个性化设计,无论是一个电话、一个信函、一个卡片,都要非常有针对性地设计;这种设计来源于对传播对象的了解。

(5) 形象识别。在一个高度交往的社会中,公司必须去努力赢得注意。至少应创造一个公众能迅速辨认的视觉形象。视觉形象可通过公司的广告标志、文件、小册子、招牌、公司模型、名片、支付标志等来传播。

(6) 公关广告。所谓公关广告,是由企业通过各种传播媒介,向特定公众发布以提高自身知名度、树立组织信誉以及协调与各类公众关系为特征的广告。公关广告具有超越商业意识的特点,广告内容或向公众告知组织的发展情况、取得的成绩,或向公众汇报自己已经或正在做的公益事业。这样的广告内容不仅能吸引公众的注意力,更重要的是它能赢得公众对企业的好感。目前,企业针对主动营销公关采用的公关广告主要有企业形象广告、庆贺广告、征求广告、公益广告等形式。

2. 被动营销公关及其 PR 工具。

被动营销公关是针对外界的影响而采取的公关活动。这些外来压力和挑战包括竞争对手的行动、消费者态度变化以及政府政策变化等等。被动营销公关往往针对的是外在环境中的突发事件,一般无法预料。在进行被动营销公关时,不仅要处理好与媒介的关系,扭转有关新闻报道中的负面影响,而且要与有关利益群体和社会组织达成良好的沟通和协调,诸如政府、消费者等。

当负面的突发事件发生后,企业的利益和公众利益不同程度地受到伤害,如果企业为了自身利益不顾社会和公众的利益,那势必要引起社会和公众的抵制与不信任,导致企业处于不利的市场地位,最终损害企业利益。从被动事件的实际发生背景和发生过程来讲,虽然很多属于不可控因素,但是企业对被动事件一定要采取主动,只有积极主动才可以变被动为主动。在实际的市场操作中,被动营销公关也有其特有的 PR 工具,例如:

(1) 危机预警。为更好地防止发生突发事件损害企业的形象,企业应该建立一套合理的危机预警系统。预警系统的重要工作是调查公众舆论。舆论往往是由客观事件发生后形成的,是公众采取行动前的准备,是预示将要发生的信息,表示了公众的态度。因此,要把纠纷性舆论看成是报警信息,企业要引起高度的注意,采取积极主动的态度,听取公众的各种反映,并以公众舆论能够接受的方式,做出有针对性的解释。

(2) 危机管理。企业在经营过程中不可避免地会遇到问题,这些问题往往影响了企业与社会以及相关利益者之间的良好关系,对企业的市场或形象造成直接或者间接的威胁,这一点不论是什么企业都不能例外。在危机来临时,企业如果没有运用 PR 工具采取有效措施,可能丧失自己的市场地位。运用危机管理这一 PR 工具,企业要收集信息,提供建议与决策,更重要的是其本身担负着执行的角色,尤其是在具体公关活动的策划推广和协调沟通上责无旁贷。危机管理的关键就是在企业利益和社会利益以及公众利益之间把握适当的尺度,并且进行有效的传播沟通,以达到相互间的认同和谅解。

(3) 公关广告。在对主动营销公关的论述时,我们也提到了公关广告。谈到被动营销公关,公关广告同样是非常重要的 PR 工具。公关广告可以通过广告的形式来沟通信息,调解企业和公众之间的误会。目前,企业针对被动营销公关采用的公关广告主要有解释广告、管理层声明、致歉广告等形式。

二、促销与广告运作

销售促进(Sales Promotion,简称 SP),也叫营业推广或销售推广,是企业为援助销售的市场经营推广活动的总称。它是狭义的促销概念,是相对于广义上的促销概念中的商业广告、公共关系、人员推销而存在的。相对于广告、公共关系和人员推广来说,销售促进有其自身独特的地方。

(一) 销售促进的主要特征

虽然狭义的销售促进也往往被单独运用,但是在大多数情况下,短期的销售促进都是被置于某一项长期广告计划之中的。企业在广告运作中设计和实施的 SP 活动,总结起来,一般具有以下几个方面的主要特征:

1. 互惠互利。从设计 SP 活动的动机来看,SP 活动首先要考虑企业自身的利益,力图通过激励消费者的购买行为创造出轰动的销售效应,以此提高产品的市场占有率,或者可以快速地销售相对滞销性的产品,从而可以保证企业的商业利益。从这一方面看,SP活动具有企业利己性的一面。

从消费者方面看。企业要实现利润,需要消费者对SP活动的认可和配合。也就是说,销售促进活动只有更多的消费者参与,愿意大量购买,快速购买,企业才能获得商业利润。而为了引起广大消费者的注意,刺激他们的消费行为,企业除了要提供质量过关的产品以外,还需要让消费者直接得到实惠,如送赠品、样品、免费尝试、提供抽奖等。即需要企业高度重视消费者的利益,这样就使得SP活动具有利他性的一面。因此可以说,成功的SP互动,往往首先具有互惠互利的特征。

2. 时机性。消费者的购物欲望受到时空条件的限制。空间条件诸如购物场所、消费地点等的指标往往是相对不变的,而时间条件则变动得比较快。也就是说,时间因素对消费者的购物行为影响比较大。一般来说,产品的销售旺季和销售淡季就是时间条件变动的表现。在销售旺季,购买产品的人数和每位消费者购买的数量都会相应增加。例如,保健品在春节前后是一个销售旺季,购买产品的人数明显比平时要增加很多,而且由于春节礼品市场的容量非常大,消费者购买保健品的数量较之于平时会多许多。SP活动的开展往往具有强烈的时机性。企业在销售旺季开展的SP活动会比淡季要多,这是由于销售旺季的促销效果明显。当然,有时候企业也会针对销售淡季开展一些SP活动,这主要为了保持销售队伍的战斗力,或者大量甩卖滞销商品。通常,开展SP活动的时机主要有以下几种情况:

(1) 消费者购买某一特定季节性产品的前期。例如:书包的促销安排在学生开学前夕,羽绒服一般在秋季后期开展SP互动。

(2) 节假日。例如:春节、中秋等我国传统的节日是某些孝敬长辈礼品市场的销售好时节;儿童节是儿童类产品的畅销时机;三八妇女节是销售女性产品的黄金时间;像"五一"、"十一"长假往往是旅游、家电产品的销售旺季;等等。

(3) 大型社会事件。诸如奥运会、世界杯足球赛等体育赛事也是开展SP活动的好时机。还有诸如2003年的"非典"事件,通过SP活动,成长起来一批消毒类卫生品、营养保健类产品。

(4) 企业自身的特殊时间。很多生产企业和商业企业比较注重利用自身的特殊时间来组织SP活动,例如推出品牌的周年庆、店庆等。

(5) 竞争对手的促销时期。有时候,把握好竞争对手的促销活动时间,针对企业自身组织一些有效的SP活动,会达到一些意想不到的效果。

3. 目标性。SP 活动作为企业开拓市场的功利性行为,具有很强的目标性,接受市场营销目标的管理和控制,为实现企业特定的经营目标服务。[①] 从定量的角度分析,SP 活动有着一系列的指标要求,常见的主要有销售额、利润额、市场占有率等。这些量化的指标成为 SP 活动的基本任务,也是衡量销售促进策略成败的重要依据。

从定性的角度分析,SP 活动主要有以下几种目标:

(1)通过承诺某些利益、展开销售前咨询活动,加快新产品进入市场的进程,让消费者产生购买欲望,并实现购买行为,这样可以达到新产品迅速拥有一定的消费群的目的。

(2)通过持续性的让利、送利措施,引导和鼓励产品的初次购买者多次购买企业的产品,形成购买习惯,实现为企业创造一大批忠实消费者的目标。

(3)通过相对集中的 SP 活动,围绕企业、商家的某些产品,开展主题化、概念化、专题化的大型让利抽奖活动,引导消费者密切注意这些商品,并产生强烈购买欲望,增加消费,达到提高产品销售总额的目的。

(4)通过富有竞争性的 SP 活动,策划出在活动规模、商品档次、文化境界以及让利幅度、奖品数额等方面都优于竞争对手的促销方案,使得企业在众多的竞争对手中脱颖而出,从而达到扩大产品市场占有率的目标。

(5)通过联合促销活动,与相关企业的相关产品联手开展大型化、系列化的商品推荐活动,达到销售本企业产品的目的。

4. 销量反复性。企业通过 SP 活动,诱使消费者放弃消费其他产品,转而购买本企业的产品。然而,这只是一种短期的激励,它能够达成广大消费者对一种产品和服务的试用,一旦 SP 活动结束,消费者的购买行为就有可能转向其他品牌。消费者对其他品牌的忠诚度会在小范围内得以恢复。还有一种情况,促销期间市场份额增长明显,但 SP 活动结束的时候,销售额反而会跌至低于促销前的水平。这种现象也是正常的,因为消费者在促销期间做囤积性购买,促销结束后,消费者需要一段时间来消化所囤积的库存。但在促销期结束一段时间后,市场份额会回升,如果促销做得好的话,可回升至略高于促销前的市场份额。这就是我们所说的 SP 活动的预期收益。见图 13-6 所示。

---

① 何修猛:《现代广告学》,复旦大学出版社 2002 年版,第 286 页。

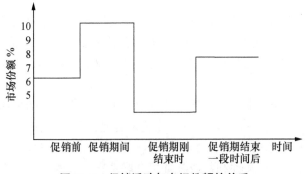

图 13-6　促销活动与市场份额的关系

5. 激励性。现在的市场,越来越多的产品呈现出同质化的取向。因此,企业推出的产品如果缺乏 SP 活动,没有激励性的销售方案的话,是很难有良好的销售业绩的。从某种角度来看,SP 活动就是一整套鼓动、怂恿、诱导消费者大量购买、大量消费的奖励性方案,因此,具有明显的激励性。在 SP 活动中,常见的激励性策略主要有以下几种①:

(1) 利益型激励。即采用折价让利、赠送样品、赠送礼品、随货赠品等手段,根据"多消费多收益"的原则,让消费量大的消费者得到相应较多的利益与好处,从而达到激励消费的目的。

(2) 享受型激励。即采取提供附加性服务的方法,拟订"谁消费谁享受"的兑现方案,为消费量大或者幸运中奖的顾客提供无偿或优惠的家政服务、旅游服务、保险服务等,让消费者得到某种享受,以此激励消费者主动消费本企业的产品。

(3) 荣誉地位型激励。现在消费者比较注重社会性需要,讲究社会荣誉、名声、地位等。针对这种心理需要,进行 SP 活动时,采用"消费得荣誉"的方法,可以有效地影响消费者的购买决策。此类激励还有贵宾业务、俱乐部成员、会员卡等形式。

(4) 游戏型激励。现在,人们的休闲时间比较多,游戏化的趣味活动在人们的生活中占有重要位置。根据这一特点,许多企业往往以提供游戏为手段来开展 SP 活动。由于这种促销方案为消费者提供了享受快乐、享受人生的机会,丰富了大众的生活,因而也颇受消费者欢迎。

---

① 何修猛:《现代广告学》,复旦大学出版社 2002 年版,第 289 页。

（二）广告与 SP 的有效配合

广告与 SP 活动之间的本质区别在于"激励"上。金钱、商品和附加服务往往是激励的主要。同时，这些激励不仅实施于消费者，对于中间商和企业营销人员也可以采用同样的方式，从而调动企业内外的积极性，而广告并不存在这种优势。

具体而言，广告基本上是一项沟通活动，而 SP 则是一种激励活动。前者通过建立起沟通——与目标对象的信息传递来实现其目的，完成其特定任务；后者则是通过对目标对象的行为激励来完成其任务的。在营销过程中，SP 活动总是与给消费者某种实惠、某种利益或某种机会联系在一起的。而广告则不一样，不仅仅只是销售，其目标是多样的，由企业的营销目标和营销任务决定。广告常常被看做是一种长时效的促销手段，SP 活动则是一种时效短暂的促销手段。因此，广告适宜于树立产品形象，建立品牌忠诚，而 SP 活动可以有效地改变人们的品牌忠诚度，实现品牌转换。SP 活动使用过度会损害品牌和企业的形象，而广告一般不会出现这种情形。尽管任何一种促销工具的效率总是递减的，但 SP 活动比较特别，使用不恰当就会出现负效益。SP 活动其实是让利给消费者，给消费者实惠。过度的使用会使消费者将 SP 活动混淆为产品的降价。而且过度使用 SP 活动，还会给人硬性推销的感觉，表明了一种卖方急于脱手的态度，有些消费者就会进一步怀疑商品的品质，怀疑企业的诚意和自己的购买选择是否正确。广告与 SP 活动的效果比较见表 13-1 所示。

表 13-1 广告与 SP 活动效果比较

	广告	SP 活动
销售量增长	慢	快
树立品牌形象	易	难
增加品牌忠诚度	易	难
从长远看,有利于销售量增长	是	未必
用于高档商品	合适	不太合适

虽然广告与 SP 活动是大促销概念的组合中的两种不同的手段，但由于两者的效果都可以直接促进销售，所以，对企业广告运作来说，如果把两者有机地结合起来，其效果将会出乎预料的好。有关研究成果表明，两者合用的效果远远超过了单独使用一种手段的效果，图 13-7 就能直观地反映出这种关系。

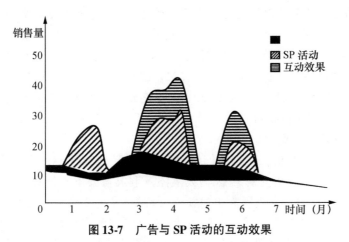

图 13-7　广告与 SP 活动的互动效果

广告与 SP 活动的互动效果主要来源于以下几个方面：

（1）互补作用。SP 活动不能增加与消费者的长期感情上的联系，对老产品的促销能力也比较差，但是，广告却能在这两方面加以补充；反之，广告并不能对本企业的职工产生刺激作用，广告也不能直接达成购买意向，广告对工业集团购买的作用不是很显著，但这些正是 SP 的优点之所在，SP 活动对推销人员的鼓励作用是其他任何手段难以相比的。

（2）广告是 SP 活动的基础。广告把信息传达给消费者，但消费者通常还要对产品进行亲身的体验，SP 活动正是在这种条件下满足了消费者的心理需求。如果没有广告的影响，人们会对 SP 活动感到突然，甚至于产生抵触情绪。广告宣传做得好，不仅可以传播促销活动的信息，而且可以营造良好的促销气氛，使得更多的消费者参与活动。

（3）多样化刺激的作用。人们天天接触来自各方面的信息刺激，但所接受的信息都是有限的。因此，人们只对那些新鲜的、多样化的、有力的刺激感兴趣。广告与 SP 活动的共同作用可以产生多样化的刺激，并在同一时期内达到一定的强度，这对于消费者接收商品信息产生了更好的作用。

案例分析

三星通过赞助重塑品牌

在电子行业发展中，提及在近几年品牌价值提升最快的公司，无疑人们想到的是韩国三星！这家公司成立于 1969 年，早期业务主要以生产廉价产品为主，在西方人心目中三星曾经是代表着"低价位、低质量、仿制品"的二三流公司。

1993年三星宣布"新经营",这是一场旨在通过员工到整个企业的积极变化来实现从"数量经营"到品质经营的转变、并由此实现世界一流的企业经营革新运动。在"新经营"开始十年后的2003年,三星旗下三家企业进入世界500强行列,有近20种产品市场占有率居世界首位。2005年三星集团品牌价值高达150亿美元,在世界百大品牌中排名第20位,连续五年被评为"成长最快的五个品牌"之一。三星是如何摆脱低价劣质的困境,迅速提升其品牌价值的?它成功的秘诀非常具有启示意义。

以"新经营"为契机,三星开始了全方位品质经营和世界顶级战略,并实施了"选择和集中"的业务发展策略,对发展不顺利或前景不看好的业务及时进行清理,对前景乐观的业务进行集中的投资,加强研发的力度。在强化品质方面,三星电子、三星电机等实行了"停线"机制:在生产流程中发现不合格产品,整个生产线会被停下来,直到问题被解决。为了提高三星服务的质量,三星人力开发院为所有的三星客户服务人员提供客户服务讲座;三星旗下的新罗饭店还为三星生命、三星证券和三星信用卡等的雇员提供礼仪培训课程。在业务结构、人才培养、产品设计生产、流程控制等多方面成功变革的基础上,为了全面塑造世界一流的企业品牌形象,提升三星的知名度,使全球更多的人知道三星、了解三星,三星集团坚持执行以奥运会TOP计划为中心的多种体育赞助活动,增加三星品牌的曝光率。

从1986年开始,三星展开了持续不断的体育赞助活动:1986年赞助汉城亚运会;1988年首次赞助冬奥会,成为冬季奥运会在无线通信设备领域的世界级伙伴;1990年赞助北京亚运会;1994年赞助广岛亚运会;1996年赞助亚特兰大奥运会期间的展示会;1998年赞助曼谷亚运会和长野冬季奥运会;2000年三星成为悉尼夏季奥运会的顶级赞助商;2002年赞助盐城冬季奥运会和釜山亚运会;2003年赞助第22届世界大学生运动会、2004年赞助雅典奥运会、2006年赞助都灵冬奥会,到了2008年,三星也将赞助北京奥运会。三星用最简单的方式将自己融入了奥运。WOW(Wirless Olympic Works)是无线奥林匹克工程的简称,也是三星在奥运会的展示平台。三星将其数字通讯技术与手机移动装置结合,为这届奥运会研发了专用的无线信息系统,并向参加奥运会的运动员、官员、媒体、组织人员和志愿者提供了22000台这种设备,它可以查找距离某一比赛场所最近的洗手间、宾馆、饭店等设施;显示比赛场地地图,帮助组委会总部向工作人员传送信息;随时通报比赛结果甚至获取正在进行的赛事信息,为奥运会庞大机器的运作提供了润滑剂。

三星以奥运会TOP计划为中心的多种体育赞助活动的成功,还在于三星电子的体育营销并不仅仅局限于体育赞助这一形式,他们还结合广告、公关活动等多种手段进行整合营销。例如在 2000 年悉尼奥运会上,三星推出了与三星的奥林匹克之约计划——在奥林匹克公园内建造了一座名为"相约奥林匹克"的运动员活动中心,利用三星尖端的通信产品和因特网、卫星及无线技术为运动员提供与家人和朋友交流的场所。另外,三星还推出了"共享三星快乐时刻"的特别服务,即三星为运动员和观众提供最新的三星手机,他们可以给他们在世界各地的家人和朋友打三分钟的免费电话来分享他们的奥运经历和感受。三星成功地利用这一高科技的公共展台展示三星电子今天和未来的产品。该项目吸引了许多人的注意,并因其广泛的影响力在盐湖城再次推出。正是这种简单直接的工作,将三星塑造成一个"奥运品牌"。

在亚运会上,三星为组委会免费独家提供影音设备、家用电器及手机产品,其中包括电视机、摄像机、DVD 和录像一体机等影音设备,手机和冰箱、洗衣机、微波炉等家用电器。这些设备将被应用在亚运会的各个场馆,确保亚运会的顺利进行。三星承办亚运会最有价值运动员(Most Valuable Player)评选活动,并为该运动员颁发"三星最有价值运动员奖"。由著名人士组成的委员会将提供一个推荐名单,权威媒体将通过投票评选出一名最有价值运动员和除此之外的四名运动员。同时,三星也在赞助亚运会中筹备了其他一些互动式的赞助活动,包括开设数字体验馆,在主媒体中心开辟三星专区。三星数字体验馆将展示世界上一些最尖端的科技产品。展区将包括数字媒体、生活和移动通讯等三星专长的领域。展品包括三星的高新视频液晶电视冰箱,此外全球手机市场上领先的新款手机也将出现在三星数字体验馆。同时,三星还举办多种趣味推广活动使参观者充分体验三星的创意产品。三星专区是一个媒体中心,为记者提供信息共享,并协调专访。三星专区内有一个餐饮区和产品展示区,提供免费上网,三星最新款手机将在此提供免费电话。观众可以通过液晶电视观看比赛,还可欣赏展厅的背景音乐,放松一下。在进行体育赞助的时候三星还会充分利用新型媒体进行大规模的户外广告宣传,同时也不遗漏比赛场馆内可用的广告媒体以及赛事期间举办的电视媒体和主要出版物等。通过赞助重大的体育赛事,成功地增加了三星品牌的曝光率,提升了三星品牌的知名度,吸引了大量新消费者的尝试购买,与此同时,顶级赛事的品牌联想也使三星品牌的价值迅速上升。

图 13-8　三星中国官网

作为韩国电子企业的代表,三星在中国市场上一直保持高端的形象,很少进行这个行业常用的降价促销方式。但是,这并没有影响时尚年轻人对三星这个品牌的青睐有加,更不能阻挡三星电子在动态存储器、静态存储器、CDMA 手机、电脑显示器、液晶电视、彩色电视机等近 20 种产品中占据世界市场占有率第一位置的趋势。三星"新经营"给市场带来的启示无疑是全方位的,以奥运会 TOP 计划为中心的多种体育赞助促销活动毫无疑问是三星赢得新顾客、塑造新品牌的重要砝码。

一、力求卓越的产品品质与品牌定位

三星的目标是成为世界超一流企业、全世界最受尊敬的企业,勤恳、上进、胸怀全球、永远追求第一是企业的行动指南。"新经营"计划给三星带来全新品质的产品和引领全球的研发能力,卓越的产品品质为三星不断赢得新的消费者奠定了坚实的物质基础。而在新的品牌定位上,三星不断强调"个性"、"与众不同",一贯坚守"拷贝别人、模仿别人永远不可能做到第一"的经营理念,体育赞助特别是以赞助奥运会为中心的营销传播活动为三星的品牌赋予了独特的个性,使其成功树立了领先全球的品牌定位。

二、赞助赛事带来的品牌知名和品牌美誉

正如三星电子副会长兼 CEO 尹钟龙所说:"三星热衷于支持体育赛事,因为体育,如同科技和产品一样,在民族和文化融合过程中扮演着至关重要的角色"。通过赞助奥运会和亚运会,三星品牌知名度在全球范围内得到迅速提高。

奥运会是人类四年一度的最大盛会，全球人们的高度关注毫无疑问是一笔巨大的注意力资源。在注意力不断被干扰和分散的信息环境下，奥运会的注意力资源显得尤为宝贵。体育赞助的效果突出、易于被受众接受，其沟通对象针对性强，数量庞大，非常有利于企业与目标群体的有效沟通。通过免费提供场馆设备，赞助官员、组织人员、教练、运动员、记者以及志愿者信息设备，三星有效地获得了奥运会这种独特资源。免费赠送的产品，在奥运会结束后随着运动员、教练回到本国，在一定范围内进一步扩大了品牌知名度。

与此同时，通过持久赞助奥运会和亚运会，无形当中自然而然地使得人们把奥运会以及各种体育项目的特征转化到三星身上，从而极大地提高和巩固了三星在人们心目中的形象和地位。就是通过赞助顶级赛事使人们产生联想，三星把赞助对象独特的、美好的形象特征转移到品牌和产品的形象上来，获得了高附加值的品牌联想，促进了三星品牌美誉度的提高。

三、全方位的促销活动丰富了品牌体验

通过向场馆提供影音设备、通讯设备和家电设备，通过向教练、运动员、志愿者等免费提供各种三星电子产品，通过为运动员提供与家人和朋友交流的场所，通过开设数字体验馆，通过在主媒体中心开辟三星专区，三星提供了一个全方位的深度品牌接触和品牌体验，使得运动员、教练等相关人群对三星的产品品质、三星的科技实力有了切身感受。众多的促销活动，使得体验参与者得到了极大的便利，加上赛事期间的品牌接触基本都是免费的，这些促销活动毫无疑问会极大地提高消费者的品牌偏好，而这正是面向新顾客促销中最为核心的地方。只有建立在消费者品牌偏好基础上的促销行为，在短暂的促销之后才能获得长久的品牌收益。三星不断攀升的营销业绩表明，其奥运赞助计划取得了空前的成功。

四、基于多样化接触的整合营销传播

体育赞助和广告、促销、公关等其他营销沟通手段相比，虽然有许多优势，比如观众多、影响大、见效快、价廉物美等等，但是毋庸讳言也有一个致命弱点。那就是它能直接提供的信息太少。绝大多数赞助能够直接展现在公众目前的回报只能是企业、商品或品牌的名称和标识。这些信息虽然至关重要，但是仅仅凭借这些一鳞半爪的信息，还不足以令人们对企业、商品和品牌产生全面、完整、详细的印象和认识。故而，应以体育赞助为龙头，其他各种沟通手段密切配合，优势互补。

如果说面向参赛相关人员进行营销传播主要是免费赠送、样品赠送、参观展示、讲习推广这些促销活动的话，那么，面向全球消费者，三星则采取了整合的方式展开营销传播攻势。在赛事举办地投放的各种户外广告,在举办国以及全球主要媒体上的全面广告投放,大量围绕赛事开展的公关宣传和配合奥运会、亚运会开展的主题促销活动(如奥运抽奖、组合购买价等),无一不借着奥运会、亚运会的赞助取得巨大的成功。

营销沟通是品牌的"声音",是与消费者对话和联系的手段。在以消费者为中心的市场环境下,营销沟通可以通过建立品牌意识使消费者在头脑中产生强大、有力和独特的品牌联想,从而积累品牌资产。正如三星在重塑品牌中所做的一样,设计全面综合的营销沟通方案,并使各种沟通手段"匹配"起来,使它们彼此强化,达到使消费者通过营销沟通中得到的信息加强购买动机,增加消费者获取品牌信息的机会,从而形成强大、良好、独特的品牌联想。三星在执行品牌重塑计划时,把体育赞助作为提高品牌知名度和建立优秀企业公民声誉的一个平台。三星秉持的推动和平、鼓励友好竞赛、促进所有文化种族团结的企业价值观,将体育融入事业、以事业促进体育、用真爱来促销的经营理念预示了三星不断成功的必然。

案例来源,卫军英:《整合营销传播典例》,浙江大学出版社2008年版。

第三节 系统协调与整合传播

以往的营销传播过多地依赖广告,因此,广告策略的开发几乎就是全部营销传播信息策略的开发。即便是今天,由于广告运作所表现出的高度的成熟程度,以广告策略开发或者说用广告策略开发来引导整合营销传播战略,也是企业一种较有普遍性的选择。当然,在整合营销传播观念指导下,广告的角色有所转变,它已经成为全部营销传播链条中的一个环节。所以,为了保证广告与整合传播中其他环节的统一,对广告的认识也必须从目标与传播整合的角度着手。

一、传播效果评价:广告不再是营销传播的首选工具

作为营销传播中最古老的一种手段,广告依然具有其不可替代的功能。当然,广告的含义和它所覆盖的范围已经发生了相应的改变。正如李奥·贝纳广告公司所做的一个调查那样,在今天的公众眼里,广告的形式超过100多种,几乎所有的促销形式都被公众看做是广告。[①]这迫使我们思考一个问题,即在多重

---

① 〔美〕Larry Percy:《整合行销传播策略》,台北:远流出版事业股份有限公司2004年版,第13页。

营销传播时代,对广告的所有观照,都必须超越单纯的大众媒体传播视点,把广告看做是整合传播视野中的一种接触方式。

1. 广告是整合传播的一种工具。

营销和广告策划所面对的尴尬现实是,广告越来越多,广告费用也越来越大,但是广告效果却越来越小,这已经成为令广告主和广告商头痛的一个问题。但这一切并没有阻碍广告费用的不断攀升。虽然也有企业在经济状况不佳时试图减少或者抽出广告资金,但是大多数企业仍旧认为广告不只是一项流动支出,更是一项投资,而持续投资是成功的关键。营销传播的目的是增加一个公司的品牌资本,其手段是建立品牌认知,以及在消费者的记忆中树立品牌属性及其利益之间的正面的、强有力的甚至是独特的联系。这正如营销学家特伦斯·辛普所说,投资于广告就如同是投资于品牌资产的银行。[1] 广告和其他营销沟通一旦创造出独特和肯定性的信息,一个品牌就可以与其竞争对手区分开来,并在一定程度上避免价格竞争的影响。[2] 这是因为广告具体履行了一系列的营销传播功能:告知、劝说、提醒、增值以及支援公司或者品牌的其他活动。

广告的最基本营销传播功能是告知,它向消费者传递产品或者品牌信息,传达有关其特征和利益的知识,并且促进肯定性品牌形象的建立。广告能够以相对较低的单位成本高效地接触到大量受众,有利于新产品或者新品牌推出,并通过消费者对成熟品牌的首选认知来增加对现有品牌的需求。它还可以通过推广新产品或者新品牌告知消费者新的技术和新的使用方法。因此,广告的告知功能相对超出了其他营销传播形式。有效地劝说客户使用广告的产品或者品牌,这是广告的进一步功能。广告不仅通过劝说创造对整个产品类别的需求,更重要的是,它把自己的劝说重点放在了创造二级需求之上,即劝说消费者对特定产品或者特定品牌的需求。

与此同时,在各种竞争信息的不断冲击中,为了保持消费者对特定产品或者品牌的记忆,广告可以不断地提醒消费者,以便其在购买选择时受到应有的关注。有效的广告有可能提高消费者对产品或品牌的兴趣,增加产品受到消费者选择的可能性。有研究证明,广告通过提醒没有购买过广告产品的顾客,可以影响消费者变换品牌行为。[3] 这就联系到广告对产品或者品牌所具有的增值功

---

[1] 〔美〕特伦斯·A. 辛普:《整合营销沟通》,中信出版社2003年版,第252页。

[2] William Boulding, Eunkyu Lee, and Rechard Staelin. Mastering the Mix: Do Advertising, Promotion, and Sales Force Activities Lead to Differentiation?, *Journal of Marketing Research*, 1994, 5: 159—172.

[3] John Deighton, Caroline M. Henderson, and Scott A. Neslin. The Effects of Advertising on Brand Switching and Repeat Purchasing, *Journal of Marketing Research*, 1994, 2: 28—43.

能。通常,企业产品或者品牌的增值功能主要是通过三种途径实现:创新、提高质量、改变消费者认知。这三种要素互相依赖,广告通过影响消费者感知来为产品或者品牌增加附加价值。有效的广告可以提高企业产品或者品牌的品位,使其显得比竞争对手更加优越。这一点已经在一些著名品牌那里得到了集中体现。

正如广告有利于告知品牌消息,可以增加附加值,并具有信息传播的人均成本较低和便于营销控制等特点一样,广告在整合营销传播中还具有自我选择的优势,这就是说当一个品牌无法确定究竟谁可能对自己的产品感兴趣,或者它不能选择其他媒体以到达目标受众时,利用大众媒体广告,可以有效地激励对这个品牌有兴趣的受众"举起他们的手"。这也就是使潜在消费者自我选择来进一步传播品牌。

当然,广告只是营销传播的工具之一,虽然它有可能独立完成企业所赋予的营销传播任务,但是在很多情况下它也是企业其他营销传播工具的合作者。比如,运用广告形式宣传促销活动、发布各种奖券和促销信息、把消费者注意力吸引到促销事件上来;用广告支援销售人员工作,在营销人员开展工作之前以广告起到预热作用等等。这些都表明了广告不可替代的价值和营销传播功能。因此,我们对广告的考察,也就不可避免地要回到对这种营销传播形式接触效果的评价之上。

2. 广告的直接促销效果受到限制。

长期以来,广告一致被作为营销传播中的首选工具,形形色色的生产商、销售商和各种社会机构对广告倾注了大量的热情。1998 年美国全国广告费投入超过了 2,000 亿美元,平均人均 700 美元[①];2002 年,中国广告业在市场开放 20 多年后广告费达到了 1,000 亿元人民币,虽然人均水平并不算高,但是增长速度却不容忽视。

尽管如此,近年来一个突出的现象是,随着广告投入的不断增加却是广告边际效益的递减,于是许多广告主和广告商在无可奈何之际,对广告公信力和广告效果产生怀疑。2003 年,曾经在广告理论发展上做出卓越贡献的艾尔·里斯,甚至出版了一本备受关注的著作,书名干脆就是"广告的衰落与公关的崛起"(The Fall of Advertising & The Rise of PR)。他声称市场正在经历一种从广告导向型营销向公关导向型营销的显著转变,"你无法通过广告推出一个新品牌,因

---

① Robert J. Coen. Ad Revenue Growth Hits 7% in 1997 to Surpass Forecasts, *Advertising Age*, 1998,5,50.

为广告不具可信度。""广告死了。广告就像绘画一样,虽然绘画比过去任何时候都要受到欢迎,可是它也同样死了。"①与此相对应的是,广告经费开始缓慢增长的同时,其他营销传播,尤其是销售促进和新兴的网络营销传播的费用出现了大幅度上扬,这还不包括有很多形形色色的媒体广告是用于促销宣传的。

　　之所以会出现这样的情形,很大的一个原因是长期以来广告主要是依赖大众传媒作为信息渠道,把策略性创意作为实现价值的核心元素。广告的付费本质决定了它不可避免地以广告主和广告产品为中心的自我立场,再加上传统广告都是单向诉求,缺乏互动性沟通,因此,它的信息公信力也必然下降。在广告信息互相干扰的同时,各种营销传播手法借助新兴的传媒形式崛起不断地展示自己的影响力,从而对广告这种营销传播形式构成了巨大的冲击。而就广告本身来说,在过去,广告大多指的是大众传媒广告,那种出色的广告创意借助于超级媒体手段,大面积地覆盖受众。但是这些曾经令人振奋的现象在现实中却非常令人沮丧。艾尔·里斯特别提及著名的百威啤酒广告"Whassup"(怎么着),这个广告不但创造了一句风行一时的流行语,而且在戛纳广告节上获得殊荣,广告创意奥古斯丁·布什也因此被《广告时代》提名为年度广告人。评委对这则广告的评价是"它新鲜又有趣,每个人都爱上它。只要5分钟就可以百分之百搞定"。然而,正如里斯所说,"Whassup卖出任何啤酒了吗?"②美国百威啤酒的销量从1990年的5000万桶下降到2000年的不到3500万桶,因此这个备受称赞的广告其效果非常令人怀疑。

　　一个突出的事实是,当今,不同的广告手段越来越分化,正如消费者把100多种形式都称为广告那样,广告与各种营销传播手法的结合和交互运用在拓展和提高广告接触效果的同时,也使得传统广告概念渐渐变得模糊。比如,T恤衫上印刷的企业名称,购物袋上的宣传口号,遮阳伞上的商标图案等等,这些都是广告与各种媒体形式和不同促销工具相结合的产物。很多时候,我们已经不能简单地把这些称为广告了,因为它本身只是营销传播组合的一个部分。在大多数情况下,广告变成了一个配角,它按照自己的可能承担着营销传播中相应的接触任务。企业或者品牌对营销传播工具的选择,既要考虑不同传播形式的特点,也要考虑其在营销传播中的边际效应。正因为这样,在整合营销传播计划执行中,广告未必是营销传播的首选工具。比如,一个产品或者品牌要快速进入市场,而它的预算也非常有限,那么它就可能采取销售促进的方法进行短程刺激,

---

① 〔美〕艾尔·里斯、劳拉·里斯:《公关第一,广告第二》,上海人民出版社2004年版,第5页。
② 同上书,第44页。

以便立刻得到市场响应。而一家公司如果需要通过宣传提升社会美誉度，凭借广告手段显然有点王婆卖瓜的味道，那么，它就有可能选择公共关系手段。总之，营销传播已经摆脱了过去对广告的盲目依赖，它意识到广告的可能与不可能，一切要根据目的而定。

二、以品牌价值为指向实施营销传播

传统营销传播的一个突出特点，就是把营销信息传递作为一种单方面的传达。广告立足于诉求，也就是说服潜在顾客；公关旨在宣传，侧重于对受众进行某种灌输；促销更是从当前利益出发，满足一种简单的短程刺激。显然，这些都不能和顾客达成相互交流，并进而建立稳定的顾客关系。整合营销传播的一个关键所在，就是对这种关系模式加以改变，将营销传播转变为一种互动交流，注重于建立客户关系，以实现营销目标。

1. 顾客和相关利益者决定了品牌的价值。

按照品牌资产专家们的说法，品牌资产取决于品牌的价值。英国的国际品牌集团和美国的《金融世界》杂志是世界权威的品牌资产评估机构，大卫·艾克在他的《品牌价值管理》著作中也提出了品牌资产评价的十大要素，通过五个大类十个小项来评估品牌所具有的资产价值。他认为品牌资产价值主要来自于品牌的知名度、品质认同度、品牌联想度和品牌忠诚度，其中最核心的是品牌忠诚度。

表 13-2 品牌资产评估要素

品牌忠诚度评价	1. 价差效应 2. 满意度/忠诚度
品牌认定/领导性评价	3. 品质认定 4. 领导性/受欢迎程度
品牌区隔/联想性评价	5. 价值认识 6. 品牌个性 7. 企业联想
品牌知名度评价	8. 知名度
市场状况评价	9. 市场占有率 10. 市场价格、通路覆盖

根据这个评价方法，品牌经营的目的就是通过不断提高品牌知名度、品质认同度、品牌联想度与品牌忠诚度，把作为无形资产的品牌有效地转化成为一种可以具体可感的价值。这一点在整合营销传播理论中得到了相应的发展，按照整

合营销传播观点,无论是知名度、认同度还是联想度、忠诚度,归根结底都是顾客和相关利益者与品牌之间所表现的一种关系方式,因此品牌资产价值说穿了就是品牌的关系程度。汤姆·邓肯认为:

> 来自各种相关利益者的支持程度越深、范围越广,该品牌就会越强大。品牌的股票价格由顾客而定,即以顾客忠诚度为基础;同样,品牌的价值以公司利益相关者来定,即以不同利益相关者的忠诚度为基础。在此意义上,利益相关者关系就是另一种形式的资本(相对于银行中的资金而言)。关于盈亏状况、销售收益和股价(假定是上市公司)的升降都取决于顾客、股东、媒体、金融界和其他相关利益者行为。①

我们已经提及在通常的市场营销中,公司或者品牌最为关注的都是顾客,所以沟通传播的设计都是以获取和保持顾客为前提,这当然没有错。但是在当今市场格局下,对于品牌经营而言,越来越多的影响不仅仅来自于顾客,更重要的是来自于其他各个层面。过去的公司最高决策者可能工作中心是生产管理,后来有一段时间工作中心是营销管理,如今大多数公司决策人的关注重点放在了公司与相关利益群体的沟通之上。这是因为并不是任何时候一个公司或者品牌的顾客影响都处在第一位,不同的利益相关群体在不同情况下,对品牌的影响程度并不一样。比如,在遇上突发事件时,最主要的相关利益者可能就是媒体;在公司兼并重组过程中,员工利益可能就是首先要考虑的因素。

之所以会这样,是因为在现行传播体系中接触无处不在,各种利益相关群体所接受的信息并不仅仅是公司或者品牌的计划信息,他们都存在于自己的关系网中,这些关系网错综复杂相互交织,他们彼此之间也在相互影响,而且这些传播方式多种多样难以控制,它比公司或者品牌专门设计的营销传播信息更加具有影响力。正是在这个意义上,把品牌价值界定在公司或者品牌与顾客和相关利益者的关系上,就具有必然意义。

2. 品牌价值体现的基本指标。

正如我们所说的,品牌价值就是品牌与顾客和关系利益者的关系程度,这种关系程度也有一系列相关的评价指标,通过这些指标我们可以解构和分析品牌资产的价值,这些指标主要是信任、强度、忠诚。

其一是信任,即一个公司在顾客和关系利益者那里所取得的信用程度。在

---

① 〔美〕汤姆·邓肯:《整合营销传播:利用广告和促销建树品牌》,中国财政经济出版社2004年版,第55页。

竞争性市场上,顾客对特定品牌的选择往往依赖于信任,选择了品牌也就意味着选择了信任。而信任的基础就是公司是否兑现了它的承诺,即它对所有相关利益群体是否保持诚实。公司或品牌的信誉取决于顾客和相关利益者的信任,通常情况下信任的建立比信任的消失要困难得多。由于市场竞争的激烈和复杂,一个公司或者品牌需要运用大量的时间和资金,通过各种传播渠道反复沟通证明,才有可能获得顾客和关系利益者的信任,但是不幸的是这种历经艰难建立起来的信任稍不留心就很容易丧失。比如,一个顾客对某个品牌产生了信任,但是在购买使用中却发现该品牌在某一点上并不比竞争对手优越,于是他会认为该品牌所承诺的那种优势完全是一种虚伪的欺骗。因此建立品牌信任有几个关系要关注:满意度,指品牌对相关利益者期望值的满足程度;一致性,指营销传播中各种接触所传达的信息统一性;可接近性,指顾客和相关利益者获得求助的简捷方便程度;反应灵敏性,指顾客反馈的问题是否能够得到迅速解决;责任感,顾客希望感受到公司的服务是发自内心而不是仅仅为了完成销售;亲和力,指品牌对顾客和相关利益者的情感吸引;喜爱,指顾客和相关利益者对品牌的偏好。

其二是强度,指的是品牌与相关利益者之间可以衡量的关系程度。正如人与人之间不同交往程度的人际关系一样,品牌关系也具有不同程度。这种关系的强度因顾客和产品种类而各有区别,并且随着关系的强烈程度可以划分为多个层级。图13-9 所表示的就是品牌关系程度层级。

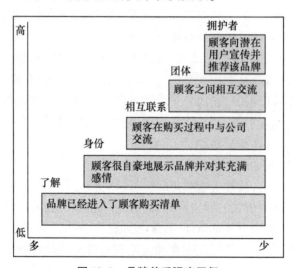

图 13-9　品牌关系强度层级

其三是忠诚,在前面的关系层级中忠诚属于较高层级的顾客关系,品牌关系是建立在对简单交易关系的超越之上的,所谓忠诚就是指顾客和关系利益者对品牌的持续性认同。因为品牌的成功是建立在对顾客的保留之上,而不是仅仅争取顾客,品牌忠诚就是建立在顾客光顾的基础之上的。但是在大多数情况下,即使那些对品牌忠诚的顾客所选择的也并不只是一种品牌,只购买一种品牌的顾客往往只是小型顾客(其购买量很小),中型和大型顾客往往在一种商品中会中意两个以上的品牌。而正是由于忠诚度并不是100%的,所以不论什么公司或品牌,不切实际地试图通过忠诚把顾客捆绑在自己的品牌上,都不是一种明智的做法。比较现实的应该是重视在顾客钱包中的占有份额,换句话说在顾客的支出比例中愿意为之付出多少。没有任何一家公司或者品牌可以拥有顾客的全部支付总额,因此创造大型购买者就成为品牌关系中对品牌忠诚的一种追求。以意大利经济学家帕里托(Vilfredo Pareto)的名字命名的帕里托定理(营销学中又称作80/20定理),在这里的解释就是处在20%部位的是大型购买者,但是这些购买者并不是完全停留在一个品牌上。

三、确立整合传播观念与方法

整合营销传播的根本问题,就在于通过强化与顾客及关系利益者的关系,进而提升品牌价值。在对品牌关系程度的有效管理中,除了前面所强调的还必须注意两点:一个是获取与保留的关系,获取指的是公司对新顾客的开拓,保留是指公司对老顾客的保持;另一个是管理预期问题,所谓管理预期就是指的顾客与公司承诺之间的关系,在一项良好的关系中,公司的付出和回报往往是平衡的,但是"经常看到的是公司把关系当做是赚取顾客利润的一种途径,而不是利用它构造双赢形势"①。整合营销传播中所涉及的品牌关系管理过程,说穿了就是在对顾客和关系利益人所实施的一切营销传播中,通过互动性沟通有效地获得并持续地保留。在这个过程中有关信息的设计,一定要从顾客的现实和自己的可能出发具体可行,也就是说必须保持整合管理的有效性,其中也包括了对品牌关系的利益考虑。

1. 处理好获取与保留之间的关系。

进入21世纪以来,越来越多的企业发现,建立品牌资产的关键就在于发展与顾客之间的互相依赖、互相满足的关系。对于受市场利益驱动的企业而言,压倒一切的目的就是培养愉快而忠诚的顾客,因为只有顾客(而非产品或其他)才

---

① 〔美〕汤姆·邓肯:《整合营销传播:利用广告和促销建树品牌》,中国财政经济出版社2004年版,第62页。

是企业的命脉。这种认识促使企业纷纷从简单的交易性营销(transactional marketing)转向关系营销(relationship marketing)——在企业与顾客和其他利益相关者之间,建立、保持并稳固一种长远关系,进而实现信息及其他价值的相互交换。广告学家阿伦斯从三个方面阐述了这种关系的重要性:①

第一,丧失老顾客的代价。因产品低劣、服务恶劣而造成的顾客流失是很难用广告争取回来的,而损失掉的利润则是该顾客对这个企业的终身价值。比如,某交通运输公司平均顾客终身价值4万元,企业共有6.4万名客户,现在因服务质量而损失了5%,这就意味着企业的年收入要损失1.28亿元。

第二,争取新客户的代价。进攻型营销的代价往往大于防守型营销的代价,这是因为争夺竞争对手的客户要花费很大精力,媒介受众的细分和消费者对广告信息的抵制,使得品牌越来越难以单纯依靠增加广告实现突破。目前,争取一名新客户所付出的营销、广告和促销代价是维持一名老客户的5～8倍。

第三,忠实顾客的价值。著名直接销售公司Cato Wunderman Johnson的创始人里萨·伍德曼(Lester Wunderman)认为,生产商的利润90%来自于回头客,只有10%来自零散顾客。老顾客少损失5%便可以增加25%—85%的利润。而且顾客与公司关系越长久,也就越愿意付出高价或向朋友推荐,同时也越不需要商家关怀备至,而且每年的购买量还会增加。

这一切在认识上都揭示了一个不同于以往的事实:对于大部分企业而言,首要的市场任务是保住现有的顾客。过去,大多数营销和广告的努力都集中在售前活动中,希望获得更多的新客户;现在,成熟的企业将更多的资源转而投入到售后活动中,将保持客户作为自己的第一道防线。显然他们已经发现了重视关系带来的主要利益:提高保有量,扩大顾客终身价值。营销学家科特勒和阿姆斯特朗认为,这种双方的利益需求关系共有五个层次:

其一,基本交易关系。企业出售完产品后,不再有任何形式的后续活动。

其二,反馈式关系。企业(或推销员)售出产品,鼓励顾客在遇到麻烦时打电话给他们。

其三,责任关系。销售人员在产品售出后马上给顾客打电话,落实产品是否符合顾客的期望,询问是否有任何改进建议或不满意的地方。这些信息有利于企业不断改进自己的服务。

其四,前摄关系。销售人员或者企业的其他人员定期拜访顾客,向他们提供进一步的产品使用方法或新产品信息。

---

① 〔美〕威廉·阿伦斯:《当代广告学》,华夏出版社2001年版,第218页。

其五,伙伴关系。企业一直与顾客(或其他利益相关者)共同寻求获取更好价值的途径。

应该看到,不同的利益相关者希望建立不同形式的关系,几乎很少有企业希望与他们的顾客建立像与新闻界那样的关系。在这里,利益相关者的多少很重要,因为人数越多越难以与每位利益相关者建立广泛的人际关系,而且有些顾客事实上只想维持交易关系。但是必须看到,尽管顾客通常对这种关系要求并不明显,但是在特定情况下这种关系会突出地表现出来。

2. 实施有效的接触管理。

对于传统广告管理而言,接触管理是一个全新的概念。整合营销传播打破了以往营销传播中对大众媒体的过分依赖,它把各种接触点都看做是有效的品牌传播途径。在营销传播中,实现品牌与顾客以及相关利益者接触的渠道通常是媒体。媒体就像是一个从发送者到接收者之间传送信息的桥梁,为品牌和它的所有利益相关者之间进行接触提供了可能。传统营销信息的传送最普遍采用的就是大众传媒,诸如电视、电台、报纸、杂志、邮件、展示以及其他的可以受到广泛关注的传播中介。但是,随着品牌和相关利益者之间关系的复杂趋势,品牌与顾客和相关利益者之间的联系也不仅仅只是局限于传统的联系方式,于是接触作为一种新的连接概念显得越来越有价值。

在整合营销传播中,接触具有全新的意义,它是品牌与相关利益群体趋向某个具体接触点上的行为和体验过程。对于很多广告人和传统营销传播专家来说,接触无疑是一个十分新颖的概念,它的创新意义就在于全然超出了我们以往对于媒介的理解。按照舒尔茨等人对"接触"的看法:凡是能够将品牌、产品类别和任何与市场有关的讯息等资讯,传输给消费者或潜在消费者的"过程与经验",都可称之为接触。① 汤姆·邓肯则认为:"每一个与品牌有关的、消费者或潜在消费者与一个品牌之间的承载信息的互动都可以被称为品牌接触点。"② 品牌接触点包括了使用标有商标的产品、来自大众媒体或者是其他各种渠道的有关品牌信息、与制造和销售该品牌的公司员工的交谈、高速公路上跟在公司卡车后面开车,或者直接的信函和产品报价等等。其中每一个接触点都可以说是某种形式的品牌信息传播,而且这些品牌信息的传播力度往往远大于有意识的媒体传播。

---

① 〔美〕舒尔茨等:《整合营销传播》,内蒙古人民出版社 1999 年版,第 75 页。
② 〔美〕汤姆·邓肯:《整合营销传播:利用广告和促销建树品牌》,中国财政经济出版社 2004 年版,第 129 页。

之所以会出现这种情况，一个很重要的原因是，消费者大多已经厌倦了公司或品牌的广告宣传，他们更加相信公司或者品牌在无意识状态下所表露的信息。有关调查显示，消费者甚至将多达102种不同的媒介传播认定为"广告"，其中从电视到购物袋，直至各种赞助的社区活动，无所不包。顾客还通过其他信源：新闻报道、口传、闲话、专家评论、财政报告，甚至是首席执行官的个性，形成对某公司或品牌的印象。① 这就意味着，所有这些传播活动或者品牌联系，不论广告主是否意识到，它们都会在消费者心目中产生一个产品的整合印象。也就是说，顾客会自动把企业或者是其他信源发出的与品牌有关的不同信息整合到一起，他们整合这些信息的方式会影响到他们对企业的感觉，而整合营销传播就是为企业控制或影响这些感觉，与这些利益相关者建立较好的关系提供更好的机会。

显然，企业及其产品、品牌与客户和相关利益者之间的信息联系并不完全是通过媒体达成的，这种联系可以分为媒体接触和非媒体接触。所谓媒体接触，就是指品牌与客户和相关利益者之间，通过一定的传播管道，实现信息沟通与交流，它必须依靠某种技术性手段作为中介，而这种中介手段往往带有一定的公众性。但是在营销传播现实中，从接触意义上看，客户和相关利益者得到的很多关于品牌的信息并不是来自于媒体形式，或者是一种其他意义上的媒体。非媒体接触通常指的是品牌与客户和相关利益者之间，通过一种非常规的甚至是偶然性的关联实现了信息接触，这种接触中中介形式往往不是固定的管道，也不具备某种普遍性。比如，某一个品牌不经意间被其消费者的亲友提起，也许说者无意，但是听者却十分有心，往往随便一句话就很可能改变后者对品牌的态度。这种传播接触具有极大的偶然性，也不具备固定性和公众性，几乎不包含任何技术性质，但是其影响力却毋庸置疑。

因此在对整合营销传播观念的宽泛理解中，有一种认识也许必须明确，这就是整合营销传播是一种从外往里的实施方法。所谓整合既包含着对各种媒体的综合运用和发挥集合影响，也不排除在营销沟通中选择最适合自己的传播沟通形式。从这个意义上说，大众媒体的广告运作未必是最佳手段，对于很多产品效益成本很可能还是最高的一种手段。因此，整合营销传播在保持各种沟通渠道协调一致的过程中，都在选择属于自己的最佳传播沟通手段，这一点很多卓有成效的公司已经取得了相当成功的经验。比如居于世界500强之首的沃尔玛公司，它的基本沟通传播渠道显然就不是媒介运作和广告。找到属于自己的最佳沟通传播形式，以此为主导并与其他沟通传播形式完整结合，进而实现与消费者

---

① 〔美〕威廉·阿伦斯：《当代广告学》，华夏出版社2001年版，第222页。

稳定的关系,这才是整合营销传播的根本所在。

3. 整合营销传播的观念更新。

在整合营销传播状态下,实现营销价值的核心指向已经发生了根本转变,不再是传统的基于产品主体的通路促销模式,而是消费者对产品或者品牌的认同与关系。如果说传统的营销是开发出好的产品,并给予适当的定价,辅以相应的销售渠道并配合强力的促销,营销价值就可以基本实现,那么现在这些远远不够,甚至难以行得通。因为消费者所面对的产品或者品牌大都很少具有差别性,它们在功能和使用价值上同质化的程度,与其促销和广告上的雷同模式无出二致。消费者也许注意到了产品或者品牌的信息,但是在购买的最后一刻也许又放弃了这种产品或品牌;也许消费者已经购买并且使用,但是使用经验和接触感觉却导致再次购买时的重新选择。甚至有时依靠大量广告和促销所建立的消费者认可,很可能由于消费者亲友之间轻描淡写一句话便打消了念头。种种迹象揭示了一个现实,按照消费者需求形成产品、价格、通路和促销信息,这些似乎都不难完成,但是仅仅凭借这些,如果没有与消费者实现良好的沟通,营销价值也无法实现。因此,营销在很大意义上取决于传播,正所谓营销即传播,传播即营销。

自从1993年舒尔茨教授等人倡导整合营销传播观点以来,这个具有影响力的理论观点已经为营销传播学界所接受。虽然不论是舒尔茨还是邓肯等人,在观点的实施中都遇到了一定的障碍,但是这并不妨碍我们对整合营销传播的认同。我们认为,"整合营销传播首先是一种观念"[1],这实际上正是对舒尔茨、邓肯等人观点继承的同时,扬弃了他们思想中僵硬的一面。所谓观念,就是说整合营销传播首先不是一种固定模式,而是一种具有指导意义的观察方法和指导思想。换句话说,只要从整合营销传播观念出发,随时随地都可以将其贯彻到具体操作中[2]。而正是由于观念的确立才可能以此为基础建立具有开放包容的整合营销传播理论框架。具体而言,整合营销传播所带来的首先是观念的变革,而不是具体的操作手段,这种观念转化几乎改变了长期以来所形成的有关营销传播的各种思维定势。对此我们的基本认识是[3]:

其一,整合营销传播观念对营销传播目的给予重新审视。以往的广告和营销传播,不论出于怎样考虑其基本目的无外乎销售。而广告促销的基点大都是

---

[1] 卫军英:《整合营销传播作为一种观念》,载《中国传媒报告》2004年第4期,第57—64页。
[2] 卫军英:《整合营销传播:观念与方法》,浙江大学出版社2005年版,第438页。
[3] 参见卫军英:《整合营销传播中的观念变革》,载《浙江大学学报》2006年第1期,第150—157页。

建立在"售前考虑",即开发或者增加新的消费;整合营销传播观念则认为,品牌价值的核心乃是在于"售后考虑",即把保留和稳定顾客作为第一位要素,因此广告促销等一切接触,必须要有利于促成品牌与消费者之间的和谐关系。因此广告以及任何营销传播在战略意义上,都不仅仅是以销售为中心的促销手段,而是一种保持和消费者接触并达成沟通关系的传播方式。

其二,整合营销传播观念对实施传播的方向有所变化。以大众传媒广告为主导的传统营销传播方式,长期以来采用几乎无差异化的信息手段,以单向方式向传播对象传输信息,从而形成了由"千人成本"等一系列要素组成的效果评价体系。但这些都不能改变消费者对营销信息的自我选择。整合营销传播的一个关键,就是把传播对象同时作为信息发送者,在双向交流中达成一种互动性,注重建立客户关系以实现营销目标。因此在整合营销传播过程中,通常采用的是从外到里的传播发生方向。

其三,整合营销传播观念中接触的概念超越了媒体时空限制。接触在对象范围上已经远远超越了传统营销传播的界定,不仅是顾客和目标消费群体还有不同层级的关系利益人,这些可能都是对品牌价值发生影响的因素。与此同时接触的方式也可能各种各样,既有技术形态的媒体接触,也有偶然形态的非媒体接触。它打破了传统媒体传播管道所设置的信息沟通壁垒和沟通障碍,拓宽了传播沟通的形式,同时展示了营销传播过程中信息的自我属性,信息除了目的性设计之外,还具有自我传播属性。

正是由于对整合营销传播内涵的理解持有这种极大的包容性的和宽泛的广延性,因此在对它进行单纯界定或者是一如既往按照传统营销传播手段看待,并简单地将其应用于操作层面上时,难免会有一种力不从心的感觉。实际上整合营销传播究其本质而言,既是对传统营销传播观念的延伸而又有所扬弃,甚至是颠覆了传统营销传播的许多基本追求。它在继承传统营销传播手段的同时,也改变了我们对营销传播的许多传统看法,甚至是一些由广告大师们所建立的经典理论也受到了挑战。可以确切地说,整合营销传播本身所采用的沟通工具与传统营销传播并无二致,而其在营销促动和信息传达层面上,又与传统营销传播所追求的诸如一致性、集中性等信息目标极为相似,正是因为这种严格的继承性引发了二者之间表层意义上的相似性,但是其间的核心差异不容忽视。凡此种种都表明,整合营销传播观念的确立并不是对传统广告理论的全面否定,相反它是对传统营销传播观念的一种延展和综合,其间既有对传统营销传播的模式的继承,同时也表现出了自己前所未有的创新价值。也许对整合营销传播的浅层次理解——统一形象、统一声音——并没有脱离以往的营销传播模式,而且这也是很多有远见的公司实际上早已在实施的方法。但是这种方法说穿了还只是关注于公司的可控性因素(邓肯所说的计划内信息),将各种媒体或非媒体传播形式进行简单协调以获得协同效果;只有当整合营销传播进入更深阶段时,具有革命意义的观念变革才开始展现出它的魅力,可以说正是这种观念的变革最终引导营销传播从价值到方法的根本转变。

英特尔的品牌整合路径

图 13-10　品牌整合制胜的 Intel Inside

　　英特尔(Intel)以生产电脑的中央处理器而众所周知,在全世界有 80% 的个人电脑所使用的是英特尔生产的微处理器芯片,它已经成为当今世界 IT 产业的最为著名的品牌之一。虽然生产一系列微处理器,是英特尔多年以来始终如一的业务,但是市场最初对它的品牌认同并不像今天这样。早期英特尔的微处理器是通过它的数字代码标识的,早在 20 世纪 80 年代个人电脑开始流行时,人们就知道 286、386、486——英特尔用不同的数字表示相应的科技水准,它的微处理器横扫整个电脑市场。然而英特尔却并没有为这些"X86"申请商标注册,事实上数字本身也不能成为一种商标,"X86"也仅仅代表了一种产品的科技含量,因此许多类似的公司都不约而同地在自己生产的微处理器上,标示出"X86"的字眼。英特尔巨大的市场份额受到了蚕食。于是,一种经过精心策划的有意识的品牌运动开始在全球推广。

　　这项运动就是著名的"内有英特尔"(Intel Inside)。英特尔的整合营销传播活动是 1991 年开始的，它的做法是，要求众多的电脑生产商，如 IBM、康柏（Compaq）、戴尔（Dell）、通路电脑（Gateway）等，在所生产销售的电脑中，其说明书、包装和广告上，都增加"内有英特尔"（Intel Inside）的商标。作为报答，英特尔将从它们的销售额中，划出最高达 3% 的返利给这些电脑生产商，作为联合广告补助，而如果同业将"Intel Inside"商标印在售出的电脑包装上，那么他们将获得的回扣高达 5%。可以说这种双管齐下的整合策略，远远超出了一般广告运动的影响，它不仅极大地提高了英特尔的知名度，而且使英特尔的形象从单纯芯片制造商转变为一种质量领袖。当每一个下游电脑生产商在它的产品或者包装上，注明"内有英特尔"（Intel Inside）标识时，实际上都在向消费者传输着这样一个信念：购买内有英特尔处理器的电脑，无论从技术含量和稳定性上都是一个深思熟虑的选择。这样英特尔通过这项整合运动，不但稳定了和下游生产商、经销商的关系，而且也与消费者达成了一种默契，这些都直接反映到了它的品牌价值之上。

　　为了扩大这项活动的影响面，英特尔同时还花费巨资开展了一个声势浩大的广告运动。它运用了电视、报纸以及大量的印刷广告等形式，并把"内有英特尔"（Intel Inside）设计成为一个有特色的商标，向整个社会集中宣传。这项计划从一开始其广告预算就是每年一亿美元，明显的结果是在短短 18 个月内，仅仅出于这项计划之下的"Intel Inside"广告，总量就高达 90000 多则，如果把这些广告份数换算成曝光次数，据估计可能高达 100 亿次。根据调查就在这短短 18 个月里，电脑的商业用户中，知道英特尔的人数，从原来的 46% 骤然上升到 80%，这个巨大的增长幅度相当于其他品牌十数年的努力结果。然而最重要的还不在于此，根本一点是英特尔的品牌价值在大幅度提升的同时，其市场份额也大幅提升。仅仅在 1992 年，即"Intel Inside"广告推出之后一年，英特尔的全球销售额就增长了 63%。就在采用英特尔处理器的电脑风靡全球之时，那些没有采用英特尔处理器的电脑却必须折价出售。这项持续的运动给英特尔带来了巨大的利益，在运动推广开始的 1991 年，英特尔公司的市值仅仅是 100 亿元。到 10 年后的 2001 年，它的市值增加了 26 倍是 2600 亿元。2002 年国际品牌公司 Interbrand 根据权威调查进行评估，美国《商业周刊》（Business Week）评选出年度最有价值的"全球品牌 100 强"（Top 100 Global Brands），英特尔的品牌价值为 306 亿美元，居于可口可乐（696 亿美元）、微软（640 亿美元）、IBM（512 亿美元）和通用电器（413 亿美元）之后，名列全球最有价值品牌第 5 位。

　　在"内有英特尔"（Intel Inside）活动之后，它的整合营销传播活动一直没有停止。几乎在后来的每一次战略性营销中，英特尔都在强化着自己的品牌。从

第十三章 广告的整合管理

"英特尔有颗奔腾的心",到迅驰无线移动平台,"英特尔无处不在"(Intel Everywhere)。正如英特尔首席执行官克雷格·巴雷特(Craig Barrett)所说的那样,公司将积极寻找PC之外的商业机会。也许未来英特尔的芯片将会出现在各种数字设备中,从手机到平面电视,再到便携式影视播放器和家庭无线网络甚至是诊断设备。如果这些新的市场能够进一步开发,它将为公司带来新的收益。一切都来自于品牌的整合与创新。

"内有英特尔"(Intel Inside)是一个典型的整合营销传播活动,尽管在1991年整合营销传播还没有得到充分的认识,大家也没有意识到英特尔实际上所做的是一项地道的整合营销传播创举,但事实上它的操作过程却完整地体现了整合营销传播的精髓:它通过一致性的信息传播突出了英特尔品牌,不仅巧妙地把自己从同类产品中区隔开来,而且使这种隐藏在电脑里面的部件,跳出个人电脑的框架,进入到消费者的视野中。它不仅大大扩大了自己的市场,而且通过强化品牌增加了产品附加值,使消费者心服口服地愿意付出更多的价钱去购买它。在这项整合营销传播运动中,每一步都可以看出英特尔的精心设计。

其一是对品牌价值的确认。英特尔认识到,要想建立自己的竞争优势,必须强化品牌资源,与营销链中的各个环节保持稳定的关系,尤其是得到个人电脑的终端用户认同,为此第一步是确立品牌商标。最初英特尔曾打算保护它的产品编号,使自己不再受到竞争对手的侵犯,但是这种试图把编号变为品牌商标的做法,在联邦法院被驳回,最后那些"X86"编号只能是作为芯片发展水准的代名词。因此英特尔必须为自己创立一个商标,这个商标不仅能够使自己与其他产品区隔开来,而且还必须能够有效地实现一种品牌资源的整合,为此它创立了"Intel Inside"(内有英特尔)。这个商标的好处就在于它突出了英特尔品牌本身,同时又不仅仅是一个简单的区隔符号,还明确地传达了一种信念,包含了对营销价值链的整合意识。也就是说,这个商标的确立本身就是基于对市场以及未来开发策略的考虑。

其二是渠道和技术传播的有力推动。对此英特尔采取两个方面的策略:一方面通过营销渠道,实现多层级的渠道传播;另一方面借助渠道宣传,强化消费者对这种技术产品的认识。电脑微处理器是一个高技术性产品,它和电脑的其他许多组件一样,隐藏在电脑中并没有真切被消费者感觉到。英特尔要求电脑生产商在自己的包装和说明中,特别强调"内有英特尔"(Intel Inside),这不仅突出了英特尔的品牌,而且也相应地强调了这个组件对电脑的重要性。而且渠道传播对于技术性产品具有特别的引导价值,当普通的电脑购买者冲着所谓"奔Ⅲ"、"奔Ⅳ"而来时,绝大部分的购买者并不十分清楚,这个被称作是"微处理器"的电脑部件,其具体工作程序是怎样的,而英特尔的微处理器与其他品牌又有什么不同。尽管不断有技术人员在解释,事实上还是有很多消费者依然不明白,"微处理器"到底是什么东西。从消费者角度分析,一个简单的理由可能是:这些电脑制造商——如IBM、康柏等,它们花那么多钱做广告,告诉大家自己采用的是英特尔处理器,这些电脑公司显然不是笨蛋,这个被称作"微处理器"的东西一定很重要。

其三是媒体和各种接触点的整合。"Intel Inside"(内有英特尔)这个商标被完整地套用在各种营销传播活动中,英特尔一方面通过各种广告不断强化它,另一方面专门为它设计了公关、促销以及各种内外传播活动。可以说,无论是生产商、渠道商、消费者、媒介、金融机构还是股东和员工,都对此认识十分清楚,并且各方面统一认识也有助于形成合力。这样英特尔就首先完成了操作层面上的整合,即有利于创造出"一种形象、一个声音"的整合形象,并且在此后的媒体策略中使之不断延伸,体现了整合营销传播的一致性原则。

当然,如果说英特尔的整合营销传播仅限于此,那还只不过是形式意义上的整合。事实上英特尔所做的是整合营销传播从形式到本质的整合。正如舒尔茨教授所说的那样,这项计划跨越了多项传统的销售与营销范畴。① 英特尔在这项活动中,尽量发展与电脑制造商、渠道商等各个方面的关系。通过优厚的激励措施,有效地保证了营销链中各个环节的利益平衡,并以此与相关利益者建立了良好的品牌关系。这种激励措施不仅体现在合作广告中,而且还体现在对整个下游环节的推动中,如果没有这些使生产商和渠道商完美结合的措施,英特尔的整合计划必然会大打折扣。因此直到今天,无论是在电脑制造商、渠道商还是在电脑消费者那里,英特尔的微处理器都首屈一指地占据着不可动摇的地位。

整合营销传播是一项综合性的战略运作,很多情况下它会超出单纯的营销或者传播范畴,比如实施整合营销传播涉及的组织层级和财务支持。从英特尔的案例中,这些都得到了良好处理。从内部来说,英特尔通过最高层的坚定决心,有效地把研究、生产、管理、物流整合起来,使每一个环节都成为对"Intel Inside"的强大支持因素,使整合营销传播不只是一个单纯的营销传播计划,而是一个关乎整个企业运营的品牌发展战略。最后为了保证计划实施,英特尔提供了坚实的财务支持,在这项活动推进的1991—1993年间,英特尔为了建立品牌资产耗资5亿美元进行市场推广。对于整个市场而言,推广的受益者不仅是英特尔,也不仅是电脑生产商和渠道商,更重要的还有消费者。当消费者从不同的

---

① 〔美〕舒尔茨等:《整合营销传播:创造企业价值的五大关键步骤》,中国财政经济出版社2005年版,第37页。

传播渠道获得英特尔品牌信息时,便坚定不移地相信英特尔就是最好的微处理器品牌,并在购买中获得了相应的价值满足,因此英特尔在创造品牌价值的同时也为消费者创造了消费价值。

案例来源,卫军英:《整合营销传播典例》,浙江大学出版社2008年版。

思考题:
1. 结合实例谈谈如何处理企业广告策略与营销战略之间的关系。
2. 广告管理中如何有效地协调品牌战略与广告策略的关系?
3. 结合实例谈谈公共关系与广告的差异所在。
4. 简述营销公关的类型及其特征。
5. 结合实例谈谈怎样使促销与广告形成良好的配合?
6. 怎样理解广告不再是营销传播的首选工具?

主要参考文献

[1]〔美〕R. Batra:《广告管理》,北京:清华大学出版社1999年版。
[2]〔美〕威廉·阿伦斯:《当代广告学》,北京:华夏出版社2001年版。
[3]刘林清:《广告监管与自律》,长沙:中南大学出版社2003年版。
[4]夏清华:《广告经营与管理》,武汉:湖北人民出版社1998年版。
[5]陈培爱:《中外广告史》,北京:中国物价出版社1997年版。
[6]〔美〕菲利普·科特勒:《营销管理》,上海:上海人民出版社1990年版。
[7]〔美〕乔治·路易斯:《蔚蓝诡计》,海口:海南出版社1996年版。
[8]〔美〕大卫·奥格威:《一个广告人的自白》,北京:中国友谊出版公司1991年版。
[9]〔美〕J.保罗·彼得等:《消费者行为与营销战略》,大连:东北财经大学出版社2000年版。
[10]〔美〕艾尔·里斯、杰克·特劳特:《定位》,北京:中国财经出版社2002年版。
[11]〔德〕库尔特·考夫特:《格式塔心理学原理》,杭州:浙江教育出版社1997年版。
[12]〔美〕朱丽安·西沃卡:《美国广告200年经典范例》,北京:光明日报出版社2001年版。
[13]〔美〕菲利普·科特勒:《营销大未来》,北京:华夏出版社1999年版。
[14]邵培仁:《媒介管理学》,北京:高等教育出版社2005年版。
[15]〔美〕特伦斯·A.辛普:《整合营销沟通》,北京:中信出版社2003年版。
[16]纪华强:《广告媒体策划》,上海:复旦大学出版社2003年版。
[17]〔美〕乔治·E.贝尔齐、麦克尔·A.贝尔齐:《广告与促销:整合营销传播展望》,大连:东北财经大学出版社2000年版。
[18]〔美〕汤姆·邓肯、桑德拉·莫里亚蒂:《品牌至尊》,北京:华夏出版社2000年版。
[19] The Wall Street Journal Centennial Survey, Cited in Ron Alsop, "Brand Loyalty Is Rarely Blind Loyalty," *The Wall Street Journal*, October19, 1989, p. B1
[20]卫军英:《现代广告策划》,北京:首都经济贸易大学出版社2004年版。
[21]〔美〕Larry Percy:《整合行销传播策略》,台湾:远流出版事业股份有限公司2004年版。
[22] William Boulding, Eunkyu Lee, and Rechard Staelin. Mastering the Mix: Do advertising, Promotion, and Sales Force Activities Lead to Differentiation? *Journal of Marketing Research*, 1994, 5:159—172.

［23］John Deighton, Caroline M. Henderson, and Scott A. Neslin. The Effects of Advertising on Brand Switching and Repeat Purchasing, *Journal of Marketing Research*,1994,2:28—43.

［24］Robert J. Coen. Ad Revenue Growth Hits 7% in 1997 to Surpass Forecasts, *Advertising Age*, 1998,5,50.

［25］〔美〕艾尔·里斯、劳拉·里斯:《公关第一,广告第二》,上海:上海人民出版社 2004 年版。

［26］〔美〕丹·E.舒尔茨等:《整合营销传播》,呼和浩特:内蒙古人民出版社 1999 年版。

［27］卫军英:《整合营销传播:观念与方法》,杭州:浙江大学出版社 2005 年版。

［28］卫军英:《关系创造价值》,北京:中国传媒大学出版社 2006 年版。

［29］〔美〕马丁·迈耶:《麦迪逊大道》,海口:海南出版社 1999 年版。

［30］〔美〕罗斯·瑞夫斯:《实效的广告》,呼和浩特:内蒙古人民出版社 1999 年版。

［31］刘林清主编:《广告监管与自律》,长沙:中南大学出版社 2003 年版。

［32］〔美〕约翰·文图拉:《小企业的生存之道》,呼和浩特:内蒙古人民出版社 1999 年版。

［33］〔美〕迈克尔·波特:《竞争战略》,北京:华夏出版社 1997 年版。

［34］〔德〕安德雷亚斯·布霍尔茨等:《营造名牌的 21 种模式》,北京:中信出版社 1999 年版。

［35］〔加〕马歇尔·麦克卢汉:《理解媒介》,北京:商务印书馆 2003 年版。

［36］赵洁:《广告经营管理术》,厦门:厦门大学出版社 2000 年版。

［37］〔美〕道格拉斯·拉姆齐:《美国企业竞争六大经典战例》,北京:中国经济出版社 1990 年版。

［38］〔澳〕Jim Aitchison:《卓越广告》,昆明:云南大学出版社 2001 年版。

［39］樊志育:《促销策略》,上海:上海人民出版社 1995 年版。

［40］〔英〕托马斯 T.希尔:《经营管理》,北京:中信出版社 1997 年版。

后 记

这部书稿距我第一部广告经营管理著作出版已经整整 11 年。第一部广告经营管理书稿出版 7 年后曾经有过一次修订,这个跨度恰好是中国广告业和广告教育大发展的时期,修订版几乎重写和增删了全部初版内容。即便如此,现在回头看一下,那部书稿相对于现代广告教学而言,仍有许多有待进一步完善的地方。正是从这点出发,才使我决意在原来《广告经营与管理》第二版(浙江大学出版社 2008 版)基础上,重新撰写这部书稿。11 年前的初版后记中有段话很能代表其时的写作心境:

> 完成一部具有学科指导性的著作,自然是笔者拙力难及的,但是追求描述性与规范性的统一,却是本书孜孜以求一以贯之的努力目标,可谓"力所不及,心向往之"。本书结合我多年的广告生涯而归纳,有所借鉴却也自出机杼,以述为作,一路写来尚觉顺畅。但完稿之后,却又有不尽如人意之感,所谓"得失寸心知",竟不免由此而生出许多惶恐来。时惟五月,正值江南梅雨迷离,"试问闲愁都几许,一川烟草,满城飞絮,梅子黄时雨。"情与境移,悄然此意,于心戚戚焉。

这一点在后来修订版中也有所体现,即"通过系列努力,重新打造一部颇有自己特色的广告经营管理著作。"如果说早些年在写作中所致力的还是理论架构的完整和内容表达的充分,那么这次重写则是在保持特色的基础上,更加注重其作为专业教材的适用性。广告本质上是属于一种技巧性的工作,与其说它有那么多的貌似严密的理论限定,还不如说它主要依赖于实践的引导。而广告经营管理则是涉及广告运作各个不同层面的工作,其内容至少体现在三个层面上:广告环境与广告政策的宏观管理、广告媒介和广告经营机构的业务管理、广告策划创意和市场运作的策略管理等。虽然策划创意一直被看做是广告的核心工作,但是广告经营管理的内容则不仅仅是策划创意,甚至主要不是策划创意,因此它更加注重于不同角度的实践考察。有鉴于此,本书在保持以往特点的同时,内容主要由两部分组成:理论叙述和案例解析。理论叙述部分由我撰写,案例解析部分主要由王佳结合章节内容撰写。从案例教学的引入而言,案例解析试图通过对具有代表性的经典案例深入分析,给广告经营管理教学和实践带来更有成效的启示性价值。这点或可看做是本书有别于通行的同类著作教材的又一显著特征。

广告行业是一个古老而又充满新意的行业。早在 1760 年,英国的塞缪尔·约翰逊博士就说过:"目前的广告业是如此的接近完美,以至于哪怕是一点点提高都不容易。"然而实际情况却是,随着市场环境和媒体技术的变化,广告和广告经营管理都一直在发生着变化。所以奢望一本广告教材能够包罗万象显然是不现实的,我们确信在广告现状不断延伸的今天,广告经营管理也不断面临着新的挑战,也许这正是我们事业长青的依据所在。

卫军英
2012 年 8 月 18 日